Juan Peter Miranda

Du hast Worte ewigen Lebens
Exegetische und bibeltheologische Beiträge
zum Neuen Testament

D1721809

Juan Peter Miranda

Du hast Worte
ewigen Lebens

Exegetische und bibeltheologische Beiträge
zum Neuen Testament

xlibri.de

Impressum

© 2008 bei dem Autor

Dr. Juan Peter Miranda
Esslinger Strasse 20
71732 Tamm
Tel. 071 41 / 602 322

Titelfoto: Dr. Juan Peter Miranda
Herstellung: xlibri.de
Druck: Schaltungsdienst Lange Berlin

ISBN 978-3-940190-29-1

Inhaltsverzeichnis

II. Thematische Beiträge

Vorwort

Die in diesem Band zusammengestellten Beiträge sind größtenteils als Referate für Tagungen und Seminare im Laufe von zwanzig Jahren im Dienst der Bibelpastoral entstanden. Nach Vorschlägen von verschiedenen Seiten habe ich mich dazu entschlossen, sie zu veröffentlichen.

Da ich diese Beiträge – abgesehen von wenigen Ausnahmen – nicht neu bearbeitet habe, markieren sie bestimmte Stadien der Diskussion in der exegetischen Bibelforschung. Eine Ergänzung mit Literaturangaben zu den behandelten Themen wäre eine Bereicherung, jedoch musste ich sie mir versagen. Leserin und Leser werden merken, dass ich den Bibelforscherinnen und Bibelforschern vieles, wenn nicht alles verdanke. Da die Beiträge als selbständige Tagungsreferate entstanden, sind Wiederholungen unvermeidbar. Ich bitte dafür um Verständnis.

Thematisch stellen die Beiträge einen Durchgang durch das ganze Neue Testament dar, wenn auch nicht alle neutestamentlichen Schriften einzeln behandelt werden. In einem ersten Teil werden die einzelnen Schriften im allgemeinen und einige Stellen aus diesen im besonderen abgehandelt, und in einem zweiten Teil sind die Beiträge mehr übergreifend und thematisch orientiert, bleiben aber bibeltheologisch. Das Ganze stelle ich mir als ein Mosaik mit verschiedenen Formen und Farben, oder besser als eine Landschaft mit vielen Formationen vor, die – wie ich mir wünsche – die Leserinnen und Leser zum Begehen animieren.

Worte des Dankes spreche ich Frau Radegund Stegmaier für die Zusammenstellung der auf verschiedenen Dateien gespeicherten Beiträge und meiner Frau Helga für kritisches Mitlesen und Verbesserungsvorschläge aus.

Als Titel für diese Publikation habe ich mir eine Stelle aus dem Johannesevangelium ausgesucht: „Du hast Worte ewigen Lebens" (Joh 6,68). Gottes Wort, das in Jesus von Nazaret „Fleisch" geworden ist, will das umfassende Leben für Mensch und Welt.

Juan Peter Miranda

I. Beiträge zu den Schriften des Neuen Testaments

Immanuel – Gott mit uns – Theologische Leitlinien des Matthäusevangeliums

Das erste Evangelium im neutestamentlichen Kanon ist das traditionsgemäß so genannte Evangelium nach Matthäus. Der Rückblick auf die Zerstörung Jerusalems im Jahre 70 n. Chr. (Mt 22,7) setzt voraus, dass das Evangelium nach dieser Katastrophe entstand. Es hat unter allen neutestamentlichen Schriften den tiefsten und ausgedehntesten Einfluss ausgeübt. Dies dürfte seine Rangstellung als erste Schrift im neutestamentlichen Kanon mit bedingt haben. Als Verfasser der Schrift lässt sich ein Vertreter eines aufgeschlossenen hellenistischen Diasporajudenchristen vermuten, der das Erbe des streng an der Tora orientierten palästinischen Judenchristentums bewahren möchte.

1. Kontextbezogene Betrachtung

Wenn wir uns auch als Leser dieses Evangeliums oder überhaupt einer Schrift unsere „Vorurteile" (Lesererwartungen und Einordnungsmöglichkeiten) bewusst werden, können wir diesen Verstehenshorizont nicht einfach ausblenden. Daher ist es auch ratsam, den besonderen Kontext der Schrift zu beachten.

Wir weisen hier auf drei Gesichtspunkte hin, die bei der Lektüre dieses Evangeliums im Blick bleiben sollten: die spannungsreiche Beziehung zwischen dem Gottesvolk Israel und der messianischen Kirche, die innere Gefährdung der Gemeinde und der Aufbau der Schrift.

1.1 Das Gottesvolk Israel – die messianische Kirche Jesu: Eine spannungsreiche Beziehung

Die Einstellung des Matthäus zum Gesetz als Heilsordnung ist ambivalent. Zum einen betont Matthäus die volle Gültigkeit des Gesetzes; Mt 5,18 ergänzt den aus der Logienquelle (Q) stammenden Spruch (vgl. Lk 16,17): Kein Jota und kein Häkchen vom Gesetz wird vergehen. Dieser Spruch unterstreicht das Wort vom Nichtauflösen von Gesetz und Propheten (Mt 5,17). Sie gelten, solange dieser Äon (Weltzeit) dauert. Zum anderen scheint diese Auffassung in Spannung zu den Antithesen in der Bergpredigt zu stehen. Aber alles spricht dafür, dass Matthäus sich um einen Kompromiss bemüht. Jedenfalls sind für Matthäus die bleibende Gültigkeit der Tora und die jesuanische Neuauslegung und „Erfüllung" des göttlichen Willens in seiner Ursprünglichkeit, Reinheit und Radikalität kein Widerspruch. In dieser Hinsicht dürfte Matthäus Jesus richtig verstanden haben. Denn Jesus will die Tora vertieft verstanden wissen, sie auf das Wesentliche zurückführen, und dies tut er im Anschluss an die prophetische Tradition des Ersten Testaments: „Erbarmen will ich, nicht Opfer" (Mt 9,13; 12,7; Zitat aus Hos 6,6).

Das vertiefte Verstehen drückt Matthäus mit dem Wort „Erfüllen" (pleroo) aus. Das Wort enthält die Momente von „auffüllen" (vervollständigen), „vollenden", etwas in seiner wahren Bedeutung herausstellen, „durch die Tat erfüllen", „heilsgeschichtlich erfüllen" (so in den so genannten Erfüllungszitaten). Das heißt: In der konkreten geschichtlichen Gestalt Jesu, in seiner Person und seinem Wirken kommt

Gottes Geschichte mit den Menschen zum Ziel. Wenn auch die Erfüllungszitate eine apologetisch-missionarische Sinnspitze haben, betonen sie auch die nicht aufgebbare Verbindung mit den Traditionen des Gottesvolkes Israel und dessen heiligen Schriften.

Eine übertriebene Apologetik kann dennoch blind machen. Leider ist auch Matthäus davon nicht völlig frei. Er lässt sich zu scharfen und ungerechten Urteilen über das Judentum verführen. Verallgemeinerungen und fehlende Unterscheidungen führen zu Schwarzweißmalerei und sind oft unbewusste Mittel bei einer Auseinandersetzung. Die Pharisäer und Schriftgelehrten werden so zu „Feindbildern" abgestempelt und gelten für ihn als hauptsächliche Gegenspieler Jesu. Eine Generalisierung der Schuld am Tod Jesu auf das ganze jüdische Volk ist historisch nicht zu rechtfertigen. So wie das Feindbild der Pharisäer und Schriftgelehrten steht auch dieses Urteil weit hinter der Forderung Jesu und der eigenen Forderung der Feindesliebe. Um dennoch zu einer gerechten Beurteilung zu kommen, ist es erforderlich, die zeitgeschichtliche Situation mit zu berücksichtigen: die Loslösung der matthäischen Gemeinde aus dem Synagogenverband. Die Polemiken sind Teil der Auseinandersetzung und dienen zur Wahrung eigener Identität. Daher ist eine bloße Wiederholung solcher polemischer Sätze kein Verstehen des Inhalts.

Zusammenfasssend lässt sich sagen: Matthäus definiert das Verhältnis zwischen dem Gottesvolk Israel und der messianischen Gemeinde als ein Balanceakt zwischen Zuwendung und Verweigerung, auf eine Kurzformel gebracht: Kontinuität in Diskontinuität.

1.2 Innere Gefährdung

Das Matthäusevangelium lässt nicht nur eine Auseinandersetzung nach außen, sondern auch eine innere Bedrohung durchscheinen. Der Evangelist spricht das Problem einer nachlassenden inneren Spannkraft deutlich an. Er bezeichnet es mit den Stichwörtern „Kleinglaube" und „kleingläubig". Mit dem Begriff des Kleinglaubens ist die fehlende Bewährung des Glaubens im Alltag gemeint. Die Erzählung vom sinkenden Petrus (Mt 14,28-31) ist ein warnendes Beispiel gegen den Kleinglauben. Der Jünger, der das Vertrauen auf Jesu Wort verliert, d. h. nur die anstürmenden Gefahren ängstlich anstarrt, verliert wörtlich den Boden unter den Füssen und versinkt im Chaoswasser (vgl. auch Mt 7,24-27).

Ein weiteres Problem, das das ethische Handeln anspricht, benennt der Evangelist mit dem Ausdruck „Gesetzlosigkeit" bzw. „Toralosigkeit" (anomía). In der Auseinandersetzung mit den so genannten Pseudopropheten (= von Matthäus für falsch gehaltene christliche Lehrer) besagt *anomía* (Toralosigkeit, Gesetzlosigkeit) das nicht Erstnehmen der Tora, deren praktische Vernachlässigung im „Erkalten der Liebe" gipfelt (Mt 7,15-23; 24,11f). Dadurch wird die Gemeinde von innen her ausgehöhlt und in ihrer Existenz bedroht.

1.3 Aufbau

Der Aufbau einer Schrift ist nicht willkürlich. Der Verfasser verrät durch die Komposition einer Schrift seine Absicht oder die textimmanenten Sinnspitzen. Allerdings ist der Aufbau einer antiken Schrift nicht leicht zu bestimmen. Dies ist auch beim Matthäusevangelium der Fall. Es ist dennoch leicht ersichtlich, dass der Verfasser des Matthäusevangeliums im Wesentlichen der erzählerischen Grundstruktur des

Markusevangeliums folgt. Augenfällig ist auch, dass Matthäus über den Markusstoff hinaus beträchtliche Erweiterungen, vor allem am Anfang (die sogenannte Kindheits- oder Vorgeschichte Jesus) und am Ende (Grab- und Auferstehungserzählungen) vornimmt.

Für eine ordnende Hand spricht das Stilmittel der Inklusion, die als eine Art Klammer zusammenhängende Abschnitte oder Themen unter übergreifenden theologischen Gesichtspunkten miteinander verbindet. So wurden z. B. durch den nahezu gleichlautenden Satz in den Versen Mt 4,23 und Mt 9,35 (*„Er/Jesus zog in ganz Galiläa umher, lehrte in den Synagogen, verkündete das Evangelium vom Reich und heilte im Volk alle Krankheiten und Leiden"*) die Bergpredigt und der Wunderzyklus eng zusammengebunden. Auf diese Weise wird die Absicht des Verfassers deutlich, dass er Jesus als „den Messias des Wortes und den Messias der Tat" darstellen möchte.

Vor allem wurden die fünf großen Reden, die durch das ganze Evangelium verstreut werden, durch den „eschatologischen Ausblick" am Ende der einzelnen Reden miteinander verbunden. Auf diese Weise erscheinen die Reden als Entfaltung der Botschaft von der Königsherrschaft Gottes.

Folgende Skizze soll dies veranschaulichen:

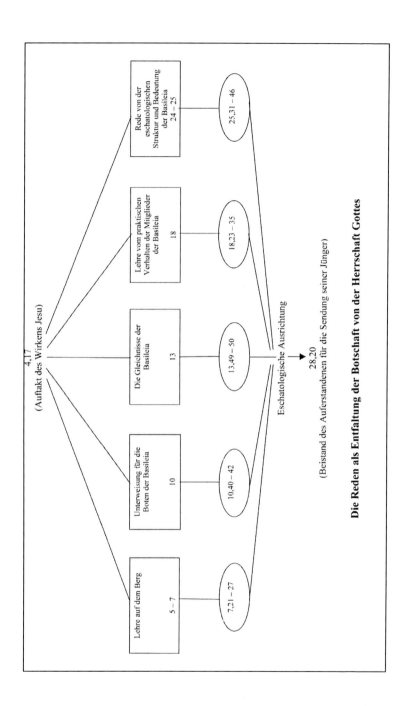

4,17
(Auftakt des Wirkens Jesu)

Lehre auf dem Berg
5 – 7

Unterweisung für die Boten der Basileia
10

Die Gleichnisse der Basileia
13

Lehre vom praktischen Verhalten der Mitglieder der Basileia
18

Rede von der eschatologischen Struktur und Bedeutung der Basileia
24 – 25

7,21 – 27

10,40 – 42

13,49 – 50

18,23 – 35

25,31 – 46

Eschatologische Ausrichtung

28,20
(Beistand des Auferstandenen für die Sendung seiner Jünger)

Die Reden als Entfaltung der Botschaft von der Herrschaft Gottes

34

Die untenstehende Skizze versucht eine detaillierte Gliederung des Matthäusevangeliums zu bieten. Zu beachten ist die Entsprechung zwischen dem Anfang und dem Schluss des Evangeliums. Das Matthäusevangelium entfaltet das christologische Grundmotiv des Titels Immanuel („Gott mit uns"). Es bildet den das ganze Evangelium übergreifende Rahmen (Mt 1,23; 28,20).

Der Prolog enthält die Kindheitsgeschichte und die Vorbereitung des öffentlichen Wirkens Jesu (Mt 1,1 – 4,11). Dem entspricht der Epilog mit der weltweiten Sendung der Jünger (Mt 28,16-20). Der erste Hauptteil behandelt das Thema „das messianische Wirken Jesu in Wort und Tat", das aber Auseinandersetzungen mit und Spannungen zu den Hörern mit einschließt (Mt 4,12 – 16,20). Der Wirkungsort ist Galiläa. Der zweite Hauptteil thematisiert die messianische Krise oder Heilsgefährdung (Mt 16,21 – 20,34). Als Ort des Geschehens wird der Weg nach Jerusalem präsentiert: Auf diesem Weg werden die Themen Jüngerschaft und die Probleme der Gemeinde zur Sprache gebracht. Und am Zielort Jerusalem findet die Entscheidung statt (Mt 21,1 – 25,46). Es folgen dann als Höhepunkt des Evangeliums die Erzählungen von Leiden, Tod und Auferstehung Jesu (26,1 – 28,20).

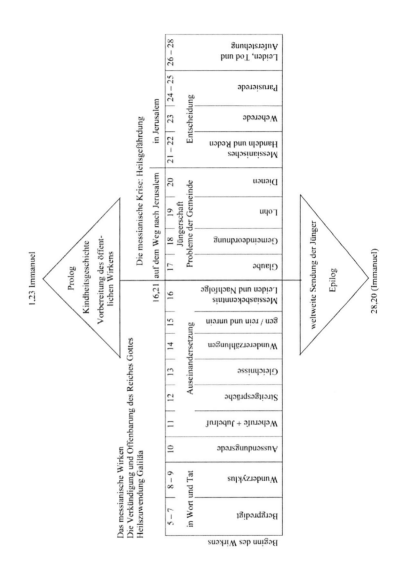

Theologische Architektonik des Matthäusevangeliums

36

2. Das Christusbild des Matthäus

2.1 Jesus – der in der Schrift verheißene Messias (Christus)

Die Christusbezeichnungen in der Ouvertüre des Matthäusevangeliums lassen aufmerken. Die ersten Titeln am Anfang des Evangeliums (Christus, der zu Bestandteil des Namens Jesu wird, Sohn Davids und Sohn Abrahams) bestimmen Jesus als den Messias Israels. Damit wird seine Zugehörigkeit zum auserwählten Gottesvolk Israel betont. Auch die so genannten Erfüllungszitate stellen die heiligen Schriften Israels als immer gültiges Gotteswort dar. Die heilige Schrift Israels ist Zeugnis der Treue JHWHs, des Gottes Israels.

Wenn Jesus als der verheißene *Sohn Davids* herausgestellt wird, bedeutet dies, dass er nicht ein mächtiger Herrscher, sondern ein Messias in Niedrigkeit und voll Sanftmut (Mt 21,4f) ist, und außerdem in den Heilungsgeschichten der barmherzige und heilende Messias: so in der Begegnung mit zwei Blinden in Mt 9,27 (vgl. auch die Begegnung mit zwei Blinden bei Jericho: Mt 20,30) und mit der kanaanäischen Frau (Mt 15,22).

Und wenn Jesus als der *Sohn Abrahams* charakterisiert wird, besagt dies, dass er dem jüdischen Volk angehört und seine Sendung sich auf das Gottesvolk beschränkt. Dennoch ist Jesu Sendung nicht auschließend, sie ist offen. Jesus trägt den Segen Abrahams an die Völkerwelt.

Im Stammbaum werden vier Frauen genannt, die Heidinnen sind oder als solche gelten(Mt 1,3.5a.b.6b). Auch die Magier-Erzählung (Mt 2,1-12) zeigt diese Offenheit. Und vor allem wird durch den universalen Sendungsauftrag in der Ab-

Abschlussperikope (Mt28,16-20) die weltweite Offenheit der Sendung Jesu bestätigt.

2.2 Jesus – der Gottessohn

Wir beschränken uns auf den christologischen Hoheitstitel Gottessohn:

Wenn auch der Gottessohn-Titel in der Vorgeschichte Jesu durch seine Existenzermöglichung durch Gottes Geist begründet wird, zeigt sich die Gottesart Jesu in seiner Gehorsamsexistenz gegenüber Gott. Dies wird in der Versuchungsgeschichte (Mt 4,1-11) deutlich ausgedrückt. Auch in der Tauferzählung (Mt 4,13-17) wird die Kenntnis des Willens Gottes als Merkmal der Gottessohnschaft hervorgehoben. Und das Petrusbekenntnis (Mt 16,16) verweist darauf, dass die Zuweisung dieses Titels nur auf Grund einer göttlichen Offenbarung möglich ist. Daher kann Jesu bejahende Antwort auf die Frage des Hohenpriesters vor dem Hohen Rat „Bist du der Messias, der Sohn Gottes?" (Mt 26,63) nur Spott, Verhöhnung und schließlich das Todesurteil auslösen.

Schließlich kommen die Repräsentanten der Völkerwelt in der Person des Hauptmanns und der Wachleute beim Sterben Jesu zur Erkenntnis der Gottessohnschaft Jesu (Mt 27,54). Nicht vom Übergang des Heils von Israel zu den Völkern ist hier die Rede, sondern von der angemessener Reaktion gegenüber der Sendung und dem Anspruch Jesu, Gottes Heilshandeln darzustellen, die unabhängig ist von der Zugehörigkeit oder Nichtzugehörigkeit zum Volk Israel.

3.   Das Kirchenbild des Matthäus

3.1   Eine geschwisterliche Gemeinde

Der Verfasser des Matthäusevangeliums bestimmt die Kirche als eine geschwisterliche Gemeinde. Die Betonung dieses Aspekts dürfte durch Defizite in der Gemeinde mit bedingt sein.

In der Bergpredigt begegnen uns die Forderung zur Versöhnungsbereitschaft (Mt 5,23f), das Vermeiden von Prozessen (Mt 5,25f) und die Mahnung, den Bruder und die Schwester nicht zu verurteilen (Mt 7,1-5). In der Gemeinderegel hören wir von der Pflicht, sich der „Kleinen" (Mt 18,1-5.10), auch der Irrenden (Mt 18,12-14) anzunehmen und dem Bruder und der Schwester immer wieder zu verzeihen (Mt 18,21f), sich seiner/ihrer zu erbarmen (Mt 18,33.35). In der Gemeindeunterweisung werden die Forderungen zum Verzicht auf Reichtum (Mt 19,16-30) und Herrschsucht (Mt 20,20-28) hervorgehoben. Demgegenüber wird das Dienen besonders betont. Das Dienen wird durch die Gestaltung der Szene mit dem Kind, das Jesus in die Mitte der Jünger stellt (Mt 18,1-5), unterstrichen und außerdem in der Zebedäiden-Perikope (Mt 23,8-12) noch einmal eingeschärft.

An der letztgenannten Stelle werden die wohl bereits vorhandenen Fehlformen des Autoritätsanspruchs kritisiert: *„Ihr aber sollt euch nicht Rabbi nennen lassen; denn nur einer ist euer Meister, ihr alle aber seid Brüder. Auch sollt ihr niemand auf Erden euren Vater nennen; denn nur einer ist euer Vater, der im Himmel. Auch sollt ihr euch nicht Lehrer nennen lassen; denn nur einer ist euer Lehrer, Christus. Der Größte von euch soll euer Diener sein. Denn wer sich selbst erhöht, wird erniedrigt, und wer sich selbst erniedrigt, wird erhöht werden"* (Mt 23,8-12). Matthäus übernimmt die Perikope von den wahren Verwandten Jesu bei Markus (Mk 3,31-35) und charakterisiert die Jüngergemeinde als *Jesu Familie* (Mt 12,46-50). In der Perikope vom Dienen (Mt 18,8-11) nennt Matthäus den Grund des geschwisterlichen Verhältnisses aller Gemeindeglieder: die *Jüngerschaft* gegenüber Jesus, dem „Meister" und „Lehrer", und die *Kindschaft* gegenüber Gott, dem „Vater". Und gerade diese christologische und theologische Begründung wehrt ein exklusives Verständnis von Geschwisterlichkeit in der Gemeinde ab, die nur ihren Gliedern gälte. Aus dem Gerichtsgemälde (Mt 25,31-46) ergibt sich, dass *jeder notleidende Mensch ein Bruder und eine Schwester Jesu ist.*

Auch ist die geschwisterliche Gemeinde keine konfliktfreie Gemeinschaft. In der Gemeinderede des matthäischen Jesus (Mt 18,1-35) wird auf das christgemäße Umgehen miteinander, auf schöpferische Konfliktbewältigung und gegenseitige Vergebungsbereitschaft großer Wert gelegt. Es sei hier auf das Gleichnis vom unbarmherzigen Gläubiger (Mt 18,23-35) und das Gleichnis von den Arbeitern im Weinberg (Mt 20,1-16) hingewiesen.

3.2 Kirche Jesu Christi sein – eine anspruchsvolle Angelegenheit

Die Kirche übernimmt Jesu Auftrag für die Welt: Verkünden (Mt 10,7.27.32; vgl. 4,17) und Heilen (Mt 10,1.8; 4,23; 9,35). Dieser Doppelauftrag zielt auf die Welt, die das Reich des Menschensohnes ist (vgl. Mt 13.38.41). Kirche sein heißt von Anfang an (vgl. Mt 10,5a!): *gesandt sein. „Geht zu allen Völkern und macht alle Menschen zu meinen Jüngern"* (Mt 28,19).

Die Kirche übernimmt Jesu Lebensgestalt: das Licht, das die Jünger in der Welt sind, besteht nicht so sehr in ihren Worten, sondern vielmehr in ihren Werken, die sie leuchten lassen sollen und um derentwillen die Menschen den Vater im Himmel preisen werden (Mt 5,14-16). Matthäus hebt folgende Verhaltensmerkmale besonders hervor: die Wanderschaft (Mt 10,5f.11.14.16.23.40-42), die Armut (Mt 10,8b-10; vgl. 10,40-42) und die Wehrlosigkeit (Mt 10,10.16.38f).

Die Kirche teilt Jesu Leiden. Das Geschick der Jünger ist kein anderes als das des Meisters (Mt 10,24f). Der Verkündigungsauftrag führt sie in tödliche Gefahr (Mt 10,27-31).

Die Kirche geht auf das Gericht Jesu zu. Das Gericht, das die Boten symbolisch an den Städten Israels vollziehen und ihnen androhen (Mt 10,14f), steht auch ihnen selbst bevor (Mt 10,32f.37-39.40-42). Aber die Jünger wissen, dass der Richter kein anderer als der Immanuel ist, der Menschensohn Jesus (Mt 10,29f.32f). Vor allem verdankt sich die Kirche dem Erbarmen Jesu (Mt 9,36). An ihrem Anfang steht die in Jesus erfahrene unverdiente Zuwendung Gottes.

3.3 Kirche – die legitime Nachfolgerin und Partnerin des Volkes Gottes Israel

Das Matthäusevangelium konfrontiert uns mit dem Problem der „Enterbung" Israels in der Geschichte und Verkündigung der Kirche. Einige Stellen wie z. B. die Perikope vom Hauptmann von Kapernaum (Mt 8,11f) mit ihrem Spitzensatz in Mt 8,11f und das Gleichnis von den bösen Winzern (Mt 21,33-46) mit den bedenklichen Versen 41.43 sind in einer innerjüdischen Auseinandersetzung durchaus verständlich, da die matthäische Gemeinde zum Synagogenverband gehörte. Nach der Trennung von der jüdischen Gemeinde und außerdem solcherart verabsolutiert führen diese Sätze zu Missdeutungen und Fehlschlüssen. Zu betonen ist, dass die christliche Gemeinde in Kontinuität mit dem Judentum zu sehen ist. Der Evangelist übernimmt in Mt 8,11f unkritisch ein aus dem Ringen der Q-Gemeinde um Israel stammendes Drohwort und verzeichnet außerdem in Mt 21,33-46 das Verhältnis der christlichen Gemeinde zu den Juden oder der jüdischen Obrigkeit auf Grund neuer Erfahrungen wie z. B. Abgrenzung und Ausgrenzung zur Wahrung eigener Identität.

4.   Die überfließende Gerechtigkeit

Wenn Matthäus von Johannes dem Täufer sagt: *„Er kam zu euch auf dem Weg der Gerechtigkeit"* (Mt 21,32), gilt dies um so mehr von Jesus. Er zeigt den Weg, auf dem seine Jünger und Jüngerinnen gehen sollen. Wenn Matthäus von „Gerechtigkeit" spricht, betont er, anders als Paulus, – aus verständlichen Gründen – den gerechten Wandel nach Gottes Wort und Weisung, das Rechttun vor Gott. Unter Gerechtigkeit meint Matthäus ein der Herrschaft Gottes gemäßes Handeln. Der aus der Logienquelle stammende Spruch *„Suchet zuerst das Reich (Gottes) und seine Gerechtigkeit, und dies alles wird euch hinzugegeben werden"* (Mt 6,33) setzt Gottes Reich/ Herrschaft und Gerechtigkeit in engste Verbindung und rückt die Wertordnung zurecht. Dies bedeutet zugleich Befreiung zur praktischen Bewältigung der Alltagsprobleme.

Es ist nicht zu übersehen, dass für Matthäus der sittliche Aspekt, die Konsequenz aus der Heilsinitiative Gottes, so wichtig war, dass der Imperativ den Indikativ zu übertreffen scheint. Der Grund dafür wird in der Situation seiner Gemeinde liegen. Wir hören von Schwätzern und Schwärmern (Mt 7,21-23), von Übeltätern (Mt 13,41), von unwürdigen Gemeindegliedern (Mt 22,11.13), von ungetreuen Verwaltern (Amtsträgern) (Mt 24,45-51; 25,14-30), im Liebesdienst versagenden Menschen (Mt 25,41-45). Man kann ihm also nicht verdenken, dass er da als unerbittlicher Mahner und Bußprediger auftritt.

Nicht Orthodoxie, Lehre und Bekenntnis, sondern Orthopraxie, das rechte Tun – nach der Maßgabe Jesu – hat Priorität: *„Nicht jeder, der zu mir sagt: Herr! Herr! wird in das Himmelreich kommen, sondern nur, wer nach dem Willen meines Vaters im Himmel handelt"* (Mt 7,21).

Es geht um das Halten der Weisungen Gottes. Wie eine Klammer für das ganze Evangelium des Matthäus sind die Stellen Mt 5,19 („wer die Gebote hält und halten lehrt ...") und Mt 28,20 („lehret sie alles zu halten, was ich euch geboten habe"). Verlangt wird eine den Weisungen Jesu verpflichtete Handlungsweise, das Gute tun, das Frucht bringen (Mt 21,41.43). Die guten Werke sind sichtbares Zeichen und motivieren zum Lob Gottes unter den Menschen (Mt 5,16).

Die Liebe ist der Kern der „neuen" Gerechtigkeit. Dies kommt vor allem in der Forderung der Feindesliebe zum Ausdruck. Sie führt zur „Vollkommenheit" (Mt 5,44-48). Am Doppelgebot der Liebe hängt *„das ganze Gesetz und die Propheten"* (Mt 22,40).

Matthäus gebraucht mit Vorliebe den Ausdruck „Barmherzigkeit", „barmherzig sein": Zur Verteidigung seiner Zuwendung zu den „Zöllnern und Sündern" sagt der matthäische Jesus: *„Geht und lernt, was es heißt: Barmherzigkeit will ich und nicht Opfer"* (Mt 9,13), ein Zitat aus Hos 6,6!

Er hat auch die bei Lukas am Ende des Gebots der Feindesliebe stehende Aufforderung: *„Seid voll Erbarmen (oiktirmones), wie euer Vater voll Erbarmen ist"* (Lk 6,36) zu einer Seligpreisung geformt und ihr eine eschatologische Perspektive gegeben. Dadurch erhält diese Forderung ein stärkeres Gewicht. Vor allem veranschaulicht das Gleichnis vom barmherzigen König und unbarmherzigen Knecht den horizontalen Aspekt der von Gott geschenkten Barmherzigkeit.

Das Liebesgebot ist also die Quintessenz der aus Gottes Willen erwachsenen Weisung der Tora. Und das Wichtigste im Gesetz sind für Matthäus *„das Recht (üben), das Erbarmen und die Treue"* (Mt 23,23). Und die Entscheidung im letzten Gericht erfolgt nach dem Maßstab tätiger Liebe (Mt 25,31-46).

5. Die Enderwartung – die eschatologische Perspektive

Die großen Reden enden mit einer Gerichtsankündigung (Mt 7,21-27; 10,40-42; 13,49-50; 18,23-35). Und Mt 23-25 sind insgesamt als Gerichtsrede konzipiert.

Diese eschatologische Blickrichtung hebt die *grundsätzliche Heilsunsicherheit,* auch der Christen, hervor: *„Viele sind gerufen, aber nur wenige auserwählt"* (Mt 22,14).Über die Auserwählung entscheidet die Verwirklichung der von Jesus interpretierten gnädigen Willensoffenbarung Gottes, der Tora, im alltäglichen Tun.

Wenn Matthäus den Titel Menschensohn auf Jesus anwendet, wird der Nachdruck auf das künftige Erscheinen des Menschensohnes, der Parusie, und das Gericht über Kirche und Welt gelegt (Mt 10,23; 12,32; 13,41; 16,27; 24,27.30.37. 39.44; 25,31).

Die eschatologische Perspektive, der Blick auf das Endgericht, wird so stark, dass die Grundbotschaft von der allverzeihenden Güte Gottes wenn zwar nicht ausgeblendet, so doch nicht mehr herausgestellt und um so mehr die aus der Gnade Gottes fließende Verpflichtung betont wird. Dennoch liegt nach Matthäus nicht im Endgericht die letzte Begründung und Motivation für christliches Handeln, sondern in der liebenden Zuwendung Gottes, die er uns Menschen in der Geschichte Jesu erwiesen hat. Das ganze Evangelium steht unter dieser Perspektive. Gott ringt um sein Volk in seiner Zuwendung, die jedoch abgelehnt werden kann.

6.   Offene Fragen

Es bleiben Fragen, die wir im Umgang mit dem Matthäusevangelium nicht einfach ausblenden dürfen.

1. Eine ausschließliche Inanspruchnahme der Heiligen Schrift: Die Existenzberechtigung der Jesusanhänger wird anhand der Schrift bekräftigt (Mt 21,42). Und der Kampf um das „Erbe" des Gottesvolkes bringt die Gefahr mit sich, das jüdische Gottesvolk zu enterben. Und dafür muss die heilige Schrift Israels herhalten!

2. Der drohende Ton eines Bußpredigers: Dieser benützt ausgiebig Gerichtsbilder. Die Gerichtsmetaphern können sich als angsteinflößende Bilder verselbständigen. Die Heilszuwendung Gottes in Jesus Christus bleibt so auf der Strecke!

3. Antijüdische Ausfälle: Hier möchte ich Rudolf Schnackenburg zitieren: „Selbst wenn die christliche Gemeinde von seiten der einflussreichen Führer des Judentums am Ende der achtziger Jahre schwer bedrängt wurde, wenn ihre eigenen Propheten, Weisen und Schriftgelehrten (23,34) Verfolgung erdulden mussten, ist das keine Rechtertigung dieser Polemik. Noch schlimmer ist die Einbeziehung des ganzen jüdischen Volkes (pas ho laós) in die Schuld am Kreuzestod Jesu (27,25), ein Anwurf, der verheerende Auswirkungen in der Geschichte zwischen Kirche und Synagoge haben sollte, obwohl Matthäus wahrscheinlich nur das Strafgericht des Jahres 70 im Auge hat (vgl. 23,37-39). Hier zeigt sich, wie zeitgeschichtliche Umstände den Blick für die von Jesus geforderte sittliche Haltung trüben können" (Die sittliche Botschaft des Neuen Testaments, Bd. 2: Die urchristlichen Verkündiger, Freiburg 1988, S. 131).

Eines aber dürfte für den Verfasser selber deutlich sein, dass auch die Gemeinde Jesu Christi unter dem Gericht steht, das auf Grund des ethischen Handelns und des letzgültigen Maßstabs der Liebe gefällt wird (Mt 25).

Die neue Gerechtigkeit – Das Gleichnis von den Arbeitern im Weinberg (Mt 20,1-16)

1. Ein provozierendes Gleichnis

Manche Züge des Gleichnisses gehen uns gegen den Strich: Wenn der Weinbergbesitzer mehrmals von früh bis spät an einem einzigen Tag auf den Markplatz geht, um Arbeiter für seinen Weinberg anzuwerben, zeugt dies nicht für Organisationstalent. Wenn er allen Arbeitern, den Erstangeworbenen und den kurz vor Arbeitsschluss angeheuerten, den gleichen Lohn auszahlen lässt, geht das gegen das allgemein anerkannte Lohn-Leistungs-Prinzip. Arbeitgeber sowie Vertreter der Gewerkschaft würden hier nicht mitmachen. Denn das Lohn-Leistungs-Prinzip garantiert schließlich ein gutes Arbeitsklima. Wird hier nicht einer Gleichmacherei das Wort gesprochen? Haben die Erstangeworbenen im Gleichnis nicht zu Recht lautstark ihren Unmut geäußert? Dem Murren und der Kritik der Erstangeworbenen können wir mit guten Gründen zustimmen.

Eines ist deutlich: Das Gleichnis will das scheinbar unhinterfragbare Lohn-Leistungs-Prinzip in Frage stellen. Das Gleichnis ist auf die Konfrontation zwischen den kritisierenden, murrenden Arbeitern und dem souverän handelnden Arbeitgeber hin angelegt. Die Anwerbung der Arbeiter am Anfang des Gleichnisses lässt zunächst die Krise am Schluss noch offen. Diese wird durch die Anordnung der Lohnauszahlung mit der Umkehrung der Reihenfolge und vor allem mit der Bestimmung der gleichen Lohnzahlung vorbereitet. Das Gleichnis gipfelt in der Auseinandersetzung um den „gerechten" Lohn zwischen den protestierenden Erstangeworbenen und dem Weinbergbesitzer. Jene verlangen einen gerechten Lohn im Vergleich zu den Letztangeworbenen. Denn sie haben den ganzen Tag hart gearbeitet und auch die Hitze ertragen, die letzten aber nur eine Stunde in der angenehmeren Tageszeit am Abend. Eine gleiche Bezahlung kommt für sie nicht in Betracht. Sie wollen mehr als den vereinbarten Lohn haben.

Der Weinbergbesitzer empfindet kein Unrecht. Den vereinbarten Lohn hat er ihnen auszahlen lassen, und er fühlt sich frei auch den anderen, die keine Chance hatten, schon am Beginn des Tages angeworben zu werden, das Existenzminimum von einem Denar am Tag zu geben.

Das Gleichnis endet mit der Frage zu einem jeden der murrenden Arbeiter: *„Oder ist dein Auge (Blick) böse, weil ich gut bin?"* (V. 15b). Die Frage am Schluss des Gleichnisses richtet sich an die Hörer/Leser und charakterisiert das Gleichnis als eine Parabel, die direkt sie anspricht. Die Parabel vom gütigen Weinbergbesitzer – so können wir das Gleichnis überschreiben – fordert dazu auf, den eigenen engen Horizont zu erweitern, den Blick im Vergleich mit den anderen nicht auf sich einzuengen. Denn alle leben von der Güte Gottes, von seiner Gerechtigkeit, die einem jeden und vor allem dem Benachteiligten Ansehen schenkt. Die so verstandene Gerechtigkeit Gottes geht über den alten Katechismussatz: „Gott ist gerecht, weil er das Gute belohnt und das Böse bestraft, wie es ein jeder verdient" weit hinaus. Außerdem entlarvt unsere Parabel eine fehlende Solidarität der Arbeiter untereinander und ruft sie zu einem solidarischen Handeln auf.

2.　Ein Gleichnis vom Reiche Gottes

Es handelt sich bei unserer Parabel um ein Gleichnis vom Reich Gottes. Nicht die Arbeiter im Weinberg stehen im Mittelpunkt der Erzählung, auch wird Gott nicht direkt mit der Figur des Weinbergbesitzers gleichgestellt. Vielmehr wird im Verhalten des Weinbergbesitzers Gottes Handeln dargestellt. Jesus zeigt in dieser Erzählung, wie Gott denkt und handelt: Sein Maßstab sind Güte und Liebe, und nicht das *menschliche* Empfinden einer ausgleichenden Gerechtigkeit. Vor Gottes Angesicht haben nicht nur die Frommen und die, die Erfolg haben, eine Lebenschance, sondern auch die Sünder und die Zukurzgekommenen.

Wie oft musste Jesus sich den Vorwurf der Frommen anhören, er verschleudere Gottes Heil, wenn er sich mit Zöllnern und Sündern abgibt, mit ihnen Tischgemeinschaft hält. Mit diesem Gleichnis rechtfertigt Jesus sein Handeln: *Gott handelt so, dann handle auch ich so. Und weil Gott so gütig ist, bin ich es auch.* Aber Jesus will seine Kritiker nicht einfach in die Schranken weisen. Unser Gleichnis ist ein Werbetext: Es will auch die gewinnen, die an ihm Anstoß nehmen. Jesus will mit diesem Gleichnis ihnen die Augen öffnen für die neue Gerechtigkeit Gottes.

3.　Der soziale Impuls des Gleichnisses

Sicherlich würden wir unser Gleichnis überstrapazieren, wenn wir nur den sozialen Aspekt sähen. Aber wenn wir diesen Gesichtspunkt ausblendeten, würden wir unser Gleichnis um seinen sozialen Impuls bringen.

Unser Gleichnis ist ein Gleichnis vom Reich Gottes. Und das Reich Gottes ist nicht etwa nur eine überirdische Wirklichkeit, es hat auch mit unserer Welt zu tun, es will hier und jetzt erfahrbar werden. Gottes unermessliche Liebe will in uns und unter uns Wirklichkeit werden. Aus diesem Blickpunkt ist unser Gleichnis höchst aktuell. In unserer Gesellschaft stehen die Millionen Arbeitslosen in keinem Verhältnis zu den millionenfachen Überstunden. Und was macht der Gutsbesitzer in unserem Gleichnis? Er geht selber auf den Marktplatz und wirbt Arbeiter für seinen Weinberg an, und das tut er oftmals am Tag, bis zum Ende des Arbeitstages. Das Motiv der mehrmaligen Anwerbung der Arbeiter verdeutlicht, dass nicht der eigene Bedarf des Unternehmers, sondern die Sorge um die Arbeitslosen im Vordergrund steht. Vom Weinbergbesitzer heißt es: *„Als er um die elfte Stunde noch einmal hinging, traf er wieder einige, die dort herumstanden. Er sagte zu ihnen: Was steht ihr hier den ganzen Tag untätig herum? Sie antworteten: Niemand hat uns angeworben. Da sagte er zu ihnen: Geht auch ihr in meinen Weinberg"* (V. 6). Der Weinbergbesitzer kümmert sich also persönlich um das Schicksal der Arbeiter. Und er gibt den Erwerbslosen das Existenzminimum für ihre Familie: einen Denar pro Arbeiter. Der Gutsbesitzer will die zuerst Angeworbenen nicht ausbeuten, er will, dass alle eine Chance zum Leben haben.

Dieses Gleichnis stellt den ausschliesslich wirtschaftlichen Maßstab für das Ansehen eines Menschen in Frage. Es sagt klipp und klar: Die Bedeutung eines Menschen lässt sich nicht an seinem Verdienst ermessen. Er lebt von der Güte Gottes, die im Handeln der Menschen eine Entsprechung finden muss.

4. Infragestellung von Machtstreben und -strukturen in der Kirche

Wenn wir das Gleichnis im Kontext des Matthäusevangeliums lesen, sind wir unweigerlich mit der Frage nach dem Machtstreben in der Gemeinde/Kirche konfrontiert. Der Evangelist Matthäus hat unser Gleichnis in einen bestimmten Kontext gestellt. Durch den Rahmen in seinem Evangelium erhält das Gleichnis neue Akzente. Der Schluss-Satz (Mt 20,16), dessen kritischer Ton nicht zu überhören ist: *„So werden die Letzten die Ersten sein und die Ersten die Letzten"* begegnet uns auch als Überleitung zum Gleichnis (Mt 19,30). Daran können wir erkennen, dass das Streben nach Macht und höherer Rangstellung schon in der frühen Kirche ein Problem war. Wie sehr unserem Evangelisten dieses Anliegen am Herzen lag, zeigt nicht nur der Kontext unseres Gleichnisses, sondern auch die wiederholte Behandlung dieses Themas in seinem Evangelium. Und wie er sich die Lösung des Problems vorstellt, zeigen uns die beiden dem Gleichnis nachfolgenden Perikopen: Jesus als das verpflichtende Vorbild in seinem Leiden und Sterben (Mt 20,17-19) und die Umkehrung der Rangordnung: *„Bei euch soll es nicht so sein, sondern wer bei euch groß sein will, der soll euer Diener sein, und wer bei euch der Erste sein will, soll euer Sklave sein. Denn auch der Menschensohn ist nicht gekommen, um sich dienen zu lassen, sondern um zu dienen und sein Leben hinzugeben als Lösegeld für viele"* (Mt 20,26-28).

In der Gleichniserzählung selber können wir Impulse für die Überwindung dieses Problems finden. Hier hören/lesen wir, dass der Weinbergbesitzer sich nicht zu schade ist, die Menschen an ihrem Platz, auf dem Marktplatz, abzuholen. Er wendet sich auch den Nutzlosen und Vergessenen zu und gibt auch ihnen eine Lebenschance. Durch eine pastorale Umsetzung dieses Zuges im Gleichnis könnten die einseitige Frage nach Machtstrukturen in der Kirche und eine unfruchtbare Diskussion darüber gegenstandslos werden. Was zählt ist: allen eine Chance zum Leben geben, insbesondere den Vergessenen und an den Rand Gedrängten.

Auferstehung der Toten – Lohn für die Guten, Strafe für die Bösen? (Mt 25,31-46) : Eine Annäherung in Form von Thesen

Nicht immer ist uns bewusst, dass das Verständnis eines Textes durch ein Vorverständnis, durch die Vorgabe bestimmter Vorstellungen und Traditionen, geprägt ist. Wenn wir den Textabschnitt Mt 25,31-46 lesen oder hören, begleiten uns emotionale Assoziationen und Bilder, die durch die Darstellungen in Kunst und Literatur bestimmt sind. Wer schaut sich nicht mit Schauer die Gerichtsszenen auf den Tympana mittelalterlicher Kathedralen oder das grandiose Bild von Michelangelos Jüngstem Gericht an? Wer kommt nicht ins Stocken bei der Lektüre von Dantes göttlicher Komödie?

Wir müssen uns allerdings ernsthaft fragen, ob der Text uns über die sogenannten „letzten Dinge" informieren will. Will der Text unsere Neugier und unseren Wissensdurst nach genauer Kenntnis der endzeitlichen und postmortalen Ereignisse stillen? Worum handelt es sich bei diesem Text? Welche Sinnspitze hat diese Erzählung? Welche Textart, welche literarische Gattung haben wir hier vor uns? In welchem Kontext, in welchem Zusammenhang erscheint dieser Text? Welche Stellung hat er hier? Was beabsichtigt dieser Text oder der Erzähler? Wozu wird die Geschichte erzählt? Erst wenn wir auf diese Fragen eine einigermaßen befriedigende Antwort geben, können wir begründeterweise das Ganze verstehen. Wie aus einzelnen kleinen Mosaiksteinchen ein gewaltiges Gemälde entsteht, so ähnlich verhält es sich mit dem Verstehen unseres Textes und überhaupt jedes komplexen Textes.

These 1: _Die Bestimmung der literarischen Gattung von Mt 25,31-46 hilft uns, die Aussageintention des Textes herauszufinden_

Wenn wir auch heute die Bedeutung des Lesers im Verstehensgeschehen stärker hervorheben, ist dennoch die Bestimmung der Textart oder der literarischen Gattung für das Textverstehen nicht unerheblich. Der Gattung nach ist unser Text eine apokalyptische Offenbarungsrede, wobei ohne Bedeutung bleibt, ob ein ursprüngliches Königs- oder Hirtengleichnis bzw. eine Parabel von der Herde zu dieser Rede umgestaltet worden ist. Die Herausschälung der Textschichten soll damit nicht in Frage gestellt werden, sie bereichert die Kenntnis der Entwicklung des Textes, der Textgeschichte.

Die apokalyptische Offenbarungsrede will den im Weltgeschehen verborgenen Sinn vom geschauten Ende her entschlüsseln. Aber es geht hier nicht um ein Wissen um die Ereignisse der Endzeit. Vielmehr unterstreichen die Bilder der Endzeit jenes handlungleitende Wissen, nämlich dass in den Geringsten ohne Unterschiede Jesus der Herr (Kyrios) zum Dienst ruft. Daher wäre auch der Text sinnvoll als eine „eschatologische, d. h. endzeitliche, Mahnrede" zu bezeichnen. _Der Bruderdienst ist Christusdienst._ Im Notleidenden begegnet Jesus als Bruder. Er identifiziert sich mit ihm. Das Wörtchen „und" in den aufzählenden Sätzen „_Ich war hungrig, durstig_" usw. „_und ihr habt mich gespeist, mir zu trinken gegeben_" usw. kann nicht als bloßes „Als ob" verstanden werden. Der

Vers 40 bzw. in negativer Form der Vers 45 spricht die Identifikation deutlich aus: *„Wahrlich, ich sage euch, wenn ihr es einem dieser meiner geringsten Brüder getan (bzw. nicht getan) habt, habt ihr es mir getan" bzw. „nicht getan"* (V. 40.45).

Diese Identifikation geht weiter als die „Als ob"-Vorstellung in einem rabbinischen Spruch: „Meine Kinder, wenn ihr den Armen zu essen gegeben habt, so nehme ich es auch an, als ob ihr mir zu essen gegeben hättet" (Midr. Tann. 15,9).

Dieser Bruderdienst ist Maßstab für das endzeitliche Gericht. Der hier gestaltete Dialog mit dem Richter will gerade zeigen, wie entscheidend für den Urteilsspruch im Endgericht die Liebestat, die den Geringsten, Notleidenden erwiesene Hilfeleistung ist.

Dies ist die Sinnspitze der ganzen Erzählung (V. 40!). Den mangelleidenden und hilfsbedürftigen Mitmenschen als solchen, ohne einen frommen Umweg, etwa „um Gottes willen", „um Jesu willen", soll die Hilfe gelten. An Vollzug oder Verweigerung dieser Hilfe entscheidet sich das Los im Endgericht! Wie das Jungfrauengleichnis (Mt 25,1-13) das Öl in den Krügen und das Gleichnis von den Talenten (Mt 25,14-30) die Talente als Gerichtsmaßstab nennt, so zeigt Mt 25,31-46, wie die Liebeserweise über das ewige Leben und die ewige Strafe entscheiden.

Sollte die Bezeichnung „meine Brüder" sich nur auf die Jünger oder Boten des Evangeliums beziehen, wie dies auch dem Sprachgebrauch des Matthäus entspräche, würde dies eine einschränkende Auslegung des Evangelisten gegenüber einer universalen Bedeutung der ursprünglichen Vorlage der Erzählung sein. Die Funktion der Erzählung wäre dann, die Glaubensboten in der Situation der Not, der Bedrängnis und der Verfolgung zu trösten und zu stärken. Die universale Sicht des Evangelisten wäre aber dann verkannt, ein erklärender Zusatz wie etwa „im Namen eines Jüngers" (Mt 10,42) wäre in diesem Fall zu erwarten. Auch der Ausdruck „die Geringsten" verlangt einen weitreichenden Sinn, der nicht nur die armen Christen, sondern alle sich in einer Notsituation befindlichen Menschen umfasst, wie bereits der Ausdruck „der Kleine" (ho mikrós) eine soziale Komponente ausweist.

Diese Sicht des Matthäus entspricht auch der Forderung Jesu nach Hilfe eines jeden in Not geratenen Menschen (so Lk 20,30-37: Gleichnis vom barmherzigen Samariter). Sie entspricht auch dem Heilshandeln Jesu an Kranken, Elenden und Verlassenen (Mt 9,35; 11,5), ebenfalls der Zusammenschau von Gottes- und Nächstenliebe (Mt 22,37-40; Mk 12,30f; Lk 10,27: Die Frage nach dem wichtigsten Gebot).

Matthäus bringt in unserer Rede somit ein ursprüngliches Anliegen Jesu zum Ausdruck und schärft es seiner Gemeinde ein.

These 2: *Die Stellung von Mt 25,31-46 im Kontext des Matthäusevangeliums unterstreicht die Bedeutung der Aussage dieser Erzählung*

Mt 25,31-46 bildet den Abschluss und den Höhepunkt der eschatologischen Mahnrede in Mt 24-25. Die Perikope steht unmittelbar vor der Passionsgeschichte und beschließt alle bis zur Passion berichteten Worte und Taten Jesu. Diese eher formale Feststellung ist nicht ohne inhaltliche Bedeutung.

Als Abschluss und Höhepunkt der eschatologischen Mahnrede konkretisiert Mt 25,31-46 den Ruf zur Wachsamkeit (Mt 24,42.44), die Mahnung zum Wachsamsein in den Gleichnissen vom treuen und untreuen Knecht (Mt 24,45-

51) und von den zehn Jungfrauen (Mt 25,1-13), ebenfalls die Forderung nach dem richtigen Handeln im Gleichnis von den anvertrauten Talenten (Mt 25,14-30). Die in diesen Gleichnissen zur Sprache gebrachte wachsame Haltung des echten Jüngers angesichts der Verzögerung des Wiederkommens Christi wird in der Liebestat konkret.

Der unmittelbare Zusammenhang mit der nachfolgenden Passionsgeschichte zeigt die Verbindung mit dem leidenden, erniedrigten und ans Kreuz geschlagenen Herrn. *Der Weltrichter ist der Gekreuzigte,* dessen Passion eine Liebestat ist.

Im Kontext des ganzen Matthäusevangeliums bildet Mt 25,31-46 den abschließenden und zusammenfassenden Höhepunkt der fünf großen Redekompositionen: Bergpredigt (Mt 5-7), Jüngerrede (Mt 10), Gemeinderegel (Mt 18), Rede gegen Schriftgelehrte und Pharisäer (Mt 23) und die endzeitliche Mahnrede (Mt 24-25). Diese Tatsache betont die hervorragende Stellung unserer Erzählung und ihrer Aussage, nämlich dass der Maßstab des Gerichtes letztlich die Liebe zu den Geringen ist. Matthäus unterstreicht diese Sicht mit Sprüchen Jesu: *„Nicht jeder, der zu mir sagt: Herr, Herr! wird in das Reich der Himmel eingehen, sondern wer den Willen meines Vaters tut, der in den Himmeln ist"* (Mt 7,21), heißt es am Ende der Bergpredigt, oder: *„Denn der Menschensohn wird kommen in der Herrlichkeit seines Vaters mit seinen Engeln, und dann wird er einem jeden vergelten nach seinem Tun",* so die Begründung der Nachfolge in Mt 16,27.

Wir können nun nach dem Grund fragen, warum Matthäus dieses Anliegen besonders hervorhob. Welche Gemeindesituation machte die Mahnung des Evangelisten erforderlich?

Die unserer Rede vorangehenden, zur Wachsamkeit ermahnenden und bereits genannten Gleichnisse könnten auf eine Situation der Gemeinde hindeuten, die von Gleichgültigkeit und Desinteresse geprägt ist. Von der Gefahr des Abfalls und des Erkaltens der Liebe in der matthäischen Gemeinde ist Mt 24,10-12 die Rede. Unsere Erzählung könnte sich auch gegen eine enthusiastische Gemeinde richten, die große und wunderbare Ereignisse bevorzugt und dabei den Maßstab des Gerichtes vergisst: *„Nicht jeder, der zu mir sagt: Herr, Herr! wird in das Reich der Himmel eingehen, sondern wer den Willen meines Vaters tut, der im Himmel ist. Viele werden an jenem Tag zu mir sagen: Herr, Herr! Haben wir nicht durch deinen Namen geweissagt und durch deinen Namen Dämonen ausgetrieben und durch deinen Namen viele Wunderwerke getan? Und dann werde ich ihnen bekennen: Ich habe euch niemals gekannt! Weicht von mir, ihr Übeltäter!“* (Mt 7,21-23).

Zusammenfassend lässt sich festhalten: Das Hauptziel unseres Textes ist nicht apokalyptische Belehrung, sondern ethische Mahnung angesichts der ausstehenden Parusie.

These 3: **Gericht und Verfehlung des ewigen Heils sind Mahnung, zugleich auch reale Möglichkeit**

Es steht fest, dass Jesus vom nahen Kommen der Gottesherrschaft in diese Welt gepredigt hat (Mk 1,15f). Es gibt nichts Wesentlicheres für den Menschen als dieses Kommen, das in Worten und Taten Jesu sichtbar wird. Es gibt nichts Dringlicheres für den Menschen, als sich total für diese kommende Gottesherrschaft zu entscheiden, was bereits jetzt in der Begegnung mit Jesus erfolgen soll und nicht aufgeschoben werden darf. Der entdeckte Schatz im Acker und die gefundene kostbare Perle (Mt 13,44-46) müssen unter allen Umständen erworben werden. Mit diesen Bildern verdeutlicht Matthäus die unaufschiebbare Entscheidung für das Reich Gottes.

Im Unterschied zu Johannes dem Täufer, der auch vom Kommen der Gottesherrschaft sprach (Mt 3,2), legt die Predigt Jesu das Hauptgewicht nicht auf das Gericht, sondern auf das Heil. Seine Verkündigung ist *„frohe Botschaft", „Evangelium", eine Botschaft, die froh macht.*

Dementsprechend unterscheidet sich ihr Verhalten voneinander: Der Täufer, der ein asketisches Leben führt und in der Wüste wohnt – Jesus, der zu den Menschen geht, bei ihnen einkehrt und mit ihnen isst und trinkt. Das „Himmelreich" – so nach dem jüdischen Sprachgebrauch des Matthäus –, d. h. die Gottesherrschaft ist für ihn wie ein freudiges und festliches Hochzeitsmahl (Mt 21,1-10). Jesus ist der Freudenbote, von dem es Jes 52,7 heißt: *„Wie willkommen sind auf den Bergen die Schritte des Freudenboten, der Frieden ankündigt, der eine frohe Botschaft bringt und Rettung verheißt, der zu Zion sagt: König ist dein Gott".* Die Freude Gottes ist im Ersten Testament deutlich ausgedrückt: *„Wie der Bräutigam sich an der Braut freut, so wird dein Gott sich an dir freuen"* (Jes 62,5).

Das Gericht, von dem auch Jesus sprach, wird nicht ausgemalt. Es verdeutlicht den Ernst der Situation und die Dringlichkeit der Entscheidung, die keinen Aufschub duldet, sondern für die Jetzt-Zeit gilt.

Matthäus hat das Gerichtsmotiv vermehrt in sein Evangelium eingebracht. Er richtet seine Reden und alle Paränesen (Mahnungen) eschatologisch (auf die Endzeit und auf das Endgericht) aus. Gleichnisse werden auf das Endgericht bezogen bzw. in diesem Sinne allegorisch ausgelegt, wobei er auf bekannte apokalyptische Bilder und Schilderungen zurückgreift: *Heulen, Zähneknirschen, Feuer, Finsternis.*

Das Gleichnis vom königlichen Hochzeitsmahl *(Mt 22,1-10*/Lk 14,16-24: Gleichnis vom großen Festmahl), das als ursprüngliche Sinnspitze einen Aufruf hat, die Einladung in das Gottesreich nicht auszuschlagen, erhält durch die angefügte Ergänzung durch die Szene mit dem „Gast ohne Hochzeitsgewand" (Mt 22,11-14) eine Akzentverschiebung in Richtung auf das Endgericht und die Möglichkeit des ewigen Heilsverlustes. Der Mahncharakter des ursprünglichen Gleichnisses, wie es uns bei Lukas begegnet, wird dadurch verschärft.

Das Gleichnis vom Unkraut unter dem Weizen (Mt 13,24-30), das in seiner ursprünglich jesuanischen, von Jesus selber stammenden Form der Zuversicht und der Ermunterung Ausdruck gibt und den Vorwurf der Gegner Jesu, er habe sich von den Sündern nicht getrennt, entkräften will, ergänzt der Evangelist Matthäus ebenfalls mit einem Hinweis auf das endzeitliche Gericht. Dies schlägt in der von Matthäus beigefügten allegorischen Deutung voll durch (Mt 13,37-43).

Dasselbe gilt auch vom Gleichnis vom Fischnetz (Mt 13,47-50). Angesichts der Erfahrungen von Abfall und unheilvollen Zuständen in seiner Gemeinde betont Matthäus das Gericht. Jesus wollte dagegen mit dem Gleichnis zeigen, dass die Anwesenheit des Bösen nicht schrecken und aus der Fassung bringen soll, weil das Reich Gottes sich als die überlegene Kraft erweisen wird.

Demgegenüber legt Matthäus mehr Gewicht auf Warnung und Wachsamkeit. Denn auch Christen können das Heil endgültig verlieren. „Feuerofen" bzw. „äußerste Finsternis" sind Bilder für den endgültigen Heilsverlust.

Diese thesenartigen Ausführungen sollen helfen, den Bibeltext in seinem Kontext, nach seiner spezifischen literarischen Gattung und von der Aussageabsicht des Matthäus her näher zu verstehen.

Die nun folgenden Thesen sollen zur Diskussion anregen:

1. Die Vorstellungen von Himmel und Hölle sind nicht spezifisch christlich.

2. Die Vorstellungen von Himmel und Hölle wurden durch die Botschaft Jesu und des Neuen Testaments erheblich verändert.

3. Die Rede von Himmel (Vollendung, Heil) und Hölle (absolute Verlorenheit, „ewiges Verderben") sind nicht gleichrangige Aussagen. Es besteht der Primat des Heils und der Endvollendung. Gott will unbedingt das Heil des Menschen und nicht sein Unheil. Jesus verkündet das Kommen der Gottesherrschaft, die mit ihm in Wort und Tat in dieser Welt anbricht. Himmel ist somit nicht mehr nur eine jenseitige Welt, sondern eine durch Jesus zur Rettung der Menschen in die Welt gebrachte heilende Bewegung und Kraft, die durch Umkehr und Glaube zu ergreifen, weiterzugeben ist, damit die Welt verwandelt werde.

4. Die endgültige Vollendung führt Gott herbei, sie entwirft sich jedoch in Glaube, Hoffnung und Liebe, also in den prägenden gegenwärtigen christlichen Lebensvollzügen vorweg.

5. Der Himmel, die letzte Erfüllung menschlichen und christlichen Lebens bei Gott besteht „in der umfassenden Liebe und Kommunikation mit Gott und mit anderen. Das bedeutet: Der Himmel ist kein privates tête-à-tête des Einzelnen mit Gott, sondern er ist wesentlich eine soziale Größe, die Wirklichkeit einer Gemeinschaft, die getragen ist von universaler Liebe" (Gisbert Greshake, *Ungewisses Jenseits? Himmel – Hölle – Fegefeuer,* Düsseldorf 1986, S. 89).

6. Finsternis, Heulen, Zähneknirschen, Feuer, Feuerofen sind Bilder für die drohende Möglichkeit, dass
   der Mensch seinen Lebenssinn und sein letztes Le-
   bensziel völlig verfehlen kann. Diese Bilder verdeutlichen den unbedingten Ernst des Anspruches Gottes und die Dringlichkeit der Umkehr des Menschen.

7. Die Hölle als gegenwärtige Realität drückt die Verweigerung und Umkehrung des Heils, der Liebe und
   des Gnadenangebotes Gottes aus.

8. „Das Fegefeuer ist keine halbe Hölle, sondern ein
   Moment der Gottesbegegnung, nämlich der Begegnung des unfertigen und in der Liebe unreifen Menschen mit dem heiligen, unendlichen, liebenden
   Gott, eine Begegnung, die zutiefst beschämend,
   schmerzhaft und deswegen läuternd ist" (G. Greshake, *Stärker als der Tod. Zukunft, Tod, Auferstehung,
   Himmel, Hölle, Fegfeuer,* Topos Taschenbücher 50, 11.
   Aufl. Mainz 1991, S. 93).

9. „Die Hölle, das sind die anderen" (Jean Paul Sartre).

10. „Der Himmel, das sind die anderen" (Gabriel
    Marcel).

Gemeinde auf dem Weg der Jesusnachfolge – Gemeinde-Sein nach dem Markusevangelium und lebendige Gemeinde heute

1. Jesu Weg ins Leiden

Martin Kählers Definition der Evangelien als „Passionsge-schichten mit ausführlicher Einleitung" trifft vor allem für das Markusevangelium zu. Der Verfasser des Markusevange-liums hat als erster Leben, Tod und Auferstehung Jesu in Form eines Evangeliums aufgeschrieben. Kennzeichnend für das markinische Christuszeugnis ist die Konzentration auf die Passion. Und dies tut Markus aus der Glaubensüber-zeugung heraus, dass der Gekreuzigte auferweckt worden ist. Auch für ihn steht fest, dass der Auferstandene der Gekreu-zigte ist. Von Anfang an bestimmt das Leiden, das zum Kreuz führt, den ganzen Weg Jesu von Galiläa nach Jerusa-lem.

Folgende Skizze veranschaulicht den Leidensweg des Mes-sias Jesus.

3,6	1,11 Messiaserklärung Gottes	Todesbeschluss
	8.29 Messiasbekenntnis des Petrus	
8,31		1. Leidensankündigung
	9,7 Messiaserklärung Gottes	
9,30 – 32		2. Leidensankündigung
10,32 – 34		3. Leidensankündigung
11,18		1. Tötungsversuch
12,12		2. Tötungsversuch
14,1f		3. Tötungsversuch
	14,61 Messiasbekenntnis Jesu vor dem Hohen Rat	
14,64		Todesurteil
	15,2 Messiasbekenntnis Jesu vor Pilatus	
15,15		Geißelungs- und Kreuzigungsbefehl
15,16 – 47		Verspottung, Kreuzigung Tod und Grablegung
	15,39 Messiasbekenntnis des Hauptmanns	
16,1 – 3	16,6f Auferstehungsbotschaft	Leeres Grab

Der Weg des Messias ins Leiden

64

2. Eine Christologie im Dienst der Ekklesiologie

In der exegetischen Forschung wird der christologische Ansatz betont. Demgegenüber sind folgende Gesichtspunkte zu beachten:

1. Für die Bestimmung der *Zielsetzung des Markus* ist die Feststellung nicht unwichtig, „dass der Evangelist keine Christologie entwickelt wie etwa die Q-Gruppe in der Menschensohn-Christologie oder wie Paulus (Phil 2,6ff; vgl. Röm 1,3f), Mt und Lk („Kindheitsgeschichten") oder der „vierte Evangelist" (W. Bracht, „Jüngerschaft und Nachfolge. Zur Gemeindesituation im Markusevangelium", in: J. Hainz (Hrsg.), *Kirche im Werden. Studien zum Thema Amt und Gemeinde im Neuen Testament,* München 1976, 143-165; bes. 148).

2. Auch Ostern bedeutet für Markus keine neue Offenbarung, die durch Erscheinungen des Auferstandenen besiegelt worden wäre. Ostern bekommt seine Qualität „als Datum der Verkündigung der (vorösterlich-verborgenen) Gottessohn-Würde Jesu" (P. Hoffmann, *Studien zur Theologie der Logienquelle,* NTA NF 8, 2. Aufl. Münster 1974, 142ff).

3. Die aus der Tradition übernommenen christologischen Prädikationen (Gottessohn, Menschensohn, Christus) dienen nicht in erster Linie einer christologischen Reflexion im Sinne eines theologischen Programms zum Ausgleich konkurrierender Christologien, z. B. um zu zeigen, dass der Gottessohn auch der Leidende ist.

„Vielmehr haben die Titulaturen im Markusevangelium ihren Eigenwert bereits weitgehend verloren und bedürfen der

65

Interpretation. Sie dienen vornehmlich der Jüngerbelehrung, indem sie akkumulativ die Würde dessen zeigen, der in die Nachfolge ruft" (W. Bracht, „Jüngerschaft und Nachfolge", S. 149).

Zu beachten ist, dass der von Markus bevorzugte Gottessohntitel vorwiegend paränetisch in der Aufforderung zum Glauben verwendet wird:

a) nach der Proklamation Jesu als Gottessohn (Mk 1,11) werden die Hörer des Evangeliums aufgefordert: *„glaubt an das Evangelium"* (V. 15c).

b) auch in der Verklärungsszene wird die Aufforderung hinzugefügt: *„Auf ihn sollt ihr hören"* (Mk 9,7).

c) Mk 15,39 erscheint der heidnische Hauptmann als Prototyp des Glaubenden und bekennt: *„Wahrhaftig, dieser Mensch war Gottes Sohn"*.

Entsprechend seiner Kreuzestheologie erklingt das Bekenntnis zur Gottessohnschaft Jesu in der Stunde tiefster Ohnmacht und Verlassenheit der Kreuzigung und des Kreuzestodes. „Jesus gilt als der Gottessohn, weil er den Weg der dienenden Liebe bis zur Hingabe seiner selbst gegangen ist und darin den Willen seines Vaters zum Heil für die Menschen vollzog" (A. Weiser, *Theologie des Neuen Testaments II. Die Theologie der Evangelien,* Stundenbücher Theologie 8, Stuttgart u.a.O. 1993, S. 67).

3. Das Verhältnis von Glauben (Bekenntnis) und Nachfolge

Glauben und Bekennen beziehen sich notwendig auf die Existenz der Jünger-Gemeinde. Diese wird in der Nachfolge des „Weges Jesu", d. h. im Leben-Verlieren (Mk 8,35) und Alles-Verlassen (Mk10,29) „um des Evangelium willen" verwirklicht.

Als „Mitte" des Markusevangeliums erweist sich die paränetische Belehrung über die Notwendigkeit der Nachfolge auf dem „Weg Jesu" für die sich zu Jesus Bekennenden.

Die enge Verbindung von Christologie und Ekklesiologie zeigt sich in dem von der Hand des Evangelisten so deutlich geprägten Abschnitt Mk 8,27-10,52, wo jedesmal einem christologischen Lehrstück solche ekklesiologischen Charaktere folgen, welche in der Jünger-Paränese die Verwirklichung der Nachfolge in der Gemeinde aufzeigen.

Die zentrale Bedeutung dieses Abschnittes soll folgende Skizze veranschaulichen:

Verkündigung
von der Königsherrschaft Gottes
in Wort und Tat

1,1 – 8,26

Kreuzesnachfolge
Gemeinde unter dem Kreuz
8,27 – 10,52

Jesu Weg zum Kreuz
und die Botschaft von der
Auferweckung

11,1 – 16,8

Zentrale Stellung von Mk 6,27 – 10,52

Zu beachten ist, dass in Mk 8,27 – 10,52 die redigierende Hand des Evangelisten deutlich sichtbar wird: Der Abschnitt unterliegt nämlich einer strengen Komposition, bei der die drei *Passionssummarien* (Mk 8,31; 9,31; 10,33f) das auffälligste Strukturelement darstellen. Diesen folgen *dreimal* Aussagen über das *Unverständnis der Jünger* (Mk 8,32f; 9,32-34; 10,35-37) und ebenfalls *dreimal Nachfolgesprüche* (Mk 8,34ff; 9,35ff; 10,38ff), in denen die Auswirkung der zuvor gemachten christologischen Aussagen auf die Existenz der Gemeinde aufgezeigt wird.

Außerdem ist zu beachten, dass die Verbindung von Christologie und Ekklesiologie das Markusevangelium als Schrift bestimmt:

1. „Wie Markus in seiner entapokalyptisierten und historisierenden Christologie die Gottessohn-Würde Jesu konsequent auf den irdischen Jesus überträgt und damit die Relevanz des irdischen Jesus für das Kerygma und insofern für die christliche Existenz herausstellt, *so* identifiziert er die Jünger mit der Gemeinde".

2. „Indem Markus Verkündigung und Schicksal Jesu in seinem Evangelium „aufhebt", will er nicht etwa der Gefahr einer Mythisierung des Jesus von Nazareth wehren, auch nicht das Wirken Jesu als vergangene Geschichte darstellen, sondern gerade das Weitergelten betonen sowohl der Verkündigung Jesu, wie sie Markus programmatisch am Anfang seines Evangeliums 1,14f zusammenfasst, als auch seines Leidensweges, der in der Nachfolge präsent und damit soteriologisch relevant wird" (W. Bracht, „Jüngerschaft und Nachfolge", S. 150).

4.   Die Ekklesiologie des Markus

Markus zeigt durchgängig eine meist paränetisch-ekklesiologische Ausrichtung: „Die Adressierung an die Leser ist der hermeneutische Schlüssel zum Verständnis des Markusevangeliums" (E. Gräßer, Jesus von Nazareth (Mk 6,1-6a). Bemerkungen zur Redaktion und Theologie des Markus: Ders. u. a., *Jesus von Nazareth,* BZNW 40, Berlin 1972, 1-37; s. S. 29 Anm. 144).

Nicht nur der theologiegeschichtliche Ort des Markus veranlasst den Evangelisten – anders als etwa Paulus – gleichsam *verschlüsselt innerhalb eines Evangeliums* die konkreten Probleme seiner Gemeinde (oder Gemeinden) zu reflektieren. Dahinter steht auch *eine bestimmte Vorstellung von Gemeinde.* Für Markus geschieht Kirche eben allein auf dem Weg der Nachfolge Jesu. Sie ist eine „Kirche im Werden".

Die Tatsache, dass Markus nicht über *innerkirchliche Strukturen und Ordnungen* reflektiert, sondern die Gemeinde gerade im Gegensatz zu den Praktiken der Welt auf den Dienst in der Nachfolge des dienenden und sein Leben hingebenden Menschensohnes verweist (Mk 10,42-45), macht das Markusevangelium zu einem nicht unwesentlichen Zeugnis urchristlicher Ekklesiologie.

5. Die Situation der Gemeinde

Eine Gemeinde wird durch die Legitimation der gegenwärtigen Verkündigung konstituiert, die durch Berufung und Sendung erfolgt. Daher wird die Zeugenfunktion der erstberufenen Brüderpaare betont (Mk 1,16-20). Die Erzählung von der Berufung der ersten Jünger will keinen historischen Rückblick halten. Es wird dadurch die „Legitimation der gegenwärtigen Verkündigung durch die Kontinuität mit der Jesustradition" herausgestellt (W. Bracht, Jüngerschaft und Nachfolge S. 153). Darüber hinaus ist die Erzählung von der Berufung der Jünger ein Beispiel und Vorbild für eine unbedingte Nachfolge Jesu. Denn Gemeinde verwirklicht sich vornehmlich in der Nachfolge Jesu. Es ist eine Nachfolge auf dem Leidensweg. Wieder hat eine Erzählung, die von der Heilung des blinden Bartimäus (Mk 10,46-52), die wichtige Funktion eines Paradigmas. Im Unterschied zu den engeren Jüngern Jesu, die allesamt versagen (Mk 8,32f; 9,33-37; 10,35-45), folgt der geheilte Bartimäus Jesus spontan, ohne Wenn und Aber, auf dem Weg nach Jerusalem.

Es ist auf den unterschiedlichen Gebrauch des Jünger-Begriffes und der Zwölfer-Chiffre zu achten: Der Begriff *Jünger* stellt literarisch die *markinische Gemeinde* dar. Die Chiffre *Zwölf* „zielt auf Legitimierung der gegenwärtigen Verkündigung im Sinne der Kontinuität mit der Geschichte Jesu" ab (W. Bracht, Jüngerschaft und Nachfolge S. 156). *Die Zwölf* werden „damit in der retrospektiven Schau des Markus zum geschichtlichen Bindeglied zwischen Jesus und der Gegenwart des Evangelisten" (K. Kertelge, die Funktion der „Zwölf" im Markusevangelium: TthZ 78, 1969, 193-206; bes. 202). Die Zwölfer-Chiffre wird so eminent theologisch gebraucht. Für den historischen Jesus ist anzunehmen, dass der Zwölferkreis die heilsgeschichtliche Rolle als Repräsentanten des erneuerten Israel innehat.

Für die Beschreibung der Gemeindesituation im Markusevangelium ist die Beachtung folgender Stilmittel wichtig :

a) *Streitgespräche* (Mk 2,15 – 3,6) und *Schulgespräche* (Mk 11,27 – 12,44). Diese bringen brennende Fragen der Gemeinde zur Sprache: Obwohl sich die Loslösung vom offiziellen Judentum stark abzeichnete oder bereits vollzogen ist, spielen innerjüdisch kontroverse

Themen und religiöse Frömmigkeitsformen noch eine wichtige Rolle (Mk 2,18-20: Fastenfrage; 7,1-23: Rein und Unrein). Zudem werden die Vorwürfe Jesu an die Jünger in Frageform gehalten (Mk 4,13; 5,40; 8,17f), und dies besagt: Selbstprüfung und Infragestellung seiner selbst führen zur Einsicht und zur besseren Erkenntnis.

b) *Jüngerbelehrung und Jüngerunverständnis* (Mk 4,40; 6,52; 8,18f.21; 9,10.32). Sie dienen zur Einsicht in die Notwendigkeit der Kreuzesnachfolge. Nach dem Einwand des Petrus gegen den Leidensweg Jesu wird allen Jüngern gesagt: „Wer mein Jünger sein will, der verleugne sich selbst, nehme sein Kreuz auf sich und folge mir nach" (Mk 8,34).

Die konkrete Situation der Gemeinde ist gekennzeichnet durch:

Misserfolg: Mk 6,11; vgl. auch das Gleichnis vom vielerlei Acker: Mk 4,3-9.13-20). Die Verkündigung des Evangeliums erfährt nicht nur Annahme. Immer stärker spüren die Jesusanhänger Ablehnung ihrer Missionsarbeit. Die Auseinandersetzung mit Anhängern ihrer jüdischen Glaubensgenossen dürfte mit den Ereignissen des sogenannten Jüdisch-Römischen Krieges (66 – 73 n. Chr.) zusammenhängen (Mk 13,7-13).

Leidenssituation: Mk 13,11ff; 10,38f; 8,34f. Die Ablehnung der Anhänger Jesu steigert sich bis zum Hass „um meines (= Jesu) Namens willen" (Mk 13,13). Eine allgemeine Christenverfolgung zur Zeit des Markus ist nicht belegt. Martyrien scheinen dennoch einzeln vorgekommen zu sein (Mk 8,35b; 10,39; 13,12). Jedenfalls sind die christlichen Gemeinden oder insbesondere einzelne Christen von „Drangsalen und Angriffen" der Umwelt betroffen (Mk 4,17; 10,30; 13,19).

Vor allem dürften die „Religionswechsler" durch den Übertritt zum Christentum den Anschluss an ihre Familien und so auch die soziale Sicherheit verloren haben (Mk 10,29f). Ihnen wird in der „neuen christlichen Familie" (= Gemeinde) reichlich vergolten, die durch Leidenssituation und Misserfolg als besondere Last empfundene *Diskrepanz zwischen dem hohen Anspruch der Präsenz der Gottesherrschaft und der gegenwärtigen Situation* wird durch die endzeitliche Verheißung gelöst: Kontrastgleichnisse von der selbstwachsenden Saat (Mk 4,26-29) und vom Senfkorn (Mk 4,30-32).

6. Das Lösungsangebot des Markus

6.1 Zur Grundlage des markinischen Verständnisses von Gemeinde-Sein

Drei Gesichtspunkte sind hier hervorzuheben:

1. *Anspruch auf die Teilhabe an der im Wirken Jesu gekommenen Königsherrschaft Gottes.* Dies wird deutlich:
   - durch die Betonung der machtvollen Gottessohn-Würde Jesu in den Wundererzählungen,
   - durch die Berichte von der besonderen Einsetzung (Mk 3,13-19) und Sendung (Mk 6,7-13) der Zwölf, sowie
   - durch die Gleichnisse vom Gottesreich in Kap. 4. Markus verweist an diesen Stellen die Gemeinde auf ihre Grundlagen.

2. *Nachfolge auf dem „Weg" Jesu.* Diese realisiert sich im Dienen und Leiden, ja bis zur Hingabe des Lebens.

3. *Trotz Scheitern erneute Chance zur Nachfolge.* Markus idealisiert die Gemeinde/Kirche nicht. Gerade an der Gestalt der Jünger, insbesondere des Petrus, wird das Scheitern der Nachfolge illustriert (Mk 8,32f; 14,50f.66-72). Trotzdem ermöglicht der gekreuzigte Auferstandene eine erneute Nachfolge. Dabei spielen die Frauen eine wesentliche Rolle (Mk 14,27f; 16,7).

6.2 Das Bild der Gemeinde/Kirche als Familie Gottes (Familie als Modell für Gemeinde)

Das Haus als Bild für eine enge Lebens- und Weggemeinschaft begegnet uns öfters im Markusevangelium. Jesus und seine Jünger sind beisammen beim gemeinsamen Mahl (Mk 1,29ff; 2,15f; 3,10f; 14,12-25). Ins Haus ziehen sie sich auch zur besonderen Belehrung zurück (Mk 7,17; 9,28f; 9,33-50! 10,10f). Vor allem wird die Gemeinde/Kirche auf der Beziehungsebene als „Familie Jesu" bestimmt: *„Wer den Willen Gottes tut, der ist mir Bruder, Schwester und Mutter"* (Mk 3,35).

Und wenn Mk 10,29f der Verlust des Vaters in der Jesus-Familie nicht ersetzt wird, dürfte dies eine deutliche Absage an eine patriarchalische Ordnung sein: *„Amen, ich sage euch: Jeder, der um meinetwillen und um des Evangeliums willen Haus oder Brüder, Schwestern, Mutter, Vater, Kinder oder Äcker verlassen hat, wird das Hundertfache dafür empfangen: Jetzt, in dieser Zeit, wird er Häuser, Brüder, Schwestern, Mütter, Kinder und Äcker erhalten, wenn auch unter Verfolgungen, und in der kommenden Welt das ewige Leben."*

Zu beachten ist auch, dass Mk 10,29f aus einer bestimmten Situation heraus, nämlich aus der des Religionswechsels, und auf sie angewandt, formuliert wird.

Außerdem erscheint die Gemeinde oder Jüngerschaft Jesu als „geistiger Tempel". Als solcher ist sie der Ort wahrer Gottesverehrung. Als „neuer, geistiger Tempel" ist sie errichtet (Mk 14,58). Jesus selbst ist ihr zusammenhaltender „Eckstein" (Mk 12,10f). Die Gemeinde ist ein welt- und völkeroffenes „Haus des Gebets" (Mk 11,17).

7. Lebendige Gemeinde heute

Stichwortartig stelle ich im Folgenden einige Thesen zur Diskussion. Wir gehen vom eigenen Erleben aus:

1. Wie erlebe ich Gemeinde? Meistens ist Gemeinde durch das Gemeindemodell „Pfarrei" bestimmt. Seine Merkmale sind:
    a) Durchstrukturierung bis zur Starrheit
    b) Wenige Aktive stehen den Vielen gegenüber. Diese Wenigen müssen außerdem viele Aktivitäten und Funktionen übernehmen.
    c) Daher wird eine Erwartungshaltung der Mehrheit geweckt und der Leistungsdruck der wenigen Aktiven steigt.

2. Das Unbehagen gegenüber dem Gemeindemodell „Pfarrei" ist allgemein zu spüren. Es ist kein Einzelphänomen. Folgende Programmworte sprechen eine deutliche Sprache in dieser Hinsicht:
    – „Von der versorgten zur mitsorgenden Gemeinde"
    – „Von der Volkskirche zur Kirche des Volkes"
    – „Basisgemeinden"

3. Suche nach „erlebbarer Gemeinde". Das Verlangen nach einer erlebbaren Gemeinde ist nicht Ausdruck des Trends einer „Erlebnisgesellschaft". Gemeindeleben muss auch Raum für Gemeinschaftserlebnis schaffen. Es geht hier um Kommunikation und Vertiefung von Erfahrungen.

Wenn von einer lebendigen Gemeinde die Rede ist, stellt sich die Frage nach dem Gemeindemodell.

Die folgende Skizze stellt die geläufigen entgegengesetzten Gemeindemodelle vor:

die versorgte Gemeinde	*die sorgende Gemeinde*
Struktur	Basis
Verplanung: voller Terminkalender	Dasein für andere
Schaffung von Gremien und pastoralen Diensten	Zurückgreifen auf die Charismen der Einzelnen
Mensch: Objekt der Pastoral	Subjekt der Pastoral
Riten	Ort neuer Erfahrungen
Distanz	Intensive menschliche Beziehungen

Als Merkmale einer lebendigen Gemeinde zählen wir die folgenden auf:

1. Biblische Spiritualität
Schriftlesung im eigenen Lebenskontext

2. Hellhörig-sein, waches Bewusstsein für die Probleme und Nöte der Nächsten, auch im wörtlichen Sinn: für die Menschen in der nächsten Umgebung, vor allem für die Benachteiligten. Ökologisches Bewusstsein und Handeln.

3. Gemeinschaftsgeist: ein Miteinander und neue Umgangsformen. Alle sind Hörende. Sinn für Feste und Feiern.

4. Integrierung des Kultes in das Leben.

5. Mission und Sendung (missionarische Gemeinde)

Thesen:

1. Miteinander im Glauben
Aufbau von Gemeinde
("weg von Individualismus")

2. Subjektwerden im Glauben
Kompetenz des Volkes erwerben
("weg von Versorgungsdenken")

3. Verbindung von Glauben und Alltag
("weg von Kult und Spiritualisierung")

4.   Kultur eines von Gott sich Führenlassens:
„Was will Gott von uns, von mir?"
(„weg von Führung durch Amtsträger")

5.   Glaubensgemeinschaft wird zur Tat, Liebesgemeinschaft. („weg von der Delegierung der Diakonie zur unmittelbaren diakonischen Praxis und unmittelbaren Erfahrung von Not").

„Gebt ihr ihnen zu essen" – Die beiden Speisungserzählungen im Markusevangelium (Mk 6,30-45; 8,1-10)

Wer geht schon heute zu einem stunden- oder tagelang andauernden Happening und steckt sich nicht wenigstens ein paar Butterbrote in die Tasche? Bei aller Begeisterung für die Musik oder den Künstler würde doch jeder für sein Grundbedürfnis von Essen und Trinken sorgen. Das Publikum Jesu, seine Hörer und Hörerinnen, handeln offensichtlich anders. Sie sind von Jesu Rede total gefesselt, gönnen weder Jesus noch seinen Jüngern etwas Zeit zum Ausruhen. Sie folgen Jesus bis in den entlegensten Ort (Mk 6,38), ja buchstäblich bis in die Wüste hinein (Mk 8,4) und harren schon drei Tage lang aus, und dies, ohne Hunger zu verspüren! Die Jünger Jesu, die ihrerseits keine Zeit zum Essen fanden, haben ihn auf die missliche Situation aufmerksam gemacht (Mk 6,35f), waren selbst aber ratlos und wussten nicht, wie das Problem zu lösen sei (so übereinstimmend Mk 6,37; 8,4). Ganz anders Jesus! (vgl. Mk 6,38-42; 8,5-9). Dass diese Geschichte eine große Bedeutung für die urchristlichen Gemeinden hatte, beweist ihre dreifache Überlieferung (Mk 6,30-45; 8,1-10; Joh 6,1-15).

1. Zwei Überlieferungen ein und derselben Geschichte im Markusevangelium

Markus wird die beiden Überlieferungen als zwei verschiedene Geschichten verstanden haben. Es handelt sich aber dabei nur um zwei verschiedene Überlieferungen. Dies hat bereits Lukas bemerkt. Er streicht Dubletten konsequent weg, so auch in diesem Fall. Inhaltlich und formal geht es um dieselbe Begebenheit. Folgende Elemente sind in beiden Erzählungen (Mk 6,30-45 und Mk 8,1-10) gleich:

1. Rede vom Erbarmen Jesu
2. Gespräch Jesu mit seinen Jüngern
3. Verlegenheit der Jünger
4. Frage Jesu nach der Zahl der Brote
5. Jesu Segensspruch bzw. Dankgebet und Brotbrechen
6. Austeilen der Brote und Fische durch die Jünger
7. Sattwerden der Menschen
8. Einsammeln der Brocken
9. Entlassung der Menschen
10. Überfahrt Jesu mit seinen Jüngern

Die *Unterschiede* aber zeigen eine bestimmte Gewichtung und Akzentsetzung in den jeweiligen Überlieferungen. Folgende Tabelle soll dies verdeutlichen:

Mk 6,30-34	Mk 8,1-10
Reflexion des Erzählers über das Erbarmen Jesu, das sich auf die Desorientierung der Menschen bezieht	Jesus äußert selber, er habe Erbarmen. Dies bezieht sich konkret auf den Hunger der Menschen
Die Jünger machen Jesus auf die Notsituation aufmerksam	Jesus selber ergreift die Initiative und spricht seine Jünger an
Die Menschen befinden sich an einem abgelegenen Ort	Sie befinden sich in der Wüste
Verlegenheit und Unverständnis der Jünger, sie wollen für 20 Denare Brot kaufen	Frage der Jünger, die ihre Hilflosigkeit zeigt
	Dankgebet nur über die Brote
Jesu Segensspruch über Brote und Fische	Segensspruch über die Fischlein
Die Menschen lagern sich auf grünem Gras	Sie lagern sich auf dem Boden
Gruppenweise Tischordnung	Nicht erwähnt
Verschiedene Zahlen: 5 Brote, 2 Fische 5000 Männer 12 Körbe eingesammelter Reste von Broten und Fischen	7 Brote, wenige Fischlein 4000 (Leute) 7 Körbe eingesammelter Reste von Broten

Dieser Vergleich zeigt eine Zentrierung auf Jesus in Mk 8,1-10. Die Jünger werden hier außerdem etwas entlastet: aus dem Gespräch ist nur eine verlegene Frage der Jünger übriggeblieben. Der Segensspruch wird zum ausschließlichen Dankgebet über die Brote. Dies zeigt eine Angleichung an die Abendmahlsworte. Aus alldem ergibt sich, dass Mk 8,1-10 eine spätere Stufe der Überlieferung unserer Geschichte ist.

2. Menschen haben Hunger

Wilhelm Willms schreibt in seinem Gedicht „Nun schlägt's aber" (*Roter Faden Glück – Lichtblicke,* 2. Aufl. Kevelaer 1977, Nr. 13):

> *„nachdem er brot vermehrt hatte*
> *und während er noch brot vermehrte*
> *erklärten ihm die gesättigten satten*
> *wie das in der bibel*
> *zu verstehen sei*
> *mit der brot-vermehrung*
> *sie sagten*
> *das dürfe man nicht wörtlich nehmen*
> *da war er verzweifelt"*

Berufsmäßige Bibelausleger tun sich schwer mit der Auslegung der markinischen Speisungsgeschichten. Der Hang zur Spiritualisierung ist in fast allen Kommentaren deutlich zu spüren. Aus dem Brot wird einfach die „Lehre" Jesu, nach der die Menschen hungern. Diese Aussageabsicht ist in der ersten Erzählung nicht von der Hand zu weisen. Die einleitenden Verse (Mk 6,30-34), die als Lesehilfe der ganzen Erzählung vorangestellt werden, betrachten den Hunger als eine Mangelerfahrung der Menschen, die nach Orientierung und Lebenssinn suchen. Das Erbarmen Jesu wird damit begründet, dass die Situation der Menschen – bildlich gesprochen – einer Herde ohne Hirt gleicht. Ausdrücklich sieht Markus die Hirtenfunktion Jesu in dessen Lehrtätigkeit (Mk 6,34). Dennoch ist die elementare Bedeutung von Hunger und Sättigung in diesen Geschichten gegenwärtig, die auch eine geistliche Auslegung der Speisungsgeschichten nicht ausblenden oder verdecken kann. Aus Mk 8,2f geht deutlich hervor, dass sich das Erbarmen Jesu auf den konkret-materiellen Hunger der Menschen bezieht, und dies dürfte zur Motivation der Speisungsgeschichte als einer Wundergeschichte ursprünglich gehören. Dass wirklicher Hunger auch reale Sättigung verlangt, legt auch das Erzählmuster in 2 Kön 4,42-44 nahe, nach dem die neutestamentliche Speisungsgeschichte gebildet wird. In diesem Zusammenhang ist zu berücksichtigen, dass die Speisungsgeschichte genauso wie die Heilungserzählungen zur Verkündigung Jesu vom anbrechenden Reich Gottes gehört. Hungerleiden gefährdet die Menschen elementar. Daher ist eine solche Erzählung wie die Speisungsgeschichte eine Geschichte der Nähe des Reiches Gottes, in dem auch so elementare Mangelerfahrungen wie Hunger behoben sind. Darum soll der „Hunger nach Heil und Sinn" nicht gegen den „Hunger nach Brot" und umgekehrt ausgespielt werden. Sogar im Koran (Sure V 114) wird der unzertrennliche Zusammenhang zwischen irdischer und himmlischer Mahlzeit in einem Gebet Jesu vor der Speisung überliefert: *„O Allah, unser Herr, sende zu uns einen Tisch vom Himmel herab, dass es ein Festtag für uns werde, für den ersten und letzten von uns, und ein Zeichen von dir, und versorge uns, denn du bist der beste Versorger."*

3.   Die Heilszeit ist da

Wie die Heilungen stellt auch die Speisungsgeschichte die Gegenwart des Heils dar. Nicht erst die johanneische Auslegung der Speisungsgeschichte knüpft direkt an die Mannaspende in der Wüste an (vgl. Joh 6,32-35.48-51), sondern bereits die ältere Überlieferung (Mk 6,30-45) und die Interpretation des Markus betrachten die Speisung der Menschen durch Jesus als die Wiederholung der wunderbaren Mannaspeisung durch den neuen Mose, den Hirten der Endzeit, der als der endzeitliche Prophet wie Mose (nach Dtn 18,18f) Gottes Wort verkündet, sein Volk leitet (Num 27,17) und es ernährt (Ex 16). Weitere Motive aus der Erzählung offenbaren diesen alttestamentlichen Hintergrund: Das Volk lagert sich nach der mosaischen Ordnung (vgl. Ex 18,25) in Gruppen zu hundert und zu fünfzig (Mk 6,35.39f). Selbst die Zusammensetzung von Brot und Fisch wird der Speisung in der Wüste mit Manna und Wachteln entsprechen, da Weish 19,11f Wachteln wie Fische als Fleisch aus dem Meer gelten. Auch das überreiche Mahl, versinnbildlicht durch den Überschuss von Broten und Fischen, stellt die grenzenlose Fülle des Lebens im Reiche Gottes dar.

Vor allem im Zusammenhang mit der Praxis Jesu, mit Menschen aus allen Volksschichten, insbesondere mit Zöllnern und Sündern, Mahlgemeinschaft zu halten (vgl. Mk 2,13-17par; Lk 7,34; 19,1-10) und im Sprechen Jesu vom Reich Gottes als einer Mahlgemeinschaft (vgl. Lk 14,15-24: Gleichnis vom Festmahl) gewinnt die Speisungsgeschichte einen deutlichen Bezug auf die *Reich-Gottes-Mahlgemeinschaft*. Der Anklang an die Abendmahlsworte in Mk 8,6 unterstreicht dies auch. Die Betonung liegt in alldem auf der Gemeinschaft. Das Miteinanderessen unterstreicht nicht nur bildlich die Gemeinschaft, es fördert sie auch. Die Feier des urchristlichen Abendmahles im Rahmen eines Gemeinschaftsessens ist nicht von ungefähr. Vielleicht steckt auch hinter der Vor-

stellung einer gruppenweisen Lagerung in der Speisungsgeschichte (Mk 6,39f) die Notwendigkeit der Bildung einer
„Gemeinschaft von Gemeinschaften". In vielen Bibelkreisen
schließt sich heute an die Bibelgesprächsrunde ein gemeinsames Mahl. Oft kann die ideelle Gemeinschaft in der ge-
meindlichen Eucharistiefeier den Mangel an Gemeinschaftserlebnis nicht wettmachen. Ob unsere Pfarrgemeinden hier
nicht sogar aus manchen Sekten etwas lernen könnten?

4. Was Markus aus den Speisungs-geschichten gemacht hat ...

Markus hat sich um die Speisungsgeschichten besonders
bemüht. Er hat besondere Lesesignale oder Leserhinweise in
den Erzählzusammenhang Mk 6,30-8,30 eingefügt. In den
einleitenden Versen (Mk 6,30-34) bezieht Markus Jesu Erbarmen, das ursprünglich den leiblichen Hunger im Blick
hatte, auf Jesu Lehre, in der sich Gott offenbart. Die Speisungsgeschichte wird dann zur Glaubensgeschichte. Sie führt
zum Bekenntnis des Petrus in Mk 8,27-30. Der ganze Erzählzusammenhang (Mk 6,30-8,30) gipfelt darin. Somit dienen nach Markus beide Speisungsgeschichten als Veran-
schaulichung für die Blindheit der Menschen für Gottes
Botschaft, selbst angesichts der erstaunlichsten Wundertaten
Jesu. Die Menschen rechnen nämlich nicht mit der verwan-
delnden Wirklichkeit Gottes. Sie geraten vielmehr nur außer
sich, d. h. ihr Herz ist verstockt (Mk 6,51f; 8,14-21). Selbst
die Jünger sind in dieser Hinsicht keine Ausnahme. Einzig
wird der Glaube der Heidin dem allgemeinen Unglauben
entgegengesetzt (Mk 7,24-30). So sehr auch die Speisungsgeschichten eine augenfällige Demonstration des Unglaubens
sind, ist der Unglaube nicht das letzte Wort. Die an die Jünger gerichtete Frage Jesu in Mk 8,21 ist zugleich eine einla-

dende Frage an den Leser selber, seinen Standpunkt zu revi-
dieren.

Folgende Skizze soll die markinische Interpretation der Speisungsgeschichten veranschaulichen:

	Herde ohne Hirt 6,32-34	
	Speisung der Fünftau- send 6,35-45	
Verstocktheit der Menschen 6,52		Glaube der Heidin 7,24-30
	Speisung der Viertau- send 8,1-10	
Blindheit der Menschen 8,14-21		Bekenntnis des Petrus 8,27-30

5. Die Rolle der Jünger Jesu und deren Grundmissverständnis

Wie in keiner anderen Erzählung häuft sich in den Speisungsgeschichten – in der ersten mehr als in der zweiten – die Beschreibung der Mit-Tätigkeit der Jünger Jesu:

1. Sie sind es, die auf die missliche Situation hinweisen (Mk 6,35f)

2. Sie schlagen vor, die Menschen fortzuschicken, damit sie etwas zu essen kaufen, und überlegen, ob ihr Geld für die Speisung so vieler Menschen ausreicht (Mk 6,36f)

3. Sie erhalten den Auftrag Jesu, die Menschen in überschaubaren Gruppen zu 100 und 50 auf dem grünen Gras Platz nehmen zu lassen (Mk 6,39f)

4. Sie teilen den Menschen von dem von Jesus gebrochenen Brot und den Fischen aus (Mk 6,41; 8,6f)

5. Sie sammeln die übriggebliebenen Brocken ein (Mk 6,43; 8,8).

Aus alldem geht hervor, dass die Jünger Jesu als Gesprächspartner und Mitarbeiter Jesu charakterisiert werden. Umso mehr überrascht der Tadel Jesu an seine Jünger, den Markus den Speisungsgeschichten anhängt (Mk 6,52; 8,14-21). Die wunderbaren Speisungen decken nach Markus das Unverständnis und die Herzensverhärtung der Jünger auf. Neben diesem grundsätzlichen Vorwurf Jesu sind die Speisungsgeschichten – vor allem die erste – auf Kritik der Handlungsstrategien der Jünger Jesu angelegt. Die Strategie Jesu wird der Strategie der Jünger scharf entgegengestellt.

Folgende Skizze soll den Kontrast zwischen Jesus und seinen Jüngern veranschaulichen:

Jünger		Hunger		Jesus
Ratlosigkeit Zählen und Rechnen				Bildung von Tischgemeinschaften
	Kaufen		Geben/ Austeilen (von Vorrat)	

Die Reaktion Jesu gegenüber der elementaren Mangelerfahrung des Hungers kann Orientierung bieten, ohne selbst eine konkrete Handlungsanweisung zu sein. Jedenfalls will die ursprüngliche Speisungserzählung keine bloße Illustration des Unverständnisses der Jünger sein, was theologisch als Unglaube zu deuten wäre. Die Aufforderung Jesu *„Gebt ihr ihnen zu essen!"* (Mk 6,37) wird auch nicht rein rhetorisch – nämlich zur Erhöhung der Spannung – zu verstehen sein. Der Rahmen des Mahles enthält ja die symbolische Sinnspitze des gemeinsamen Teilens. Der Auftrag Jesu des Hergebens vollzieht sich konkret im Austeilen von Brot und Fisch. „Brot-Vermehrung" als Überschrift der Erzählung erfasst daher nicht den Sinn der Geschichte. Da der Mahlcharakter für sie konstitutiv ist, hebt das gemeinsame Mahl die grenzenlose Gemeinsamkeit des Miteinanderteilens hervor. Die Grundlage dafür ist das „Erbarmen", ein Leben aus der

Grundhaltung des Vertrauens. In diesem Sinne stehen unsere Speisungsgeschichten auf der Linie der ersttestamentlichen Erzählungen in 1 Kön 17,7-16 (Elija und die Witwe von Sarepta) und 2 Kön 4,42-44 (Brotvermehrung des Elischa), die das im Vertrauen auf Gott begründete Erbarmen der Menschen und somit Gottes überreiches Erbarmen selbst darstellen.

6. Das Jesusbild in den Speisungserzählungen

Die Speisungsgeschichten enden nicht – wie in einer Wundererzählung zu erwarten wäre – mit einer Akklamation des Wundertäters. Wenn die Vorstellung vom eschatologischen Propheten auch hinter der ursprünglichen Speisungsgeschichte zu stehen scheint und Markus mit Hilfe dieser Erzählungen Jesus auch als den wahren Hirten und Lehrer darstellen will, ist darüber hinaus für das Bild Jesu folgender Zug in diesem Zusammenhang wichtig: Jesus verteilt nämlich als der souveräne Hausvater Brot und Fisch an die um ihn versammelten Tischgemeinschaften. *Als der Hirt ist er zugleich Wirt.* Mit Recht wird im Zusammenhang von Mk 6,30-45 auf den Ps 23 als Hintergrund der Erzählung hingewiesen. *„Der Herr ist mein Hirte, nichts wird mir fehlen. Er lässt mich lagern auf grünen Auen und führt mich zum Ruheplatz am Wasser"* (Ps 23,1f). Hier wird sichtbar: *Hirtensorge ist Nahrungssorge.*

Mit Hirtenamt verbinden wir gewöhnlich das lehrmäßige Führen und Leiten. Bei aller Betonung der Lehre sollte allerdings das Grundbedürfnis des Menschen nach Geborgenheit und Gemeinschaft nicht aus den Augen verloren werden. Ob dieser Hunger in unseren Gemeinden wirklich wahrgenommen und darüber hinaus Lösungswege versucht werden? Dies sind Fragen, die uns heute die Texte der Speisungsgeschichte stellen.

Schritte auf dem Heilungs- weg – Die Erzählung von der Heilumg eines besessenen Jungen (Mk 9,14-29)

Von wunderbaren Heilungen berichtet die ganze Bibel, das Erste Testament und mehr noch das Neue Testament. Die Bezeichnung „Wunderheilung" oder „Heilungswunder" lässt vorwiegend an Spontanheilung oder im Nu erfolgte Wiedergesundung denken. Viele Heilwundererzählungen im Neuen Testament unterstreichen durchaus diese Auffassung. Durch dieses Verständnis wird allerdings der *Heilungsprozess* mit seinen vielen, oft kleinen Schritten stark unterbelichtet.

Im Folgenden geht es mir besonders darum, gerade auf diese Schritte das Augenmerk zu setzen. Nicht wenige neutestamentliche Heilwundererzählungen zeugen ja auch von diesen Schritten auf dem Heilungsweg.

Da oft die neutestamentlichen Heilwundererzählungen unter dem Aspekt einer Hervorhebung der Person Jesu betrachtet werden, kommt der Heilungsprozess, die Heilung des Kranken selber, kaum in den Blick. Hauptsache sei die Verkündigung von der Person Jesu Christi, die Christologie also, die Lehre von der Person Jesu, wer er sei. Es ist sicher nicht abwegig zu meinen, dass in diesem Verständnishorizont auch die Sensation eine Rolle spielt, da die Wundererzählungen in gewissem Sinn auch propagandistisch, theologisch ausgedrückt: „missionarisch" ausgerichtet sind. Die starke Betonung des Wunderhaften kann dazu führen, dass die enge

Verbindung zwischen der Person Jesu und seinem Heilswirken im Rahmen seiner Verkündigung der Herrschaft Gottes wenig oder kaum berücksichtigt wird.

In meinem Beitrag will ich aufzeigen, dass es in diesen als Wundergeschichten bekannten Heilungserzählungen gerade auch um Heilungsprozesse, um Schritte auf dem Heilungsweg, geht. Denn sie konfrontieren uns nicht nur mit der Macht Jesu, Heilungen zu bewirken, sondern auch mit dem Vorgang der Heilung selber.

Als Beispiel nehme ich im Folgenden die Heilung eines besessenen Jungen im Markusevangelium (Mk 9,14-29). Diese Erzählung ist sowohl für das Markusevangelium als auch für unseren Auslegungsansatz von Bedeutung.

1. Die zentrale Stellung von Mk 9,14-29

Die Erzählung von der Heilung des besessenen Jungen stellt der Verfasser des Markusevangeliums zwischen die Verklärungsgeschichte, mit der sie redaktionell eng verwoben ist, und die zweite Leidensankündigung Jesu, die den Weg Jesu als Leidensweg charakterisiert.

Nach manchen Auslegern ist unsere Heilungserzählung in ihrem Textzusammenhang so deplaziert, dass der Zweck ihrer Überlieferung nicht das Aufzeigen einer Heilung sein kann. Das Gegenteil wird aber der Fall sein! Überlegt und durchdacht setzt der Verfasser des Markusevangeliums diese Erzählung gerade an diese Stelle, um zu zeigen, wie die Jünger Jesu mit dem Leiden, mit Krankheit und Heilung umgehen sollen. Ihr Platz liegt nicht am Berg der Verklärung, wo sie gerne geblieben wären; sie müssen vielmehr hinuntergehen und wie Jesus sich gerade dem Bedrohtsein durch die dämonischen Mächte aussetzen, um das Leben anderer zu retten.

Der redaktionelle Zusammenhang zeigt bereits die Bedeutung und Wichtigkeit unserer Stelle nicht nur in enger exegetisch-theologischer Hinsicht, sondern auch im therapeutischen Sinne, im ursprünglichen Sinn einer *Heilungs-Erzählung*.

2. Mk 9,14-29 als Heilungs-Erzählung

Wir können unsere Erzählung in Mk 9,14-29 von verschiedenen Blickwinkeln aus betrachten:
– aus der Perspektive des Heilers, des Vermittlers der Heilung
– aus der Perspektive des Kranken, des Subjekts der Heilung
– aus der Perspektive des Theologen, der die Glaubensaussagen zu systematisieren versucht.

Ich gehe diese drei Möglichkeiten der Sehweise kurz durch und fange mit der zuletzt genannten Möglichkeit, mit der theologischen Perspektive, an, weil diese so beherrschend war und immer noch ist.

2.1 Die theologische Sicht der Erzählung

Ausleger, die hauptsächlich diese Sichtweise vertreten, betonen, dass es in dieser Erzählung um die *Frage des Glaubens* geht. Sie verstehen dabei *Glauben* in einem engen theologischen Sinn, als *Glaube an Gott und die Vollmacht Jesu*. Obwohl sie von Annahme durch Gott und nicht nur von Annahme von Glaubenssätzen sprechen, berücksichtigen sie dennoch wenig oder gar nicht die ursprüngliche Bedeutung von

Glaube im Sinne von Grundvertrauen und grundlegendem Angenommensein. Sie bringen von vornherein die Chiffre „Gott" mit ins Spiel. Eine Auseinandersetzung mit der inneren, psychischen Verfassung des Menschen als des heilungsbedürftigen und heilungsmächtigen Subjekts findet nicht statt.

In dieser Sicht der Erzählung überragt die Gestalt des Vaters in seiner Rolle als Vertreter und Fürbitter des kranken Sohnes. So wird sein unbedingtes Vertrauen auf die Vollmacht Jesu hervorgehoben. Dabei wird auch auf das Wachstum dieses Glaubens hingewiesen. Der Vater muss nämlich zu einem vollen Glauben kommen, damit das Heilungswunder auch gelingt.

Außerdem wird in dieser theologischen Sichtweise der Anklang der Erzählung an Jesu Tod und Auferstehung herausgestellt. In dieser Hinsicht erscheint hier die Heilung als Vorausdarstellung oder Vorwegnahme des Todes und der Auferstehung Jesu. Dies geht aus den Versen 26f und 31 hervor: *„Da zerrte der Geist den Jungen hin und her und verließ ihn mit lautem Geschrei. Der Junge lag da wie tot, so dass alle Leute sagten: Er ist gestorben. Jesus aber fasste ihn an der Hand und richtete ihn auf, und der Junge erhob sich. ... denn er wollte seine Jünger über etwas belehren. Er sagte zu ihnen: Der Menschensohn wird den Menschen ausgeliefert, und sie werden ihn töten; doch drei Tage nach seinem Tod wird er auferstehen."*

Wenn wir die Fassung unserer Erzählung bei Matthäus (Mt 17,14-21) näher betrachten und sie mit der markinischen Fassung vergleichen, können wir im Unterschied zu Markus so etwas wie eine Konzentration auf die Heilungstat Jesu und auf die Belehrung der Jünger über die Macht des Glaubens feststellen. Dies ist jedoch in der markinischen Fassung noch nicht der Fall. Es muss somit nicht uninteressant sein, uns für unser Anliegen nur auf Markus zu beschränken.

2.2 Die Perikope aus der Sicht des Vermittlers von Heilung

Wiederum muss eine zwar richtige, aber einseitig ausgewertete literarische Beobachtung als Hauptargument für diese Sichtweise herhalten. Der ganze übergreifende Kontext (Mk 8,27-10,45) sei als *Jüngerunterweisung* gestaltet. Die Hauptfrage, unter der unsere Erzählung (Mk 9,14-29) steht, sei: *Unter welchen Bedingungen können Krankheitsdämonen von den Jüngern Jesu mit Erfolg ausgetrieben werden?*

Dafür spreche der Rahmen der Erzählung: Der Streit am Anfang zwischen den Jüngern und den Schriftgelehrten (V. 14-18) und die Belehrung der Jünger am Schluss (V. 28f), die das Gebet als Mittel zur Heilung hervorhebt. Außerdem wird in diesem Zusammenhang auch auf den durch das ganze Markusevangelium hindurchziehenden Auftrag Jesu an seine Jünger, Dämonen auszutreiben und Krankheiten zu heilen (Mk 3,15; 6,7; 16,17f), hingewiesen.

Die ganze Erzählung würde dann eher etwa das Thema „heilende Gemeinde" ansprechen. Sie wäre somit ein Paradigma für Christen im sozial-therapeutischen Dienst oder für den Caritasverband. Ich möchte dies durchaus nicht unterbewerten oder gar aus der Erzählung ausschließen. Aber es macht mich stutzig, und es ist tatsächlich ärgerlich, dass in dieser fortschrittlichen Sichtweise die Kranken, um deren Heilung es eigentlich geht, wiederum nur als Objekt therapeutischer Maßnahmen betrachtet werden. Sie wären somit selber nicht Subjekte ihrer Heilung. Und gerade dieser Gesichtspunkt ist für unsere Erzählung das Wichtigste.

2.3 Die Heilungs-Erzählung aus der Perspektive des Kranken, des Subjekts der Heilung

Bei der Betrachtung von Heilwundererzählungen ist die Unterscheidung zwischen einer Objekt- und Subjektebene hilfreich.

Die Interpretation auf der Objektstufe versteht alle im Text erscheinenden Personen, Dinge, Orte, Situationen und Handlungen als identisch mit den benannten Realitäten in der Außenwelt, die sie darstellen. Auch alle Beziehungen der Personen in einem Text werden als reale Außenbeziehungen genommen. Auf der Subjektebene dagegen werden alle in einem Text vorkommenden Personen, Dinge, Orte, Situationen, Handlungen oder Beziehungen als psychische Teilaspekte der Hauptperson im Text angesehen.

Betrachten wir unseren Text zunächst auf der charakterisierten Objektebene. Die in der Erzählung vorkommenden Menschen sind also hier als eigenständige Personen zu verstehen, deren Beziehungen zueinander dargestellt werden.

Fangen wir nun mit der Betrachtung der Schriftgelehrten und der Jünger an, mit deren Streit die Erzählung ansetzt. Ihre Rolle gehört in die Krankheitsgeschichte des kranken Jungen. Die Jünger Jesu, vielleicht auch die Schriftgelehrten selber, unternahmen vergebliche Heilungsversuche, sie sind mit ihrem Latein am Ende und streiten über ihren Fehlschlag. Ihnen scheint die Methodenfrage, ihre theologische Ideologie, das Wichtigste und Entscheidende zu sein, und sie vergessen dabei den konkreten Kranken und heilungsbedürftigen Menschen. Jesus dagegen beteiligt sich nicht an solchen Diskussionen, er sucht den unmittelbaren Kontakt mit dem Kranken.

Die Krankheitssymptome des Jungen werden ausführlich beschrieben (V. 17f.20-22): Er fällt von Zeit zu Zeit zu Boden, knirscht mit den Zähnen und hat Schaum auf seinen Lippen, wälzt sich in Zuckungen auf dem Boden; er stürzt bei seinem Anfall auch mal ins Feuer und ins Wasser.

Welch eine lebensbedrohende Situation! Die Todesgefahr wird eindringlich geschildert. Die Symptome sprechen wohl für eine schwere epileptische Erkrankung, die auf Einwirkung von Abergeist oder Dämonen zurückgeführt wird. Die Bezeichnung „stummer und tauber Geist" wird oft als Hinweis auf Stummheit und Taubheit als zusätzliche Krankheitssymptome angenommen. Diese Charakterisierung kann aber auch einfach als Bild für *Beziehungs- und Kommunikationsunfähigkeit* aufgefasst werden. Auf diese Weise wäre ein nicht unwichtiger Aspekt der Krankheit des Jungen sichtbar. Es ist allerdings bezeichnend, dass der Verfasser des Lukasevangeliums in seiner Parallelerzählung diese Hinweise sowie den Sturz ins Feuer und Wasser auslässt. Vielleicht war dies für ihn keine Symptombeschreibung mehr. Und auf die psychischen Komponenten ist er auch nicht eingegangen.

Wenn wir die Verhaltensweise des Jungen unter die Lupe nehmen, werden wir eine *extreme Passivität* seitens des Kranken feststellen, die sich bis in die *todesähnliche Starrheit* steigert. Die einzelnen Momente in der Beschreibung müssen daher ernstgenommen werden. Ein bis in den Tod hinein passiver Mensch steht hier vor uns: Er handelt nicht selber; vielmehr handeln nur die anderen, die ihn zu Jesus bringen; der Vater, der an seiner Stelle agiert; und vor allem die dämonische, ihn entfremdende Macht. Er ist total abhängig, unselbständig, kommunikationsunfähig, unansprechbar. *Eine totale Verkümmerung und Aufgabe seiner eigenen Persönlichkeit tritt uns hier entgegen!*

Und wo liegen die Gründe für diese menschliche Katastrophe? Für die Suche nach Gründen ist zweifelsohne die Figur des Vaters ein wichtiger Fingerzeig. Denn im Text hat die Figur des Vaters in Beziehung zum Sohn eine beherrschende Rolle. Es ist also hier eine Kongruenz zur Psychoanalyse festzustellen. Die in den Bibelauslegungen oft als positives Moment herausgestellte Fürsorge des Vaters, die Vaterliebe, wird zur Sorge, zur *ängstlichen Besorgnis,* die im Grunde alles nur von anderen erwartet. Er bestürmt mit seiner Sorge regelrecht die Jünger und Jesus. Jesus aber lenkt die Aufmerksamkeit auf das eigene Vertrauen, auf die Kraft des Selbstvertrauens. Das Gebet ist in diesem Sinne ein echter Ausdruck dieses Grundvertrauens.

Damit der Sohn geheilt wird, musste der Vater erst zur Einsicht kommen, dass der *Mangel an Grundvertrauen, das Nicht-Vertrauen, der Unglaube* der eigentliche Grund für das gestörte Verhältnis zwischen Vater und Sohn ist. Und diese Störung äußert sich in den epileptischen Symptomen. Diese können als Bilder dafür aufgefasst werden, wie der Sohn seinen Vater erlebt. *Erst der Glaube als Grundvertrauen ermöglicht dann die Heilung des Sohnes und seines Vaters zugleich.*

Auf folgenden Zug in unserer Erzählung möchte ich nun hinweisen: *„Der Junge lag da wie tot, so dass alle Leute sagten: Er ist gestorben. Jesus aber fasste ihn an der Hand und richtete ihn auf, und der Junge erhob sich"* (Mk 9,26b.27). Die Heilung wird im Text gerade als „Aufstehen" und „Auferstehen", als „neu ins Leben auferstehen" verstanden. Von Passivität und Entfremdung befreit, geht der Geheilte mit aufrechtem Gang und wird fähig, befähigt zur lebendigen Kommunikation und Beziehung.

Wenn wir schließlich die Personen auf der Subjektebene interpretieren, können wir sie als psychische Teilaspekte der

Hauptfigur betrachten. Und diese ist in unserer Erzählung der Vater.

Das Gespräch zwischen dem Vater und Jesus bildet ohne Zweifel das Kernstück der Erzählung. Der kranke Sohn erscheint im Unterschied zu seinem Vater eher als Mittel zum Zweck. Vordergründig scheint es um seine Heilung zu gehen. Diese hängt jedoch aufs engste mit dem Glauben oder Vertrauen und Unglauben oder Nicht-Vertrauen des Vaters zusammen. Um dieses Moment dreht sich die ganze Erzählung.

Auf der anderen Seite werden Vater und Sohn auch zusammengesehen. Der Vater spricht zum Beispiel anstelle seines Sohnes (V. 17f) oder benutzt sogar die Wir-Form (V. 22). Der kranke Sohn kann daher als der innere krankhafte Zustand des Vaters gelten, der diesen Zustand aus sich verdrängt und auf jemand anderen projiziert.

Die Krankheitssymptome des Sohnes und deren Interpretation, die wir oben dargelegt haben, können wir dann auf die Vaterfigur selber anwenden. Die Heilung erfolgt dann in der *Befähigung zum Grundvertrauen*, in der Zurücknahme von Verdrängungen, in der Überwindung der Unfähigkeit, sich selbst und anderen zu vertrauen sowie anderen Vertrauen zu ermöglichen. Der christliche Glaube sagt, dass diese Heilung möglich ist, und dass diese Erfahrung offen ist für das Gebet, das heißt zur Transzendenz, zu Gott hin.

Gleichsam als Bestätigung und Weiterführung unserer Vorgehensweise möchte ich auf eine Erzählung kurz eingehen, die die Stufen zur Heilung anschaulich darstellt und ebenfalls im Markusevangelium steht: Die sonderbare Heilung eines Blinden in Mk 8,22-26. Dort lesen wir: *„Sie kamen nach Betsaida. Da brachte man einen Blinden zu Jesus und bat ihn, er möge ihn berühren. Er nahm den Blinden bei der Hand, führte ihn vor das Dorf* *hinaus, bestrich seine Augen mit Speichel, legte ihm die Hände auf und fragte ihn: Siehst du etwas? Der Mann blickte auf und sagte: Ich sehe Menschen; denn ich sehe etwas, das wie Bäume aussieht und umhergeht. Da legte er ihm nochmals die Hände auf die Augen; nun sah der Mann deutlich. Er war geheilt und konnte alles ganz genau sehen. Jesus schickte ihn nach Hause und sagte: Geh aber nicht in das Dorf hinein!"* (Mk 8,22-26).

Schritt für Schritt, Stufe für Stufe, wird ein Mensch zur Heilung geführt. Und gegen die allgemeine Erwartung geschieht hier die Wunderheilung wiederum nicht spontan. Die Heilung ist wie die Reifung einer Frucht: sie braucht Zeit. Sie braucht auch einen Schutzraum, einen Vertrauensraum, einen Raum, der innere Distanz hält zur Mitwelt zwecks Stärkung oder Gewährung innerer Sicherheit. In diesem Abstandnehmen kann er seine Mitwelt als wirkliches Gegenüber überhaupt erst wahrnehmen. Dies alles wird gerade für unsere Geschichte grundlegend und wesentlich sein. Betont wird ja in der Erzählung erwähnt, wie Jesus am Anfang den Kranken vor das Dorf hinausführt und ihm am Schluss die Rückkehr dorthin verwehrt (V. 23b.26b). Er darf aber zurecht nach Hause gehen, in den Raum der Geborgenheit und Sicherheit.

Auch die Heilungsgeste des Berührens mit Speichel und die Handauflegung sind in diesem Zusammenhang nicht nur ein magisches Ritual einer Kraftübertragung. Vielmehr sind sie – wie auch das Nehmen bei der Hand – buchstäblich als vertrauenerweckende körperliche Berührung und Nähe zu verstehen. Ob dahinter das Ursymbol des feuchten und zugleich warmen Mutterschoßes steht, vermag ich nicht zu entscheiden. Aber erwägenswert ist es allemal!

Die Heilung braucht Zeit, sie erfolgt auch oft stufenweise. Unsere Erzählung schildert zwei Phasen, durch die hindurch der Blinde von einer verschwommenen Wahrnehmung zum deutlichen Sehen gelangt. Ziel der Heilung sind die deutliche Wahrnehmung der Umwelt und das Anschauen der Menschen von Angesicht zu Angesicht. In der ersten Stufe kann der in Heilung begriffene Blinde die Menschen noch nicht klar erkennen: Er sieht etwas, das umhergeht, aber dies sieht „wie Bäume" aus. Diese befremdliche und unverständliche Bemerkung gewinnt auf dem Hintergrund des mütterlichen Symbols des Baumes einen Sinn. Immer noch bleibt dieser Mensch in der gefahrlosen Sphäre eines schützenden „Mutterschoßes" stehen. Ziel der Heilung ist aber das selbständige Leben in der realen Welt. Um dorthin zu gelangen, ist der Durchgang durch diese erste Phase notwendig. Wie nötig für diesen Menschen dieser Schutzraum des Urvertrauens ist, zeigt uns der Schluss der Erzählung: Nicht in das Dorf hinein, mitten in die Welt, wird der Geheilte entlassen, sondern in sein vertrautes Heim. Jesus will nicht um jeden Preis eine Auseinandersetzung mit der Umwelt oder Mitwelt, er will den Menschen in seinem Vertrauen stärken, um ihn für diesen „Lebenskampf" zu befähigen.

Ich möchte zum Schluss nun noch die *Schritte zur Heilung* nach der ersten Geschichte zusammenfassend darstellen:

1. Fehlversuche sind oft nicht zu vermeiden

2. Konfrontation mit dem eigenen Krankheitszustand und dessen Ursachen. Sich den „widerwärtigen Mächten" stellen, nicht vor ihnen fliehen.

3. Diese Konfrontation wird auch durch jemanden ermöglicht, der sich auf den Kranken einlässt.

4. Erkennen, dass Mangel an Ur- oder Grundvertrauen, das durch negative Kindheitserfahrungen auf der Beziehungsebene bedingt ist, die Hauptursache sein kann.

5. Stabilisierung des eigenen Ich und Selbständigsein.

6. Heilung als Kommen zur einem neuen eigenen Sein.

7. Aufbau einer neuen, vollen Beziehung zum Mitmenschen.

Der Weg Jesu – Zur literarischen und theologischen Eigenart des Lukas-Evangeliums

1. Der lange Weg bis zur Entdeckung der Redaktionsarbeit des Lukas

Lange, sehr lange Zeit beherrschte die sogenannte Evangelienharmonie die Theologie sowie die Frömmigkeit. Die Erzählungen und Berichte der Evangelien wurden seit Tatians Diatessaron bis zur „Biblischen Geschichte" unserer Tage einfach zu einer fortlaufenden Erzählung aufeinandergereiht. In der wissenschaftlichen Exegese, näherhin in der Forschung der synoptischen Evangelien, brach sich nach Ende des ersten Weltkrieges eine neue Methode Bahn: die Formgeschichte. Diese hatte den Zweck und das Ziel, durch Wiedergewinnung der ursprünglichen Überlieferungseinheiten der mündlichen Tradition die Vorgeschichte des in den schriftlichen Evangelien verarbeiteten Stoffes zu rekonstruieren. Auf diese Weise wollte man sowohl der ältesten Evangelienüberlieferung näherkommen als auch die Triebkräfte erkennen, die zur Formung und Umformung der Überlieferungen beigetragen haben.

Die synoptischen Evangelisten erschienen nach dieser Methode allerdings weitgehend als bloße Tradenten und Sammler der Überlieferungen, ohne eigene theologische Aussageabsicht. Nur gegenüber dem Markusevangelium kam die Frage nach seiner theologischen Tendenz auf, weil durch

William Wredes These vom „Messiasgeheimnis" als der dogmatischen Grundanschauung des Markus dieses Problem der Forschung aufgegeben worden war. Aber bereits Rudolf Bultmann hat 1921 in seinem Buch *Die Geschichte der synoptischen Tradition* darauf hingewiesen, dass man sich eines Tages mit der Theologie der Evangelisten werde beschäftigen müssen.

Nach anfänglichen Versuchen wie z. B. von Heinrich von Baer über den „Heiligen Geist in den Lukasschriften" (1926) wurde 1954 die Redaktionskritik erstmals von Hans Conzelmann konsequent in seinem wichtigen Werk „Die Mitte der Zeit" angewandt. Durch die Anwendung der Redaktionskritik auf Lukas wurde die Darstellung der theologischen Konzeption des Evangelisten ermöglicht. Durch die Verbindung der Redaktionskritik mit der aus der Formgeschichte herkommenden Frage nach dem „Sitz im Leben" war der Blick frei für die Bestimmung der Gemeinde als Adressat und für die Situation, in die hinein das Wort des Evangeliums neu gesprochen wurde.

Die Orientierung an der Redaktionsarbeit des Evangelisten sowie die Bestimmung der Gemeindesituation sind die beiden Brennpunkte für die Herausstellung der lukanischen Theologie.

Vom Anfang der redaktionskritischen Betrachtung an stand Lukas allerdings im Kreuzfeuer der Kritik, die in einer Anklage endete: Lukas habe die Naherwartung aufgegeben und sie durch eine heilsgeschichtliche Betrachtung ersetzt, die auf die Geschichte Jesu als eine vergangene zurückschaut. Es fehle ihm deswegen das Verständnis des Todes Jesu als Heilstat, was eine wesentliche Verarmung bedeute. Lukas sei der prominenteste Vertreter des Frühkatholizismus, der die apostolische Tradition absolutsetze; seine *theologia gloriae* (Herrlichkeitstheologie) verdränge die *theologia crucis* (Kreuzestheologie), und er sei schließlich Vertreter einer christlichen Bürgerlichkeit.

Angesichts einer solch scharfen Kritik kann die Frage aufkommen, ob es sich überhaupt lohne, sich mit Lukas zu beschäftigen. Die richtige Antwort darauf ist, sich gründlicher mit ihm zu befassen. Dies könnte neue Gesichtspunkte zu Tage treten lassen.

2. Lukas will es „besser" machen – Die literarische und theologische Zielsetzung nach Lk 1,1-4

2.1 Die literarische Ambition des Lukas

Mit der Voranstellung eines Vorwortes, das in der hellenistischen Historiographie geläufig war, sind wir in der glücklichen Lage – anders als bei den anderen Evangelien –, Absicht und Verfahren des Autors aus eigenen Aussagen kennenzulernen.

„Schon viele haben es unternommen, einen Bericht über all das abzufassen, was sich unter uns ereignet und erfüllt hat. Dabei hielten sie sich an die Überlieferung derer, die von Anfang an Augenzeugen und Diener des Wortes waren.

*Nun habe auch ich mich entschlossen, allem **von Grund auf sorgfältig nachzugehen,** um es für dich, hochverehrter Theophilus, **der Reihe nach** aufzuschreiben. So kannst du dich von der **Zuverlässigkeit der Lehre** überzeugen, in der du unterwiesen wurdest"* (Lk 1,1-4).

Aus dieser schematischen Darstellung von Lk 1,1-4 werden methodische Zielsetzung und pastorale Absicht des Lukas deutlich.

Lukas will durchaus als hellenistischer Historiker und Schriftsteller sein *Jesusbuch* schreiben (vgl. Apg 1,1f). Dass er gut griechisch schreiben kann, zeigt nicht nur das stilistisch perfekte Vorwort, sondern auch die Tatsache, dass er seine Vorlagen nach Wortschatz und Satzbau verbessert und auch weitgehend semitische und lateinische Vokabeln vermeidet.

Unverkennbar ist die literarische Ambition des Lukas. Durch das Vorwort Lk 1,1-4 gibt er zu erkennen, dass er mit seinem Werk auch literarischen Ansprüchen genügen möchte. Die Tatsache, dass er durchgehend die Sprache und den Stil der Septuaginta nachahmt, zeigt allerdings seine Absicht, nicht profane, sondern eine heilige Geschichte zu schreiben.

Sein gutes Griechisch soll auch eine Empfehlung für sein Jesusbuch sein, das auf diese Weise über die Gemeinde hinaus in den Kreis der gebildeten Heiden gelangen kann.

Die Widmung an Theophilus, einen hochgestellten Mann, im Vorwort lässt durchaus die Absicht erkennen, dass seine Schrift ein für eine breitere Öffentlichkeit bestimmtes Buch war. Denn wer in den Genuss einer Prestigewidmung kam, der sollte damaliger Sitte entsprechend die oft kostspielige verlegerische Aufgabe der Vervielfältigung und Verbreitung übernehmen.

2.2 Das historiographische Unternehmen des Lukas

Nicht nur Literat, wenn auch ein religiöser, sondern auch Historiker – allerdings im antik-hellenistischen Sinn – wollte Lukas sein. Dies zeigt sich schon durch die redaktionelle Bearbeitung seiner Quellen, die auf die Schaffung einer fortlaufenden Geschichte abzielt. In seinem Vorwort präzisiert Lukas seine historiographische Zielsetzung und Methode. Lückenlosigkeit und chronologische bzw. zusammenhängende Darstellung werden zu Richtlinien erhoben.

Seine Vorgänger – unter ihnen vor allem Markus – hatten eher Sammlungen der Worte und Taten Jesu zum Zwecke der Verkündigung redigiert, die in seinen Augen keine zusammenhängende, kritische Darstellung der Ereignisse im Sinne der zeitgenössischen Historiographie waren. So macht Lukas sich als antiker Historiker, der zugleich Schriftsteller sein will, daran,"*„von Anfang an allem genau nachzugehen"* und es *„der Reihe nach aufzuschreiben"* (Lk 1,3). Bemerkenswert ist in diesem einen Vers die Häufung der Begriffe, die die Genauigkeit, Vollständigkeit und Zuverlässigkeit der Berichterstattung zum Ausdruck bringen.

Diese hohen historiographischen Ansprüche des Lukas lassen sich weder mit den Maßstäben der modernen Geschichtswissenschaft messen noch lassen sich beide miteinander verwechseln. Sie drücken vielmehr die Absicht des Lukas aus, einen vervollständigenden wie auch überbietenden Neuversuch unternommen zu haben. Damit rechtfertigt er seinen Versuch neben den vielen anderen.

Vollständigkeit schließt keineswegs kritische Auswahl und Verbesserung aus, so wenig rechte Ordnung nur chronologisch zuverlässige Reihenfolge bedeutet.

Lukas folgt im großen und ganzen dem Aufriss des Markus und übernimmt nur etwas mehr als 50 Prozent des Markusstoffes. Diesen Markusstoff hat er durch das mit Matthäus gemeinsame Spruchgut (Logienquelle) und durch sein Sondergut ergänzt, und zwar hat er diese Überlieferungen hauptsächlich als zwei große Blöcke eingeschoben:

Die sog. kleine Einschaltung (Lk 6,20-8,3 zwischen Mk 3,12 und Mk 4,1) und die große Einschaltung (Lk 9,51-18,14, den sogenannten lukanischen Reisebericht, zwischen Mk 9,40 und Mk 10,13).

Das Interesse des Lukas ist nicht die Historie im landläufigen Sinne, sondern vornehmlich orientiert er sich an Theologie und Verkündigung. So hat er Anstößiges am Jesusbild beseitigt; er lässt die Wörter, die Affekte Jesu bezeichnen, weg (Lk 6,20; 18,22 gegen Mk 3,5; 10,21); es fehlen die Erklärung der Angehörigen Jesu, er sei von Sinnen (Mk 3,20) und die Heilung durch Berührung (Lk 4,39; 9,42 gegen Mk 1,31; 9,27); der Ruf Jesu „mein Gott, mein Gott, warum hast du mich verlassen?“ (Mk 15,34) ist ersetzt durch „Vater, in deine Hände befehle ich meinen Geist“ (Lk 23,46).

Aus dem Markusevangelium lässt Lukas neben kleineren Abschnitten (z. B. Mk 4,26-32) von allem Mk 6,17-29 („kleine Auslassung“) und Mk 6,45-8,26 („große Auslassung“) aus. Gründe für manche Auslassungen dürften Beseitigung von Dubletten (Speisung der 4000, Mk 8,1-10) und von allzukritischer Tendenz gegenüber dem Judentum (Rein und Unrein, Mk 7,1-23; Syrophönizierin, Mk 7,24-30) sein.

2.3 Die theologisch-pastorale Absicht des Lukas

Das eigentliche Ziel des Lukas ist – wie bereits vermerkt – ein theologisch-pastorales, nicht ein rein literarisches oder ein rein historisches. Die Verankerung des Heils in der Geschichte ist für ihn als Theologe von großer Bedeutung und unerlässlich für den Glauben, der nicht bloß Mythos sein will. Aber die historische Gewissheit bewirkt noch keine Heilsgewissheit, sie hat eine subsidiäre Bedeutung für die kirchliche Glaubensunterweisung (Lk 1,4). Der Leser soll sich selber von der Wahrheit der christlichen Botschaft überzeugen.

Die Heilsgewissheit beruht für Lukas nicht auf einem historischen Nachweis, sondern auf der Erkenntnis, dass in der berichteten Geschichte Gott am Werk war und sich darin sein Heilswille verwirklicht.

Der historische Nachweis dient so nur der persönlichen Vergewisserung. Lukas will die Christen in ihrem Glauben festigen und zu einem Leben aus dem Glauben ermutigen.

Wenn Lukas von der Verkündigung des Evangeliums als einer Erzählung (diegesis) spricht, so bedeutet dies nicht etwa nur profanes Erzählen, das dem Kerygma hinzutritt, sondern Glaubensverkündigung in der Form des Erzählens. Dies beabsichtigt sein Evangeliumsbuch zu sein. *Das Lukasevangelium kann so als Glaubenskatechese in narrativer Form bezeichnet werden.*

3. Das Weg-Modell als literarische Grundstruktur und theologischer Leitgedanke des Lukas

3.1 Lukas als Theologe der Heilsgeschichte

Nicht ohne Grund wird Lukas der „Theologe der Heilsgeschichte" genannt. Der Begriff Heilsgeschichte zur Charakterisierung der lukanischen Theologie wird allerdings meistens kritisch gegen Lukas gewendet: Lukas entfalte eine Geschichtsschau, die die nach einem festen Plan ablaufende Heilsgeschichte in drei Perioden einteilt – die Zeit Israels, die Zeit Jesu als Mitte der Zeit und die Zeit der Kirche. Lukas schaue auf die Geschichte Jesu als ein vergangenes, abgeschlossenes Geschehen zurück, es fehle bei ihm auch das Verständnis des Todes Jesu als Heilstat. Indem das Leben Jesu zur bloßen Vergangenheit werde, könne nur die Tradition einen Zugang zu ihm schaffen.

Durch dieses stark schematisch-statische Verständnis wird leicht das lukanische Anliegen übersehen. Das „Heute" der heilsgeschichtlichen Erfüllung, die mit dem historischen Jesus eingetreten ist, will verkündigt und das damalige Heute für die Gemeinde vergegenwärtigt werden. Setzte man das „Jetzt" der Jesuszeit mit dem bloßen „historischen Damals" gleich, würde man den Theologen Lukas völlig missverstehen. Das Doppelgleichnis vom Senfkorn und vom Sauerteig (Lk 13,18-21) zeigt keinen Bruch, sondern betont die Kontinuität und das Wachstum des Reiches Gottes, das in Jesus zwar klein und verborgen seinen Anfang nahm, aber in der Heidenmission sich dann fort- und durchsetzt.

Es fragt sich daher, ob anstatt von Drei-Perioden nicht genauer von Drei-Schritten (Verheißung-Erfüllung-Vollendung) zu sprechen wäre. Denn Lukas will nicht die Heilsgeschichte etwa durch Aufteilung in Perioden erklären, sondern sie verkünden. „Jesus beansprucht in seiner Verkündigung die Verheißung der Propheten zur Erfüllung zu bringen (vgl. Lk 4,21). Das 'Schauen des Heils' (vgl. Lk 2,30; 3,6), das Israel erwartet und erhofft, wird nun ermöglicht durch die augenöffnende und sündenvergebende Kraft des messianischen Botschaftswortes Jesu; und so, wie es jetzt als Erfüllung der Hoffnung Israels den Juden durch die Verkündigung Jesu angeboten wird, wird es später durch die Missionspredigt der Kirche auch den Heidenvölkern gewährt (vgl. Apg 26,18) (K. Löning, Lukas 217). Lukas informiert also keinesfalls nur distanziert über die einmal geschehene Verkündigung Jesu, er zeigt vielmehr die Geschichte des Wortes auf, das damals ergangen ist und heute anbietend und fordernd gegenwärtig ist" (J. Ernst, *Das Evangelium nach Lukas,* Regensburger Neues Testament, Regensburg 1977, S. 11)

3.2 Das Weg-Schema und der Aufbau des Lukasevangeliums – ihre theologischen Implikationen

Lukas stellt sich das öffentliche Wirken Jesu als einen Weg vor. Jesu Wirken ist ein Unterwegssein mit einem bestimmten Ziel. Auf den Rat der Pharisäer, er solle weggehen, das Gebiet des Herodes wegen dessen Mordpläne verlassen, antwortet Jesus: „*Geht und sagt diesem Fuchs: Ich treibe Dämonen aus und heile Kranke, heute und morgen, und am dritten Tag werde ich mein Werk vollenden. Doch heute und morgen und am folgenden Tag muss ich weiterwandern; denn ein Prophet darf nirgendwo anders als in Jerusalem umkommen*" (Lk 13,32f).

Vor allem in dem sogenannten lukanischen Reisebericht (Lk 9,51-19,27), zu dem Lukas die Reisenotizen des Markus ausbaut (Mk 9,30; 10,1.17.32f.46; 11,1.11), ist immer wieder davon die Rede, dass Jesus sich auf dem Weg nach Jerusalem befindet (Lk 9,51; 13,22.33; 17,11; 18,31). Öfters wird auch allgemein auf sein Wandern hingewiesen (Lk 9,57; 10,1.38; 14,25). Aber ein Fortschreiten der Reise ist nicht festzustellen. Nicht das Itinerar ist für Lukas wichtig, sondern das *Unterwegssein Jesu*. Er ist der wandernde Christus. Jesus erscheint in der Gestalt des Wanderers, der zu Gast bei den Menschen weilt (Lk 4,42f; 5,12.27; 6,1.12.17; 7,1.11.36; 8,1; 10,38; 11,37; 14,1; 18,35; 19,1.5; 24,28-32).

Der Weg Jesu führt nach Jerusalem, dem Ort des Leidens und des Sterbens Jesu (Lk 13,33). Der Weg Jesu ist ein Weg des Leidens, die via crucis, und der wandernde Jesus, der Christus viator, ist der leidende Christus, der Christus passus.

Wenn Lukas auch dem Markusaufriss folgt, so dass der Weg Galiläa-Jerusalem ihm vorgegeben war, lässt die Konzeption des Doppelwerkes Evangelium und Apostelgeschichte eine heilsgeschichtliche Gesamtkonzeption durchscheinen. Sie zeigt sich im geographischen Aufriss des Weges Jesu, der von Galiläa nach Jerusalem führt, ohne heidnisches Gebiet zu berühren. Sie zeigt sich ebenso im Weg des Evangeliums von Jerusalem nach Rom (Lk 24,47; Apg 1,8). Dieser Weg, der Weg Jesu zum Kreuz und zur Auferstehung und Himmelfahrt sowie der Weg des Evangeliums zu den Heiden, entspricht dem Heilsplan Gottes (Lk 24,26; Apg 24,14.22). Für Lukas ist der Weg der christlichen Verkündigung der einzige Weg des Heils (9,2; 19,9.23; 22,4) gegenüber den vielen Wegen der Völker (Apg 14,16). Er will diesen Weg als den Heilsweg für Juden und Heiden darstellen: *„und ihr werdet meine Zeugen sein in Jerusalem und in ganz Judäa und Samarien und bis an die Grenzen der Erde"* (Apg 1,8).

Dieser heilsgeschichtliche Weg ist für Lukas von großer Bedeutung. Das Jesaja-Zitat am Anfang des Markusevangeliums „*Bereitet den Weg des Herrn*" (Mk 1,3; Jes 40,3) führt Lukas noch zwei Verse weiter bis hin zu der Aussage von Jes 40,5: „*und alles Fleisch soll das Heil Gottes sehen*" (Lk 3,6). Im Nazaret-Manifest weist Jesus auf Heiden hin, die einst göttlicher Heilszuwendung teilhaftig sein werden, was seine Hörer ärgert und Grund für die Ablehnung Jesu wird (Lk 4,25ff). Der Gedanke von Jes 40,5 steht auch hinter dem Schlusswort der Darstellung vom Verlauf des Heilsweges in der Apostelgeschichte: „*Den Heiden ist dieses Heil Gottes gesandt worden. Und sie werden hören*" (Apg 28,28). Mit dem Zitat dieser Worte beginnt und beendet Lukas also seine Darlegung des Weges des Herrn.

Der Weg des Heils zu den Heiden, der im göttlichen Plan beschlossen ist (Apg 20,27; vgl. auch Apg 4,28), steht trotz Ablehnung in Verbindung mit der Heilsgeschichte Israels und ist in diese eingebettet. Dies ist sowohl an dem Aufbau der Apostelgeschichte als auch an der schematischen Anknüpfung der urchristlichen Predigt an das Judentum ablesbar. Ebenfalls wurzelt der Weg Jesu im Judentum. Die Kindheitsgeschichte des Lukas, die nicht als bloßer Vorspann der Geschichte Jesu zu betrachten ist, bringt diese jüdische Verwurzelung des Christusgeschehens deutlich zur Sprache.

Das lukanische Wegmodell geht allerdings nicht auf in den drei klassischen Perioden der Heilsgeschichte (Zeit Israels – Zeit Jesu – Zeit der Kirche), die sich wie Schichten voneinander ablösen. Sein Wegmodell umfasst die Zeit von Adam an bis hin zur Vollendung. Der Weg kommt von Gott her und geht zu Gott hin. Der Weg Jesu ist als „Heimsuchung Gottes" der Weg Gottes mit den Menschen: „*Durch die barmherzige Liebe unseres Gottes wird uns besuchen das aufstrahlende Licht aus der Höhe*" (Lk 1,78); „*ein großer Prophet ist unter uns aufgetre-*

ten: *Gott hat sich seines Volkes angenommen"* (= wörtlich „sein Volk besucht") (Lk 7,16).

Jesu Reise nach Jerusalem ist ein Kommen zu den Menschen und zugleich ein Gehen zu Gott. Sie vollzieht sich in völliger Übereinstimmung mit dem Willen Gottes (Lk 9,51).

Durch die Einlage seines langen Reiseberichtes unterbricht Lukas den Aufbau des Markusevangeliums, das er als Vorlage benutzt. Dieser Reisebericht ist nicht bloß literarisches Mittel, um nichtmarkinischen Überlieferungsstoff in seinem Evangelium unterzubringen. Seine zentrale Stellung zwischen dem Bericht von Jesu Wirken in Galiläa und dem von seinen letzten Tagen in Jerusalem entspricht dem theologischen Anliegen des Lukas.

Wie ein Kern wird der Reisebericht (Lk 9,51-19,27) einmal durch die Erzählungen über Vorbereitung und Vollzug des Wirkens Jesu in Galiläa (Lk 3,1-9,50), zum anderen durch die Erzählung über Jesu Wirken, Leiden, Tod und Auferstehung in Jerusalem (Lk 19,28-24,49) umhüllt. Als äußere Schale wird das Ganze durch die Vorgeschichte Jesu (1,5-2,52) und die Himmelfahrtserzählung als Kommen von Gott und Rückkehr zu ihm eingerahmt (Lk 24,50-52).

Der Weg Jesu hat Heilsbedeutung. Sein Weg, ja Jesus selber ist der „Weg des Lebens" (Apg 2,28), er ist „der Weg des Heils" (Apg 16,17).

Aus alldem geht hervor, dass das lukanische Wegmodell über die geographische Vorstellung von einem Weg von Galiläa nach Jerusalem weit hinausgeht. Es bringt theologisch umfassend jenen *Weg Christi von Gott her in die Menschheitsgeschichte hinein und seine Rückkehr zu Gott zur Sprache.*

4. Die Situation der lukanischen Leserschaft

Als Schriftsteller richtet sich Lukas in erster Linie an ein Leserpublikum. Dies geht aus dem Vorwort Lk 1,1-4 und Apg 1,1-3 deutlich hervor. Seine Leserschaft scheint vorwiegend der bürgerlich-wohlhabenden Schicht anzugehören. Sie wird nicht nur allgemein vor der Gefahr des Reichtums gewarnt, sondern auch zum rechten Gebrauch der irdischen Güter ermahnt (Lk 16,9.11). Von einer lukanischen Gemeinde in engerem Sinn wird man nicht reden können.

Die Widmung an Theophilus setzt voraus, dass Lukas sich mit Hilfe des Buches mit seinen Lesern in Verbindung setzt. Es ist vielleicht das einzige Medium seines Kontaktes. So dürfte Lukas gemäß seiner städtisch-hellenistischen Denkweise Individuen, einzelne Menschen, ansprechen wollen, die von vielfältigen Gefahren betroffen sind.

4.1 Die durch die Parusieverzögerung verursachte innere Leere

Lukas und seine Generation machten die Erfahrung, dass die angekündigte und als nahe bevorstehend geglaubte Wiederkunft Christi ausbleibt. Sie mussten einsehen, dass der Abstand ihrer Zeit zu den Anfängen immer größer wurde. Sie erfuhren also, dass die Zeit weitergeht, dass sie sich dehnt.

Zweifelsohne ist Lukas als ein kontextueller Theologe – so können wir ihn heute bezeichnen – bestrebt, den eigenen und seiner Leser-Gemeinde heilsgeschichtlichen Standort zu reflektieren, diesen auch am Richtungssinn geweissagter Ereignisse auf eine verheißene Zukunft hin, d. h. im Lichte der Schrift zu klären (Lk 24,44).

Die Tatsache, dass Lukas seinem Evangelium auch die Apostelgeschichte folgen lässt, dient nicht primär einer Theoriebildung, etwa der der Heilsgeschichte, die diese in drei Perioden (Zeit Israels – Zeit Christi (Mitte der Zeit) – Zeit der Kirche) aufteilt; sie dient vielmehr der eigenen Standortbestimmung.

Lukas betreibt nicht nur Vergangenheitsbewältigung, sondern er bemüht sich um die Lösung konkreter Gegenwartsfragen. Er sieht die Zeit Jesu, die Zeit der Apostelkirche und seine eigene Zeit nicht als unverbundene und bloß nebeneinandergestellte Perioden an. Selbst die Zeit Israels wird durch die Vorgeschichte Jesu integriert. Wenn Lukas im Vorwort seines Evangeliums von den *„Ereignissen, die unter uns in Erfüllung gegangen sind"*, spricht, werden Kontinuität und Aktualität der Heilsgeschichte betont.

Die Parusieverzögerung war nicht nur ein Problem auf theoretischer Ebene. Sie stürzte Menschen nicht nur in eine Glaubenskrise. Sie führte auch zu ernsten ethischen Problemen. Die Sorgen um den Alltag und die Lebenslaster machten sich breit. Lukas thematisiert dieses Problem im 12. Kapitel seines Evangeliums. Die Aussagen der „Bergpredigt" von der falschen und der rechten Sorge stellt er als zentralen Teil zwischen das Gleichnis vom reichen Bauern (Lk 12,13-21) und das Gleichnis vom treuen und vom schlechten Knecht (Lk 12,35-48). In beiden Gleichnissen wird die bürgerliche Sitte des Essens und Trinkens und des Sich-Berauschens als Fehlverhalten kritisiert (Lk 12,19.45). In der Endzeitrede heißt es im Unterschied zu Markus und Matthäus ausdrücklich: *„Nehmt euch in acht, dass Rausch und Trunkenheit und die Sorgen des Alltags euch nicht verwirren"* (Lk 21,34). Diese Ergänzung dürfte auf das Konto des Lukas gehen, der seine Leser vor Augen hat. In dieser Situation mahnt Lukas zu Wachsamkeit, zu Stetsbereitschaft und zu nicht nachlassendem Gebet (Lk 12,35-40; 21,36).

Nicht nur musste Lukas das Problem der Parusieverzögerung lösen, sondern auch deren enthusiastischem Pendant entschieden entgegentreten. Als Folge der Parusieverzögerung erfasste die Menschen eine religiös-geistige Leere, die sie für die Aufnahme von apokalyptischen Ideen und Vorstellungen anfällig machte. In dieser Situation traten offensichtlich Irrlehrer und Verführer auf, die die Sehnsucht nach dem Erleben des Tages des Menschensohnes ausnützten und die Menschen mit Spekulationen und Erwartungen verwirrten (Lk 17,22f; vgl. auch 20,20-21; Apg 20,29-31).

Dem begegnet Lukas – beim Festhalten der grundsätzlichen Parusieerwartung – nicht nur durch die Ablehnung jeglicher Terminberechnung, sondern vor allem mit der praktischen Umpolung auf die *Aufgaben einer weltweiten Mission* (Lk 24,44-46; Apg 1,7f; 3,21).

4.2 Anfechtungen durch feindselige Haltung der Umwelt

An vielen Stellen des Lukas-Evangeliums sowie der Apostelgeschichte begegnen uns Anspielungen auf die Auseinandersetzung mit ihrer nichtchristlichen Umwelt. Prüfungen und Leiden werden seinen Lesern nicht erspart. Sie befinden sich in großer Bedrängnis. Glaubensanfechtungen und Verfolgungen bleiben nicht aus.

Wir hören vom Hass der Menschen gegen die Jünger, der sich bis zu Verfluchung, Misshandlung und Ausschluss aus ihrer Gemeinschaft steigert (Lk 6,22f.27f). Nicht erst die Endzeit, sondern bereits die Gegenwart ist die Zeit der Prüfung, die durch Ausharren zu bewältigen ist (Lk 8,13.15). In den Verfolgungslogien (Lk 21,12-17.19) setzt Lukas die Verfolgung vor die „apokalyptischen Wirren". Damit weist er auf die Zeit der Verfolgung, die bereits Gegenwart ist, hin. Die letzten Dinge, die die Endzeit eröffnen, bleiben noch aus.

Auch das Kreuztragen ist ein Kennzeichen des Alltags (Lk 9,23) und weist auf eine zugespitzte Lage hin.

Für Lukas ist der Weg des Kreuzes und des Leidens ein wesentliches Moment des Christseins; er erinnert die Christen daran, dass sie sich auf eine lange Dauer des Leidens einzustellen haben; zugleich aber zeigt er auch den Sinn des Leidens auf: *Leiden geschieht nach göttlichem Plan* (Lk 17,25), denn der Jünger geht den Weg, den Jesus, der Menschensohn, vorangegangen ist. Es ist der Weg, der durch Erniedrigung zur Erhöhung, durch Leiden zur Verherrlichung führt (Lk 24,26).

Auch in der Apostelgeschichte kommt dieser Leidensweg exemplarisch zur Sprache. Lukas lässt Paulus und Barnabas sprechen: *„Wir müssen durch viel Trübsal in das Gottesreich hineingehen"* (Apg 14,22). Damit weist er unmissverständlich auf die Verfolgungssituation hin (vgl. auch Apg 11,9; 20,23).

4.3   Gefahr der Verweltlichung

Die Parusieverzögerung machte zunehmend notwendig, dass sich die Christen in der Welt einrichteten und gleichzeitig mit ihr auseinandersetzten. Sie mussten sich immer mehr mit den Dingen dieser Welt beschäftigen. Vor allem aber wird die relative Wohlstandssituation der Gemeinde die Gefahr der Verweltlichung heraufbeschwört haben. Der Evangelist warnt vor der Gefahr des Überflusses (Lk 12,13-21), vor den *„Sorgen, dem Reichtum und den Genüssen des Lebens"* (Lk 8,14), vor einem Leben in Saus und Braus (Lk 12,19; 16,19.25). Er mahnt eindringlich zu einem einfachen Leben (Lk 12,22-32) zum Besitzverzicht und zur Verwendung des Reichtums für die Armen (Lk 12,33f; 16,9-12; 19,1-10).

In einer verweltlichten Atmosphäre konnten die reichen Christen die Frage gestellt haben: *Lohnt es sich denn eigentlich, auf die Güter dieser Welt um Christi willen zu verzichten?* Auch die Armen konnten sich fragen: *Haben es doch nicht die anderen besser, die ganz im Genuss des Irdischen aufgehen?*

Um auf diese Fragen eine Antwort zu geben, greift Lukas trotz Parusieverzögerung auf die Eschatologie und die Bilder der Endzeit zurück. Durch den Hinweis auf die Noach- und Lotgeschichte in der Parusierede (Lk 17,26-30) stellt der Evangelist Folgendes heraus: Es ist für den kommenden Tag der Parusie wichtig, sich nicht zu sehr mit den Dingen dieser Welt abzugeben. Denn da wird man sich nicht nur von allem, was man hat, trennen müssen, sondern es wird dann auch zur Umkehrung aller früheren Verhältnisse kommen. Die Christen, die zuvor um Christi willen den Besitzverzicht geübt haben, werden dann die eigentlich Reichen sein; sie werden das Leben erlangen (Lk 17,33). Auch der Sinn des Lebens besteht nach Lukas nicht im Haben und Mehr-Haben: *„Der Sinn des Lebens besteht nicht darin, dass ein Mensch aufgrund seines großen Vermögens im Überfluss lebt"* (Lk 12,15).

Lukas erweist sich schließlich vor allem als der „Evangelist der Armen", der Armut und Besitzverzicht als besonderes christliches Ideal, und Reichtum als eine große Gefahr herausstellt (Lk 1,53; 3,11; 4,18; 6,24ff; 12,13-21; 14,12-14.33; 16,19-31). Seine Aussagen sind im Kontext eines Wohlstandes zu sehen, der Arme übersieht.

5.   Die theologische Arbeit des Lukas

Die Meinung, Lukas sei nur ein „sammelnder Redaktor der apostolischen Tradition" (Schürmann), unterschätzt die theologische Arbeit des Lukas. Er versteht sich vielmehr als „wissenschaftlicher" Theologe, der genau weiß, dass die Botschaft nicht nur der kerygmatischen Übermittlung, sondern auch der *reflektierten Vermittlung*, also der Theologie bedarf. Und weil die eschatologische Botschaft mit der Geschichte zu tun hat, ist die historische Arbeit eine Notwendigkeit. Ihm geht es um die Vermittlung von Eschatologie und Geschichte. Die Mitte der lukanischen Theologie bildet die Christologie. Mit Recht schreibt dazu Josef Ernst: „Lukas verkündet Christus als den Gekommenen, als den Wiederkommenden und als den in den Himmel Erhöhten, der in der gegenwärtigen Zwischenzeit im Wirken der Kirche und im Pneuma erfahren wird. Der Christus des 3. Evangeliums steht nicht außerhalb der Geschichte, er geht auch nicht auf in der Geschichte, er ist der Herr der Geschichte" (J. Ernst, *Herr der Geschichte. Perspektiven der lukanischen Eschatologie*, SBS 88, Stuttgart 1978, S. 112).

Diese christologische Mitte, die nicht nur aus der Erkenntnis der Zeit Jesu als Mitte der Zeit hervorgeht, ist bei der Darlegung der lukanischen Theologie zu beachten, insbesondere bei deren Auffächerung in Ekklesiologie, Pneumatologie, Soteriologie, Ethik und Eschatologie. Seine Grundkonzeption ist die von Gottes Geist geführte und heilwirkende Geschichte Jesu als Grund für das weitergehende Zeugnis der „Apostel" (sprich Kirche) „in Jerusalem und ganz Judäa und Samaria und bis zum Ende der Erde" (Apg 1,8).

Die Geschichte Jesu ist somit keine vergangene und abgeschlossene, nur in Rückschau zu betrachtende Geschichte, sondern eine durch den Geist und durch das historisch gewordene Zeugnis vermittelte Geschichte. *Auf diese Vermitt-*

lung kommt es Lukas an. Das hat theologische und pastorale Gründe: Die theologische und pastorale Bewältigung der Parusieverzögerung in einer kritischen Zeit der Verfolgung und des Erkaltens des Glaubens.

In diesem Zusammenhang sei nur auf einen Aspekt seiner Ekklesiologie hingewiesen: Wenn auch prominente Exegeten sagen, Lukas biete keine *theologia crucis* (Kreuzestheologie), sondern eine *theologia gloriae* (Herrlichkeitstheologie), ist doch sein Kirchenbild nicht das einer *ecclesia triumphans,* wenn er auch dessen gewiss ist, dass sich die Verkündigung in der ganzen Welt durchsetzen wird. Aus diesem Grund ist es auch verständlich, dass bei seiner Darstellung der Kirche die kirchenrechtlichen Strukturen wie Ämter, Verfassung, apostolische Sukzession keine vorrangige Rolle spielen. Auch von einem Gründungsakt oder einer Stiftung der Kirche ist nicht die Rede. Die Entstehung der Kirche ist für Lukas ein Weg mit vielen Abschnitten und Stufen, ähnlich wie die Geschichte Jesu einen Weg darstellt, der in der Vollendung endet. Auf dem Weg der Vollendung, sowohl im Sinne des Vollzähligwerdens in der Mission wie auch im Sinne der eschatologischen Endvollendung, befindet sich die Kirche. Ihre Zeit ist die Zeit der Bewährung in den vielen Gefahren und Anfechtungen dieser Welt (Lk 21,12-19.34).

Die exemplarische Zeit Jesu ist Gewähr für den guten Ausgang. Die geschichtlichen Lebensbedingungen eines Christenmenschen und der Gemeinde werden ernst genommen, der Blick für das gefährdete Wesen des Menschen, vor allem für die Gefährdung durch Reichtum und Macht wird geschärft (Lk 12,13-21; 22,24-27).

Die Mahnung zur Wachsamkeit und Stetsbereitschaft wird nicht auf das eschatologische Ende fixiert, sondern schließt ethisches Handeln ein. Den vielfältigen Gefahren, die der Umgang mit den Gütern dieser Welt mit sich bringt (Lk

12,13-21), sollen die Christen durch Besitzverzicht, durch Almosengeben und Mitleid gegenüber den Bedürftigen (Lk 16,9-13), praktische Nächstenliebe (Lk 10,25-37), konsequente Nachfolge (Lk 5,11; 9,23-27.57-62) und solidarisches Teilen (Apg 2,44f; 4,32.34f) begegnen. Macht wird in „Dienst an den Brüdern und Bedürftigen" umgepolt (Lk 22,24-27; vgl. 1,51f; 14,7-14). Ebenso wichtig ist, dass das Gebetsleben nicht nur in der Zeit der Anfechtung oder der höchsten Gefahr geboten ist (Lk 21,36; 22,40.46); es ist ein wesentliches Merkmal des Christseins und der Gemeinde (Lk 18,1-8; Apg 1,14.24f; 13,3 u. ö.); das Beten selber ist allerdings auch gefährdet (Lk 18,9-14).

Die Kirche ist nach Lukas eine Kirche auf dem Weg. Die Kirche in der Welt ist nicht eine Gemeinde der Reinen und der Seligen. Sie ist eine „Kirche der Sünder". Lukas zeigt ein besonderes Interesse an Fragen, die mit Sünde und Bekehrung zusammenhängen. Jesu Sendung zielt programmatisch auf Umkehr der Sünder: *„Ich bin gekommen, die Sünder zur Umkehr zu rufen, nicht die Gerechten"* (Lk 5,32).

Am Ende der Zachäusperikope heißt es: *„Denn der Menschensohn ist gekommen, um zu suchen und zu retten, was verloren ist"* (Lk 19,10). Die Erzählungen von der Sünderin im Haus des Pharisäers Simon (Lk 7,36-50) und von der Bekehrung des Petrus nach der Verleugnung (Lk 22,61f) sowie die Gleichnisse vom Verlorenen (Kap. 15) zeigen nicht nur eine Apologetik des Verhaltens Jesu, sondern sie offenbaren auch die Gemeindesituation: „Die Sünde gehört offenbar zum Alltag der Gemeinde, Heiligkeit ist das Ideal (Rückblick auf die ideale Zeit des Anfangs in der Apg!), das Versagen in steigendem Maße jetzt das Normale. Am Beispiel Jesu wird aufgezeigt, was zu tun ist" (J. Ernst, *Das Evangelium nach Lukas,* S. 18).

6. Aktualität des Lukas. Bezug zur heutigen Verkündigungssituation

Wie aktuell heute noch Lukas ist, zeigen die Ausführungen von Felix Porsch vor 40 Jahren: „Das Lukasevangelium hat wie kein anderes das liturgische Jahr in seinem Ablauf geprägt. Nicht nur die Osterzeit mit ihren Höhepunkten Ostern, Himmelfahrt, Pfingsten, auch die Entsprechung der Geburtstermine des Täufers und Jesu wie auch der von Jesu Empfängnis und Jesu Geburt gehen auf die Darstellung des Lukas zurück. Die Verkündigung im Lukasjahr sollte daher die spezifischen Anliegen und Themen seines theologischen Entwurfs aufnehmen und fruchtbar machen, zumal viele Probleme seiner Generation auch die unsrigen sind und viele seiner Lösungen auf die Fragen unserer Zeit eine Antwort sein könnten. So dürften sein Ernstnehmen der Geschichtlichkeit der Offenbarung, seine Öffnung zur Welt, sein Engagement für die Unterprivilegierten und Schwachen, seine Betonung der Frauengestalten, seine Mahnung zur Ausdauer und Stetsbereitschaft, sein Universalismus und Missionsbewusstsein, seine Hervorhebung des Geistwirkens, sein Verständnis von Erlösung, seine Individualeschatologie, seine Methode der 'narrativen Theologie' und nicht zuletzt sein Bild der Kirche als die Gemeinschaft derer, die den Weg des Herrn in der Kraft des Geistes in dieser Zeit geht, interessierte und aufnahmebereite Hörer finden. Das Lukasevangelium könnte für uns ein Verkündigungsmodell sein, insofern es exemplarisch zeigt, wie Verkündigung in einer veränderten Umwelt auf die Gegebenheiten der Hörer Rücksicht nehmen sollte, ohne Wesentliches preiszugeben." (F. Porsch, Kirche auf dem Weg durch die Zeit. Zur Verkündigung im Lukas-Jahr: Bibel und Kirche 34 (1979), S. 133-136; bes. 136). Dem ist nichts hinzuzufügen. Es gibt also wichtige Gründe, um sich mit Lukas intensiv zu beschäftigen.

Jesus – die Menschenfreund-lichkeit Gottes – Zum lukani-schen Christusbild

1. Der lukanische Neuansatz

Eine Vielfalt von Christusbildern begegnet uns in Kunst, Theologie und Frömmigkeitsübung. Gewöhnlicherweise ist unser Christusbild durch Hoheitstitel oder Prädikate, die die hohe Stellung Jesu betonen, geprägt. Dies kommt nicht von ungefähr. Bereits das Neue Testament weist ein Christusbild auf, das fast mosaikartig anhand von Bezeichnungen und Titeln wie *Christus, Sohn Gottes, Herr* oder anderen Hoheitstiteln entfaltet wird. Beim Wort Christologie fallen uns zuerst auch solche Titel ein. Dieser Ansatz ist durchaus berechtigt. Er birgt aber auch Gefahren. Auf das Lukasevangelium angewandt, besteht bei diesem Ansatz die Gefahr, wesentliche Merkmale des lukanischen Christusbildes nicht zum Zuge kommen zu lassen. Diese Gefahr ist umso größer, je stärker wir den Inhalt dieser Titel als Wesensaussagen auffassen und davon absehen, nach ihrer jeweiligen Funktion zu fragen.

Wollten wir das Besondere beim lukanischen Christusbild herausstellen, müssten wir uns am Verhaltensmodell orientieren, das Lukas selber uns anbietet. Denn er stellt Jesus als Modell, als Beispiel und Vorbild für die Christen dar. Wenn wir beim Verhalten Jesu ansetzen, können wir Methode und Absicht des Lukas besser verstehen.

Lukas hebt besondere Merkmale des Verhaltens Jesu gegenüber Menschen oder Menschengruppen und gegenüber Gott hervor. Diese Merkmale sind nicht isolierte Elemente, sondern sie bilden ein konkretes Bild, das zentriert ist einmal auf den Anspruch Jesu und zum anderen auf seine Bestätigung durch Gott in Auferweckung (Apg 2,24.32; 3,15; 5,30) und Erhöhung (Lk 24,26.51; Apg 1,9.11; 2,33; 7,55f). Diese Pole bilden den Rahmen, in den das Bild Jesu gestellt wird.

2. Das Verhalten Jesu gegenüber Menschen

Die Begegnungen Jesu mit Menschen sind für Lukas keine bloßen Episoden im Leben Jesu. In der Art dieser Begegnungen drückt sich der besondere Zug des lukanischen Christusbildes aus.

Lukas entwirft das Bild Jesu in seiner Zuwendung zu den Sündern, Kranken, Armen und Frauen. Diesen Menschen oder Menschengruppen gilt das Interesse des Lukas. Das heißt für den Leser und Betrachter: *Dieses Bild Jesu muss aus der Perspektive dieser Menschen angeschaut werden.*

Die Menschen, an denen Jesus handelt, sind keine reinen Objekte oder Statisten. Als Empfänger der zärtlichen Zuwendung Gottes in Jesus bilden sie den Blickwinkel für die Sichtweise und das Maß, wie ein Christ handeln und sein Leben führen soll.

2.1 Jesus, der Heiland der Sünder

Das Wort Jesu *„Ich bin gekommen, um die Sünder zu rufen, nicht die Gerechten"* (Mk 2,17; Mt 9,13), ergänzt Lukas durch die Zielangabe „zur Umkehr" (Lk 5,32). Dieser Spruch, mit dem

Jesus seine Mahlpraxis mit Zöllnern und Sündern (Mk 2,13-17 par) gegen Angriffe frommer Kreise verteidigt und legitimiert, erhält bei Lukas einen unverwechselbaren pastoralen Zug. Für Lukas ist dieser Aspekt so wichtig, dass er ein ganzes Kapitel der Botschaft von der Freude Gottes über das Wiederfinden des Verlorenen und die Umkehr des Sünders widmet (Lk 15). In diesem Kapitel ergänzt Lukas das Gleichnis vom verlorenen Schaf mit dem von der verlorenen Drachme, so dass beide Gleichnisse ein Doppel- oder Zwillingsgleichnis bilden (Lk 15,3-10). Dazu kommt das Gleichnis vom „verlorenen Sohn" (Lk 15,11-32).

Dieses Gleichniskapitel leitet Lukas mit folgenden wichtigen Angaben ein: „*Alle Zöllner und Sünder kamen zu ihm, um ihn zu hören. Die Pharisäer und die Schriftgelehrten empörten sich darüber und sagten: Er gibt sich mit Sündern ab und isst sogar mit ihnen" (Lk 15,1f)*. Lukas gebraucht also diese Gleichnisse im apologetischen Sinn, nämlich um das Verhalten Jesu, das für ihn paradigmatisch ist, zu verteidigen.

Außerdem überliefert er uns zwei Erzählungen, die Jesu Verhalten zu den Sündern herausstellen. Nicht von ungefähr wird das Mahl im Zusammenhang dieser Erzählungen erwähnt. In der Geschichte von der Sünderin im Haus des Pharisäers Simon (Lk 7,36-50) begegnet ihr Jesus gerade beim Mahl, das Zeichen und Vollzug der Gemeinschaft ist. Das Verhalten der Frau kontrastiert mit dem des Pharisäers Simon: auf der einen Seite Herzlichkeit, Nähe, sogar Gefühlsausbruch, auf der anderen Seite Höflichkeit zwar, jedoch Distanz und Vorurteil. Und schließlich in der Zachäusgeschichte (Lk 19,1-10) spricht Jesus selber die Einladung zur Einkehr beim Oberzöllner Zachäus aus, und er wird so als der wahre Gastgeber charakterisiert. Nicht zu übersehen ist die Geschichte, die mit dem Spruch „*Denn der Menschensohn ist gekommen, um zu suchen und zu retten, was verloren ist"* (Lk 19,10), endet, und die damit uns eine Lesehilfe gibt, wie wir diese Geschichte überhaupt lesen sollen.

Diese Überlieferungen, in denen Jesus sein Handeln als Gottes Handeln, als Hinwendung Gottes zu den Sündern verteidigt und darstellt, nimmt Lukas in sein Evangelium auf, nicht etwa nur um Vergangenes zu dokumentieren. Lukas schreibt für einen Leserkreis, dessen Situation er vor Augen hat. Die starke Betonung der Sünderliebe Jesu wird mit der Tatsache einer Ablehnung zusammenhängen, die seine Lesergemeinde durch die Verkündigung vom Christus der Sünder und von der Sünderliebe Gottes erfahren hat. In diesem Fall wird sie getröstet durch den Hinweis darauf, dass dies zu Jesu Zeiten nicht anders gewesen ist. Sie wird zugleich in ihrem Tun bestätigt, das mit dem Willen Gottes selber übereinstimmt. Außerdem ist anzunehmen, dass zur Entstehungszeit des Lukasevangeliums Verfolgungen stattgefunden haben. Wenn wir diese Verfolgungssituation, die bis zum Abfall vom Glauben führen kann, bedenken, können wir die Betonung der Sünderliebe Jesu als Ruf zur Umkehr und Wiederaufnahme der Abtrünnigen leichter verstehen. Auch der besondere Ruf zur Freude über die Umkehr eines Sünders (Lk 15,6f.9f.32) ist ein Aufruf an die Gemeinde, sie solle auch pastorale Mitverantwortung übernehmen. Damit ist auch eine Kritik an der Idee einer „reinen Gemeinde" ausgesprochen. Die Gemeinde Christi kann nur eine auch Sünder „integrierende" sein.

Die Zuwendung Jesu zu den Sündern schließt nach Lukas niemanden aus. So erzählt Lukas öfters von Mahlgemeinschaften mit Pharisäern (Lk 7,36-50; 11,37-54; 14,1-24). Die Mahlgemeinschaft mit den Pharisäern ist aber als Zeichen der Hinwendung zugleich ein Aufruf zur Umkehr und eine Infragestellung der pharisäischen Position. Lk 7,44ff fordert Jesus den Pharisäer Simon auf, sich auf die Ebene der Sünderin zu stellen, also seinen Standort zu wechseln, sich mit den Augen einer Sünderin zu betrachten. Lk 11,37f.53 bildet das Mahl den Rahmen für die scharfe Kritik Jesu gegen eine veräußerlichte Frömmigkeit. Und Lk 14,1-24 wird das im Haus eines führenden Pharisäers mit vornehmen Gästen gefeierte Mahl der Zuwendung Jesu zum wassersüchtigen, kranken Mann, den er am Sabbat heilt, entgegengesetzt. Die Aufforderung Jesu, gerade Arme, Krüppel, Lahme und Blinde einzuladen (Lk 14,13) und die Einladung dieser Menschengruppe im Gleichnis vom großen Festmahl (Lk 14,21) machen in diesem Zusammenhang deutlich, dass Lukas ein besonderes Interesse für solche Randgruppen hat.

Lukas will nicht eine Gruppe gegen die andere ausspielen. Aber es ist ihm nicht gleichgültig, auf welcher Seite der Mensch steht. Er verlangt von seinen Hörern und Lesern einen Standortwechsel, eine neue Sichtweise, ein neues Verhalten.

2.2 Jesus, der Arzt der Kranken

Lukas zeichnet einen gütigen und menschenfreundlichen Jesus. Seine Menschenfreundlichkeit zeigt sich besonders in seiner Zuwendung zu den Kranken. Lukas porträtiert Jesus Apg 10,38 als einen gütigen wie auch mächtigen Arzt: *„Ihr wisst, was im ganzen Land der Juden geschehen ist, angefangen in Galiläa, nach der Taufe, die Johannes verkündet hat: wie Gott Jesus von Nazaret gesalbt hat mit dem Heiligen Geist und mit Kraft, wie dieser umherzog, Gutes tat und alle heilte, die in der Gewalt des Teufels waren; denn Gott war mit ihm"* (vgl. auch Apg 2,12).

Jesu Sendung zielt nach Lukas wesentlich auf die Heilung der Kranken ab. In der Antwort auf die Frage des Täufers, ob er der Kommende sei (Lk 7,22), zählt Jesus nicht nur seine Heilungen auf; diese Antwort wird geradezu in eine

Situation der Heilungstätigkeit gestellt: *„Damals heilte Jesus viele Menschen von ihren Krankheiten und Leiden, befreite sie von bösen Geistern und schenkte vielen Blinden das Augenlicht"* (Lk 7,21). Auch im Nazaret-Manifest Jesu wird auf Heilungen hingewiesen (Lk 4,18.25-27), ein Hinweis, der seine Hörer provoziert.

Lukas betont die Heilkraft Jesu. Sie ist eine messianische Ausstattung. Lk 5,17f heißt es: *„Die Kraft des Herrn drängte ihn dazu, zu heilen".* Im Gleichnis vom Festmahl werden die Kranken neben den Armen als Gäste aufgezählt, die die Einladung ohne weiteres annehmen (Lk 14,21). Auch die zusammenfassenden Berichte heben die Heilungstätigkeit Jesu hervor. Lk 6,18 wird berichtet, dass Jesus diejenigen, die kamen, ihn zu hören, von ihren Krankheiten heilte, und Lk 9,11 wird gesagt, dass er diejenigen, die Heilung nötig hatten, gesund machte, während Lk 4,40 und Lk 6,19 es sogar heißt, dass er alle heilte (vgl. auch Lk 5,15).

Lukas stellt seinen hellenistischen Lesern Jesus als einen Wunderheiler dar, der Kraft zum Heilen in sich trägt und keine Schranke für seine Macht hat: *„Es ging eine Kraft von ihm aus, die alle heilte"* (Lk 6,19). Die lukanischen Heilwundererzählungen wollen weder Beweise für die Messianität Jesu liefern noch Jesus nach hellenistischer Art als den „göttlichen Menschen" darstellen. Sie veranschaulichen vielmehr die Gegenwart des Reiches Gottes. Wunder sind für Lukas Zeichen dieser Gegenwart, die leibhafte Wirklichkeit werden will. *„Wenn ich aber die Dämonen durch den Finger Gottes austreibe, dann ist doch das Reich Gottes schon zu euch gekommen"* (Lk 11,20), heißt es in Bezug auf die Dämonenaustreibung. Lukas stellt die Verbindung zwischen der Reichgottespredigt Jesu und seiner Heilstätigkeit her: *„er redete zu ihnen vom Reich Gottes und heilte alle, die seine Hilfe brauchten"* (Lk 9,11; vgl. auch 9,2.6; 10,9). Auch aus der Perspektive der Heilung suchenden

Menschen tritt diese Verbindung hervor: *„Sie alle wollten ihn hören und von ihren Krankheiten geheilt werden"* (Lk 5,15b; 6,18).

Wenn auch die Heilwundererzählungen eine christologische Sinnmitte haben und daher in erster Linie Christusverkündigung sind, werden die beteiligten Menschen und Kranken nicht einfach zu Statisten gemacht.

Am Kranken und Kranksein wird deutlich, dass die Menschen auf Gottes Heil angewiesen sind. An dem geheilten Menschen wird dargestellt, wie der Mensch auf Gottes Heilshandeln antworten soll.

Der Blinde von Jericho findet trotz Behinderung durch die Jesusanhänger Zugang zu Jesus. Als Geheilter folgt er ihm auf dem Weg nach Jerusalem (vgl. Lk 18,35-43). Geheilte Frauen begleiten Jesus und unterstützen ihn und seine Jünger mit ihrem Besitz (vgl. Lk 8,1-3). Damit wird deutlich: *Empfangenes Heil will sich in der Christusnachfolge auswirken.*

2.3   Jesus, der Anwalt der Armen

Unverkennbar ist das Interesse des Lukas für die Zuwendung Jesu zu den Armen. Lukas wird mit Recht der „Evangelist der Armen" genannt (H.-J. Degenhardt).

Seine soziale Zugehörigkeit zur gebildeten und wohlhabenden Schicht ist weder ein Hindernis für seinen Einsatz für die Armen noch eine Beeinträchtigung seines Jesusbildes, das aus der Sicht der Armen geschildert wird. Für seine Darstellung greift Lukas auf Traditionen zurück, die diese Sicht Jesu vertreten, und er lässt sie voll zur Geltung kommen.

So übernimmt Lukas den Spruch aus der Logienquelle (Q),

wonach Jesus als der heimatlose Menschensohn, ärmer als die Füchse und die Vögel, charakterisiert wird (Lk 9,58). Er zitiert nicht nur die Auffassung der Sendung Jesu als einer auf die Armen ausgerichteten, wie es in der Antwort auf die Frage des Täufers mit ihren Anklängen an Jes 61,1 heißt (Lk 7,22); vielmehr sind für ihn die Armen geradezu privilegierte Empfänger der Frohbotschaft. Dies zeigt die dramatische Umformung des genannten Spruchs in Lk 4,18. Auch die bei Lukas aufgenommene Fassung der Seligpreisung bringt die Sendung Jesu als ein Ereignis der Zuwendung Gottes zu den Armen zur Sprache (Lk 6,20). Der Heilsruf an die Armen wird durch das Wehe über die Reichen ergänzt (Lk 6,20.24). Lukas weist so die Linie der Logienquelle auf, die die Seligpreisungen konkret an arme Menschen richten lässt und entwickelt sie sogar weiter.

In der lukanischen Fassung des Gleichnisses vom großen Gastmahl (Lk 14,16-24) befiehlt der Hausherr seinen Dienern, die „Armen und die Krüppel, die Blinden und die Lahmen" herbeizuholen, während es bei Matthäus nur die „Guten und die Bösen" heißt (Mt 22,10). Außerdem finden wir im unmittelbaren Kontext bei Lukas die ähnliche Forderung Jesu: *„wenn du ein Essen gibst, dann lade Arme, Krüppel, Lahme und Blinde ein"* (Lk 14,13).

Auch in der Vorgeschichte Jesu und im Sondergut des Lukas haben die Armen eine bevorzugte Stellung. Das Magnifikat (Lk 1,46-55) hofft auf eine eschatologische Wende, von der auch die Geschichte von dem reichen Mann und dem armen Lazarus schreibt (Lk 16,19-31). Der blinde Bettler vor Jericho steht paradigmatisch für die rechte Nachfolge Jesu (Lk 19,35-43).

Die Parteinahme für die Armen und die scharfe Kritik an den Reichen bei Lukas können nicht einfach als „ebionitisches" Überbleibsel heruntergespielt werden. Dennoch idealisiert Lukas nicht die Armut. Er wendet sich nicht an Arme, sondern an Reiche, aber er tut es aus dem Blickwinkel der Armen. Daher ist die Bezeichnung „Evangelist der Reichen", wie Lukas auch sonst genannt wird, missverständlich.

Die Kritik an den Reichen (Lk 6,24; 18,24f), die Mahnung zum rechten Umgang mit dem Besitz (Lk 12,33f; 16,9ff), vor allem die Warnung vor Geldgier (Lk 16,14), vor Habsucht (Lk 12,15) und vor der Gefahr des Reichtums (Lk 16,13; 18,24) setzen eine wohlhabende soziale Schicht voraus. Auf ihre Probleme kommt Lukas zu sprechen. In der Erklärung des Gleichnisses vom Sämann werden die Dornen, die den Samen des Wortes ersticken, als „Sorgen, Reichtum und Genüsse des Lebens"(Lk 8,14), die den Menschen selber ersticken, gedeutet. Gleichsam als Kommentar dazu lautet die Mahnung Lk 21,34: „*Nehmt euch in acht, dass Rausch und Trunkenheit und die Sorgen des Alltags euch nicht verwirren und dass jener Tag euch nicht plötzlich überrascht.*"

Das Gleichnis vom törichten Kornbauer bzw. vom Getreidespekulanten verstärkt den kritischen Ton durch den Zusammenhang (Lk 12,13-15,21). Das Gleichnis ist eine scharfe Kritik an Habgierigen, deren ganze Lebensrichtung nicht stimmt, da sie im Besitzüberfluss ihren Lebensinhalt sehen. Lk 12,15 heißt es: „*Der Sinn des Lebens besteht nicht darin, dass ein Mensch aufgrund seines großen Vermögens im Überfluss lebt.*"

Lukas lässt Jesus im Anschluss an dieses Gleichnis zu den Jüngern über die falsche und die rechte Sorge (Lk 12,22-32) sprechen und fügt den Spruch „Verkauft eure Habe und gebt den Erlös den Armen" (Lk 12,33) hinzu.

Der totale Besitzverzicht – „sie verließen alles", heißt es in den Nachfolgeerzählungen (Lk 5,11.28) – ist die lukanische Charakterisierung der Existenzweise der Jünger, die als Kontrast ihr kritisches Potential beibehält. Die Entscheidungsfrage kann sich zuspitzen in der Alternative „Gott" oder „Mammon" (Lk 16,13). Lukas bleibt nicht bei den Mahnungen, Warnungen und scharfen Kritiken, die alle auf die Umkehr der Reichen abzielen, stehen, er formuliert auch eine durchaus konkrete Sozialethik: In der Erzählung vom vorbildlichen Verhalten des reichen Oberzöllners Zachäus (Lk 19,1-10) wird die Selbstverpflichtung eines Reichen zum Teilen seines Besitzes mit den Armen hervorgehoben. Das Teilen wird auch in der Apostelgeschichte als ein wichtiges Moment im Leben der Urgemeinde betont (Apg 2,45; 4,35). Das Teilen hat den Zweck eines Besitzausgleiches zwischen arm und reich. Die Besitzenden teilen so, dass es in der Gemeinde weder Reiche noch Bedürftige gibt (Apg 4,34). In der Erzählung von der Salbung Jesu durch die Sünderin (Lk 7,36-50) lässt Lukas sowohl den Vorwurf der Verschwendung wie die Antwort Jesu „Arme habt ihr allezeit bei euch" weg. Als Grundhaltung betont er die Genügsamkeit (Lk 3,12-15; 12,15; Apg 20,33f).

Die Forderung der Liebestat wird auch an der lukanischen Interpretation der Feindesliebe sichtbar. Lukas ergänzt die Aufforderung zur Feindesliebe: *„Liebt eure Feinde und tut Gutes und leiht, ohne etwas zurückzuerwarten"* (Lk 6,35). Lukas redet also wohlhabende und angesehene Christen an, dass sie wirtschaftlich Schwächeren Gutes tun sollen. Auch in der Abschiedsrede des Paulus in Milet in der Apostelgeschichte wird die Forderung einer Unterstützung der Schwachen ausgedrückt (Apg 20,35). Diese wird verwirklicht durch Besitzverzicht und Verteilung des Erlöses an Bedürftige oder durch Arbeit und Verteilung des Verdienstes im wohltätigen Sinne.

Lukas blickt auch über den Zaun seines christlichen Leserkreises hinaus. In seinem Kreis gab es zwar Bedürftige (Apg 2,45; 4,35; 20,35), aber wahrscheinlich keine Bettelarmen. Von Bettelarmen spricht er, wenn Nicht-Christen in den

Blick kommen; und auch sie sind Empfänger christlicher Wohltätigkeit (Lk 18,35-43; Apg 3,1-10). So ist das Almosengeben eine christliche Frömmigkeitsübung, die notwendig zur Glaubensexistenz gehört (Lk 11,41; 12,33; 18,22; Apg 10,1ff). Lukas war durchaus um diese minimale, in seiner Umgebung vielleicht einzig gangbare Lösung der Arm-Reich-Problematik bemüht. An das Gleichnis vom „ungerechten" Verwalter (Lk 16,1-7), das uns vor viele, fast unlösbare Fragen stellt, reiht er Deutungsversuch an Deutungsversuch. Einmal heißt es: *„Die Kinder dieser Welt sind im Umgang mit ihresgleichen klüger als die Kinder des Lichtes"* (Lk 16,8b), zum anderen: *„Und ich sage euch: Macht euch Freunde mit Hilfe des ungerechten Mammons, damit ihr in die ewigen Wohnungen aufgenommen werdet, wenn es (mit euch) zu Ende geht"* (Lk 16,9), und wiederum: *„Wer in den kleinsten Dingen zuverlässig ist, der ist es auch in den großen, und wer bei den kleinsten Dingen Unrecht tut, der tut es auch bei den großen. Wenn ihr im Umgang mit dem ungerechten Reichtum nicht zuverlässig gewesen seid, wer wird euch dann das wahre Gut anvertrauen? Und wenn ihr im Umgang mit dem fremden Gut nicht zuverlässig gewesen seid, wer wird euch dann euer (wahres) Eigentum geben?"* (Lk 16,10-12), und schließlich: *„Kein Sklave kann zwei Herren dienen; er wird entweder den einen hassen und den andern lieben, oder er wird zu dem einen halten und den andern verachten. Ihr könnt nicht beiden dienen, Gott und dem Mammon"* (Lk 16,13).

Trotz dieser Umbiegungen lässt das ursprüngliche Gleichnis Jesu noch die radikale Lösung durchschimmern, die sich hinter den Bildern für uns heute versteckt. Die Entlassung im Nacken, macht der „ungerechte" Verwalter das einzig Richtige: Er wechselt einfach die Seite. Von der Seite des „reichen Mannes" geht er auf die Seite der mittellosen Schuldner. Er verzichtet auf die damalige übliche Gewinnspanne und setzt so den „Schuldenerlass" konkret in die Tat um. Dieser entspricht genau dem Anteil, der damals für Zins und Risikobeteiligung vorgesehen war (100 % beim Öl und 25 %

beim Weizen). Diese Handlung entspricht so dem alttestamentlichen Zinsverbot (vgl. Ex 22,25; Lev 25,36f; Dtn 23,19f). Und Jesus lobt diesen in den Augen der Besitzenden „ungerechten" und „untreuen" Hausverwalter (Lk 16,8a). Sein Lob ist also folgerichtig. In seinen Augen ist ein Standortwechsel der Reichen angesichts der Nähe des Reiches Gottes notwendig.

Dieser radikalen Forderung stimmt auch Lukas zu im Gleichnis vom reichen Mann und vom armen Lazarus, das den Schluss von Kapitel 16 bildet und die Thematik von Reich und Arm abschließt (Lk 16,19-31). Mit diesem Gleichnis formuliert Lukas einen unerhörten Appell an die Reichen, die Armen nicht links liegen zu lassen, sie einfach zu übersehen so wie der Reiche von Lazarus keine Notiz nimmt. Vielmehr sollen sie sich für die Notleidenden einsetzen, solange sie noch die Möglichkeit zum Handeln haben (vgl. dazu René Krüger, *Gott oder Mammon. Das Lukasevangelium und die Ökonomie,* Luzern 1997, S. 31-49).

2.4   Jesus, Freund der Frauen

Für Lukas ist Jesus ebensosehr Heiland und Helfer der Armen, Kranken und Sünder wie auch Freund der Frauen. Die Zuwendung Jesu zu den Frauen ist ein besonderer Zug des Lukas. Jesus verteidigt Lk 7,36-50 eine stadtbekannte Sünderin und spricht ihr Gottes Vergebung zu. Er erbarmt sich einer Mutter, die Witwe war, und ruft ihren toten Sohn ins Leben zurück (Lk 7,11-17). Er heilt eine Frau, die gekrümmt war, und gibt ihr den Ehrennamen „Tochter Abrahams",(Lk 13,10-17). Frauen in der Umgebung Jesu werden im Summarium Lk 8,1-3 namentlich genannt.

Die Gemeinschaft Jesu mit Frauen wird besonders hervorgehoben. Sie sind wie die Zwölf ständige Begleiterinnen Jesu. Es wird kein Unterschied zwischen den Zwölf und den Frauen gemacht. Die Begleitung der Frauen zielt wie die der Zwölf auf die Verkündigung (Lk 8,1-3a).

An Frauengestalten werden Glaubende paradigmatisch dargestellt: Maria, die Schwester der Marta (Lk 10,38-42) oder die überragenden Frauengestalten der Vorgeschichte: Maria, die Mutter Jesu, Elisabet (Lk 1,24f.39-62), und Hanna (Lk 2,36-39).

Frauen unterstützen Jesus und die Jünger mit ihrem Vermögen (Lk 8,3). Sie nehmen auch innerlich Anteil am Leiden Jesu (Lk 23,27-31.49). In der Apostelgeschichte werden Frauen als Prophetinnen (Apg 21,9) und Verkünderinnen oder Lehrerinnen des Glaubens (Apg 18,26) bezeichnet.

Dies alles spricht für eine Gleichberechtigung der Frauen aus der Sicht des Lukas. Ein Missverständnis ist es daher, wenn Lukas kritisiert wird, seine Gemeinde sei „von Männern regiert und von Frauen bedient" (E. Moltmann-Wendel, *Ein eigener Mensch werden. Frauen um Jesus* (GTB 1006, 6. Aufl. Gütersloh 1980, S. 146). Die dienende Haltung beschränkt sich nicht auf Frauen, sie betrifft ebenso auch Männer. Sie gilt nicht nur dem Kirchenvolk, sondern auch der Leitung (Lk 22,24-27). Außerdem beinhaltet das Dienen nach biblischem, auch lukanischem Sprachgebrauch den Verkündigungsauftrag.

2.5 Die theologische Begründung der Menschenfreundlichkeit Jesu

Jesu Zuwendung zu den Sündern, Kranken, Armen und Frauen offenbart die Menschenfreundlichkeit Gottes selber. In seinem Handeln stellt er Gottes Wesen dar. In den Gleichnissen vom Verlorenen (Lk 15) rechtfertigt Jesus sein Verhalten mit Gottes Verhalten. Dem Zachäus wird verkündet: *„Heute ist diesem Haus Heil widerfahren"* (Lk 19,9), und der Sünderin wird gesagt: *„Deine Sünden sind dir vergeben"* (Lk 7,48).

Jesus beansprucht, in seinem Verhalten zu den Kranken Gottes Willen zu verwirklichen, d. h. seine Herrschaft zur Geltung zu bringen (Lk 11,20). Darum preist er die Augen- und Ohrenzeugen glücklich (Lk 10,23f). Im Nazaret-Manifest heißt es: „Heute", d. h. durch ihn gehen die Schriften in Erfüllung (Lk 4,21).

Lukas versteht Jesu Verhalten und stellt es dar als „das Verhalten eines Menschen, der es wagt, an Gottes Stelle zu handeln" (E. Fuchs, *Zur Frage nach dem historischen Jesus. Ges. Aufs. II,* Tübingen ²1965, S. 156).

3. Jesu Verhalten zu Gott

3.1 Der leidende Christus

Lukas betont die Notwendigkeit des Leidens des Messias. Die Verbindung von Christustitel und Leidensaussage findet sich ausdrücklich erstmals im Anschluss an die Auferstehungserzählung innerhalb der Perikope von den beiden

Emmaus-Jüngern (Lk 24,13-35). Dort stellt der Auferstandene die Frage: *„Musste nicht der Christus dies leiden und in seine Herrlichkeit eingehen?"* (Lk 24,26). Die erwartete Antwort, die stillschweigend vorausgesetzt wird, ist eindeutig ein Ja.

Aber nicht nur in Kap. 24 seines Evangeliums thematisiert Lukas die Notwendigkeit des Leidens Christi (Lk 24,7.26.46), gemäß der Schrift. Diese Konzeption ist ein Leitmotiv im lukanischen Doppelwerk.

Die bei Markus überlieferten Leidensankündigungen (Mk 8,31; 9,31; 10,33) werden von Lukas nicht unwesentlich redaktionell auf seine Konzeption hin verändert. Lk 9,22 verknüpft das Leiden Christi stärker mit dem Petrusbekenntnis mittels einer Partizipialkonstruktion; Lk 9,43f-45 wird die Aussage der Auferstehung „nach drei Tagen" weggelassen; Lk 18,31-34 spricht von der Vollendung seines Todes in Jerusalem, gemäß der Schrift. In der Auferstehungserzählung erinnert Lukas ausdrücklich an die Leidensankündigung (Lk 24,7).

Vor allem wird in der Verklärungserzählung (Lk 9,28-36) auf den *Ausgang* (= Tod) Jesu, der sich in Jerusalem vollenden soll, Bezug genommen (Lk 9,31). In einem zentralen Teil seines Evangeliums gestaltet Lukas die markinische Reisenotiz (Mk 10,1) zu einem Reisebericht (Lk 9,51-19,27), der keine geographische Ortsveränderung darstellen will. Er bildet formal einen Rahmen für den nichtmarkinischen Überlieferungsstoff. Vor allem wird durch dieses Darstellungsmittel das *Unterwegssein Jesu, sein Weg zur Passion und zum Tod* vor Augen geführt. Jede Erwähnung der Situation der Reise wird so zu einem Hinweis auf das für den Messias von Gott bestimmte Todesgeschick. Im Zentrum des Reiseberichts wird dies ausdrücklich zur Sprache gebracht: *„Doch heute und morgen und am folgenden Tag muss ich weiterwandern; denn ein Prophet darf nirgendwo anders als in Jerusalem umkommen"* (Lk

13,13). Jerusalem als Ort des Leidens Jesu wird besonders herausgestellt: Lk 17,11 wird es ausdrücklich als Ziel genannt. In der eschatologischen Rede innerhalb des Reiseberichts (Lk 17,20-37) bringt Lukas folgenden Zusatz, der Jesu Leiden als ein dem Plan Gottes gemäßes ausdrückt: *„Vorher aber muss er vieles erleiden und von dieser Generation verworfen werden"* (Lk 17,25). Die dritte Leidensankündigung (Lk 18,31-34) bringt Lukas auch innerhalb des Reiseberichtes und verändert sie in seinem Sinn. Lukas weist auf den Tod Jesu, gemäß der Schrift, und auf das Nichtverstehen der Notwendigkeit des Leidens Christi durch die Zwölf Apostel hin.

Auch in die Leidensgeschichte (Lk 22,1-23,56) greift Lukas redaktionell ein, um das Todesgeschick Jesu als ein sich notwendigerweise vollziehendes Geschehen darzustellen. Trotz menschlichem Verrat ist der Leidensweg Jesu eine göttliche Bestimmung (Lk 22,22). Die redaktionelle Einrahmung des auf die Passion Jesu angewandten Zitates von Jes 53,12 *(„Er wurde zu den Verbrechern gerechnet")* bringt deutlich das lukanische Verständnis des Leidens Jesu als eines notwendigen Geschehens, das unter dem göttlichen „Muss" des Heilswillens Gottes steht, zum Ausdruck. Wenn in der Botschaft der Engel im leeren Grab sowie in der Erzählung von der Erscheinung des Auferstandenen in Jerusalem und in der Emmauserzählung das „Muss" des Leidens betont wird (Lk 24,7.26.46), wird nicht nur das Ärgernis des Kreuzes apologetisch verteidigt. Das Kreuz wird vielmehr positiv als der Weg des Auferstandenen aufgefasst.

Das Leiden ist für Lukas ein wesentliches Merkmal des rechten Christusverständnisses. Diese Auffassung begegnet uns auch in der Apostelgeschichte: So wird etwa in der sich an die Heilung des Lahmgeborenen (Apg 3,1-11) anschließenden Rede von Petrus ausgeführt: *„Gott aber hat auf diese Weise erfüllt, was er durch den Mund aller Propheten im voraus verkündigt hat: dass sein Messias leiden werde"* (Apg 3,18). Und im Bericht über die Predigt des Paulus in der Synagoge zu Thessalonich heißt es, dass Paulus die Heilige Schrift darlegte und erklärte, *„dass der Messias leiden und von den Toten auferstehen musste"* (Apg 17,3). Dieselbe Aussage findet sich auch in der Rede des Paulus vor dem König Agrippa (Apg 26,23).

Das Leiden beschränkt sich nach Lukas nicht auf einen Punkt im Leben Jesu, etwa auf sein Ende, es bestimmt vielmehr sein ganzes Leben. Daher wird der Kreuzestod Jesu nicht als ein punktuelles Geschehen betont. Aus diesem Grund wird auch auf die Heilsbedeutung des Kreuzestodes Jesu kaum Bezug genommen. Die einzige Bezugnahme findet sich in den Abendmahlsworten, im *„für euch"* der Brot- und Kelchworte (Lk 22,19f).

Diese ganzheitliche Sicht des Lukas fasst das ganze Wirken Jesu als Heilswirken auf. Sein Lebensdienst besteht im *„Suchen und Retten der Verlorenen"* (Lk 19,10). Er lehrt den rettenden Weg Gottes (Lk 20,22), er zeigt die Wege zum Leben (Apg 2,28). *„In keinem anderen ist das Heil zu finden"* (Apg 4,12). Auf keinen Fall versteht Lukas das Kreuz Jesu nur als Resultat eines „Missverständnisses der Juden" (so Philhauer und Käsemann).

Wenn Lukas Jesus als den „leidenden Christus" darstellt, greift er in seiner Darstellung auf das ersttestamentlich-jüdische Motiv des leidenden Propheten zurück. An zentraler Stelle seines Evangeliums steht der wichtige Satz: *„Doch heute und morgen und am folgenden Tag muss ich weiterwandern; denn ein Prophet darf nirgendwo anders als in Jerusalem umkommen"* (Lk 13,33; vgl. auch Lk 11,49-51; 24,19; Apg 7,52).

Der lukanische Christus zeichnet sich aus durch seinen Vorbildcharakter. Zwar betont der göttliche Plan das Leiden Christi als eine notwendige Station auf seinem Weg zur Herrlichkeit. Dennoch will Lukas den leidenden Christus als

Vorbild verstanden wissen. Christus ist der vorbildliche Anführer (Apg 3,15; 5,31), da er im Gehorsam und Vertrauen ja sagt zum göttlichen Willen. Er widersteht der Versuchung, den Herrlichkeitsweg ohne Leiden zu gehen (Lk 4,1-13). In der Ölbergsszene zeigt Lukas, wie sich Jesus im Gebet dem Willen Gottes unterwirft (Lk 22,39-46).

Lukas ersetzt den Schrei der Gottverlassenheit am Kreuz (Mk 15,34 = Ps 22,2) durch den Gebetsruf der Übergabe des Lebens an den Vater (Lk 23,46). Jesus ist für Lukas der unschuldig Leidende (Lk 23,41.47), der an sich das Prophetengeschick erfährt (Lk 13,33), der duldend und ergeben das Leiden trägt (Apg 8,30-35) und in der eigenen Passion noch der Heiland ist, der heilt (Lk 22,51) und Schuld vergibt (Lk 23,40-43).

Das lukanische Bild des leidenden Christus zeigt Märtyrerzüge. Die lukanische Leidensgeschichte wird in der Form eines Martyriums geboten. Es bestehen auch strukturelle Ähnlichkeiten zwischen der Erzählung der Passion Jesu und der Leidensgeschichte des Stephanus und des Paulus in der Apostelgeschichte. Jesus ist für Lukas das Leitbild, das Urbild des christlichen Märtyrers, der durch das Erleiden des Todes den Beweis für den Ernst seines Bekennerzeugnisses ablegt.

1. Nach Lukas fordert Jesus, das Kreuz „täglich" zu tragen (Lk 9,23); im täglichen Kreuztragen vollzieht sich die Nachfolge Christi (Lk 14,27).

2. Ein Bild des Christen, der seinem Herrn nachfolgt als Träger des Kreuzes, zeichnet Lukas in dem Jesus das Kreuz nachtragenden Simon aus Zyrene (Lk 23,26).

3. In der Bedrängnis werden die Christen zur Feindesliebe und zum Gebet für die Verfolger aufgerufen
(vgl. Lk 6,27f mit Lk 6,22f). Sie werden ermahnt, „in
Beharrlichkeit" des Glaubens „Frucht zu bringen"
(Lk 8,15), treu im Glauben zu verharren. Denn
„durch viele Drangsale müssen wir in das Reich Gottes gelangen" (Apg 14,22; vgl. auch Apg 20,19.23f).

3.2 Der betende Jesus

Lukas zeigt ein großes Interesse am Beten Jesu. Öfters erwähnt er die Tatsache, dass Jesus betet (Lk 3,21; 5,16; 6,12;
9,18.28f; 11,1). Das ganze öffentliche Wirken Jesu wird
durch das Gebet umrahmt. Lukas erwähnt, was Jesus am
Anfang seines Wirkens bei der Taufe betete (Lk 3,21). Er
vollendete sein Leben am Kreuz mit einem Vertrauensgebet
(Lk 23,46).

Bei wichtigen Anlässen oder vor wichtigen Ereignissen wird
das Beten Jesu erwähnt, so bei der Taufe Jesu (Lk 3,21), vor
der Apostelwahl (Lk 6,12), vor der Frage an seine Jünger,
wer er sei (Lk 9,18), vor der Verklärung auf dem Berg (Lk
9,28), vor der Belehrung der Jünger über das rechte Beten
(Lk 11,1) und vor seiner Passion am Ölberg (Lk 22,39-46).
Jesus betet für Simon Petrus, dass sein Glaube nicht erlösche
(Lk 22,31f), er betet am Kreuz für seine Feinde (Lk 23,34)
und stirbt mit dem Gebet des Psalmwortes *„Vater, in deine
Hände lege ich meinen Geist"* (Lk 23,46; Ps 31,6).

All diese Begebenheiten im Leben Jesu und die anhaltenden
Mahnungen zum Gebet (Lk 11,1-13; 18,1-8; 21,36) zeigen
einen Jesus, der Vorbild für das Gebetsleben der Christen
sein will. Das Beten Jesu geht für Lukas nicht in seiner Vorbildfunktion auf, es stellt auch die innige und exklusive Be-

ziehung Jesu zu Gott, seinem Vater, dar (Lk 10,21-22). Es ist der Ausdruck und die Aktualisierung dieser Beziehung.

3.3   Jesus, der Geistträger

Für Lukas, der auch „Evangelist des Geistes" genannt wird, ist Jesus *der messianische Geistträger*. Seine irdische Existenz ist geistgewirkt (Lk 1,35). Sein Leben ist dauerhaft mit Heiligem Geist erfüllt (Lk 4,1). Das Herabkommen des Geistes bei der Taufe offenbart den dauerhaften Geistbesitz (Lk 3,22). Als Geistgesalbter ist Jesus der endzeitliche Messias-Prophet (Lk 4,18; Apg 10,38). In der Kraft des Heiligen Geistes führt er seinen Heilsauftrag aus (Lk 4,14.18f.43; 5,17; Apg 10,38). Aber nicht nur die Geistausstattung Jesu ist für Lukas wichtig. *Jesus ist vor allem Geistgeber.* Er ist es, der mit heiligem Geist und Feuer taufen wird (Lk 3,16; 24,49; Apg 1,5; 11,16). Lukas sieht die Geisttaufe Jesu im Pfingstereignis erfüllt (Apg 1,5; 2,4.33). Als der Erhöhte hat Jesus den Heiligen Geist ausgegossen (Apg 2,33).

1. Durch den Geist wird in der Zeit der Kirche das Werk Jesu fortgeführt. Der Weg der Mission wird als vom Geist bestimmt dargestellt (Apg 8,29.39; 11,12; 16,7f). Die Heilsgeschichte geht ihren Gang durch das Eingreifen des Geistes (Apg 8,29.39; 20,23).

2. Wichtige kirchliche Entscheidungen, wie die über die Heiden im sogenannten Aposteldekret, werden letztlich vom Geist gewirkt (Apg 15,28). Bischöfe werden vom Geist eingesetzt (Apg 20,28), alle Gemeindemitglieder, die Frauen nicht ausgenommen, sind für Lukas Träger des Geistes (Apg 2,4.17; 5,32).

143

3. Die Geistausstattung kennt keine Grenzen. Die Aus-
gießung des Geistes beschränkt sich nicht auf Christen. Gottes Freiheit schenkt auch Nicht-Christen
den Geist (Apg 10,44-47; 11,15).

4. Der Geistbesitz ist eine wesentliche, allerdings nicht
eine automatische Ausstattung der Christen und der
Gemeinde. Er ist Gottes Geschenk. Der Geistbesitz
zielt nicht auf die eigene, individuelle Erbauung, er
dient der Verkündigung und dem Lobpreis der
„Großtaten Gottes" in Jesus Christus (Apg 2,11;
10,46) und hilft beim Zeugnisablegen für Jesus vor
der Welt (Lk 12,12; Apg 6,10). Der Geist hilft zur
christlichen Existenz in der Welt. Er ist die Vermittlung dieser Existenz, er ist die Weise einer welt-
zugewandten Existenz im Glauben.

3.4 Jesus, der Freudenbote

Nach Lukas fängt Jesus sein Wirken mit der Verkündigung des großen Gnadenjahres an (Lk 4,16ff). Er ruft
seine Jünger zur Freude auf. Sie sollen sich auch mitten
in Bedrängnissen und Verfolgungen freuen (Lk 6,23;
10,20f). *Wer sich mit dem Verlorenen freut, der Rettung erfährt,
nimmt teil an der eschatologischen Freude Gottes.* Diese Freude
verteidigt der historische Jesus gegen seine Kritiker, die
die Sünder bereits auf die Verlorenenliste setzen, ausdrücklich mit dem Hinweis auf die Freude Gottes in den
bekannten Gleichnissen vom Verlorenen (vgl. Lk
15,7.10.23f.32). Außerdem berichtet Lukas von Menschen, die sich über die befreiende Begegnung mit Jesus
freuen (Lk 13,17; 19,6.37; 24,41). Nicht ohne Grund
wird so Lukas auch der „Evangelist der Freude" genannt. Der Aufruf zur Freude ist kein unverbindlicher

Appell. Die starke Betonung der Freude weist auf die Situation einer Gemeinde, die Gefahr läuft, engherzig und ausgrenzend zu werden. Dies will Lukas mit seiner Botschaft der Freude verhindern.

4. Wer und was war Jesus von Nazaret für Lukas oder welche Christologie vertritt Lukas?

Lukas versucht nicht, sein fazettenreiches Bild Christi in einen einzigen Begriff zu bringen. Er verwendet die verschiedensten, ihm traditionell vorgegebenen oder auch in der hellenistischen Umwelt geläufigen Titel und Bezeichnungen: *Christus, Kyrios (Herr), Sohn Gottes, Menschensohn, Davidssohn, Prophet, der Heilige, der Gerechte, der Knecht Gottes, der Anführer zum Leben, Retter, Wohltäter.*

Der Gebrauch der einzelnen Titel lässt Interesse und Tendenz des Lukas durchscheinen. Obwohl der Titel „Sohn Gottes" für ihn von großer Bedeutung ist (vgl. Lk 22,67-70), zeigt Lukas eine große Zurückhaltung im Gebrauch dieses Titels. Er will dadurch ein hellenistisches Missverständnis im Sinne „göttlicher Menschen" vermeiden. Den heidnischen Hauptmann unter dem Kreuz lässt er nicht wie bei Markus und Matthäus bekennen: „Wahrhaftig, das (= dieser Mensch) war Gottes Sohn" (Mk 15,39; Mt 27,54), sondern: „Das war wirklich ein gerechter Mensch" (Lk 23,47).

Lukas gebraucht am häufigsten die Titel Christus und Kyrios (Herr). Der Kyriostitel hebt allerdings nicht die besondere Herrschaftsstellung Christi hervor, wie das etwa beim urchristlichen Christushymnus (Phil 2,6-11) der Fall ist. Mit dem Titel „Christus" verbindet Lukas die Notwendigkeit,

das „Muss" (dei) des Leidens Christi (vgl. Lk 24,26.46), konzentriert jedoch nicht das Erlösungswerk auf den Kreuzestod. Christi Weg ist ein Weg des Leidens, der dem Heilswillen Gottes entspricht. Sein Messiasbild ist als solches – und
nicht erst vom Kreuz her – soteriologisch bestimmt. Jesus ist
als der gehorsame Bote Gottes der Heilbringer und Retter:
„Der Menschensohn ist gekommen, um zu suchen und zu retten, was
verloren ist" (Lk 19,10).

Die Christologie des Lukas will zugleich Soteriologie sein.
Lukas zeigt seinen Lesern in Jesus den Gott, der das Heil des
Menschen will.

Die Vielfalt der Bezeichnungen und Titel zeigt schließlich,
dass für Lukas nicht die Titel als solche das Entscheidende
sind, sondern das dahinterstehende Bekenntnis und das
Christusbild als Ganzes. *In Jesus offenbart sich Gott zum Heil der*
Menschen. In Jesu Menschenfreundlichkeit, in seiner Verge-
bungs- und Hilfsbereitschaft und in seiner Gottesbeziehung
zeigt sich, wer Gott ist und was für ein Gott er ist: *der Gott*
des Heils (Lk 2,30).

„Geboren von der Jungfrau Maria" – Zur Problematik eines dogmatischen Satzes aus der Sicht des Lukas
(Lk 1,26-38)

1. Setzt die Aussage „geboren von der Jungfrau Maria" eine jungfräuliche Geburt Jesu im biologischen Sinn voraus?

Die Formel „geboren von der Jungfrau Maria" wird seit dem Lehrschreiben Papst Leos I. an den Patriarchen Flavian von Konstantinopel (449) in biologischem Sinne verstanden und ist in diesem Sinne von der kirchlichen Lehre immer wieder herausgestellt worden.

Sinn und Verbindlichkeit der offiziellen kirchlichen Erklärungen der „Jungfrauengeburt" sind seit eh und je unter Theologen umstritten. Und obwohl die kirchliche Lehre an einem biologischen Verständnis der Jungfrauengeburt festhält, kann eine diesbezügliche theologische Diskussion nicht als abgeschlossen gelten. Wer sich mit diesem Thema befasst, muss die biblischen Zeugnisse des Glaubens befragen und ihre Aussageabsicht herausstellen.

Untersuchten wir das Neue Testament auf die Vorstellung der Jungfrauengeburt hin, stellten wir von vornherein fest, dass sie nur in der Vorgeschichte des Matthäus- und des

Lukas-Evangeliums vorkommt. Die früheste Evangelienschrift, das Markusevangelium, sowie die jüngste, das Evangelium des Johannes, verwenden diese Vorstellung nicht.
Ebenfalls kennt Paulus sie nicht. Wo diese Vorstellung ihm
nahegelegen wäre, hat er nicht darauf zurückgegriffen. Gal
4,4 schreibt er einfach: „geboren von einer Frau".

Obwohl die Jungfrauengeburt nur in der Kindheitsgeschichte, also gleichsam am Rande des Neuen Testaments, vorkommt, können wir uns nicht zu dem Urteil verleiten lassen,
sie sei als quantité negligeable für das Gesamtgefüge des
Glaubens irrelevant oder entbehrlich. Durch Verzicht oder
Bagatellisierung würden wir versäumen, uns mit den Verfas-
sern oder Überlieferungen der Kindheitsgeschichte Jesu aus-
einanderzusetzen und nach deren Aussageabsicht zu fragen.
Sie könnte durchaus eine wichtige Botschaft enthalten.

Bevor ich auf den in Frage kommenden Text Lk 1,26-38
eingehe, will ich im Folgenden die Vorstellung der Jungfrauengeburt auf dem Hintergrund der Religionsgeschichte kurz
darlegen. Diese könnte die Aufnahme dieses Motivs in die
Kindheitsgeschichte Jesu erhellen helfen.

2. Das Motiv der Jungfrauengeburt im Umfeld der Mythen und Religionen

Das Motiv der Jungfrauengeburt war in der Antike weit verbreitet. Nicht nur von mythischen Erlöser- und Heldenges-
talten wie der persische Saoshyant und Perseus, sondern
auch von hervorragenden Menschen wie Alexander dem
Großen, Kaiser Augustus und den Pharaonen, großen Gelehrten wie Plato und Pythagoras und Religionsstiftern wie
Buddha und Zarathustra wurden Geschichten von wunder-
barer Zeugung und Geburt erzählt.

Für den religionsgeschichtlichen Vergleich ist wichtig, Folgendes zu beachten: In all diesen Erzählungen übernimmt die Gottheit als männlicher Part die Zeugungsfunktion. Die wunderbare Geburt des Buddha z. B. kommt dadurch zustande, dass ein junger, weißer Elefant durch den Rüssel den göttlichen Samen in den Leib der Jungfrau Maya eingeführt hat. Auch der persische Weltheiland Saoshyant als dritter Sohn des Zarathustra entstand aus der Vereinigung seines Samens, der zur Erde fiel und im See Konsu in Saistan aufbewahrt wurde, mit dem im See badenden Mädchen.

Es begegnet uns auch die Vorstellung von noch subtileren Vorgängen. Danaä z. B. empfängt im Goldregen von Zeus. Apis wird durch einen Strahl aus dem Himmel empfangen. Auf die grobsinnliche Vorstellung eines Verkehrs der Gottheit mit der Königin-Mutter oder Jungfrau brauche ich nur hinzuweisen.

Wenn man diese Vorstellungen mit der biblischen Erzählung vergleicht, darf man den wesentlichen Unterschied nicht übersehen. Die biblische Erzählung kennt nicht die Vorstellung einer Vereinigung des göttlichen Samens mit der Jungfrau. Gott fungiert nicht als männliches Element bei der Empfängnis Jesu. Das biblische Gottesbild verbietet eine solche Vorstellung. In der biblischen Erzählung wird also nicht einfach ein Mythos übernommen. Dennoch könnte diese in der Umwelt des Neuen Testaments verbreitete mythische Vorstellung das Zustandekommen unserer Erzählung in der Kindheitsgeschichte bedingt und vielleicht mitgeformt haben.

Im ägyptisch-hellenistischen Bereich finden wir eine höchst sublimierte Auffassung von der göttlichen Erzeugung durch Anhauchung (*pneuma*). Auch bei dem jüdischen Gelehrten Philo von Alexandrien, der das Erste Testament mit hellenistischen Vorstellungen in Zusammenhang bringt, finden wir in seiner Seelenlehre das Motiv des Verkehrs der Gottheit mit einer Jungfrau. In seiner Schrift „über die Cherubim" schreibt er: „Denn mit der unbefleckten, unberührten, reinen Natur, dieser wahrhaften Jungfrau, zu verkehren, ziemt allein Gott, und zwar ganz anders als uns; denn bei den Menschen macht die Vereinigung zum Zwecke der Kindererzeugung die Jungfrau zum Weibe; wenn aber Gott mit der Seele zu verkehren begonnen hat, erklärt er die, die zuvor schon Weib war, wieder zur Jungfrau" (Nr. 50). Philo wendet bei seiner allegorischen Auslegung des Ersten Testaments diese Vorstellung auf die Frauen der Patriarchen, namentlich auf Sara, Lea, Rebekka und Zippora an.

Bereits im hellenistischen Judentum, vor allem im ägyptischen Raum, vollzog sich also die Verbindung zwischen biblischem und griechischem Denken, wie wir es bei Philo beobachten können. Mit der Tatsache, dass dabei auch die ägyptische Mythologie, namentlich der ägyptische Mythos der Jungfrauengeburt eine Rolle spielte, ist durchaus zu rechnen.

Damit war der Boden für den Eingang des Christentums in die hellenistische Welt gewissermaßen vorbereitet. Denn das hellenistische Judentum, das für Einflüsse von außen offenstand, war eine wichtige Brücke für die christliche Mission. Nicht umsonst spielte dabei das griechische Erste Testament, die sogenannte Septuaginta, eine wichtige Rolle.

Da eine Stelle aus der Septuaginta, nämlich Jes 7,14 (Geburtsorakel), in der Diskussion um die Jungfrauengeburt eine große Rolle spielt, sei im Folgenden kurz darauf eingegangen. Der hebräische Urtext spricht nicht von einer Jungfrau, sondern von einem jungen, heiratsfähigen Mädchen (*'almah*). Das hebräische Wort *'almah* wurde Jes 7,14 mit *parthenos* übersetzt, ein Wort, das gewöhnlich mit „Jungfrau" im spezifischen Sinn wiedergegeben wird, aber auch im frühen

hen Griechisch die Bedeutung „junges Mädchen", „junge Frau" hat. Somit können wir für diese Stelle des Ersten Testaments mit gutem Grund nur die letztere, archaisierende Bedeutung als die ursprüngliche annehmen, zumal auch an anderen Stellen *parthenos* diesen Sinn hat, vgl. Gen 24,16.43 (hebr. *'almah*); 34,3 (hebr. *na'ar*).

Damit wird klar, dass allein von der Bedeutungsgeschichte des Wortes *parthenos* in Jes 7,14 aus die Aufnahme der Vorstellung der Jungfrauengeburt in die Kindheitsgeschichte Jesu keineswegs erklärt werden kann. Dennoch muss man die Jesaja-Stelle, wenn auch nicht für die Entstehung der Vorstellung, so doch für das Verständnis dieser Vorstellung ernst nehmen, da die lukanische Erzählung sich an Jes 7,14 anlehnt und Matthäus diese Stelle als Reflexionszitat ausdrücklich anführt (Mt 1,23). Hier ist aber zu bemerken, dass Jes 7,14 im Urtext keine messianische Weissagung, sondern eine Gerichtsdrohung beinhaltet. Daher kann man nicht davon sprechen, dass an dieser Stelle die physische Geburt und die Königsinthronisation im Sinne von Geburt von Gott her in eine starke Nähe zueinanderrücken, so dass damit die Geburt des Messias gemeint sei. Auch der Name des Kindes „Immanuel" (Gott mit uns) darf nicht von den späteren Heilsprophetien (Jes 9,5; 11,4f) aus interpretiert werden. Vielmehr hat man an den Namen Immanuel angeknüpft und so den Heilsaspekt, auch im messianischen Sinne, entwickelt. Es bleibt also der Sinn der Stelle als Gerichtswort bestehen.

Festzuhalten ist jedenfalls, dass Jes 7,14 nicht der auslösende Faktor für die Aufnahme der Vorstellung von der Jungfrauengeburt in die Kindheitsgeschichte ist. Es ist allerdings zu fragen, ob die Träger der Tradition der Kindheitsgeschichte die messianische Interpretation, die Heilsaussage dieser Stelle, bereits vorgefunden haben. Eine offene Frage ist auch in diesem Zusammenhang, ob die Übersetzung des Septuagintatextes (Jes 7,14) durch den ägyptischen Mythos von der wunderbaren Empfängnis und Geburt des Pharao beeinflusst worden ist. Gegen diese heute immer stärker vertretene These spricht allerdings die einfache Tatsache, dass weder das palästinische noch das hellenistische, insbesondere das ägyptisch-hellenistische Judentum, eine Jungfrauengeburt des Messias kennt. Einzig die Übersetzer der Septuaginta hätten auf diese Weise die Auffassung der jungfräulichen Geburt des Messias vertreten, was aber ohne Wirkungsgeschichte geblieben wäre.

Die Verbindung zwischen Jes 7,14 in seiner griechischen Fassung und der Vorstellung einer wunderbaren Empfängnis und Geburt des Messias ist nach dem heutigen Quellenbefund erstmals in der Kindheitsgeschichte des Lukas und Matthäus festzustellen.

Es ist aber damit zu rechnen, dass dies bereits bei einer ihnen vorliegenden Tradition der Fall war. Dieser Tradition, aber auch dem Lukas und dem Matthäus, könnte die ägyptisch-hellenistische mythologische Vorstellung einer „Jungfrauengeburt" bekannt sein, da ein gemeinsames kulturelles Milieu vorauszusetzen ist. Der Aussagesinn des Mythos, nämlich die göttliche Erwählung und Würdestellung des Königs, und die symbolische Bedeutung des Bildes „Kind" als Neuanfang und Neuwerden von Gott her könnten Grund genug dafür sein, an diese mythologische Vorstellung anzuknüpfen.

3. Die „Jungfrauengeburt" auf dem Hintergrund der Kindheitsgeschichte

Wenn wir die Vorstellung von der Jungfrauengeburt zu erhellen versuchen, müssen wir auch die Geburtsankündigungserzählung im Zusammenhang mit der Kindheitsgeschichte als einer Erzähleinheit betrachten (Lk 1-2; Mt 1-2). Im Folgenden kann es allein um die Frage gehen, wie die Aufnahme des Motivs der Jungfrauengeburt in die Kindheitsgeschichte veranlasst wurde.

In der lukanischen Kindheitsgeschichte werden die Anfänge des Lebens des Täufers Johannes zu der von Jesus parallelisiert. Wir wissen aus historischen Berichten, dass es eine Täufersekte gab, die sich zu dem Täufer Johannes als ihrem Messias und dem erwarteten endzeitlichen Propheten bekannte und so eine Konkurrenz für den christlichen Glauben darstellte (so in den pseudoclementinischen Schriften: Ps Clem Recg I 54.60; Hom II 22-24). Gegen diese Täufersekte polemisierte das Urchristentum, wovon noch das Johannesevangelium zeugt (vgl. Joh 1,6-8.15.20.23; 3,27-30; 5,33-36). Von dieser Polemik her wird auch die lukanische Kindheitsgeschichte verständlich, nur dass diese urchristliche Polemik – anders als die Polemik heute – den Gegner nicht verteufelte, sondern ihn dem christlichen Glauben dienstbar machte. So erscheint der Täufer im Johannesevangelium als der qualifizierte Zeuge für Christus (vgl. Joh 1,7f.15.32.34; 3,26.28-30; 5,33). Dieser ist der präexistent Frühere (Joh 1,15.30), der Stärkere (Joh 3,30f; vgl. auch Mk 1,7 par).

Nicht anders auch in der lukanischen Kindheitsgeschichte: Jesus überragt den Täufer; dieser, der in Täuferkreisen als der Vorläufer Gottes selbst gilt (Lk 1,17.76), wird dann bei Lukas zum Vorläufer des Messias Jesus quasi degradiert (Lk 3,4ff.15ff; vgl. auch Mk 1,2ff; Joh 3,28). Vor allem übersteigt die *geistgewirkte Geburt Jesu* die wunderbare Geburt des Täufers; denn Gott selbst setzt das Dasein Jesu von Anfang an, und das nicht nur als Behebung eines Versagens der Natur (Unfruchtbarkeit) wie in der Erzählung von der Geburt des Täufers, sondern als *Neuschöpfung durch den Geist Gottes.*

Wir stellen fest, dass die Aussage der Jungfrauengeburt bei Lukas oder bereits in der vorlukanischen Tradition in der Auseinandersetzung mit dem Glauben der Täufersekte erscheint und als Motiv die Messianität Jesu, seine Erhabenheit über den Täufer unterstreichen will: *Jesus und nicht der Täufer ist der Endzeitprophet.* Er ist nicht wie der Täufer nur vom Mutterschoß an mit dem Heiligen Geist erfüllt und so zum Propheten berufen (Lk 1,15f), sondern als der Messias, der Endzeitprophet, verdankt er dem Geist Gottes selbst sein Dasein (Lk 1,35).

Ein Blick in die Kindheitsgeschichte des Matthäus bestätigt unsere Feststellung. Wenn auch in der matthäischen Kindheitsgeschichte eine Gegenüberstellung von Jesus und dem Täufer fehlt, finden wir doch eine fortlaufende Angleichung an die Geschichte des Mose. Jesus wird hier als der Zweite Mose dargestellt. Die Vorstellung vom Zweiten Mose in ihrer eschatologischen Anwendung gehört in den Vorstellungsbereich vom endzeitlichen Propheten, der mosaische Züge trägt. Wir stellten bereits fest, dass zum Hintergrund der Gegenüberstellung von Jesus und dem Täufer in der lukanischen Kindheitsgeschichte die Vorstellung vom endzeitlichen Propheten gehört. Es ist daher nicht von ungefähr, dass beide Kindheitsgeschichten in der Vorstellung von der Jungfrauengeburt übereinstimmen, wenn man diesen gemeinsamen Hintergrund beachtet. Denn es gehört zur prophetischen Auffassung, dass der Prophet gerade vom Mutterschoß erwählt und geheiligt wird; so ist es bei Jeremia (Jer 1,7), dem deuterojesajanischen Gottesknecht (Jes 49,1), dem Täufer (Lk 1,15) und Paulus (Gal 1,15). Im Falle Jesu

154

als des Endzeitpropheten geschieht eine Steigerung und unübertreffliche Erhöhung und Überbietung.

Ein altes Evangelienfragment, das von den Albigensern aufbewahrt wurde, zeigt uns, dass sogar die Jesaja-Stelle (Jes 7,14) mit der Erwartung des Endzeitpropheten in Zusammenhang gebracht und auf Jesus angewandt wurde. Dort ist zu lesen: „puer apparuit in Bethlehem, auditum fuit et narratum per multos, quod propheta, quem pracdixerat Isaias esse venturum, venerat": das Kind erschien in Betlehem. Viele haben gehört und erzählt, dass der Prophet, dessen Kommen Jesaja geweissagt hatte, gekommen ist (zitiert bei G. P. Wetter, *„Der Sohn Gottes". Eine Untersuchung über den Charakter und die Tendenz des Johannes-Evangeliums, zugleich ein Beitrag zur Kenntnis der Heilungsgestalten der Antike,* FRLANT NF 9, Göttingen 1916, S. 24).

Ob sich bereits in den Täuferkreisen, die den Täufer für den Messias, den Endzeitpropheten selbst, halten (Lk 1,17.76), auch die Vorstellung der Jungfrauengeburt findet, ist allerdings fraglich. In den alten, uns bekannten Täufertraditionen, die vor allem in der mandäischen Literatur erhalten sind, ist zwar von einer himmlischen Herkunft des Täufers öfters die Rede (vgl. Johannesbuch Kap. 18). Diese wird aber nicht als Jungfrauengeburt vorgestellt. Sie wird vielmehr – aus leib- und sexualitätsfeindlichen Gründen – ausdrücklich verworfen. Das wird deutlich in der Gegenüberstellung der Geburt Christi und der des Täufers. GR II 1, 146 heißt es: „Ferner erkläre ich euch, meine Jünger: Auf neun Monate tritt Nbu-Christus in den Bauch einer Mutter der Jungfrau, ein und hält sich da verborgen. Alsdann tritt er als Körper, Blut und Menstrualfluss heraus. Auf ihrem Schoß wächst er heran und saugt Milch" (vgl. auch GR I 169). Und GR II 1,151 lesen wir: „Ferner wird in jenem Zeitalter ein Kind geboren werden, dessen Name Johana genannt wird, der Sohn des greisen Vaters Zakhiria, der ihm im Greisenalter, am Ende von hundert Jahren, zuteil wurde. Seine Mutter, das Weib Enisbai, war mit ihm schwanger, im Greisenalter gebar sie ihn" (vgl. auch Johannesbuch Kap. 32).

Es legt sich somit die Schlussfolgerung nahe, dass die Vorstellung von der Jungfrauengeburt Jesu als Überbietung der wunderbaren Geburt des Täufers zu verstehen ist.

Die Aufnahme der Vorstellung von der Jungfrauengeburt als Steigerung und unüberbietbare Erhöhung Jesu als des Sohnes Gottes wird schließlich auch daraus verständlich, dass die mit dem Erfülltwerden vom Heiligen Geist verbundene Einsetzung Jesu zum Messias-Gottessohn in der theologischen Reflexion des Neuen Testaments von der Auferstehung über die Johannestaufe bis hin zur Empfängnis und Geburt Jesu rückverlegt worden ist. Aus den Stellen Röm 1,4 (Apg 13,33); Mk 1,9-11par; Lk 1,26-38 / Mt 1,18-25 ist eine rückgehende Linie zu beobachten, die diese drei Stufen in der theologischen Reflexion der im Neuen Testament enthaltenen Traditionen zeigt. Die Jungfrauengeburt unterstreicht somit die vorzeitliche Erwählung Jesu als des Messias. In diesem Zusammenhang ist auch zu beachten, dass Kindheitserzählungen *Ursprungsgeschichten* sind. Als solche wollen sie Wesen und Sendung dessen bestimmen, von dem die folgenden Geschichten erzählen. Der Einbau des Motivs der Jungfrauengeburt in die Kindheitsgeschichte betont somit die göttliche Stellung Jesu als des erwarteten und gekommenen Messias, oder anders ausgedrückt: Gott selber handelt in ihm, in ihm begegnen die Menschen Gott selbst.

4. Die formkritische Analyse als Hilfe zur Auslegung von Lk 1,26-38

Für unsere Untersuchung ziehen wir die lukanische Fassung der Geburtsankündigungserzählung vor, da sie gegenüber der matthäischen Fassung die ursprünglichere ist. Die Geburtsankündigungserzählung des Matthäus (Mt 1,18-25) stellt eine spätere Stufe der Überlieferung dar. Dies zeigt sich nicht nur aus dem bereits oben genannten Reflexionszitat (Mt 1,23 = Jes 7,14G), sondern auch eine Fülle von Eigentümlichkeiten spricht für eine Weiterentwicklung, nämlich: die deutlich apologetische Tendenz, das starke Interesse an der Jungfrauengeburt selbst, die in den Stammbaum derart direkt eingeschoben wird (Mt 1,16), dass die ganze Erzählung des Matthäus auf diese Weise als eine Art „erweiterte Fußnote" (A. Vögtle) zu V. 16 erscheint, und schließlich die Ersetzung der primitiveren Vorstellung einer leibhaftigen Erscheinung eines Engels durch dessen Erscheinung im Traum. Vor allem ist auch anzunehmen, dass die Geburtsankündigungserzählung des Matthäus als Inszenierung einer an Josef ergehenden Traumoffenbarung eine Umbildung des Evangelisten selbst ist. Darauf verweisen der dem Evangelisten eigene midraschartige Stil der Erzählung und die sogenannte erweiterte Fußnote.

Wenn man Lk 1,26-38 formkritisch betrachtet, kann man feststellen, dass es sich hier um eine einheitliche und geschlossene Erzählung handelt, deren Struktur ganz deutlich wird.

Erst wenn man den Aufbau der Erzählung im ganzen und deren einzelne Bauelemente untersucht, kann man eine richtige Antwort auf die Frage geben, ob unser Text ein historischer Tatsachenbericht, eine Reportage eines Geschehens, sein will.

Am Anfang der Erzählung finden wir eine konkrete Zeitangabe *(„im sechsten Monat")*, die der Erzählung den Charakter einer Chronik zu verleihen scheint. Bei näherem Zusehen täuscht dieser erste Eindruck.

Die Zeitbestimmung zu Beginn unseres Textes will nicht ein konkretes historisches Datum festlegen, sondern sie hat einzig und allein den Zweck, die Vorgeschichte Jesu mit der Vorgeschichte des Täufers zu verknüpfen. Sie ist also ein Stilmittel der Erzählung und nicht die Festlegung einer Tatsache.

Vor allem sind die Bauelemente des Gesprächs zwischen dem Engel Gabriel und Maria größtenteils einfach aus dem Ersten Testament übernommen. *„Der Herr ist mit dir!"* (V. 28) spricht der Engel des Herrn bei der Erscheinung vor Gideon (Ri 6,12). *„Fürchte dich nicht"* (V. 30) ist eine formelhafte Anrede, die himmlische Wesen beim Erscheinen vor Menschen im ganzen Ersten Testament verwenden (vgl. Gen 15,1; Jos 8,1; Ri 6,23; Dan 10,12; Tob 12,17). Der Satz *„Bei Gott ist kein Ding unmöglich"* (V. 37) findet sich wortwörtlich in Gen 18,14 bei der Ankündigung der Geburt Isaaks. Auch die Sätze *„Er wird groß sein und Sohn des Höchsten genannt werden. Gott, der Herr, wird ihm den Thron seines Vaters David geben. Er wird über das Haus Jakob in Ewigkeit herrschen, und seine Herrschaft wird kein Ende haben"* (VV. 32-33) sind eine deutliche Anspielung an die Nathanverheißung an David (2 Sam 7,12-16).

Aber nicht nur die Einzelelemente des Gesprächs stammen aus dem Ersten Testament. Vor allem folgt der Aufbau des Gesprächs selber einem alttestamentlichen Schema, das die Geburt eines Kindes ankündigt. Die Elemente sind:

1. Erscheinung eines himmlischen Wesens
2. Ankündigung der Geburt eines Sohnes
3. Festlegung seines Namens
4. Offenbarung seiner Zukunft.

Dieses Schema, das allgemein als „Verkündigungsschema" bezeichnet wird, kann man treffender „Geburtsankündigungsschema" nennen. Nach diesem Schema wird Gen 16,7-12 von der Erscheinung des Engels Gottes vor Hagar, der Magd Saras, und von der Ankündigung der Geburt eines Sohnes erzählt: *„Der Engel des Herrn fand Hagar an einer Quelle in der Wüste, an der Quelle auf dem Weg nach Schur. Er sprach: Hagar, Magd Sarais, woher kommst du, und wohin gehst du? Sie antwortete: Ich bin meiner Herrin Sarai davongelaufen. Da sprach der Engel des Herrn zu ihr: Geh zurück zu deiner Herrin und ertrag ihre harte Behandlung! Der Engel des Herrn sprach zu ihr: Deine Nachkommen will ich so zahlreich machen, dass man sie nicht zählen kann. Weiter sprach der Engel des Herrn zu ihr: Du bist schwanger, du wirst einen Sohn gebären und ihn Ismael (Gott hört) nennen; denn der Herr hat auf dich gehört in deinem Leid. Er wird ein Mensch sein wie ein Wildesel. Seine Hand gegen alle, die Hände aller gegen ihn! Allen seinen Brüdern setzt er sich vors Gesicht".*

Dieselben Elemente finden wir auch Gen 17,15-19 bei der Erzählung von der Ankündigung der Geburt Isaaks an Abraham.

Dass die lukanische Vorgeschichte diesem Schema folgt, zeigt sich darin, dass nicht nur die Geburtsankündigung Jesu (Lk 1,26-33), sondern auch die des Täufers (Lk 1,11-17) genau nach demselben Schema gebaut ist. Das sei im Folgenden synoptischen Vergleich verdeutlicht:

Im sechsten Monat wurde
der Engel Gabriel von Gott
in eine Stadt in Galiläa namens Nazaret zu einer Jungfrau gesandt. Sie war mit
einem Mann namens Josef
verlobt, der aus dem Haus
David stammte. Der Name
der Jungfrau war Maria.
Der Engel trat bei ihr ein

Da erschien dem Zacharias ein
Engel des Herrn; er stand auf der
rechten Seite des Rauch-
opferaltars.

und sagte: Sei gegrüßt, du
Begnadete, der Herr ist mit
dir. Sie erschrak
über die Anrede und überleg-
te, was dieser Gruß zu bedeuten habe.
Da sagte der Engel zu ihr:
Fürchte
dich nicht, Maria;
denn du hast bei Gott Gnade
gefunden.
*du wirst ein Kind empfangen,
einen Sohn wirst du gebären:
dem sollst du den Namen* Jesus
geben.

Als Zacharias ihn sah, erschrak er,
und es befiel ihn Furcht.

Der Engel aber sagte zu ihm:
Fürchte
dich nicht, Zacharias!
Dein Gebet *ist erhört worden.
Deine Frau* Elisabet *wird dir
einen Sohn gebären;
dem sollst du den Namen*
Johannes *geben.*
Große Freude wird dich
erfüllen,
und auch viele andere werden sich
über seine Geburt freuen.

Er wird groß sein
und Sohn des Höchsten ge
nannt werden.

Denn er wird groß sein

vor dem Herrn.

Lk 1,26-33	Lk 1,11-17
	Wein und andere berauschende Getränke wird er nicht trinken, und schon im Mutterleib wird er vom Heiligen Geist erfüllt sein. Viele Israeliten wird er zum Herrn, ihrem Gott, bekehren.
Gott, der Herr, wird ihm *den Thron* seines Vaters *David* geben. Er wird über das Haus Jakob *in Ewigkeit* herrschen, und *seine Herrschaft* wird kein Ende haben.	Er wird mit dem Geist und mit der Kraft des Elija dem Herrn vorangehen, um *das Herz der Väter wieder den Kindern zuzuwenden* und die Ungehorsamen zur Gerechtigkeit zu führen und so das Volk für den Herrn bereit zu machen.

Mit diesen Ausführungen wäre die erste Hälfte der Erzählung (Lk 1,26-33) formkritisch erfasst.

Nun wenden wir uns der zweiten Hälfte der Erzählung zu (Lk 1,34-38): Nach der Offenbarung der Zukunft des Kindes durch den Engel führt Maria das Gespräch weiter, indem sie ihre Bedenken anmeldet. Der Engel beseitigt diese Bedenken und gewährt Maria ein Zeichen, an dem sie erkennen kann, dass Gott seine Zusage erfüllt. Bekräftigende Worte des Engel, Einwilligung Mariens und Feststellung des Abschieds des Boten schließen die ganze Erzählung ab.

Auch dieser zweite Teil der Erzählung (Lk 1,34-38) folgt einem bekannten ersttestamentlichen Sprachmuster, dem sogenannten Berufungsschema, das folgende Elemente aufweist:

1. Berufung Gottes,
2. Bedenken des berufenen Menschen,
3. Erklärung, die das Bedenken beseitigt,
4. Gewährung eines beglaubigenden Zeichens.

Bei der Berufungsgeschichte des Mose (Ex 3,10-12) und des Propheten Jeremia (Jer 1,4-10) finden wir die aufgezählten Elemente. Als Beispiel sei hier Ex 3,10-12 angeführt: *„Und jetzt geh! Ich sende dich zum Pharao. Führe mein Volk, die Israeliten, aus Ägypten heraus! Mose antwortete Gott: Wer bin ich, dass ich zum Pharao gehen und die Israeliten aus Ägypten herausführen könnte? Gott aber sagte: Ich bin mit dir; ich habe dich gesandt, und als Zeichen dafür soll dir dienen: Wenn du das Volk aus Ägypten herausgeführt hast, werdet ihr Gott an diesem Berg verehren".*

Es ist nicht von der Hand zu weisen, dass der zweite Teil der Geburtsankündigungserzählung nach diesem Schema erfolgt. Dafür spricht auch die Tatsache, dass der zweite Teil der Erzählung von der Geburtsankündigung des Täufers (Lk 1,18-20) nach demselben Schema gebaut ist: auch hier schließen an die Offenbarung der Zukunft des Täufers die Äußerung des Bedenkens des Zacharias und die Erwähnung eines Zeichens, nämlich das Stummwerden des Vaters, als Beglaubigung an. Dieses Zeichen wird erst im Zuge der anti-täuferischen Polemik als Strafe Gottes für den Unglauben ausgelegt (Lk 1,20b). Zur Illustration der Parallelität beider Erzählungen soll der folgende synoptische Textvergleich dienen:

Maria sagte zu dem Engel: Wie soll das geschehen, da ich keinen Mann erkenne?	Zacharias sagte zu dem Engel: Woran soll ich erkennen, dass das wahr ist? Ich bin ein alter Mann, und auch meine Frau ist in vorgerücktem Alter.
Der Engel antwortete ihr:	Der Engel erwiderte ihm: Ich bin Gabriel, der vor Gott steht, und ich bin gesandt worden, um mit dir zu reden und dir diese frohe Botschaft zu bringen.
Der Heilige Geist wird über dich kommen, und die Kraft des Höchsten wird dich überschatten. Deshalb wird auch das Kind heilig und Sohn Gottes genannt werden. Auch Elisabet, deine Verwandte, hat noch in ihrem Alter einen Sohn empfangen; obwohl sie als unfruchtbar galt, ist sie jetzt schon im sechsten Monat. Denn *für Gott ist nichts unmöglich.* Da sagte Maria: Ich bin die Magd des Herrn; mir geschehe, wie du es gesagt hast. Danach verließ sie der Engel.	Aber weil du meinen Worten nicht geglaubt hast, die in Erfüllung gehen, wenn die Zeit dafür da ist, sollst du stumm sein und nicht mehr reden können, bis zu dem Tag, an dem all das eintrifft.

Es ist also nicht zu übersehen, dass wir in der Geburtsankündigungserzählung Lk 1,26-38 wie auch in der Täuferperikope Lk 1,11-20 eine Kombination von zwei ersttestamentlichen Schemata haben: das Geburtsankündigungs- und das Berufungsschema. Nur wird das eine Element, die Berufung oder Sendung, eliminiert; das erklärt sich daraus, dass es sich bei unserer Erzählung nicht um eine Sendung Mariens handelt. Dasselbe gilt für die Täuferperikope, in der es sich nicht um die Sendung des Zacharias, sondern vielmehr um die vorgeburtliche Erwählung des Täufers zum Endzeitpropheten handelt.

Was besagt nun die Analyse der Sprachform unserer Erzählung Lk 1,26-38? Zunächst wird klar, dass es sich hier hauptsächlich um *Deutung und Interpretation und nicht um eine Mitteilung von Fakten* handelt. Die Erzählung kann man jedenfalls nicht als Widergabe eines wirklichen Gesprächs zwischen dem Engel und Maria auffassen. Dagegen spricht eindeutig die Fassung des Matthäus.

Die Herausstellung der beiden Schemata hilft uns, die eigentliche Aussageabsicht der ganzen Geburtsankündigungserzählung zu erkennen. Der Höhepunkt des Geburtsankündigungsschemas ist die *Offenbarung der Zukunft des angekündigten Kindes*. Er liegt im letzten Glied des Schemas. Den Höhepunkt des Berufungsschemas bildet die Berufung selber, das heißt das erste Element, das aber in der Kombination beider Schemata durch den Höhepunkt der ersten Hälfte, das vierte Element, die Offenbarung der Zukunft des Kindes, ersetzt wird. Das besagt weiter, dass der zweite Teil den Höhepunkt des ersten Teiles unterstreicht.

Der Höhepunkt und das Sinnzentrum, die eigentliche Aussage der Erzählung, liegt in den Sätzen: *„Er wird groß sein und Sohn des Höchsten genannt werden. Gott, der Herr, wird ihm den Thron seines Vaters David geben. Er wird über das Haus Jakob in Ewigkeit herrschen, und seine Herrschaft wird kein Ende haben"* (Vv. 32-33).

Auch strukturell gesehen zeigt die Stellung dieser Verse als

Scharnier beider Schemata ihre Wichtigkeit. Die folgende Skizze soll die Analyse des Textes anschaulich darstellen:

Lk 1,26-38

1. Erscheinung eines himmlischen Wesens | Verse 26-30: „im sechsten Monat ...“

2. Ankündigung der Geburt eines Sohnes | Vers 31a: „Du wirst ein Kind empfangen, einen Sohn wirst du gebären ...“

3. Festlegung seines Namens | Vers 31b: „dem sollst du den Namen Jesus geben.“

4. Offenbarung seiner Zukunft | Verse 32-33: „Er wird groß sein ...“

(1) Berufung

(2) 5. Bedenken des Berufenen | Vers 34: „Maria sagte zu dem Engel ...“

(3) 6. Beseitigung des Bedenkens | Vers 35: „Der Engel antwortete ihr ...“

(4) 7. Gewährung eines beglaubigenden Zeichens | Vers 36: „Auch Elisabet...“

Jesus ist der Messias, der Sohn Gottes, das ist der eigentliche Sinn der Geburtsankündigungserzählung. Das ist eine zentrale christologische Bekenntnisaussage des ganzen Neuen Testaments. Wir finden sie im Neuen Testament auch formelhaft, nämlich in einer Glaubensformel ausgedrückt, vgl. Mt 16,16; Joh 20,31; (Gal 2,16b). Sie kann aber auch wie hier in der Vorgeschichte in eine Erzählung eingekleidet werden. Deswegen spricht man hier auch von der literarischen Gattung der „Bekenntniserzählung" (G. Lohfink, *Jetzt verstehe ich die Bibel. Ein Sachbuch zur Formkritik,* Stuttgart, 2. Aufl. 1974, S. 118).

Wenn man den eigentlichen Sinn, die Mitte der ganzen Erzählung, so erfasst hat, wird man auch *befreit von einer einseitigen dogmatischen Auffassung* der Jungfrauengeburt. Darin besteht das unbezweifelbare Verdienst der Formkritik und überhaupt einer historisch-kritischen Bibelauslegung.

Dadurch sehen wir nun, dass die Geburtsankündigungserzählung nicht etwa die sogenannte Jungfrauengeburt in einem Dokumentarbericht gleichsam protokollarisch wiedergeben will. Die Aussage von der geistgewirkten Empfängnis Jesu (Lk 1,35) ist ja in der Antwort des Engels nur eines von den beiden Argumenten, die das Bedenken Mariens (Lk 1,34) ausräumen sollen. Das andere Argument ist der Hinweis auf die Schwangerschaft der als unfruchtbar geltenden Elisabet (Lk 1,36). Außerdem wird weder in Lk 1,26-38 noch anderswo im Neuen Testament die Jungfrauengeburt als *Bekenntnisaussage* formuliert. Nicht nur kommt sie außerhalb der Kindheitsgeschichte im Neuen Testament überhaupt nicht vor, sondern wir finden auch in demselben Neuen Testament der Vorstellung von der Jungfrauengeburt entgegenstehende Stellen, vgl. Mt 13,35; Lk 3,23; 4,22; (Mk 6,3), Joh 1,45; 6,42.

Der Aufbau der Erzählung zeigt, dass die Aussage von der geistgewirkten Empfängnis das Bekenntnis „Jesus ist der Messias, der Sohn Gottes" nur unterstreicht. Die Erzählung als solche erhebt nicht das Motiv der Jungfrauengeburt zur Tatsache. Die Erzählung hat dieses Motiv bereits vorgefunden und als ein Argument unter anderen verwendet.

Die Aussage von der Jungfrauengeburt als solche aber ist eine theologische Reflexion, die im Zusammenhang mit der Vorstellung vom Endzeitpropheten zu sehen ist. Jesus als der endzeitliche Prophet und damit als Messias ist vom Anfang seines Daseins an, und nicht erst vom Mutterleib an wie bei den Propheten, berufen und geheiligt. *Mit ihm beginnt das Neue der messianischen Zeit.* Er verdankt wie Adam Gott selbst sein Dasein. Er ist der Neue Adam, der neue Anfang. Nicht von ungefähr lässt Lukas den Stammbaum Jesu mit Adam anfangen (Lk 3,38). *Die Zukunft Gottes bricht mit Jesus von Nazaret an.* Das sind Sinn und Aussageabsicht der Vorstellung der Jungfrauengeburt. Diese mit Hilfe einer historisch-kritischen Bibelauslegung herausgestellte Sinnspitze ist durchaus offen für eine vertiefende Erschließung der in der Erzählung vorkommenden Bilder und Symbole.

Aus alldem ergibt sich, dass es nach der Darstellung der lukanischen Erzählung keine Lehre von der Jungfrauengeburt als biologische Tatsache gibt. Bei Lukas überwiegt zweifelsohne die theologische Aussage der Erzählung. Die theologische Reflexion ist also hier das Primäre. Ob Lukas nicht auch dabei ein historisches Verständnis der Jungfrauengeburt als Faktum hatte, ist aus der Erzählung selber nicht auszumachen, aber auch nicht auszuschließen. Lukas wird sich allerdings bei der Verfassung seines Evangeliums von historischem Interesse haben leiten lassen, wie dies aus dem Proömium (Lk 1,1-4) hervorgeht. Außerdem ist zu bedenken, dass die Erzählung von der Jungfrauengeburt nicht erst lukanische Schöpfung ist, wie die Parallelerzählung des Matthäus zeigt. Sie könnte einer vorlukanischen und vormatthäischen Tradition entstammen. Und diese vorsynoptische Tradition könnte wohl ein naives historisches Verständnis gehabt haben. Auch Matthäus scheint die Jungfrauengeburt als Faktum angesehen zu haben. Denn nicht nur zeigt er ein starkes Interesse an der Jungfrauengeburt, sondern er versucht sogar, sie apologetisch zu verteidigen. Dafür spricht vor allem die als Unterstreichung dienende betonte Schlussbemerkung (Mt 1,25): „*Und er erkannte sie nicht, bis sie den Sohn gebar*". Aber weder Lukas noch Matthäus noch die Tradition, die diese vorfanden, haben den Bereich des Glaubens überschritten und die Jungfrauengeburt als biologischen Befund verkündigt oder sie gar als Wundergeschichte ausgebaut, wie das offensichtlich in den apokryphen Schriften außerhalb des Neuen Testaments der Fall ist. So lesen wir im Protoevangelium des Jakobus: „*Und die Hebamme schrie auf: Was für ein großer Tag ist heute für mich, dass ich dies nie dagewesene Schauspiel gesehen habe. Und die Hebamme kam aus der Höhle heraus, und es begegnete ihr Salome. Und sie sprach zu ihr: 'Salome, Salome, ich habe dir ein nie dagewesenes Schauspiel zu erzählen: Eine Jungfrau hat geboren, was doch die Natur nicht zulässt'. Und Salome sprach: 'So wahr der Herr, mein Gott, lebt, wenn ich nicht meinen Finger hinlege und ihren Zustand untersuche, so werde ich nicht glauben, dass eine Jungfrau geboren hat'. Und die Hebamme ging hinein und sprach zu Maria: 'Lege dich bereit, denn ein nicht geringer Streit besteht um Dich'. Und Salome legte ihren Finger hin zur Untersuchung ihres Zustandes*" (19,3-20,1).

Hier wird der Glaube strapaziert und zum Mirakelglauben herabgesetzt. Wie feinfühlig das Glaubensbewusstsein der jungen Kirche war, zeigt uns die Tatsache, dass diese Kirche solche Schriften ausgeschieden und sie nicht in ihren Kanon der Heiligen Schriften übernommen hat. Offensichtlich waren solche apokryphen Wucherungen für die Kirche kein Ausdruck des Glaubens mehr.

Das könnte auch für uns heute ein Signal sein, dass der Glaube nicht unbedingt auf die Betonung der Jungfrauengeburt als biologisches Faktum angewiesen ist.

Zwischen Annahme und Ablehnung – Jesus in seiner Heimatstadt (Lk 4,16-30)

1. Eine programmatische Szene

Lukas, der gerne mit alles Folgende vorausdeutenden Anfangsgeschichten arbeitet, setzt die Perikope vom Auftreten Jesu in Nazaret programmatisch an den Anfang des Wirkens Jesu. Er greift auf die kurze Erzählung von Jesu Auftreten in Nazaret und seiner Ablehnung durch seine Mitbürger in Mk 6,1-6a zurück und gestaltet sie zu einer theologischen Erzählung um. Wir finden in dieser Perikope „das Evangelium nach Lukas in nuce". Der Text entspricht in seiner Stellung im Lukasevangelium programmatisch dem Summarium der Verkündigung Jesu in Mk 1,14f. Die Erzählung zeichnet sich durch Dramatik des Geschehens aus, enthält aber auch Brüche wie den nicht näher erklärten Reaktionsumschwung von anfänglicher Begeisterung über Skepsis und Zweifel bis zur gewalttätigen Ablehnung Jesu durch die Gottesdienstteilnehmer in der Synagoge zu Nazaret. So sehr auch das Geschehen in Nazaret ein Vorspiel für das Geschick Jesu sein mag, mehr noch ist auf den Verkündigungsinhalt (Kerygma) zu achten, der im ausdrücklichen Bibelzitat des Buches Jesaja zur Sprache kommt.

2. Jesu Bibelauslegung und die Reaktion der Gottesdienstteilnehmer

Lukas wie schon seine Vorlage Mk 6,1-6a verbindet Jesu Besuch seiner Heimatstadt Nazaret mit der Gottesdienstteilnahme am Sabbat, aber anders als bei Markus geht es bei ihm um die Erfüllung der Schrift in Jesus. Daher konzentriert sich das Gottesdienstgeschehen in der Lektüre des Prophetenbüchleins Jesaja. Den Jesajatext, dessen Vortragen durch Jesus nur vorausgesetzt wird, hat Jesus nicht bereits im voraus gesucht. Er ist auch nicht in einer Leseordnung vorgegeben. Jesus „rollte das Büchlein auf und fand die Stelle" (V. 17), d.h. die Stelle, die Gott in diesem Augenblick zu Gehör bringen will.

Das Bibelzitat (V. 18f) ist ein Mischzitat von Jes 61,1f und Jes 58,6. Das Zitat enthält Themen, die für Lukas von zentraler Bedeutung sind. Er rahmt es mit detaillierten Angaben über die liturgische Szene ein (VV. 16c.17.20): Aufstehen zum Vorlesen, Übergabe des Prophetenbüchleins Jesaja durch den Synagogendiener, Aufrollen der Buchrolle und Finden der Textstelle sowie Schließen der Buchrolle, Rückgabe des Büchleins, sich Hinsetzen zum Auslegen des Textes und gebanntes Blicken der Synagogenbesucher auf Jesus. Diese Anhäufung von Geschehenselementen im Gottesdienst stellt die Bedeutung der Bibelstelle und deren Themen in Hinblick auf Jesus heraus. Betont erscheint Jesus als der Geistträger, was Lukas auch sonst stark herausstellt (Lk 1,35; 3,22; 4,1). Als Gesandter Gottes bringt er den Armen das Evangelium, den Hilflosen Hilfe und spricht denen, die nicht zurechtkommen, Vergebung und Befreiung zu. Damit beginnt für Lukas das „Gnadenjahr des Herrn". Jesu Wort und Wirken bringen Gottes Gnade, sein Wohlgefallen, nahe. Sie wird erfahrbar.

Im Unterschied zu Bibelzitat und Szenenbeschreibung fällt die Auslegung Jesu kurz aus (V. 21). Jesus braucht nicht viele Worte zu sprechen. Seine Gegenwart stellt leibhaftig die Erfüllung der Schrift dar: Was die Menschen gehört haben, geht für sie in Jesus von Nazaret hörbar und sichtbar in Erfüllung, und zwar „heute", im Augenblick des Hörens. Das Heilsangebot gilt jetzt oder nicht. In der Annahme oder Verwerfung der in Jesus jetzt ergehenden Botschaft entscheidet sich Heil oder Unheil.

Die Reaktion der Hörer Jesu (V. 22) ist zunächst positiv: Sie staunen über „die Worte der Gnade, die aus seinem Munde kommen". Sie stimmen ihm zu und spenden Beifall. Und selbst die Frage „Ist dieser nicht der Sohn Josefs?" braucht nicht von vornherein negativ bestimmt zu sein. Der Satz kann einfach aussagen: „Er ist einer von uns". Darin sieht Lukas anders als Markus (Mk 6,3.6) noch nicht ein Zeichen des Unglaubens. Dennoch bahnt sich hier ein Kommunikationsproblem an. Durch die Einordnung Jesu in ein wohl bekanntes genealogisches System wird die Sendung Jesu verkannt. Das nur irdisch Verifizierbare verhindert die richtige Erkenntnis.

3. Die Infragestellung der Hörer Jesu und deren Reaktion

Die erste Reaktion seiner Hörer interpretiert Jesus mit einem bekannten Spottwort auf die Ärzte, das er auf sich anwendet: „Arzt, heile dich selbst!". Und er gibt an, wie der Satz zu verstehen ist: „Wenn du in Kafarnaum so große Dinge getan hast, wie wir gehört haben, dann tu sie auch hier in deiner Heimat!" (V. 23). Dadurch will Jesus seine Landsleute nicht etwa als wundersüchtig hinstellen. Für ihn steht hier das Dilemma Wundersucht oder Heilsverkündigung nicht zur

Debatte. Auch wird das Fordern eines Wundertuns als Beweis für die messianische Sendung Jesu nicht vorausgesetzt. Eher wird das Anspruchsdenken kritisiert, ein Anrecht auf das Heil zu haben. Dies bekräftigen die Beispiele von den Propheten Elija und Elischa. Mögen auch die Erfahrungen der Heidenmission für Lukas eine Rolle gespielt haben, auf keinen Fall geht es hier um Entzug des Heils den Juden gegenüber. Unser Text ist nicht von Apg 13,46 her zu deuten: „Euch musste das Wort Gottes zuerst verkündet werden. Da ihr es aber zurückstoßt und euch des ewigen Lebens unwürdig zeigt, wenden wir uns jetzt an die Heiden". Im Gegenteil: Gerade die Nazaretperikope betont die Verwurzelung Jesu und des Christentums im Judentum. Jesus wird als ein frommer Jude vorgestellt, und seine Verkündigung richtet sich an seine Volksgenossen. Allerdings wird klargestellt, dass Gott frei ist in seinem Heilshandeln, wie es schon in der biblischen Überlieferung Israels bezeugt ist. Ein Anrecht auf die Zuwendung Gottes hat keiner. Sie ist reine Gnade. Auf die Verkündigung der Liebe oder der gütigen Zuwendung Gottes wird nicht nur mit Unverständnis, sondern auch mit gewalttätiger Ablehnung geantwortet – wie so oft in der Geschichte und wie es vor allem das Schicksal Jesu bezeugt. Ihm widerfährt das Schicksal der Propheten Israels (V. 24). Aber das Ende der Erzählung zeigt, dass der Zeitpunkt für das gewaltsame Ende Jesu nicht die Menschen bestimmen: „Er aber schritt mitten durch die Menge hindurch und ging weg" (V. 30). Dieses souveräne Schreiten mitten durch die Menge könnte auch ein Hinweis auf die Auferstehung Jesu sein.

4.   Impulse fürs heute

So ein programmatischer Text bleibt immer aktuell:

Die christlichen Kirchen tun gut daran, sich an ihre jüdische Wurzel zu erinnern. Deutlich proklamiert unser Text die Verankerung der christlichen Bewegung im Judentum.

Der Text hebt besonders hervor, dass Jesus ein Geistbegabter ist. Gerade der Geistbessitz Jesu ist der Motor für die Verkündigung der Frohbotschaft. Der Text lädt alle Christen dazu ein, sich von ihm führen zu lassen – und dies trotz Scheitern, Depressionen und Enttäuschungen.

Der Text spricht unmissverständlich vom unbegrenzten Heilsangebot und von der Freiheit Gottes in seinem Heilshandeln. In der Begegnung mit anderen christlichen Konfessionen und den Religionen kann dieser Aspekt von Überheblichkeit befreien und zugleich eine Entlastung für pastorale Arbeit sein.

Die Auslassung des Vergeltungs- und Gerichtsgedankens im Zitat von Jes 61,1f zeigt uns die Priorität des Heils in der Verkündigung. Die Hervorhebung des Heilsaspekts kann sich heilend und wieder anziehend auswirken.

Die Betonung der Zuwendung Gottes zu den sozial Benachteiligten zeigt, dass die soziale Dimension ein wesentlicher Bestandteil der christlichen Botschaft ist. Verkündigungs- und pastorale Arbeit können nicht am Sozialen vorbei verwirklicht werden.

Tod und Auferstehung Jesu, die zentralen Elemente der christlichen Verkündigung, werden nur andeutungsweise zur Sprache gebracht. Die Verkündigung geschieht nach unserem Text im Wortgottesdienst, der ein vollgültiges liturgisches Geschehen ist. Die Akzeptanz der Wort-Gottes-Feier in den Gemeinden bleibt noch weit hinter der an dieser Stelle aufleuchtenden Bedeutung des Wortgottesdienstes zurück.

Vom „Zeichen-Glauben" zum wahren Glauben – Zum Glaubensverständnis im vierten Evangelium

1.   Das Johannesevangelium – eine Handreichung für die Glaubenskatechese

Wenn etwas nicht mehr so selbstverständlich ist, wird es gerade stark betont. Der vierte Evangelist, traditionell „Johannes" genannt, gebraucht das Wort „Glauben" fast 100 mal in seinem Evangelium. Er umschreibt es mit vielen anderen Wörtern, Bildern und Redewendungen. Er spricht vom „Kommen zu Jesus" (5,40; 6,37.44f.65; 7,37), ihm, also „dem Licht der Welt" zu „folgen" (8,12), durch ihn als „Tür" „eingehen" (10,9), von dem „Wasser trinken", das er spendet (4,13f; vgl. 6,35; 7,37f), ihn aufnehmen bzw. sein Zeugnis, seine Worte „aufnehmen" (1,12; 3,11.33; 5,43; 17,8), sein Wort bzw. seine Gebote „halten" (8,51; 14,15.21.23; 15,10.20), in ihm bzw. in seinem Wort, in seiner Liebe „bleiben" (6,56; 8,31; 15,4-7.9), ihn „erkennen" (10,14; 14,7.9; 16,3; 17,3), ihn lieben (14,15.21.23f; 16,27).

Dieser Reichtum, diese Überfülle an Ausdrücken für das, was der vierte Evangelist „Glauben" nennt, spricht für die zentrale Stellung des Glaubens in seiner Theologie.

Diese Feststellung macht ebenso deutlich, dass das Glauben auch zur Zeit des Evangelisten keine Selbstverständlichkeit war. Die Überbetonung der Glaubensforderung und des Glaubensangebots kann ein Indiz dafür sein, dass die johanneische Gemeinde wohl eine Glaubenskrise durchzumachen hatte.

Der Zweck des Evangeliums wird am Schluss des Buches ausdrücklich erwähnt: *„Diese (Zeichen) aber sind aufgeschrieben, damit ihr glaubt, dass Jesus der Messias ist, der Sohn Gottes, und damit ihr durch den Glauben das Leben habt in seinem Namen"* (Joh 20,31). Auch in den Prolog am Anfang des Evangeliums wird der Bericht über das Auftreten des Täufers eingeschoben, das geschah, *„damit alle durch ihn zum Glauben kommen"* (Joh 1,7).

Der erste Teil des Evangeliums (Kap. 1-12) schließt mit den Worten: *„Solange ihr das Licht bei euch habt, glaubt an das Licht, damit ihr Söhne des Lichtes werdet"* (Joh 12,36).

In der Mitte des ersten Teils des Evangeliums steht die Forderung: *„Das ist das Werk Gottes, dass ihr an den glaubt, den er gesandt hat"* (Joh 6,29). Als positive Antwort darauf finden wir im zweiten Teil des Evangeliums, im Abschiedsgebet Jesu, die Worte: *„Sie haben wirklich erkannt, dass ich von dir ausgegangen bin, und sie sind zu dem Glauben gekommen, dass du mich gesandt hast"* (Joh 17,8). Diese *Aussagen über den Glauben* stehen an wichtigen Stellen des Evangeliums und bestimmen so den *Aufbau des Buches.*

Nicht ohne Grund können wir daher das Johannesevangelium als eine *Handreichung für eine Katechese über den Glauben* bezeichnen.

2. Das johanneische Glaubensverständnis

Was heißt Glauben bei Johannes? Welches Verständnis vom Glauben hat er? Der vierte Evangelist gebraucht nie das Hauptwort „Glaube", sondern immer nur das Zeitwort „glauben", und das ist bezeichnend. Ihm geht es also um das Glauben, um den *Vollzug des Glaubens* selbst, nicht etwa um eine Lehre über den Glauben. Die Verbindung des Zeitwortes „glauben" mit Inhaltsangaben in bekenntnisartigen Sätzen „glauben, dass" könnte vielleicht ein „Für-wahr-halten" nahelegen. Aber bei näherer Betrachtung handelt es sich beim Glauben nicht um Annahme von Glaubenssätzen. Für den Evangelisten ist Glaube oder das Glauben eine grundlegende, allumfassende Entscheidung und Haltung, die adäquate Antwort gegenüber Jesus Christus, dem Gottgesandten, und seiner heilbringenden Offenbarung.

Es fällt auf, dass der vierte Evangelist nicht einfach über den Glauben theologisiert. Er erzählt vom Glauben im Zusammenhang des irdischen Wirkens Jesu. Er stellt den Glaubensvollzug und das „Zum Glauben kommen" beispielhaft dar in den vielen Begegnungen mit Jesus, dem auf Erden weilenden Offenbarer Gottes. Damit hat der Evangelist die Möglichkeit, das Werden und Wachsen, die Motive und Gefährdungen des Glaubens deutlicher zu beschreiben. Und gerade um diesen Vollzug des Glaubens mit seinen vielen Schritten, Stufen oder Dimensionen geht es ihm. Nun hebt er den Glauben als den alleinigen Heilsweg hervor, vor allem durch die Betonung der zentralen Stellung Jesu. Wichtig ist für ihn demnach die Art und Weise, wie der Glaube sich vollzieht, wie er begonnen wird und zur Vollendung kommt. Seine Leitfragen sind so nicht theoretischer Art, sondern recht praktisch:

- Wie kommt man zum Glauben?
- Wie geht das Glauben vor sich?
- Wie wächst und vertieft sich das Glauben?
- Wozu dient das Glauben?
- Wo ist der Ort des Glaubens?

Die vielen Begegnungsgeschichten gehen diesen Fragen im einzelnen nach und verdeutlichen, dass das Glauben kein einmaliger und abgeschlossener Akt ist, sondern sich als Begegnung stufenweise, Schritt für Schritt und nicht ohne Gefährdung vollzieht.

2.1 Wie kommt man zum Glauben? Der Mensch als Suchender

So sehr Johannes den Gnadencharakter des Glaubens herausstellt, wie dies im Ausdruck vom „Ziehen des Vaters" als Grundvoraussetzung für das Kommen zu Jesus in Joh 6,44 deutlich wird, so betont er auch stark die menschliche Erfahrung der Sinnsuche als Anknüpfungspunkt für den Glaubensanschluss an Jesus Christus. Damit es zu einer Begegnung mit ihm kommen kann, setzt Johannes voraus, dass der Mensch auf der Suche ist. Er benutzt dafür die Bilder vom „Dürsten" und „Hungern". *„Wer Durst hat, komme zu mir, und es trinke, wer an mich glaubt"* (Joh 6,37f). *„Ich bin das Brot des Lebens; wer zu mir kommt, wird nie mehr hungern, und wer an mich glaubt, wird nie mehr Durst haben"* (Joh 6,35). Es wird angenommen, dass der Mensch ein unstillbares Verlangen oder eine Ursehnsucht, nämlich ein Verlangen nach der Gabe Gottes, hat. Es bricht in Menschen auf, die sich das Ungenügen ihres Lebens eingestehen. Johannes geht also von der Auffassung aus, dass die Fragwürdigkeit, die Gebrochenheit unseres Lebens eine echte Einstiegsmöglichkeit in den Glauben darstellt. Kommt hier etwa nur jenes oft missbrauchte Motto „Not lehrt beten" zur Sprache? Wird denn hier einem Pessimismus das Wort geredet? Oder hat Johannes durchaus Recht darin, uns für die Schattenseite des Lebens die Augen aufzumachen? Sind wir vielleicht nicht manchmal versucht, diese Seite eher zu vertuschen?

Der vierte Evangelist hat uns nicht nur bereitwillige Menschen wie die Jünger des Täufers Johannes vorgeführt, die den Anschluss an Jesus schnell finden (Joh 1,37). Im Kap. 4 wird uns in der Erzählung von der Begegnung Jesu mit der Samariterin gezeigt, wie eine selbstbewusste Frau zu jenem Dürsten nach Gottes Gabe Schritt für Schritt geführt wird. In wiederholten Neuansätzen gelingt es Jesus, diese Frau von der Fixierung auf rein irdische Erfüllung, auf das Brunnenwasser oder Wunderwasser, zu befreien. Er befreit sie von der Verstrickung in die unersättliche Lebensgier und führt sie zu jener Erfüllung in der Begegnung mit ihm.

In der Gestalt der Samariterin wird uns beispielhaft gezeigt, wie Glaubensbereitschaft geweckt wird und wie sie zum Ziele kommt.

In einem unbekannten Jesuswort aus dem Oxyrynchus-Papyrus heißt es:

„Ich trat auf mitten in der Welt und erschien ihnen im Fleische und fand sie alle trunken, und keinen fand ich unter ihnen, der durstig gewesen wäre. Und es mühte sich meine Seele um die Kinder der Menschen, weil sie blind sind in ihrem Herzen und nichts sehen"
(J. Jeremias, *Unbekannte Jesusworte,* Zürich 1948, S. 61).

Auch im Johannesevangelium wird öfters festgestellt, dass „die Welt", die Menschen, die als die Seinen angesprochen werden, Jesus, den Offenbarer Gottes, nicht erkannten, ihn nicht aufnahmen (Joh 1,10f), dass sie die Finsternis dem Licht vorziehen (3,19) und das Zeugnis Jesu nicht annehmen

(3,32f; 5,39f). Wie im unbekannten Jesuswort der Erlöser sich um die Menschen kümmert, gerade weil sie blind sind in ihrem Herzen, so zeigen uns die Begegnungserzählungen im Johannesevangelium, wie Gott die Menschen nicht einfach abschreibt, sondern sich um sie müht und sie retten will. *„Denn Gott hat die Welt so sehr geliebt, dass er seinen einzigen Sohn hingab, damit jeder, der an ihn glaubt, nicht zugrunde geht, sondern das ewige Leben hat. Denn Gott hat seinen Sohn nicht in die Welt gesandt, damit er die Welt richtet, sondern damit die Welt durch ihn gerettet wird"* (Joh 3,16f). Buchstäblich bis zum letzten Augenblick seiner „Offenbarung vor der Welt" ruft Jesus in die Menge: *„Solange ihr das Licht bei euch habt, glaubt an das Licht, damit ihr Söhne des Lichtes werdet"* (Joh 12,36), denn das Ziel seines Kommens ist die Rettung der Welt: *„denn ich bin nicht gekommen, um die Welt zu richten, sondern um sie zu retten"* (Joh 12,47; vgl. 3,17).

2.2 Wie geht das – Glauben? Entstehung und Dimensionen des Glaubens

Glauben orientiert sich bei Johannes vornehmlich am Wort. Der Glaubensprozess beginnt im Hören des Wortes, der Botschaft Jesu (Joh 2,22; 4,42.50; 5,24.47), die immer neu durch den Geist angesagt wird. Jesus begegnet im Wort. Dies meint nicht ein intellektuelles Erfassen der Bedeutung Jesu oder seiner Botschaft. Wort meint nicht etwa die Formulierung eines Sachverhaltes. Damit ist ein existentielles Ansprechen gemeint. Der Wortcharakter der Begegnung Jesu bestimmt diese als *Anrede, Anfrage und Einladung* zugleich, sich auf Jesus einzulassen. Gerade im Wort kommt *die personale und dialogische Dimension des Glaubens* zum Ausdruck. In Jesus, der das Wort Gottes ist, begegnet den Menschen Gott selber (Joh 1,1-18). Zum anderen drückt das „Wort-

„Wort-Glauben", das Glauben an die Worte Jesu, das bedingungslose Sich-Einlassen auf ihn und zugleich das Fahrenlassen aller menschlichen Maßstäbe und Wertungen, die Erschütterung aller menschlichen Selbstbehauptung aus. Das Hören des Wortes ist also kein bloßes Vernehmen. Es ist nicht nur ein Anhören und Zuhören. Es ist ein Hören, das zum Gehören zu Jesus, zur unmittelbaren Begegnung mit ihm führt. Nicht umsonst spricht das vierte Evangelium dann auch vom Bleiben in Jesu Wort: *„Wenn ihr in meinem Wort bleibt, seid ihr wirklich meine Jünger"* (Joh 8,31). Nicht ein Festhalten an Sätzen, sondern ein Dasein im von Jesus ermöglichten Lebensraum, ein sich an ihn Haften ist hier gemeint.

Das Glauben entsteht nicht nur durch das Hören des Wortes, es entsteht auch durch das Sehen der Taten Jesu (Joh 2,11.23; 5,36; 10,37f; 14,11). Seine Wundertaten deutet Johannes als Zeichen, als Hinweise für Jesus und seine Herrlichkeit. Aber als solche sind sie zweideutig, missverständlich und missdeutbar. Sie gelten nicht als Ausweis einer Legitimation Jesu, sie führen nicht automatisch zum Glauben. Die wunderbare Brotvermehrung versteht die Menge nicht als Zeichen für Jesus (Joh 6,14f). Sie missversteht sie als Sättigung des leiblichen Hungers und bleibt so im Vorfindlichen stecken (Joh 6,26). Für die Führer des Volkes sind die Wunder, vor allem die Auferweckung des Lazarus, der Anstoß, der zum Todesbeschluss führt (Joh 11,47-53). Höchstens wird zugestanden, dass die Wunder den ersten Anstoß zur Aufmerksamkeit auf Jesus, zum Anfang des Glaubens geben, aber mehr nicht. Beim Einzug Jesu in Jerusalem wird von der Menge berichtet: *„Die Leute, die bei Jesus gewesen waren, als er Lazarus aus dem Grabe rief und von den Toten auferweckte, legten Zeugnis für ihn ab. Eben deshalb war die Menge ihm entgegengezogen: weil sie gehört hatte, er habe dieses Zeichen getan"* (Joh 12,17f). Auch Nikodemus kommt zu Jesus und sucht das Gespräch mit ihm, gerade weil er davon überzeugt ist, dass die Wunder Jesu Zeichen und Hinweise dafür sind, dass Gott mit ihm ist (Joh 3,2). Und für den Blindgeborenen erweist sich das Wunder als Anfang des Weges zum Glauben (Kap. 9).

3. Vom „Zeichen-Glauben" zum „Glauben an das Wort", zur personalen Begegnung mit Jesus Christus

Der vierte Evangelist benutzt wahrscheinlich als Vorlage für sein Evangelium eine Wundersammlung, „Zeichen-Quelle" genannt. Aus dieser Wunderüberlieferung wählt er sieben Wunder aus, von denen vier keine Parallelen in den synoptischen Evangelien haben (Weinwunder: 2,1-11; Heilung des Lahmen: 5,1-9; Heilung des Blindgeborenen: 9,1-7; Auferweckung des Lazarus: 11,1-3.17-44). Gegenüber den synoptischen Wundererzählungen wird das Wunderhafte gesteigert. Auch innerhalb des Johannesevangeliums selbst ist eine Steigerung des Wunders in der Anordnung der Wundererzählungen festzustellen. Damit wird der Zeichencharakter der Wunder für die Herrlichkeit des auf Erden wirkenden Christus betont. Aber dieses Zeichenlesen gelingt nur Menschen, die sich Jesus gegenüber öffnen. Die Wunder zwingen nicht zum Glauben. „Obwohl Jesus so viele Zeichen vor deren Augen getan hatte, glaubten sie nicht an ihn", heißt es im Rückblick auf das Offenbarerwirken Jesu (Joh 12,37).

Diese kritische Einstellung gegenüber dem Wunder-Glauben scheint bei Johannes mehrmals durch. Joh 2,23f lesen wir: „Während er zum Paschafest in Jerusalem war, kamen viele zum Glauben an seinen Namen, als sie die Zeichen sahen, die er tat. Jesus aber vertraute sich ihnen nicht an, denn er kannte sie alle". Dem bloßen Wunderglauben misstraut Jesus. Der Glaube kann nicht auf Wunder beruhen. In der nachösterlichen Zeit muss der Glaube auf äußeres Zeichen verzichten können, wie uns die Thomaserzählung zeigt: *„Selig sind, die nicht sehen und doch glauben"* (Joh 20,29). Der wahre und echte Glaube darf sich nur auf Jesu Wort stützen. Dies wird in der Erzählung von der Begegnung Jesu mit dem königlichen Beamten (Joh 4,46-54) mit aller Deutlichkeit ausgedrückt. Der verallgemeinernde Vorwurf Jesu *„Wenn ihr nicht Zeichen und Wunder seht, glaubt ihr nicht"* (Joh 4,48), steht im Mittelpunkt der Erzählung und bildet den Schlüssel für ihre Auslegung. Aus einer Wundererzählung macht der Evangelist eine Glaubensgeschichte. Die Heilungsgeschichte wird zu einem Beispiel, wie Glauben entsteht, wächst und seine Hochform erreicht.

Der königliche Beamte sucht Heilung für den kranken Sohn, Jesus korrigiert die Einstellung zum Wunder, schroff lehnt er einen Wunderglauben ab. Er gewährt aber die Heilung unter der Bedingung eines bloßen Wort-Glaubens. *„Jesus erwiderte ihm: Geh, dein Sohn lebt! Der Mann glaubte dem Wort, das Jesus zu ihm gesagt hatte, und machte sich auf den Weg"* (Joh 4,50). Die so geschehene Wunderheilung führt darum zum vollen Christusglauben: *„Und er wurde gläubig mit seinem ganzen Haus"* (Joh 4,53).

Die Erzählung will aber nicht nur eine Wunderkritik sein, sie ist vor allem ein Paradebeispiel dafür, was Glauben nach Ostern bedeutet und wie es sich vollzieht. Die nachösterliche Situation scheint in der Erzählung durch. Das Glauben entsteht, wenn einer sich zuerst einmal auf das Wort (V. 50) des in der Ferne stehenden Jesus (V. 46f) einlässt und – ohne Zeichen und Wunder zu verlangen (V. 48) – mit dem Wort den Weg geht (V. 50). Wenn er so den Weg geht (V. 51), darf er die Erfahrung machen, dass dieses Wort etwas bewirkt (V. 52f), dass es nämlich „Neues", d. h. Leben gibt (V. 50.51.53). Diese Erfahrung führt dann zu einer vertieften

Glaubensweise (V. 53), die am besten mit „personaler Beziehung zu Jesus" umschrieben werden kann. *Auf dieses personale Verhältnis zu Jesus Christus zielt das Glauben.* Es ist eine lebendige Bezogenheit auf Jesus, so wie es die Bildrede vom Weinstock veranschaulicht (Joh 15,1-8). Für die Charakterisierung dieser personalen Beziehung findet auch Johannes kein besseres Wort als die Liebe, die er umfassend sowohl in der vertikalen als auch in der horizontalen Dimension, als Gottes- und Christusliebe und als Bruder- und Nächstenliebe, versteht (Joh 15,9-17).

3.1 Glauben will Vertiefung –
Von der Oberfläche zur Tiefe

Glauben vollzieht sich nicht allein in der einmal gegebenen Antwort auf Jesu Wort. Es bestimmt das gesamte Leben. Und wie das menschliche Leben dem Wachstum und Reifungsprozess unterworfen ist, ist das Glauben kein in sich abgeschlossener Vorgang. Der johanneische Dualismus, die Entgegensetzung von Glauben und Unglauben, von Licht und Finsternis, von Tod und Leben, und die starke Betonung der Heilsgegenwart machen zunächst den Eindruck von einer Vollendung im Glauben. Die Glaubenden stehen im Bereich des göttlichen Lichtes und haben das ewige Leben (Joh 3,15; 3,36; 6,40.47; 8,12; 11,25f; 12,46). Wer glaubt, *„ist aus dem Tod ins Leben hinübergegangen"* (Joh 5,24).

Im Umfeld des Johannesevangeliums, z. B. in der gnostischen Bewegung, hat man zwischen den verschiedenen Vollkommenheitsstufen unterschieden. Da sind ganz unten die Hyliker, die der Materie verhaftet und darum rettungslos verloren sind, darüber die Psychiker, die Seelischen oder Unwissenden, die der Rettung bedürftig und fähig sind, und ganz oben die Pneumatiker, die Geistigen, die Vollkommenen und eigentlich Geretteten.

Eine Einteilung der Menschen nach dem Vollkommenheitsgrad kennt das vierte Evangelium nicht. Aber es hält an einer Unterscheidung und Scheidung zwischen Glauben und Unglauben fest. Dieser prinzipiell klingende Gegensatz geht aber auf die konkrete Situation der johanneischen Gemeinde zurück, die nicht nur in einer Auseinandersetzung mit ihrer jüdischen Umwelt, sondern bereits am Ende eines Ablösungs- und Trennungsprozesses von ihr stand.

Die Glaubenden sind auch nicht wie in der Gnosis die Vollkommenen. Der vierte Evangelist versteht das Glauben nicht statisch, sondern dynamisch. Es besteht im Vollzug, der nicht nur bloße Wiederholung einer ersten Erfahrung ist, sondern deren Bereicherung durch neue und tiefere Glaubenserfahrungen. Wer in seinem Wort bleibt, dem wird zugesagt, er werde die Wahrheit erkennen und die Befreiung erfahren (Joh 8,31f).

Die Vertiefung im Glauben wird nicht durch eigene Anstrengung erreicht. Der Heilige Geist ist es, der sie bewirkt. In aktualisierender Erinnerung (Joh 14,26) führt er in die volle Wahrheit, die Christus selber ist, ein (Joh 16,13).

Diese durch den Geist gewirkte Glaubensvertiefung ist allerdings keine bloße Innenschau oder nur Erlangung von tieferen Einsichten und Erkenntnissen. Sie geht Hand in Hand mit dem Tun der Wahrheit (Joh 3,21) und dem Halten des Wortes Jesu (Joh 8,51). Wachsende Erkenntnis (Joh 6,69; 10,38; 14,20), tätige Liebe (Joh 13,34f; 15,9-17) und offenes, freimütiges Bekenntnis (Joh 9,28-38) sind die Dimensionen eines echten Glaubensvollzuges. Glauben als Begegnung mit Jesus schließt Wagnis und Zeugnis zugleich ein.

Auf dem Weg des Glaubens ist nicht immer nur eitel Sonnenschein. Dem Glaubenden werden weder innere Anfechtungen und Krisen noch äußere Erschwernisse und Verfolgungen erspart. Den Thomas plagt der Zweifel, den Natanael die Skepsis, Philippus ist schwer von Begriff, die Jünger sind voller Angst in der Welt, der geheilte Blindgeborene muss die Parolen eines inquisitorischen Glaubensverhörs über sich ergehen lassen. In dieser Situation ist Jesus dem Glaubenden nahe, selbst wenn sein Glauben Mangel aufweist. In der Abschiedsrede sagt Jesus: *„In der Welt seid ihr in Bedrängnis; aber habt Mut: Ich habe die Welt besiegt"* (Joh 16,33).

3.2 Glauben – wozu?
Leben – das Angebot Jesu

„Leben", „ewiges Leben" ist die johanneische Bezeichnung für die umfassende Heilsgabe, die im Glauben zugesprochen wird. Der historische Jesus sprach vom Reich Gottes, das mit ihm in seinem Wort und Tun angebrochen ist. Der vierte Evangelist spricht vom Leben, vom ewigen Leben, um das Heil in Jesus Christus zur Sprache zu bringen. Das geschieht nicht von ungefähr. Denn Leben als höchstes Gut des Menschen ist ein angemessenes Symbol zur Umschreibung dessen, was Gott in Jesus den Menschen schenkt. Johannes betont vor allem die Gegenwart des Heils, des in Jesus geschenkten Lebens. Vielleicht hat er dies gegenüber den gnostischen Sekten, die das göttliche Leben ins Jenseits verlegen, getan. *„Wer glaubt, hat (jetzt) ewiges Leben"*, *„er ist aus dem Tode ins Leben hinübergeschritten"* (Joh 5,24). Und was ist das ewige Leben? *Das ewige Leben sprengt die Fesseln der Todesmacht in dieser Welt und überwindet den persönlichen Tod.* Der Tod hat durch Jesus Christus, der die Auferstehung und das Leben ist, die Macht verloren, die Menschen von Gott trennen zu können. Zu Marta spricht der johanneische Jesus: *„Ich bin*

die Auferstehung und das Leben. Wer an mich glaubt, wird leben,
auch wenn er stirbt, und jeder, der lebt und an mich glaubt, wird auf
ewig nicht sterben" (Joh 11,25f).

„Leben", „ewiges Leben" umschreibt also nach Johannes die
neue Existenz im Glauben, die Gott verdankt wird, eine neue
Existenz, die die Gemeinschaft mit Gott und Christus beinhaltet und Liebe unter den Menschen ausstrahlt. *„Das ist das*
ewige Leben: dich, den einzigen wahren Gott zu erkennen und Jesus
Christus, den du gesandt hast" (Joh 17,3). Das von Gott geschenkte Leben als Leben mit Gott und Christus muss sich
im Umgang mit den Menschen bewähren. Diese horizontale
Dimension wird dann in dem johanneischen Kreis – vielleicht aus negativen Erfahrungen – stärker hervorgehoben:
„Wir wissen, dass wir aus dem Tod in das Leben hinübergegangen
sind, weil wir die Brüder lieben. Wer nicht liebt, bleibt im Tod" (1
Joh 3,14).

4. Der Ort des Glaubens – Glauben braucht Gemeinschaft

Das Heil des Menschen ist eine höchstpersönliche Angelegenheit. Der Einzelne wird vom Wort angesprochen und in
die Entscheidung gestellt. „Wer" glaubt, „wer" meine Worte
hört, „wer" meine Gebote hält ... Solche Sätze haben die
Einzelnen im Blick. Aus diesem Grund spricht man bisweilen vom „johanneischen Heilsindividualismus", dem alles am
Individuum und nichts an Gemeinde oder Gemeinschaft
liegt. Sogar die Bildreden vom Weinstock (Joh 15,1-8) und
vom Hirt (Joh 10,1-21) werden in diesem Sinn gedeutet.
Hier würde Ranke neben Ranke wachsen, und Schaf neben
Schaf weiden. Dabei wird aber vergessen, dass diese Reden
nicht das Miteinander von lauter Einzelnen, sondern die
Zugehörigkeit zu Jesus betonen wollen. Und außerdem, wer

den ersttestamentlichen Hintergrund der Bilder von Hirt und Herde, von Weinstock und Rebzweigen einigermaßen berücksichtigt, dem wird sonnenklar, dass der Glaubende kein Einzelkämpfer ist.

Der Bezug des Glaubens zur Gemeinde, die Gemeinde als bevorzugter Ort des Glaubens, wird mitnichten übersehen oder gar ausgeschaltet. Nicht nur spricht der Evangelist von Jüngern Jesu, den „Kindern Gottes", den „Seinen", die sich um Jesus Christus scharen; sogar eine ganze Stadt, Sychar (Joh 4,39-42), und ein ganzes Haus, das des königlichen Beamten (Joh 4,53), kommen zum Glauben. Johannes spricht also nicht einer individualistischen Sicht des Christentums das Wort. *Der Einzelne wird zum Glauben berufen in die Gemeinschaft der Glaubenden hinein.* Die Aufforderung zur „Bruderliebe", zur geschwisterlichen Liebe – so muss man wohl heute sagen – als Kennzeichen des wahren Jüngerseins setzt eine Glaubensgemeinschaft voraus, die trotz oder gerade wegen Schwierigkeiten im Glauben und im liebevollen Miteinander wachsen soll: *„Daran werden alle erkennen, dass ihr meine Jünger seid: wenn ihr einander liebt"* (Joh 13,53).

In seiner Auslegung zu 1 Joh 4,12: *„Gott hat kein Mensch je gesehen. Wenn wir einander lieben, dann bleibt Gott in uns, und seine Liebe ist in uns vollendet"* schreibt der Kirchenvater Augustinus: *„Mach' einen Anfang in der Liebe, und du wirst zur Vollendung kommen. Hast du angefangen zu lieben?"* (Gott ist die Liebe. Die Predigten des hl. Augustinus über den 1. Johannesbrief, hrsg. von F. Hoffmann, 3. Aufl. Freiburg 1954, S. 110).

Der Kampf zwischen Licht und Finsternis – Das Johannesevangelium und die Gnosis

1. Was ist Gnosis?

Christentum und Gnosis sind so etwas wie Zwillinge. Fast von Anfang an wird das Christentum von der Gnosis begleitet. Beide religiösen Bewegungen der Spätantike sind auch in einen Konkurrenzkampf miteinander geraten, und diese Situation hat sich bis heute kaum verändert.

Das Motto von Francis Bacon „Wissen ist Macht" feiert immer noch seinen Siegeszug. Durch Wissen kann sich der Mensch seiner Welt bemächtigen, und das tut er heute mehr denn je. Aber die Grenze des Wissens wird immer deutlicher. Das alte gnostische Motto „Erkenntnis oder innere Erleuchtung ist Erlösung" wird denn auch wieder als der Königsweg zur Bewältigung von Krisen und Problemen des Menschen angepriesen und feilgeboten.

Was ist denn „Gnosis"? Vom Beginn der Zeitenwende bis heute haben Religionen und religiös-weltanschauliche Bewegungen sich dieses Wort auf die Fahne festgeschrieben. Bei der Erkenntnis (griechisch: *gnosis*) in diesem Kontext geht es nicht um rein rationales, verstandesmäßiges Erkennen von Gegenständen und Sachverhalten, sondern um das Wissen göttlicher Geheimnisse, das einem Kreis von Erwählten vorbehalten ist. Der Besitz dieser Erkenntnis garantiert das Heil der Menschen. Dieses Heil besteht in der Erlösung,

d. h. Los-Lösung des göttlichen Funkens im Menschen aus dessen materiellen Fesseln. Nicht so sehr die Erkenntnis als Heilsweg, sondern das angenommene Phänomen der Erlösungsbedürftigkeit des Menschen, seine heillose Situation ist das verbindende Element oder der Vergleichspunkt zwischen der Gnosis und dem Christentum, vor allem dem johanneisch geprägten Christentum. Voraussetzung für diese religiösen Strömungen oder Bewegungen war und ist die Erfahrung einer tief gehenden Krise des Menschen, die alle seine Lebensbezüge – Religion, Kultur, Politik, Wirtschaft – betrifft; sie stellen mögliche Versuche dar, diese Krise zu bewältigen.

2. Zur Entstehung der Gnosis

Wann genau die Gnosis entstanden ist, darüber streiten sich die Gelehrten. Auf jeden Fall können wir sagen, dass das Christentum und die Gnosis etwa zeitgleich entstanden sind. Nicht umsonst haben sie sich gegenseitig heftig bekämpft, da sie Konkurrenten um dieselbe Klientel waren. Aber sie haben sich auch gegenseitig beeinflusst. Die Gnosis übernahm christliches Gedankengut und das Christentum gnostische Vorstellungen. Und die ersten namentlich genannten gnostischen Lehrer wie Simon Magus, ein Zeitgenosse der Apostel, und Basilides (2. Jh.) kamen mit dem Christentum in Berührung oder sie haben zeitweilig sogar der Kirche angehört, wie z. B. Markion (144 aus der Kirche ausgeschlossen), Valentinus (2. Jh.) und Ptolemaios (2. Hälfte des 2. Jh.). Wenn wir die alten Lehrsysteme, aber auch die modernen religiösen Strömungen, die irgendwie mit der Gnosis zu tun haben, besser verstehen wollen, kann ein Einblick in die Entstehungssituation der Gnosis hilfreich sein. Wir sollten uns daher folgende Voraussetzungen vergegenwärtigen:

2.1 Die ideologischen Voraussetzungen

Hier sind die starken innerlich-individualistischen und synkretistischen Tendenzen in den Religionen zu beachten. Über die Wertschätzung des Individuums, des Einzelnen, stimmen Christentum und Gnosis überein. Für die Gnosis ist allerdings nur der „innere Mensch", seine Seele oder sein Geist sozusagen erlösungswürdig oder der Rettung wert. Die einseitige Hervorhebung des „inneren Menschen", d. h. die Tendenz zur Innerlichkeit dient allerdings der Selbstidentifikation jenseits der offiziellen Kult-Religionen und der gesellschaftlichen Bindungen. Die Konzentration auf die alleinige Rettung des inneren Menschen (Geist/Seele) ist auch Protest und Absage gegen diese Welt überhaupt. Die Welt wird ja als Unordnung und Chaos erfahren, nicht mehr als der vom Logos regierte Kosmos wie in der klassischen griechischen Philosophie.

Neben der innerlich-individualistischen Tendenz ist das Phänomen des Synkretismus zu nennen. Bei der Begegnung verschiedener Kulturen werden Elemente der einen durch die der anderen angeeignet. Ich verstehe Synkretismus nicht in diesem Sinn. Mit Synkretismus möchte ich die unterschiedslose Vermischung verschiedenartiger religiöser Traditionen bezeichnen, und um mit einem Bild zu sprechen: Synkretismus ist so etwas wie der Einkaufswagen in Kaufzentren, der gefüllt ist mit den verschiedensten Artikeln.

2.2 Die sozialökonomischen und politischen Voraussetzungen im Osten des Römischen Reiches

Es gab im Osten des Römischen Reiches nicht nur blühende Städte, es gab vor allem in ländlichen Gegenden Ausbeutung und Unterdrückung. Die Steuerlast war erdrückend. Widerstandsbewegungen machten sich breit und Wellen der Repression ließen nicht auf sich warten. Diese Zustände und die Wanderbewegungen von Individuen und Gruppen ließen außerdem die Familien auseinander- und zusammenbrechen. Aus diesem chaotischen sozialen Boden sprossen Kultvereine und religiöse Strömungen wie Pilze hervor. Hier fühlten sich die Einzelnen und Vereinzelten aufgehoben. Auch das junge Christentum profitierte von dieser Situation.

3.   Die Quellen zur Gnosis

Bis ins 19. Jahrhundert waren die polemischen Schriften der Kirchenväter fast die einzigen Zeugnisse über die Gnosis. Gnostische Originalquellen kamen erst ab Mitte des 19. Jh. ans Licht. Vor allem haben erst die Funde von Nag Hammadi in Oberägypten unsere Kenntnisse wirklich bereichert und unseren Horizont erweitert.

Die Auffindung der Nag Hammadi-Codices gleicht einer spannenden Kriminalgeschichte. Im Dezember 1945 machte ein arabischer Bauer in Oberägypten eine erstaunliche archäologische Entdeckung. Zunächst rankten sich viele Gerüchte um die Umstände dieses Fundes. Erst „dreißig Jahre später erzählte der Entdecker Muhammad 'Ali al-Samman, was sich wirklich zugetragen hat. Kurze Zeit bevor er und sein Bruder in einer Blutfehde den Mord an ihrem Vater rächten, hatten sie ihre Kamele gesattelt und waren zum Jabal gezogen, um nach *sabakh* zu graben, einem Weichdung, der zur Verbesserung der Ernteerträge verwendet wird. Als sie in der Nähe eines Felsblocks gruben, stießen sie auf einen beinahe einen Meter hohen roten Tonkrug. Aus Angst, im Inneren könne ein *jinn* oder Geist leben, zögerte Muhammad 'Ali, den Krug aufzubrechen. Da der Krug aber ebenso gut auch Gold enthalten konnte, zertrümmerte er ihn dann doch mit seiner Axt und entdeckte darin dreizehn in Leder gebundene Papyrusbücher. Nach der Rückkehr in sein Haus in al-Qasr lagerte Muhammad 'Ali die Bücher und die losen Papyrusblätter auf dem Stroh, das neben dem Ofen auf dem Boden aufgestapelt war. Muhammads Mutter, 'Umm-Ahmad, gab später zu, dass sie zusammen mit dem zum Anfeuern verwendeten Stroh einen Großteil der Papyri verbrannt habe.

Einige Wochen später, so die Erzählung Muhammad 'Alis, rächten er und sein Bruder den Tod ihres Vaters durch den Mord an Ahmed Isma'il ... Aus Angst, die Polizei, die mit der Aufklärung des Mordes befasst war, würde sein Haus durchsuchen und dabei die Bücher entdecken, bat Muhammad 'Ali den Priester al-Qummus Basiliyus Abd al-Masih, eines oder mehrere für ihn in Verwahrung zu nehmen. Während Muhammad 'Ali und sein Bruder wegen des Mordes vernommen wurden, hatte Rahgib, ein am Ort lebender Geschichtslehrer, eines der Bücher gesehen und vermutet, es könne wertvoll sein. Er ließ sich von al-Qummus Basiliyus ein Exemplar geben und schickte es an einen Freund in Kairo, um den Wert feststellen zu lassen.

Nachdem die Manuskripte von Antiquitätenhändlern auf dem schwarzen Markt verkauft worden waren, erregten sie bald die Aufmerksamkeit von hohen ägyptischen Regierungsbeamten. Unter höchst dramatischen Umständen ... kauften sie eines, konfiszierten zehneinhalb der dreizehn ledergebundenen Bücher, so genannte Codices, und übergaben sie dem Koptischen Museum in Kairo. Doch der dreizehnte Codex, der fünf ganz außergewöhnliche Texte enthält, wurde zum größten Teil aus Ägypten herausgeschmuggelt und in Amerika zum Verkauf angeboten. Die Nachricht von diesem Codex erreichte bald Gilles Quispel, den bekannten Professor für Religionsgeschichte in Utrecht. Alarmiert von der Entdeckung, drängte Quispel die Jung-Stiftung in Zürich zum Ankauf des Codex. Als ihm dies gelungen war, entdeckte er allerdings, dass einige Seiten fehlten, und flog deshalb im Frühjahr 1955 nach Ägypten, wo er sie möglicherweise im Koptischen Museum zu finden hoffte. Nach seiner Ankunft in Kairo ging er sofort ins Koptische Museum, ließ sich dort Photographien von einigen Texten geben und eilte zurück ins Hotel, um sie zu entziffern. Nachdem er die erste Zeile ausfindig gemacht hatte, las Quispel erstaunt, dann misstrauisch: ,Dies sind die geheimen Worte, die der lebendige Jesus sprach und die der Zwillingsbruder Judas Thomas aufgeschrieben hat.' Quispel wusste, dass sein Kollege H.-C. Puech, dem die Aufzeichnungen eines anderen französischen Gelehrten, Jean Doresse, vorlagen, die Anfangszeilen als identisch mit den Fragmenten eines griechischen Thomasevangeliums, das um 1890 entdeckt worden war, bestimmt hatte ...

Was Quispel in der Hand hielt, das *Evangelium des Thomas,* war nur einer von zweiundfünfzig in Nag Hammadi gefundenen Texten ...

Muhammad 'Ali gab später zu, dass einige Texte verloren gegangen sind – verbrannt oder weggeworfen wurden. Doch was erhalten blieb, ist erstaunlich: 52 Texte aus den ersten Jahrhunderten der christlichen Zeit – einschließlich einer Sammlung von zuvor unbekannten frühchristlichen Evangelien. Außer dem *Thomasevangelium* und dem *Evangelium des Philippus* enthielt der Fund das *Evangelium der Wahrheit* und das *Ägypterevangelium,* das sich selbst als ,das (heilige Buch) des Großen Unsichtbaren (Geistes)' bezeichnet. Zu einer anderen Textgruppe gehören Schriften, die den Anhängern Jesu zugeschrieben werden, etwa das *Apokryphon des Jakobus,* die *Paulusapokalypse,* der *Brief des Petrus an Philippus* und die *Petrusapokalypse.*

Bald schon wurde deutlich, dass es sich bei den Entdeckungen Muhammad 'Alis in Nag Hammadi um etwa 1500 Jahre alte koptische Übersetzungen von weit älteren Texten handelte. Die Originale selbst waren in Griechisch, der Sprache des Neuen Testaments, geschrieben: wie Doresse, Puech und Quispel erkannt hatten, war ein Teil von einem Text schon 50 Jahre früher von Archäologen entdeckt worden, als sie einige Fragmente der ursprünglichen griechischen Version des *Thomasevangeliums* fanden.

Über die Datierung dieser Manuskripte gibt es kaum Auseinandersetzungen. Untersuchungen des zur Verstärkung der Ledereinbände verwendeten datierbaren Papyrus und der koptischen Schrift stellen sie ungefähr in die Zeit zwischen 350 und 400. Doch über die Datierung der ursprünglichen Texte gehen die Meinungen der Gelehrten weit auseinander. Manche können später als 120-150 entstanden sein, denn Irenäus, der orthodoxe Bischof von Lyon, der seine Schriften um 180 verfasst hat, behauptet, die Häretiker ,rühmen sich, mehr Evangelien zu besitzen als es überhaupt gibt', und klagt, dass derartige Schriften bereits weite Verbreitung gefunden hätten – von Gallien bis Rom, Griechenland und Kleinasien.“
(Elaine Pagels, *Versuchung durch Erkenntnis. Die gnostischen Evangelien,* Frankfurt/M. 1981, S. 9-12).

Die Texte sind inhalts- und gattungsmäßig vielfältig: sie reichen von geheimen Evangelien, Gedichten und fast philosophischen Beschreibungen vom Ursprung der Welt bis zu Mythen, Magie und Anweisungen zur mystischen Praxis.

4. Die gnostische Lehre

Es gibt eine Menge von gnostischen Lehrsystemen; am bekanntesten dürfte der Manichäismus, von Mani (216-276) gegründet, wegen der zeitweiligen Zugehörigkeit des Augustinus zu dieser religiösen Bewegung sein. Aus der Tatsache der Verschiedenheit der Lehre ziehen die Kirchenväter den Schluss, dass sie nicht wahr sein können. Trotz dieser Vielfalt können wir einige allen Systemen gemeinsame Züge feststellen.

Der Mensch macht nicht nur gute, sondern auch schlechte Erfahrungen. Diese gegensätzlichen Erfahrungen haben die Gnostiker dazu geführt, zwei eigenständige Bereiche anzunehmen: den Bereich des Guten, des Lichts und des Lebens, und den Bereich des Bösen, der Finsternis und des Todes. Der eine Bereich hat mit dem anderen nichts zu tun. Daher nennt man diesen absoluten Gegensatz auch Dualismus. Und dieser Dualismus hat einen metaphysischen Charakter. Der Gegensatz zwischen Gutem und Bösem, Licht und Finsternis, oben und unten, Gott und Welt, Leben und Tod ist grundsätzlicher Art. Zwischen ihnen besteht eine polare Spannung, die sich in einem Kampf zwischen den gegensätzlichen Kräften entladen kann.

Die Entstehung der Welt hängt mit dem uranfänglichen Kampf zwischen dem Reich der Finsternis und dem Reich des Lichtes zusammen, ja die Welt spiegelt als Mischgebilde beide Bereiche wider. Der Psalm 233 aus dem koptisch-manichäischen Psalmenbuch drückt es so aus:

> *„Als der heilige Geist kam,*
> *offenbarte er uns den Weg der Wahrheit.*
> *Er lehrte uns zwei Naturen,*
> *die des Lichtes und die der Finsternis,*
> *getrennt voneinander seit Anbeginn.*

Das Reich des Lichtes bestand aus fünf Größen.
Das sind der Vater und seine zwölf Äonen und die Äonen
der Äonen.
Die lebendige Luft, das Land des Lichtes,
in denen der große Geist weht,
sie nährend mit seinem Licht.
Das Reich der Finsternis besteht aus fünf Gemächern.
Das sind der Rauch, das Feuer, der Wind, das Wasser und
die Finsternis,
deren Gedanke in ihnen herumkriecht,
sie bewegend und sie (anreizend),
miteinander Krieg zu führen.
Miteinander Krieg führend
wagten sie, das Land des Lichtes anzugreifen,
in dem Gedanken, dass sie es besiegen könnten. "

Überwältigt von den negativen Erfahrungen wird die ganze Welt negativ gesehen. Die Entstehung der Welt, die Schöpfung, erfolgt als eine Art negative Entwicklung: Immer weiter entfernen sich die Geschöpfe vom göttlichen Bereich und erreichen dann die unterste Stufe der Materie. Es ist daher in diesem System nur konsequent, wenn die Schöpfung nicht das Werk des obersten guten Gottes, sondern ein Machwerk eines zweitrangigen oder gar bösen Gottes, des Demiurgen, sein kann.

Auch der Mensch ist Teil dieser Schöpfung: Seine Entstehung verdankt sich einem tragischen Fall aus dem lichten, göttlichen Bereich. Die Erschaffung des Menschen ist also so etwas wie eine „Sündenfallgeschichte" am Anfang. Im Menschen gibt es einen ursprünglichen guten Kern, die Seele, den Geist oder das Selbst, bzw. den Lichtfunken. Die Seele des Menschen fällt aus dem göttlichen Bereich hinab in die Materie hinein. Diese hält sie dann gefangen. In Bildern heißt dieser Zustand auch „Trunkenheit", „Vergessenheit" oder „Schlaf". So ist der Leib, in dem die Seele haust, eine

Art Gefängnis. Der Leib hat somit nur negative Eigenschaften, und da muss die Seele eben heraus!

Die Gnosis will aber nicht nur erklären, wie es zu diesem schlechten Zustand von Mensch und Welt gekommen ist; ihr geht es vor allem um die Rettung der eingesperrten Seelen. Die Gnosis ist also nicht nur Philosophie oder ein rein theoretisches theologisches Denksystem, sie ist vor allem auch Religion, die eine Praxis beinhaltet. Die Gnosis ist wesentlich eine Erlösungsreligion. Aber es geht hier nicht bloß um eine Überwindung von konkreten Übeln wie Krankheit, Schmerz, Angst, Unfreiheit, Unfrieden, Ungerechtigkeit oder Schuld. Die Gnosis will diesen Übeln auf den Grund gehen: Die Übel dieser Welt gehen auf das Konto des Menschen, der sein wahres, göttliches Wesen vergessen hat. Darum geht es bei der Erlösung um die Wiedererinnerung an das wahre Wesen des Menschen, um bewusste Wiederanknüpfung an seinen göttlichen Ursprung. Lebt der Mensch wieder im Einklang mit seiner Bestimmung, so ist das Grundübel beseitigt, und damit auch alle Übel, die daraus entspringen. Es geht also nicht mehr darum, dem Menschen Lebenshilfen zu geben und sein vergängliches Dasein durch neue Erkenntnisse, Bewusstseinserweiterung und Energien schöner und reicher zu machen, sondern der Mensch wird aus seiner gewohnten Welt und seinen Träumen herausgerissen, hinein in den Bereich einer ihm völlig fremden Welt, von der aus das ihm Gewohnte als Selbstbetrug und Illusion erscheint.

Wie erfolgt nun die Rettung der Seele? Die Erlösung oder Befreiung geschieht durch Innewerden des eigentlichen göttlichen Ursprungs. *„Wer so die Gnosis hat, weiß, von woher er gekommen ist und wohin er geht. Er weiß wie einer, der betrunken war und aus seiner Trunkenheit nüchtern wurde, der sich selber zuwandte und sein Eigenes in Ordnung brachte“*, lesen wir im *Evangelium der Wahrheit“* (22,13-20: Nag Hammadi-Codex I,3). Um in Bildern zu sprechen: Der göttliche Lichtfunke im Menschen ist in ihm wie von einer dichten Ascheschicht, d. h. von der Materie, überdeckt. Der innere Mensch, das Selbst, wird von dieser Ascheschicht durch die Erinnerung oder Erleuchtung befreit. Dieser Offenbarungsruf ist der einzige Akt, der von außen kommt. Die Erlösung oder Befreiung selber geschieht durch die Kraftanstrengung des menschlichen Geistes. Daher gibt es in der Gnosis keinen Platz für so etwas wie Rechtfertigung aus reiner Gnade. Der Offenbarungsruf erklingt, um die eigenen inneren Kräfte zu stimulieren.

In der Gnosis begegnet uns eine Erlösergestalt oder auch mehrere Erlösergestalten. Aber es ist der individuelle Mensch selber, der sich erlöst. Welche Rolle hat dann der Erlöser, wenn der Mensch sich selber erlösen kann? An der Erlösergestalt wird beispielhaft der Fall des Lichtfunkens oder der Seele in die Materie und die Selbstbefreiung demonstriert. Nicht von ungefähr ist dann der Erlöser in den meisten gnostischen Systemen nur eine mythische Gestalt. In manchen gnostischen Kreisen, die vom Christentum abhängig sind, trägt der Erlöser den Namen Christus; dieser Name ist aber nur eine Chiffre und hat nichts mit dem historischen Jesus von Nazaret, der gekreuzigt worden ist, zu tun.

Diese kritischen Bemerkungen möchten nicht den religiösen Ernst der Gnosis verneinen. Die religiöse Sinnfrage wird radikal gestellt. In den *„Auszügen aus Theodotos"* bei Clemens von Alexandrien (um 200 n. Chr.), einer Sammlung von Aussprüchen verschiedener gnostischer Lehrer, lesen wir: *„Wer waren wir? Was sind wir geworden? Wohin eilen wir? Wovon sind wir befreit? Was ist Geburt, was Wiedergeburt?"* (Clemens Alex., Exc Theod 78,2).

In diesen Fragen sind wir mit den drei Zeitdimensionen, der Vergangenheit, Gegenwart und Zukunft, konfrontiert. Die Fragen „Wer waren wir?" und „Wo waren wir" richten sich auf den Ursprung des Menschen im göttlichen Urzustand.

„Was sind wir geworden? und „Wo hinein sind wir geworfen?" betreffen die Gegenwart des Fragenden. Das Hineingeworfensein ist ein Herausgeworfensein aus dem idealen, lichten Urzustand. Die Gegenwart wird somit als schlecht oder böse charakterisiert, und das hat mit der Geburt, dem Geborenwerden, dem Dasein auf der Welt zu tun. Aber es gibt einen Ausweg und eine Zukunft: „Wohin eilen wir?", „Wovon sind wir befreit?", lauten jetzt die Fragen. Und dies hat mit geistiger Wiedergeburt, dem Wiedererlangen des verlorenen heilen Urzustandes, zu tun. Der Weg dorthin heißt Gnosis, das Innewerden von diesen dreifachen Zeitdimensionen als Erlösungsweg.

Den Weg des Erlösers als Selbstbefreiung der Seele beschreibt in eindrucksvoller Weise das märchenhafte *„Lied von der Perle"*, auch Hymnus von der Seele genannt, aus den apokryphen *Thomas-Akten* (108-111):

Ein Königssohn wird hier vom Osten, dem Reich des Lichtes, ausgesandt. Er steigt nach Ägypten herab, um die eine Perle zu holen, die mitten in dem von einer laut zischenden Schlange umringten Meer liegt. Der Königssohn zieht das glänzende Kleid aus, das ihm seine Eltern geschenkt haben, und legt die purpurne Toga ab, die seiner Gestalt gemäß hergestellt wurde. Kleid und Toga drücken sein wesentliches und unveräußerliches Einssein mit den göttlichen Eltern aus. Um seines Auftrags willen gibt der Königssohn dieses Einssein hin, das ihm zugleich Schutz und Sicherheit gewährte. Schutzlos, ohne Unterschied zu den Menschen, macht er sich auf den Weg. Er erliegt den Verführungskünsten der Ägypter und findet erst durch einen Brief seiner Eltern wieder zu seinem Auftrag zurück. Dann verzaubert er die schrecklich schnaubende Schlange, lullt sie ein und holt die Perle aus der Tiefe der See herauf. Vor seiner Rückreise legt er sein schmutziges Gewand ab und lässt es im Sande zurück. Seine Eltern schicken ihm dann sein Lichtkleid entgegen. Der Königssohn gelangt endlich in die Heimat zurück. Im Schlussakt dieses mythischen Dramas wird er wieder in seine angestammten Rechte eingesetzt. Er erlangt die Sohneswürde zurück. Er wird erhöht: Er trägt nun das mit allen Edelsteinen der Welt geschmückte Kleid mit dem Bild des Großkönigs, seines Vaters. Dies ist eine knappe Zusammenfassung des lesenswerten Liedes.

Carl Gustav Jung war von diesem Lied fasziniert und verstand diese Geschichte als Beschreibung eines seelischen Reifungsweges. Er interpretierte die Bilder dieses Liedes als archetypische Grundfiguren des Individuationsprozesses (vgl. C. G. Jung, *Über Archetypen des kollektiven Unbewussten*, in: *Archetypen*, dtv 15066, 2. Aufl. München 1991, S. 20f). Mag auch das Perlenlied im Sinne Jungs verwendbar sein, so ist dennoch der Erlösermythos, auf den das Lied anspielt, viel umfassender. Dieser gnostische Mythos ist ein Versuch, dem erlösungsbedürftigen Menschen eine Antwort zu geben. Tiefe menschliche Erfahrungen von Verlorenheit, Ausgeliefertsein an kosmische und dämonische Mächte, hoffnungslose Zerrissenheit des inneren Menschen und tiefe Sehnsucht nach ursprünglicher Einheit mit dem Göttlichen kommen hier zum Ausdruck. Die angebotene Lösung ist bestechend einfach: Erlösung durch Erkenntnis des eigenen lichten göttlichen Ursprungs und durch kultische Teilhabe am Schicksal des Erlösers. Das große Ziel ist die Selbsterkenntnis; und Gnosis ist Selbsterkenntnis. Im so genannten *„Buch des (Athleten) Thomas"* lesen wir: *„Prüfe dich selbst, damit du verstehst, wer du bist, wie du existierst und wie du sein wirst ... Es darf nicht sein, dass du dich selbst nicht kennst. Und ich weiß, dass du verstanden hast, weil du schon verstanden hattest, dass ich die Erkenntnis (Gnosis) der Wahrheit bin. Während du mich begleitest, obwohl du nicht begreifst, hast du in Wirklichkeit schon zu wissen begonnen, und du wirst genannt werden ‚der sich selbst erkennt'. Denn wer sich selbst erkannt hat, hat gleichzeitig Wissen erlangt über die Tiefe des Alls"* (138,7-19: Nag Hammadi Codex II/7).

Und wo bleibt Gott?, könnten wir fragen. Er ist der unbegreifliche, weltferne Gott. Im *Eugnostosbrief* (NHC III,3), einem theologischen Traktat in Briefform, entwickelt der Verfasser ein Gottesbild, das fast ausschließlich aus negativen Bestimmungen besteht. Dort lesen wir:

„Der, welcher existiert, ist unbeschreiblich, keine Archê (= Kraft) hat ihn erkannt, keine Macht, keine Unterordnung, nicht irgendeine Kreatur, seit dem Anfang der Welt, außer er allein. Jener nämlich ist unsterblich, ewig und geburtslos. Jeder nämlich, der eine Geburt hat, wird zugrunde gehen. (Er) ist ungezeugt und hat keinen Anfang. Jeder nämlich, der einen Anfang hat, hat ein Ende. Keiner herrscht über ihn, er hat keinen Namen. Wer nämlich einen Namen hat, ist das Geschöpf eines anderen. (Er) ist namenlos, hat keine Menschengestalt. Wer nämlich eine Menschengestalt hat, ist das Geschöpf eines anderen. (Er) hat ein ihm eigenes Aussehen, nicht von der Art des Aussehens, das wir erhalten oder das wir gesehen haben, sondern es ist ein fremdes Aussehen, das jede Sache weit übertrifft, das kostbarer als die Ganzheiten ist. Er sieht nach allen Seiten, indem er sich allein erblickt durch sich selbst. (Er) ist unendlich, unfassbar, einer, der dauernd unvergänglich ist, einer, der nicht seinesgleichen hat. (Er) ist unwandelbar gut, ohne Mangel, einer, der dauernd besteht. (Er) ist selig, unerkennbar, der sich selbst zu erkennen pflegt. (Er) ist unermesslich, unergründlich (?), vollkommen, indem er keinen Mangel hat. (Er) ist unvergänglich, selig. Man nennt ihn ‚den Vater des Alls'."

Auch im *Apokryphon des Johannes*, einer frühen gnostischen Offenbarungsschrift (2. Jh.), kommt die Unbegreiflichkeit Gottes schön zur Sprache:

„Er ist der wahre Gott und Vater des Alls, der unsichtbare Geist, der über dem All ist, der unvergänglich im reinen Licht wohnt, den kein Augenlicht sehen kann. Er ist der unsichtbare Geist. Man darf ihn sich nicht vorstellen wie Götter oder dergleichen. Denn er ist größer als die Götter, niemand ist über ihm. Niemand ist Herr über ihn. Er ist niemandem untertan,

denn es ist keiner, der nicht in ihm ist. Er allein ist vollkom-
men, er ist auf niemanden angewiesen, denn er ist ganz und die
Vollendung.
Er braucht nichts, was ihn vervollkommnen müsste, sondern
er ist stets ganz und vollkommen, im Lichte.
Er ist unbegrenzbar, es gibt ja keinen, der vor ihm ist und ihn
begrenzen könnte.
Er ist unerforschlich, es gibt ja niemanden vor ihm, um ihn zu
erforschen.
Er ist unermesslich, es ist ja keiner vor ihm, der ihn messen
könnte.
Er ist unsichtbar, keiner hat ihn je gesehen.
Er ist ewig, er existiert ewig.
Er ist unbeschreiblich, keiner kann ihn fassen, um ihn zu be-
schreiben.
Er ist unbenennbar, denn keiner existiert vor ihm, um ihn zu
benennen.
Er ist das unermessliche Licht, rein, heilig und klar.
Er ist unbeschreiblich, vollkommen und unvergänglich. "

Wir kennen auch in der christlichen Theologie solche „negative Theologie", die als Korrektiv zu einer forschen Rede
über Gott manchmal heilsam sein kann. Eine Radikalisierung und Überspitzung in der Gnosis führt aber dazu, Gott
und Welt in einen unüberbrückbaren Gegensatz zu bringen.
Es kann dann nur noch darum gehen, die göttlichen Anteile
im Menschen zu ihrem Ursprung in Gott zurückzuführen.
In diesem schöpfungsfeindlichen Denken wird der Schöpfergott der Bibel zu einem zweitrangigen Demiurgen (göttlichen Handwerker) degradiert, der das Produkt eines Fehl-
tritts der eigenmächtig handelnden Muttergottheit Sophia
(Weisheit) ist, aber als deren Kind auch etwas vom göttlichen Licht in sich trägt. In der Schrift „Apokryphon des
Johannes" wird die Schöpfergestalt Jaldabaoth genannt, ein
Wort, das die hebräischen Wurzeln *jalad* (erzeugen/gebären)
und *sabaoth* (Heerbann, Heere, eine Bezeichnung für die

himmlischen Mächte) enthält. Diese eher widergöttliche Gestalt, ein Wider-Gott sozusagen, hat die Welt und den Menschen erschaffen. Der göttliche Lichtfunke im Menschen stammt zwar aus dem Lichtanteil des Jaldabaoth, aber dieser musste für die Abgabe des Lichtfunkens erst überlistet werden. Im Grunde stammt der göttliche Kern im Menschen nicht vom Schöpfergott. Ohne Frage wird hier der Schöpfungsgedanke abgewertet und das biblische Gottesbild abgelehnt. Die Gnosis macht dennoch damit ernst, dass am Menschen und an niemandem sonst die Rettung oder Erlösung des göttlichen Lichtfunkens erfolgen kann und soll. Trotzdem bleiben hier Fragen, die nicht einfach aus der Welt geschafft werden können: Dieser Wesenskern des Menschen ist rein geistig, so dass Rettung/Erlösung keinen Weltbezug hat. Welt, Materie und Leib haben an sich keinen Wert, ja sie sind ein Hindernis für die göttliche Erlösung.

5. Das Johannesevangelium und die Gnosis

Das Johannesevangelium ist die neutestamentliche Schrift, die am stärksten die Nähe zur Gnosis aufweist. Auf Gemeinsamkeiten, aber auch auf Unterschiede will ich nur kurz hinweisen.

Schon bei einer flüchtigen Lektüre fallen die dualistische Denkart und Terminologie auf: Gott und Welt, Licht und Finsternis, Wahrheit und Lüge, Geist und Fleisch, Leben und Tod, oben und unten werden jeweils wie eine positive und negative Größe gegenübergestellt. Um welchen Dualismus handelt es sich im Johannesevangelium? Um einen absoluten Dualismus im Sinne der Gnosis? Wenn es so wäre, wären Aussagen wie „Gott liebt die Welt", Jesus Christus ist der „Retter der Welt" oder die Welt ist durch den Logos erschaffen nicht möglich. Da es sich bei der negativen Charakterisierung um das Handeln des Menschen aus Unglauben handelt, spricht man hier von Entscheidungsdualismus. In der Konfrontation mit Jesus werden die Menschen zu seiner Aufnahme im Glauben oder zu seiner Ablehnung im Unglauben geführt. Durch den Unglauben konstituiert sich die Menschenwelt als Finsternis- oder Todessphäre. Es geht also um eine Glaubensentscheidung. Die Menschen, auch die Jünger Jesu, werden vor diese Entscheidung gestellt (vgl. Joh 6,66-69).

Für eine gnostische Verwandtschaft spricht auch die Rede oder das Schema des Abstiegs und Wiederaufstiegs des göttlichen Gesandten. Jesus Christus ist der Gesandte des Vaters, der aus dem Himmel, dem göttlichen Bereich, herabgekommen ist und wieder dorthin aufsteigt (Joh 3,13.31; 6,62). Der Weg Jesu wird Joh 16,18 umfassend mit den Worten beschrieben: *„Vom Vater bin ich ausgegangen und in die Welt gekommen; ich verlasse die Welt und gehe zum Vater."* Sein Aufstieg beginnt bei der Kreuzigung, die als Erhöhung am Kreuz und als Verherrlichung gedeutet wird. In das Aufstiegsgeschehen gehören auch die Auferstehung und die endgültige Rückkehr zum Vater.

Sollte der Verfasser des Johannesevangeliums hier auf gnostische Vorstellungen zurückgreifen, dann hat er sie gründlich umgeformt. Jesus, der Gesandte Gottes, steigt in die Menschenwelt herab, verliert aber in keiner Weise seinen Bezug zum Vater. Er wird nicht von den Gegenmächten überwältigt und festgehalten, so dass er selber aus diesem Zustand befreit werden müsste. Vor allem ist der Bezug zum Kreuz, und zwar als Heilsgeschehen, gnostisch nicht einlösbar.

Die Frage nach dem Woher und Wohin spielt in der Gnosis sowie im Johannesevangelium eine wichtige Rolle. Wenn der Verfasser des Johannesevangeliums das Woher des Glaubenden als Gezeugtsein oder Geborensein aus Gott oder von oben bestimmt (Joh 1,13; 3,3.7), klingt dies auch recht gnostisch. Sagen denn die Gnostiker nicht auch, dass der Wesenskern des Menschen aus Gott stammt? Aber Achtung! Hier kann ein wesentlicher Unterschied schnell übersehen werden. Das Woher und das Wohin des Gnostikers bekunden letztendlich nur, dass der innere Mensch selber Gott ist. Diese Grenzüberschreitung unternimmt das Johannesevangelium bei aller engen Verbindung zwischen Gott, seinem Gesandten Jesus Christus und den Jüngern nicht. In der Anwendung auf Jesus wird allerdings die Frage nach dem Woher und Wohin dazu benutzt, die göttliche Wesensart des Gesandten näher zu charakterisieren. Für ein sachgemäßes Verständnis dieser Vorstellungen muss der Leser auf den Zusammenhang und die Art der Verwendung solcher Vorstellungen oder Sprachformen achten. Die Frage nach dem Woher und Wohin des Gesandten steht hauptsächlich im Kontext einer Auseinandersetzung der johanneischen Gemeinde mit ihrer jüdischen Umwelt. Sie dient als Legitimation der Person und der Sendung Jesu. Es ist historisch gesehen anzunehmen, dass die johanneische Gemeinde unter einem erheblichen Legitimationszwang stand. Sollte die These des Neutestamentlers Klaus Wengst stimmen, das Johannesevangelium widerspiegle die Auseinandersetzungen zwischen der johanneischen Gemeinde und den rabbinisch-pharisäischen Kreisen im syrisch-ostjordanischen Teil des Reiches von Agrippa II. (ca. 53-94 n. Chr.), könnte dies den Legitimationsdruck der johanneischen Gemeinde und auch die überscharfen polemischen Töne des Johannesevangeliums erklären. Ich sage ausdrücklich erklären, nicht rechtfertigen. Wer gegen Gegner polemisiert, schießt oft übers Ziel hinaus. Er fühlt sich in seiner Identität angegriffen, vielleicht auch gekränkt. Aus diesen Gründen greift er dann auf die für uns heute unerträgliche Sprache des Niedermachens der Gegner. Ich brauche in diesem Zusammenhang nur auf die Kapitel 7, 8 und 9 des Johannesevangeliums hinzuweisen.

Ein besonderes Merkmal des Johannesevangeliums ist die so genannte „präsentische Eschatologie" oder „Gegenwartseschatologie": Das Heil – johanneisch gesprochen: das ewige Leben – wird jetzt und hier in der Begegnung mit Jesus, dem Gesandten Gottes, erfahren (Joh 6,47). Die Auferstehung, die Totenerweckung, geschieht jetzt schon in der Begegnung mit Jesus (Joh 5,21.24-26; 11,25f). Auch das Gericht vollzieht sich bereits jetzt im Unglauben, in der Ablehnung Jesu; die Nichtglaubenden sind so geistlich Tote.

Die Lehre, dass die Auferstehung schon jetzt und hier geschieht oder geschehen ist, ist eine klassische gnostische Lehre, die als solche bereits im Neuen Testament erwähnt wird (2 Tim 2,18). In den Schriften von Nag Hammadi wird diese Lehre öfters bezeugt: *„Diejenigen, die sagen: Zuerst wird man sterben und (dann) auferstehen, irren sich. Wenn man nicht bereits zu Lebzeiten die Auferstehung empfängt, wird man auch beim Tod nichts empfangen"* (Philippus-Evangelium 73.2-8: Nag Hammadi-Codex II/3). *„Solange wir in dieser Welt sind, gehört es sich für uns, uns die Auferstehung zu erwerben, damit wir, wenn wir das Fleisch ablegen, in (den Ort) der Ruhe erfunden werden (und) nicht in der Mitte (sc. dem Zwischenreich) wandeln"* (Philippus-Evangelium 66,16-20: Nag Hammadi-Codex II/3). Und in der „Exegese über die Seele" 134,9-15 (Nag Hammadi-Codex II/6) heißt es: Die Seele *„empfing das Göttliche vom Vater, um sie neu zu machen, damit man sie wieder an den Ort versetzt, an dem sie von Anfang an weilte: Das ist die Auferstehung von den Toten; das ist die Errettung aus der Gefangenschaft; das ist das Aufsteigen zum Himmel; das ist der Weg, hinauf zum Vater zu gehen."*

Durch die Auseinandersetzung des Johannesevangeliums mit der Gnosis wurde dann der Zukunftsaspekt der Auferstehung an mehrere Stellen des Evangeliums hineingetragen (Joh 6,39f.44.54).
Die Gnostiker pochen auf ihren vollen Heilsbesitz, sie sind vollkommen; denn sie sind göttlich oder Gott selber. Aber

es gibt eine Art Einstufung. Die höchste Stufe erreichen die *Pneumatiker*, (die rein Geistigen). Auf einer niedrigeren Stufe stehen die *Psychiker* (Psyche: Seele); ihnen ist der Weg der Vollkommenheit offen; sie sind noch zu retten. Auf der untersten Stufe stehen schließlich die *Hyliker* (die der Materie Verhafteten) oder Choiker (die Erdhaften); diese sind rettungslos verloren. Auch das Johannesevangelium macht einen elitären Eindruck, und dies nicht nur wegen der Sondersprache, die uns hier auf Schritt und Tritt begegnet. Von der johanneischen Gemeinde, von den Jüngern Jesu, wird insbesondere als von „den Seinen", „den Freunden" des Gesandten Gottes gesprochen (Joh 13,1; 10,3; 12,14; 17,6.10). Diese könnten durch ein dualistisches Verständnis des Scheidungsvorgangs zwischen einer ungläubigen Welt und der glaubenden Gemeinde als ein enger Kreis von Erleuchteten, Eingeweihten und Vollkommenen im Sinne der Gnosis aufgefasst werden. In der Tat wurde die johanneische Gemeinde in der Forschung auch als „Konventikel" oder „Mysteriengemeinde" (E. Käsemann) apostrophiert. Aber wie sehen diese so genannten „Erwählten" aus? Sie sind zwar nicht aus der Welt, aber sie sind in der Welt" (Joh 17,11.14.16). Als solche sind sie nicht vor Anfechtungen, unzulässigen Glaubenshaltungen oder gar Glaubensabfall verschont (Joh 6,66-71; 9; 15,18-20; 16,1-4). Daher lautet auch das programmatische Gebet des johanneischen Jesus: *„Ich bitte nicht, dass du sie aus der Welt nimmst, sondern dass du sie vor dem Bösen bewahrst"* (Joh 17,15).

Trotz dualistischen Charakters der johanneischen Sprache erfolgt Leben oder Tod durch Glaubensentscheidung. Erst in der Annahme oder Ablehnung der Sendung Jesu konstituieren sich die Bereiche des Lichts und der Finsternis. Aber die ursprüngliche Absicht der Sendung Jesu ist die Rettung: *„Denn Gott hat die Welt so sehr geliebt, dass er seinen einzigen Sohn hingab, damit jeder, der an ihn glaubt, nicht zugrunde geht, sondern das ewige Leben hat"* (Joh 3,16).

Glaube ist ein zentrales Thema im Johannesevangelium. Glauben heißt für den Verfasser des vierten Evangeliums nicht etwa Annahme eines Lehrsystems, sondern die lebendige Begegnung mit Jesus Christus als dem Offenbarer Gottes. Das ganze Evangelium können wir als eine Art Handreichung oder Hinführung zu dieser Begegnung auffassen. Das vierte Evangelium nimmt die Menschen als Suchende ernst, es bemüht sich, sie für den Glauben an Jesus Christus als die lebensspendende Gabe Gottes zu gewinnen. Es versucht, dem mehrschichtigen Vollzug des Glaubens gerecht zu werden. Das Evangelium will von einem äußerlichen „Zeichen-Glauben" zu einem vertieften „Glauben an das Wort", zur personalen Begegnung mit Jesus Christus als dem Wort des Vaters hinführen. In der Erzählung von der Begegnung Jesu mit der Samariterin am Jakobsbrunnen (Kap. 4) werden wir buchstäblich von der Oberfläche zur Tiefe geführt, dorthin, wo das lebendige, lebensspendende Wasser zu finden ist. „Leben", „ewiges Leben" meint nicht etwa ein „jenseitiges Leben", es umschreibt die neue Existenz im Glauben, die Gott verdankt wird, eine neue Existenz, die die Gemeinschaft mit Gott und Jesus Christus beinhaltet und Liebe unter den Menschen ausstrahlt: *„Das ist das ewige Leben: dich, den einzigen wahren Gott zu erkennen und Jesus Christus, den du gesandt hast"* (Joh 17,3).

Nähe und Distanz zur Gnosis charakterisieren auch das johanneische Wort „Erkennen". Allerdings begegnet uns das gnostische Lieblingswort „Erkenntnis" (Gnosis) nicht. Wie bereits bemerkt, bedeutet Erkenntnis oder Erkennen in der Gnosis das erlösende Innewerden der göttlichen Qualität des menschlichen Wesenskerns. Und dies erfolgt in einer Art „Seelenreise" durch Erleuchtung oder innere Schau, aber auch durch spekulatives Denken über die Entstehung der göttlichen Welt, des Kosmos und des Menschen. Erkenntnis ist somit Selbsterkenntnis.

Was bedeutet nun „Erkennen" im Johannesevangelium? Es fällt auf, dass im Johannesevangelium *Erkennen* mit *Glauben* zusammenhängt. Glauben und Erkennen werden auch als austauschbare Begriffe gebraucht. Petrus antwortet nach der Brotrede Jesu: „Wir haben geglaubt und erkannt: Du bist der Heilige Gottes" (Joh 6,69). Glauben wie auch Erkennen sind im Johannesevangelium Beziehungsbegriffe: Sie drücken den persönlichen Anschluss an Jesus Christus aus. Erkennen geht also nach der johanneischen Theologie über die eigene Selbsterkenntnis hinaus. Es bedeutet die Anerkennung der Stellung Jesu im Vollzug des Heils. Es stiftet Gemeinschaft mit ihm: *„Ich kenne die Meinen und die Meinen kennen mich, wie mich der Vater kennt und ich den Vater kenne"*, sagt der johanneische Jesus in der Rede vom guten Hirten (Joh 10,14f).

Auch die Sprache, vor allem die literarische Gattung vieler gnostischer Schriften zeigen große Ähnlichkeiten mit dem Johannesevangelium. Viele gnostische Texte werden als Offenbarungsreden des Erlösers gestaltet. In christlich-gnostischen Schriften ist es der auferstandene Jesus selber, der diese Offenbarungsreden spricht. Diese Reden, die auch Dialoge aufweisen, sind oft lange Belehrungen des Auferstandenen an seine Jünger.

Auch das Johannesevangelium ist so etwas wie eine Aneinanderreihung von Offenbarungsreden. Jesus hält fast ununterbrochen Reden, die endlos erscheinen, ab und zu unterbrochen durch Fragen der Jünger. Der johanneische Jesus spricht anders als der Jesus der synoptischen Evangelien. Wir finden im Johannesevangelium auch kein einziges Gleichnis, das typisches Merkmal des Rabbi Jesus ist. Im Unterschied zum synoptischen Jesus tritt der johanneische Jesus als der Erhöhte auf und redet aus dieser Stellung heraus. Wenn wir darin eine große Ähnlichkeit mit dem gnostischen Erlöser sehen, besteht doch ein großer Unterschied.

Nach dem Johannesevangelium sind sie doch als Reden des irdischen Jesus konstruiert; und dieser Jesus geht den Weg des Gehorsams gegenüber dem Vater bis zum Ende am Kreuz. Nicht von ungefähr hat der Verfasser des Johannesevangeliums auch die literarische Gattung „Evangelium" gewählt, um das Wirken Jesu in Reden und Taten – allerdings aus der Auferstehungsperspektive – darzustellen.

6. Gnosis heute – Das New Age und das Johannesevangelium

In den späten sechziger und siebziger Jahren des zwanzigsten Jahrhunderts entstand die New-Age-Bewegung in Kalifornien. Sie breitete sich vor allem in den Industrieländern aus und eroberte nicht nur die Bücherregale; sie fand Anhänger und Anhängerinnen in vielen Sparten, vor allem in Bildungsinstitutionen. Wer spricht etwa nicht von geistiger Energie, Heilkraft des Glaubens, ganzheitlichem Heil oder ganzheitlichen Methoden?

Wie die Gnosis ist auch die New-Age-Bewegung eine Reaktion auf eine tief greifende Krisensituation. Wie bei der Gnosis standen auch bei der Entstehung der New-Age-Bewegung die Ängste der Menschen vor Unheil und Katastrophen Pate. Der Fortschrittsglaube hatte in den letzten Jahrzehnten des 20. Jahrhunderts einen Knick bekommen. Dennoch behält die New-Age-Bewegung den Fortschrittsglauben, sie hebt ihn nur auf eine geistige Ebene. Durch das neue Bewusstsein, in einer Wendezeit hin zum Zeitalter des Wassermanns zu leben, wird eine harmonische gute Welt entstehen. Der Mensch macht sich dabei die universale kosmische Energie zunutze. So entsteht nicht nur eine neue Welt, sondern auch ein neuer Mensch.

Von einem neuen – genauer von einem erneuerten – Menschen spricht auch das Johannesevangelium. Der neue oder erneuerte Mensch ist aber nach dem Johannesevangelium der, welcher aus „Wasser und Geist geboren" wird (Joh 3,5). Der Geist Gottes und der von der Taufe besiegelte Glaubensanschluss ermöglichen den neuen Menschen. Der neue Mensch ist nicht wie in der Gnosis oder in der New-Age-Bewegung Ergebnis eigener Kraftanstrengung. Gnosis und New Age propagieren eigentlich die Allmacht des Menschen. Was geschieht dann mit Menschen, die trotz aller Bemühungen nicht zu neuen Menschen werden? Dass das Heil gerade ihnen trotz allem gilt, das ist die biblische Überzeugung. Wir finden aber in den johanneischen Schriften (ich beziehe mich hier auch auf die Johanneischen Briefe) die Tendenz einer Abkapselung und Selbstisolierung. Alle Blicke richten sich auf die eigene – von gegnerischen Elementen gesäuberte – Gemeinde: Für die Seinen betet Jesus im so genannten hohepriesterlichen Gebet, nicht für die Welt (Joh 17,9). Die aus der konkreten historischen Situation einer Notlage der Gemeinde entstandene Blickverengung dürfen wir heute nicht als allgemein gültige Aussage auffassen. Sonst landen wir in purer Gnosis: wir, die Geretteten, die Geistbegabten; und die anderen, die Verlorenen und der Welt Verhafteten. In demselben hohepriesterlichen Gebet sagt der johanneische Jesus auch: „*Wie du mich in die Welt gesandt hast, so habe auch ich sie in die Welt gesandt*" (Joh 17,28). Und im Herzstück des Johannesevangeliums lesen wir: „*Gott hat die Welt so sehr geliebt, dass er seinen einzigen Sohn hingab, damit jeder, der an ihn glaubt, nicht zugrunde geht, sondern das ewige Leben hat. Denn Gott hat seinen Sohn nicht in die Welt gesandt, damit er die Welt richtet, sondern damit die Welt durch ihn gerettet wird*" (Joh 3,16f).

7. Was wir aus der Gnosis und dem Johannesevangelium lernen können

Es gibt eine andere Wirklichkeit, die über unsere Alltagserfahrungen hinausgeht. Diese anders geartete Wirklichkeit kann der Mensch hier und heute erfahren. Diese Wirklichkeit stellt uns in Frage. Wir sind so mit unserer Begrenztheit, ja Nichtigkeit konfrontiert. Diese Einsicht will uns nicht be-, sondern entlasten, freimachen für Größeres. Uns ernst nehmen und uns annehmen als suchende Menschen.

Eine Sprache sprechen, die diese suchenden Menschen tatsächlich sprechen und sie auch ansprechen. Eine bloße sprachliche Einkleidung reicht allerdings nicht aus. Durch die Sprache hindurch muss das Heilsangebot ankommen. Flotte Sprüche genügen nicht, Substanz ist gefragt. Aus welcher Substanz leben, sind wir? Eine echt johanneische Frage, die Gnosis einst und heute aufgreift. Die Antworten sind jeweils verschieden.

Das johanneische Christusbild

1. Vorbemerkung: Unterschied zwischen den Synoptikern und Johannes am Beispiel der Reich-Gottes-Verkündigung

Bei den Synoptikern verkündet Jesus das Reich Gottes, das Kommen der Herrschaft Gottes (vgl. Mk 1,15), bei Johannes ist Jesus Christus selber das Reich Gottes, er ist die Herrschaft Gottes in Person, die *autobasileia*, um einen Ausdruck des Origenes zu gebrauchen (Or in Mt XIV 7 zu Mt 18,23). Vor Origenes hat Markion in seinem betonten Christuszentrismus dasselbe bereits herausgestellt: „In evangelio est dei regnum Christus ipse" (Tert. Adv Marc IV 33). Aber es dürfte zu weit gehen, wenn wir einen Gegensatz zwischen den Synoptikern und dem Johannesevangelium sehen. Denn bereits bei den Synoptikern wird die Herrschaft Gottes christologisch bestimmt. Gottes Herrschaft wird mit Jesu Person engstens verbunden (vgl. Lk 11,20: Dämonenaustreibung; Lk 17,21: „mitten unter euch"). Diese christologische Tendenz kommt dann im Johannesevangelium voll zum Zuge: der verkündende Jesus wird zum verkündeten Christus, dem Sohne Gottes. Hier wird eine explizite Christologie betrieben. Ja, die Christologie ist das Herzstück, das Zentrum der johanneischen Theologie. Die johanneische Theologie ist im Grunde Christologie. Wer sich mit dem Johannesevangelium beschäftigen will, muss unbedingt auch sein Christusbild betrachten.

2. Das johanneische Christusbild in der Johannes-Forschung

2.1. Ein (nicht vollständiger) Überblick

Zunächst sei festgestellt, dass diese Thematik fast stiefmütterlich behandelt wurde. Es gibt nur wenige Monographien über dieses Thema. Die größere Abhandlung ist alt, wenn auch nicht ganz veraltet: *Die johanneische Christologie,* von Wilhelm Gütgert, 2. Aufl. Gütersloh 1916. Aus neuerer Zeit haben wir im englischen Sprachbereich zwei Werke: J. E. Davey, *The Jesus of St. John,* London 1958; E. M. Sidebottom, *The Christ of the Fourth Gospel,* London 1961; und eines im Französischen: J. Dupont, *Essays sur la Christologie de Saint Jean,* Bruges 1951.

Wir finden dennoch ausführliche Darstellungen der johanneischen Christologie in den neutestamentlichen Theologien. Und Spezialthemen der johanneischen Christologie werden in Zeitschriften und Sammelwerken behandelt.

Die Darstellung des johanneischen Christusbildes in den neutestamentlichen Theologien orientiert sich hauptsächlich an den christologischen Hoheitstiteln, die im Johannesevangelium in solcher Fülle vorkommen. Die einen bringen eine Gesamtdarstellung, so Werner Georg Kümmel, *Die Theologie des Neuen Testaments nach seinen Hauptzeugen* (NTD Ergänzungsreihe 3, Göttingen 1969, S. 237-256). Folgende Hoheitstitel werden hier behandelt: Der Gesalbte (Christus), der Sohn (zu unterscheiden von dem Titel „Sohn Gottes"), der Retter der Welt, der Menschensohn, das Wort (der Logos), der Heilbringer (die mit der Formel „ich bin" verbundenen Bibelworte: das Lebensbrot (Joh 6,35), das Licht der Welt (Joh 8,12), die Tür (Joh 10,7), der Hirte (Joh 10,11), die Auferstehung und das Leben (Joh 11,25), der Weg, die Wahrheit und das Leben (Joh 14,6), der Weinstock (Joh 15,1).

Andere neutestamentliche Theologien stellen das Jesusbild bzw. die johanneische Christologie anhand eines bestimmten christologischen Hoheitstitels dar, so „der Logos" (L. Goppelt, H. Conzelmann, J. Dupont) und „der Sohn" (H. Conzelmann, R. Bultmann).Rudolf Bultmann stellt das johanneische Christusbild am Begriff des Offenbarers dar. Nichts anderes bedeutet für ihn der Titel „der Sohn" bzw. „der Sohn Gottes". Auch neuere neutestamentliche Theologien beziehen sich in ihrer Darstellung der johanneischen Christologie auf bestimmte Hoheitstitel. Joachim Gnilka, *Neutestamentliche Theologie. Ein Überblick,* Die Neue Echter Bibel, Erg.-Band, Würzburg 1989, geht kurz auf die Titel „Christus", „der Prophet", „Kyrios" (Herr), „Menschensohn", „Sohn" und „Sohn „Gottes" ein (S. 136-138). In seiner umfangreichen *Theologie des Neuen Testaments* (HthKNT Suppl.-Band 5, Freiburg u.a.O. 1994), behandelt J. Gnilka die johanneische Christologie unter der Überschrift „ Christus, der Gottgesandte, und sein Heil" (S. 246-275) und geht auf die Gesandtenvorstellung ausführlich ein. Alfons Weiser, *Theologie des Neuen Testaments II. Die Theologie der Evangelien,* Studienbücher Theologie 8, Stuttgart u.a.O. 1993, entfaltet den Inhalt der johanneisichen Christologie in aufsteigender Linie anhand der Titel „der Gesandte", „der Prophet, Messias und Sohn Gottes", „der herabsteigende Menschensohn und präexistente Sohn Gottes" und „der fleischgewordene Logos und Sohn Gottes". Außerdem zieht Weiser andere Bilder bei seiner Darstellung hinzu. Es sind Bilder der Erlösung und des Heils wie „Lamm Gottes" und die „Ich-bin-Worte". Dadurch sieht Weiser die johanneische Christologie als soteriologisch bestimmt (S. 191-196). Auch Felix Porsch, *Kleine Einführung in die Theologie des Neuen Testaments,* überarb. Neuauflage Stuttgart 1995, lässt die christologische Hoheitstitel Revue passieren, bestimmt aber die johanneische

Christologie als Gesandten-Christologie und betrachtet sie als eine soteriologische (S. 122-125).

2.2 Zur Problematik: Einige Feststellungen

Die Darstellung des johanneischen Christusbildes (der joh. Christologie) mit Hilfe der Titel „der Logos" und „der Sohn",„(Gottes), was vornehmlich auf dem Hintergrund des griechischen Denkens erfolgt, führte zu einem ontologischen, metaphysischen Verständnis der Beziehung zwischen Gott und Jesus (das Problem der Zwei-Naturen-Lehre). Dieses metaphysische Verständnis wollte man im Neuen Testament selbst finden, und als Fundgrube von Belegstellen musste vor allem das Johannesevangelium herhalten.

Gegenüber dieser Zwei-Naturen-Lehre wurde in der neueren Zeit die Funktion, das Werk Christi, hervorgehoben. Martin Dibelius hat in seinem ausführlichen Beitrag „Evangelienkritik und Christologie" (erstmals *„Gospel Criticism and Christology"*, London 1935, erschienen, jetzt in *Botschaft und Geschichte I, Gesammelte Aufsätze I: Zur Evangelienforschung*, in Verbindung mit H. Kraft hrsg. v. G. Bornkamm, Tübingen 1953, S. 293-358), diesen funktionalen Aspekt betont: „Der Glaube der ersten Christen war nicht auf das gerichtet, was Christus war, sondern vielmehr auf das, was er für die Menschheit getan hat. Das Neue Testament enthält praktisch keine Aussage über die Person Jesu Christi nach ihrer ontologischen Bedeutung, nichts, was über seine Bedeutung für die Menschheit hinausgeht" (S. 346). Auch Oscar Cullmann, *Die Christologie des Neuen Testaments,* 1. Aufl. Tübingen 1957, schreibt: „Christologie ist nicht Naturenlehre, sondern Lehre von einem Geschehen" (S. 9). J. Dupont spricht in seinen „Essais sur la Christologie de Saint Jean" (Bruges

1951) einfach von einer „Theologie fonctionelle" (S. 8). Und konkret in Bezug auf Johannes sagt er, Johannes habe keine „Naturentheologie" (theologie des essences), keine Inkarnationstheologie in dem Sinne, den dieses Wort für uns heute hat, entwickelt (S. 7). Der Evangelist Johannes gebe auch keine philosophische Auslegung des Christusgeheimnisses. Vielmehr bestimme seine Theologie Christus in der Funktion, die er für die Menschen hat (S. 7f).

Das echte Anliegen der funktionalen Christologie ist, die Person Jesu Christi nicht isoliert und an sich, sondern in Verbindung mit seinem Werk zu betrachten. Christologie und Soteriologie, Person und Wirken Jesu, gehören engstens zusammen (A. Weiser, F. Porsch).

Das johanneische Christusbild wurde vorwiegend vom gnostischen Mythos vom erlösten Erlöser her bestimmt, so in der Religionsgeschichtlichen Schule, und vor allem bei Rudolf Bultmann, dessen Johanneskommentar in den Fünfzigerjahren eine sehr große Wirkung hatte. Der Grundgedanke des gnostischen Erlösermythos besagt, dass der „'Urmensch' auch zum 'Erlöser' wurde, indem er nach seinem Fall in die Materie (oder seinem Zerfall in die verschiedenen Weltelemente) sich wieder selbst erlöst (bzw. seine zerstreuten Glieder sammelt), in die göttliche Welt oder die All-Einheit zurückkehrt und dabei auch (mit sich und in sich) die dafür empfänglichen Menschen miterlöst" (R. Schnackenburg, *Das Johannesevangelium I.* Teil, HThKNT IV/1, Freiburg 1965, S. 435). Die Erlösung besteht für die Gnosis in der Rückerinnerung bzw. Erweckung des göttlichen Funkens im Menschen, der sich seines göttlichen Ursprungs wieder erinnert. Der Mythos bedient sich oft des Abstieg-Aufstieg-Schemas. Die Person des Erlösers ist nicht entscheidend, sondern nur die Mitteilung der Gnosis/Erkenntnis.

3. Jesus, der Gesandte Gottes

Wir haben bereits auf die Tatsache hingewiesen, dass uns im Johannesevangelium eine Vielzahl von christologischen Hoheitstiteln, Würdenamen Jesu, begegnen. Das erste Kapitel des Johannesevangeliums können wir sogar als eine einführende Zusammenschau der verschiedenen Würdenamen betrachten. Hier wird eine Übersicht der Hoheitsaussagen dargeboten: Jesus ist der präexistente und Fleisch gewordene Logos (1,1.14), der Eingeborene (1,14), der Christus/Messias (1,21.41), der Prophet (1,21), das Lamm Gottes (1,29.36), der Sohn Gottes (1,34.49), der Erwählte Gottes (1,34), der Lehrer (1,38), der, von dem Mose und die Propheten geschrieben haben, der Verheißene (1,45), der König Israels (1,49), der Menschensohn (1,51). Neue Bezeichnungen im übrigen Teil des Evangeliums sind nur noch: Retter der Welt (4,42), der Heilige Gottes (6,69), der Kyrios – Herr (6,34.68); der letztgenannte Titel erhält erst im Zusammenhang mit der Osterbotschaft seinen vollen Sinn (20,2.13.15.18.25.28; vgl. auch 13,13). Als christologische Bezeichnungen sind hier schließlich die soteriologisch orientierten Bildworte mit der „Ich bin"-Formel zu erwähnen.

Im Unterschied zu einer an Hoheitstiteln orientierten johanneischen Christologie möchte ich das johanneische Christusbild an den verbalen Aussagen von der Sendung Jesu darstellen. Jesus ist der absolute Gesandte Gottes. Diese Erkenntnis ist nicht neu. Rudolf Bultmann hat einen Abschnitt seiner Darstellung der johanneischen Theologie mit „Die Sendung des Sohnes" (*Theologie des Neuen Testaments, 8. durchgesehene, um Vorwort und Nachträge wesentlich erweiterte Auflage, hrsg. v. O. Merk, UTB 630, Tübingen 1980, S. 385-392*) überschrieben. Jesus, der Gesandte Gottes, bedeutet aber für Bultmann nichts anderes als „der Offenbarer" im Sinne des gnostischen Erlösermythos.

Bultmann bemüht sich nachzuweisen, dass das johanneische Christusbild von diesem „gnostischen Erlöser/Erlösungsmythos" bestimmt ist. Er nimmt an, dass der vierte Evangelist den gnostischen Mythos einfach übernommen und ihn nur vergeschichtlicht, d. h. mit der historischen Gestalt Jesu verbunden hat. Das besagt, dass theologisch nur das bloße „Dass des Gekommenseins Jesu" von Bedeutung ist. „Sein Kommen ist das eschatologische Ereignis" (TheolNT 383f). Hier bei Johannes geschehe somit eine radikale „Vergeschichtlichung der Eschatologie" (TheolNT 384). Bultmann versucht, literarkritisch die von ihm genannten „Offenbarungsreden" im vierten Evangelium zu rekonstruieren und sie auf eine gnostische Quelle zurückzuführen. Dafür stützt er sich auf sehr späte Schriften der Mandäer und Manichäer und verweist auf die dualistische Sprache des Johannes, insbesondere auf das Licht-Finsternis- und oben-unten-Gegensatzpaar sowie auf das Schema vom Ab- und Aufstieg.

Demgegenüber stellt mit Recht Rudolf Schnackenburg heraus: „Die Christusbotschaft ist nicht bloß eine Spielart des gnostischen Gedankens, nicht eine Vergeschichtlichung des Mythos, so dass der mythische Erlöser, der sonst auf Erden (in bildlicher Redeweise) 'erscheint', jetzt nur im Blick auf die geschichtliche Person Jesu Christi 'Fleisch' würde, sondern etwas wirklich ganz Neues und Andersartiges. Noch immer ist ja dieser joh. Christus auch der 'Messias', der jüdische eschatologische Heilbringer, nur in einer die menschlichen Hoffnungen Israels absolut übersteigenden Weise. Die zum Teil an die Gnosis erinnernde Ausdrucksweise des Johannesevangeliums darf nicht dazu verführen, den radikalen Unterschied im Erlösungsgedanken und den ganz anderen Ausgangspunkt für die Gestalt des Erlösers zu verwischen" (R. Schnackenburg, *Das Johannesevangelium I.* Teil, S. 439).

Auch Eduard Lohse hat in seinem *Grundriss der neutestamentlichen Theologie,* Stuttgart-Berlin 1974, S. 128 mit Recht die

These aufgestellt: „In der johanneischen Theologie wird die Christologie der urchristlichen Überlieferung selbständig weitergeführt und Jesus als der vom Vater Gesandte dargestellt, durch den allein Gott sich offenbart und seine Liebe kundtut. Die christologischen Hoheitstitel dienen ausnahmslos dazu, Jesus als den bevollmächtigten Sohn des Vaters zu verkündigen, der als der Menschensohn erhöht und verherrlicht wird, indem er sein Werk am Kreuz vollendet."

Weiter schreibt Lohse: „Im Mittelpunkt der joh. Christologie steht die immer wiederkehrende Aussage, dass der Vater den Sohn gesandt hat. Der Vater hat ihn geheiligt und in die Welt geschickt (10,36). Wer daher den Sohn nicht ehrt, der ehrt den Vater nicht, von dem er ausgegangen ist (5,23). Dass er vom Vater kommt, bezeugen seine Werke (5,36). 'Das ist das Werk Gottes, dass ihr glaubt an den, den er gesandt hat' (6,29). Er ist also nicht von sich selbst gekommen (7,28); 8,42; 13,3). Er tut daher nicht die eigenen Werke, sondern die des Vaters (4,34; 5,17.19ff.30.36; 8,28; 14,10; 17,4.14). Er erfüllt nicht seinen Willen, sondern den des Vaters (4,34; 5,30; 6,38; 10,25.37). Niemand hat jemals Gott gesehen, der unsichtbar, den Menschen unerreichbar und unzugänglich ist. Aber der Eingeborene, Gott von Art, der im Schoß des Vaters war, der hat Kunde gebracht (1,18). Allein der Sohn und niemand anders bringt daher die Offenbarung. Wer darum ihn gesehen hat, der hat den Vater gesehen (14,9). Ja, noch mehr: 'Ich und der Vater sind eins' (10,30). In Jesus als seinem Gesandten offenbart sich der Vater, nur in ihm. Durch ihn tut er seine Liebe kund" (S. 129f).

In der neuesten *Theologie des Neuen Testaments* (UTB 2917, Göttingen 2007) befasst sich Udo Schnelle ausführlich mit der johanneischen Christologie (S. 629-664). Er bezeichnet die Sendungsaussagen als ein zentrales Element der johanneischen Christologie. Die Sendungsaussagen bringen zum

Ausdruck: „In dem Menschen Jesus, der redet, lehrt und wirkt, ist zugleich ein anderer präsent und redet, lehrt und wirkt: Gott selbst. Wer glaubt, dass Jesus von Gott gesandt wurde, erkennt diese Präsenz Gottes in Jesus an", und Schnelle fährt fort: „Damit wird bereits deutlich, dass die joh. Sendungschristologie nicht isoliert werden darf, sondern als ein organischer Bestandteil des Ganzen der joh. Christologie angesehen werden muss. Sie setzt die Präexistenz und Inkarnation des Sohnes ebenso wie seinen Tod am Kreuz und seine Erhöhung voraus, denn die Sendung ereignet sich nicht in einem zeitlosen Auf- und Abstieg, sondern sie vollendet sich am Kreuz. Das Sein bei und das Kommen von Gott ist die gemeinsame Grundlage der Präexistenz-, Inkarnations- und Sendungsaussagen" (S. 642).

Gegenüber der mehr am Titel „der Sohn" bzw. „Sohn Gottes" orientierten Auslegung der Sendung Jesu im vierten Evangelium möchte ich den prophetischen Charakter der johanneischen Sendungschristologie betonen. Denn Sendung wird in dieser Forschungsrichtung hauptsächlich als Vater-Sohn-Beziehung bzw. -Einheit verstanden. Dadurch wird der frühjüdische und prophetische Hintergrund übersehen, der erst die Autorisierung und Legitimierung des Gesandten durch den Sendenden hervorhebt. In diesem Zusammenhang ist das frühjüdische Gesandtenrecht, das auf das ursemitische Botenrecht zurückgeht, mitzuberücksichtigen: „Der Gesandte ist wie der ihn Sendende".

Wenn auch bei der Behandlung der johanneischen Sendungsaussagen in der neueren Johannesforschung immer wieder auf den rabbinischen Rechtsgrundsatz hingewiesen wird, so wird doch die Sendung Jesu im vierten Evangelium ausschließlich als Vater-Sohn-Relation bzw. -Einheit verstanden. Auch J. Kuhl (*Die Sendung Jesu und der Kirche nach dem Johannes-Evangelium*, SIMSVD 11, St. Augustin 1967), der ausführlich auf die religionsgeschichtlichen Voraussetzungen eingeht, fasst die Gesandtenchristologie als wesenhafte Vater-Sohn-Relation auf. Dagegen hat P. Borgen (Bread from Heaven, Leiden 1965) bei der Erklärung des johanneischen Sendungsgedankens das frühjüdische Gesandtenrecht in den Vordergrund gestellt. Ausführlich behandelt J.-A. Bühner (Der Gesandte und sein Weg im 4. Evangelium. Die kultur- und religionsgeschichtlichen Grundlagen der johanneischen Sendungschristologie sowie ihre traditionsgescnichtliche Entwicklung, WUNT 2. Reihe; 2, Tübingen 1977) auf der Grundlage des rabbinischen Botenverständnisses die johanneische Gesandtenchristologie, die er in drei Stadien entwickelt sieht: eine apokalyptisch am Menschensohn-Begriff orientierte altjohanneische Christologie geht nach dem Jahr 70 in eine Prophet-Mal´ak-Christologie über, und als Synthese beider entsteht die Menschensohn-Mal´ak-Christologie. Dabei spielt die jüdische Engellehre eine wichtige Rolle. Über die Auffassung von Borgen hinaus und im Unterschied zu Bühners These halte ich daran fest, dass es bei der johanneischen Sendungschristologie nicht um eine bloße Anwendung oder Entfaltung eines juridischen Grundsatzes geht, sondern dass das frühjüdische Gesandtenrecht durch den Gedanken der prophetischen Sendung, näherhin durch die Vorstellung vom Endzeitpropheten gleich Mose, überformt wird.

Wenn wir schließlich den wichtigen Titel „der Sohn" (Sohn Gottes), der im vierten Evangelium mit dem Sendungsgedanken im Zusammenhang steht, für die Darstellung des johanneischen Christusbildes mitberücksichtigen, dann könnten wir das johanneische Christusbild folgendermaßen zusammenfassen: Jesus ist der gehorsame Gesandte, der treue Gesandte Gottes.

„Willst du geheilt werden?" – Gedanken zu Joh 5,1-9

Willst du geheilt werden? Eine recht merkwürdige oder gar absurde Frage! Wie kann man nur so fragen, könnten wir uns dabei denken. Ist es denn nicht das Selbstverständlichste von der Welt, dass ein kranker Mensch gesund, geheilt werden will? Oder könnte eine solche Frage doch tiefgründiger sein, als wir zunächst denken?

Willst du geheilt werden? Diese Frage will tiefe Schichten in uns ansprechen, etwas in uns in Bewegung setzen. Dank der Psychoanalyse und der Tiefenpsychologie sind wir in der Lage, die Strukturen der Seele und die psychischen Abläufe besser zu kennen und diese Erkenntnisse zur Heilung des Menschen auch zu nutzen.

Der Wille des Menschen, jenes seelische Potential, kann Passivität und Starrheit, die das Leben und die Lebenskraft lähmen, überwinden. Im 5. Kapitel des Johannesevangeliums wird eine Geschichte überliefert (Joh 5,1-9), in der diese Frage an einen Gelähmten ausdrücklich gerichtet wird: „Willst du gesund werden?" (Joh 5,6) Hören wir uns diese Geschichte an!

„Einige Zeit später war ein Fest der Juden, und Jesus ging hinauf nach Jerusalem. In Jerusalem gibt es beim Schaftor einen Teich, zu dem fünf Säulenhallen gehören; dieser Teich heißt auf hebräisch Betesda. In diesen Hallen lagen viele Kranke, darunter Blinde, Lahme und Verkrüppelte. Dort lag auch ein Mann, der schon achtunddreißig Jahre krank war. Als Jesus ihn dort liegen sah und erkannte, dass er schon lange krank war, fragte er ihn: Willst du gesund werden? Der Kranke

Kranke antwortete ihm: Herr, ich habe keinen Menschen, der mich, sobald das Wasser aufwallt, in den Teich trägt. Während ich mich hinschleppe, steigt schon ein anderer vor mir hinein. Da sagte Jesus zu ihm: Steh auf, nimm deine Bahre und geh! Sofort wurde der Mann gesund, nahm seine Bahre und ging. Dieser Tag war aber ein Sabbat. "
Es überrascht uns auf den ersten Blick, dass Jesus, von dem es in demselben Evangelium heißt, er wisse, was im Menschen ist (Joh 2,25; vgl. Lk 9,47), dem Kranken gerade die Frage stellt: *Willst du gesund werden?*

Dies zeigt uns, dass es in dieser Heilwundererzählung in erster Linie nicht etwa um die Herausstellung der göttlichen Vollmacht und Würde Jesu, also um Christologie, geht, sondern in der Tat um die *Heilung eines Kranken,* um *Soteriologie im Sinne der ganzheitlichen Heilung* und nicht nur im Sinne von Seelenheil, ewiger Rettung. Dann rührt diese Frage nicht etwa von der Unbeholfenheit des Erzählers her; sie hat vielmehr eine wichtige therapeutische Funktion im Heilungsprozess selber.

„Willst du geheilt, gesund werden?" Diese Frage ist wahrhaftig keine Floskel, keine Worthülse, in dieser Heilwundererzählung. Sie ist ein grundlegendes, die Heilung erst ermöglichendes Moment.

In den Bibelauslegungen wird fast ausschließlich die Initiative Jesu hervorgehoben. Und diese eine Frage, die in der Erzählung eine zentrale Stellung hat und um die es eigentlich geht, wird nur als rhetorische Frage oder höchstens als eine Art Geständnishilfe für den Kranken angesehen, damit er seine völlige Hilflosigkeit einsieht. Es kommt mir bei dieser Annahme so vor, dass man vor einem Tribunal steht, nicht aber in der Heilspraxis Jesu. Die Kranken, die Notleidenden und Hilfesuchenden werden auf diese Weise zu Objekten eines wie auch immer gearteten Erbarmens, wodurch sie erst erbärmlich erscheinen. Der Gesichtspunkt, dass sie vor allem auch *Subjekte ihrer Heilung* sind, kommt dieser Auslegungsart nicht in den Sinn.

Wenden wir uns nun der Gestalt des Kranken, eines Gelähmten oder Behinderten, zu und gehen wir den einzelnen Momenten dieser Erzählung nach. Bei dieser Betrachtung klammere ich absichtlich den Textzusammenhang im Johannesevangelium und etwaige Fragen nach Aussageabsicht des Evangelisten aus. Mich interessieren im Folgenden die Gestalt des Kranken und der Heilungsprozess.

In Jerusalem, am Teich Betesda – wörtlich im *Haus der Barmherzigkeit* – liegt ein Mensch, der seit 38 Jahren krank ist, buchstäblich darnieder. 38 Jahre, das ist fast eine ganze Generation, sein ganzes Leben also! Ein Leben lang ist er erkrankt. Dies müssen wir uns vor Augen führen! Dieser Mensch ist so – altersmäßig betrachtet – *dem Tode nahe!*

Er liegt da, er ist bewegungsunfähig, passiv, willenlos. Er lässt mit sich alles geschehen. Er überlässt sich den anderen. Er liegt auf einem *Bett* – so wortwörtlich -, nicht etwa auf einer Tragbahre, die auf Transport und Bewegung hinwiese. Nein! Er hat sich dort fest eingerichtet, er hat sich da buchstäblich einge-*bett*-et. Er hat sich in seiner Krankheit gleichsam eingenistet, sich darin wie in einem Gefängnis eingeschlossen. In diesem Zusammenhang betrifft die Aufzählung seiner Leidensgenossen ihn selber. Blinde, Lahme, Ausgezehrte, sie alle veranschaulichen als seine ständigen Begleiter seine eigene, innere, seelische Situation. Blindheit steht für Uneinsichtigkeit, Gelähmtheit für Passivität, Auszehrung für Unlebendigkeit und Ausgebranntsein.

Kann ein solcher Mensch je geheilt werden? Wie könnte dieses Wunder geschehen?

„*Willst du gesund werden?*", sagt ihm Jesus in dieser ausweglosen Situation. Mit dieser Frage wird der Kranke aus seiner dumpfen Ergebenheit und Hoffnungslosigkeit gleichsam wachgerüttelt. Es muss in ihm der *Wille zur Heilung* erst einmal geweckt werden. *Die heilenden Kräfte in ihm müssen mobilisiert werden.* Und der Kranke muss sich seiner verborgenen Widerstände, die sich einer Heilung entgegenstellen, erst bewusst werden, er muss sie aufgeben. Dass er dies wirklich nötig hat, zeigt uns seine befremdende Antwort: „*Herr, ich habe keinen Menschen, der mich, sobald das Wasser aufwallt, in den Teich trägt. Während ich mich hinschleppe, steigt schon ein anderer vor mir hinein*" (Joh 5,7).

Diese Antwort klingt in meinen Ohren etwa so: „Eigentlich möchte ich schon gesund werden, aber ..." In diesem *Aber* lenkt er von sich ab auf die anderen hin. Die Verantwortung für seine Heilung überlässt er völlig den anderen. Er gibt sich selber auf diese Weise auf. Zur Heilung ist aber eine Änderung dieser Einstellung notwendig. Er müsste nicht erst rein äußerlich in Bewegung gesetzt werden zum heilbringenden Wasser, er muss sich selber in Bewegung setzen. Die spätere legendäre Ergänzung hat jene innere Bewegung geahnt, wenn es dort wörtlich heißt: „*Ein Engel des Herrn aber stieg zu bestimmter Zeit in den Teich hinab und brachte das Wasser zum Aufwallen. Wer dann als erster hineinstieg, wurde gesund, an welcher Krankheit er auch litt*" (V. 3b.4). Das Äußere sind Bilder für das Innere des Menschen. Und Legenden führen auch zu tieferer Einsicht. Im Bild von der Begegnung zwischen Himmel und Erde, zwischen Engel und Wasser, kommt zum Ausdruck, dass im tiefsten Seelengrund des Menschen etwas in Bewegung gerät, das zur Heilung führt.

Und was macht Jesus, der Heiler, der große Heiland? Er bedauert den niedergeschlagenen Menschen nicht, er bläst nicht in das gleiche Horn, es liege an den anderen, dass ich noch krank bin, oder dass ich überhaupt krank bin. Jesus trägt den Kranken nicht zum Teich und lässt ihn nicht ins heilende Wasser hinein. Er gibt ihm stattdessen einen Befehl, ein Machtwort spricht er zu ihm: *„Steh auf, nimm dein Bett und geh umher!"* (V. 8). Auf diese Weise reißt Jesus den Kranken aus seiner passiven Erwartungshaltung heraus, in der er sich lediglich zum Objekt der Hilfe, des Entgegenkommens der anderen, der Mitwelt, der Institutionen, gemacht hat. Jesus fordert ihn durch diesen klaren Auftrag dazu heraus, wieder selber Subjekt zu sein, selber handelnde Person zu werden, wieder Verantwortung für sich selber zu übernehmen.

Es fällt auf, dass Jesus in dieser Heilungsgeschichte anders als sonst gar keine Heilungsgeste vollzieht. Weder greift er den Kranken bei der Hand wie bei der Heilung der Schwiegermutter des Petrus (Mk 1,31) noch berührt er ihn wie bei der Heilung von zwei Blinden bei Jericho (Mt 20,34) oder bei der Heilung eines Taubstummen (Mk 7,32).

Nicht nur, dass Jesus in unserer Heilungserzählung nicht als Hilfskrücke erscheinen oder als eine solche gebraucht werden will, sondern vor allem, dass der Kranke sich überhaupt auf keine Krücke stützen soll, steht hier im Vordergrund. Er soll vielmehr ohne jedwede Beihilfe aufstehen, sein Bett selber tragen und umhergehen.

Dieser Befehl, diese Aufforderung Jesu will den Menschen in Bewegung setzen, ihn aus Lähmungen und Fixierungen lösen, ihm Freiheit und Zukunft schenken. Welch starker Impuls zum Selbsthandeln steckt in diesen Worten Jesu!

Außerdem sagt Jesus nicht nur *„Steh auf und geh umher!"* Für eine Heilung im landläufigen Sinn würden diese Worte auch vollkommen genügen. Jesus sagt dem Kranken noch dazu: *„Nimm dein Bett!"* Wieder wird dieser unscheinbare und doch wichtige Satz in den Auslegungen gewöhnlich nur literarisch als Vorbereitung für das Streitgespräch zwischen Jesus und den Juden gesehen. Aber es steckt viel mehr und viel Wahres dahinter! Zum aufrechten Gang und dazu, dass einer auf eigenen Beinen steht, zur eigenen Raumerfahrung, zur Erfahrung der eigenen Freiheit, gehört unabdingbar auch die Vergangenheitsbewältigung. Zur ganzheitlichen Heilung gehört also nicht nur das Sich-frei-machen und das Frei-setzen neuer Energien, dazu gehört auch eine ernste Auseinandersetzung mit dem, was mich bedrückt und gleichsam gefesselt hat. Jetzt erst kann ich mich als eigenes Subjekt, als Subjekt meiner selbst, erweisen.

Dass diese Schritte notwendig sind, dies zeigt der gleiche Wortlaut der Ausführung des Befehls Jesu: „Und sofort wurde der Mann gesund, nahm sein Bett und ging umher" (V. 9). Damit kommt die Geschichte eigentlich zum Schluss. In unserer Geschichte fällt außerdem auf, dass sie nicht fromm und nicht christologisch, christuszentriert, genug ist. Wir hören zum Beispiel nicht wie in einer ähnlichen Erzählung in Mk 2,1-12 (Heilung eines Gelähmten) von Sündenvergebung. Wir hören auch nicht, dass Jesu Person oder Tat hochgepriesen wird wie in vielen anderen Heilwundererzählungen. In der von uns betrachteten Geschichte heilt Jesus, ohne sich überhaupt bekanntgemacht zu haben, er bleibt vielmehr unerkannt. *Jesus fordert zum Mittun des Kranken auf, da Heilung das Wollen und Mittun des Betroffenen in Anspruch nimmt.* Schließlich vereinnahmt Jesus ihn auch nicht, wie dies in manchen anderen Heilungs-Erzählungen der Fall ist. *Er lässt ihn „umhergehen".* Jesus vertraut darauf, dass der Geheilte schon selber seinen eigenen Weg finden wird.

Wie bereits bemerkt, verzichte ich darauf, jetzt auf die Fortsetzung unserer Geschichte im Johannesevangelium einzugehen. Denn zum einen geht die Heilungsgeschichte mit der Demonstration der Heilung im V. 9 zu Ende. Und es spricht nichts dagegen, diese an sich abgerundete Geschichte aus sich selbst auszulegen. Zum anderen bringt die Fortsetzung der Geschichte fremde Momente in sie hinein. Ich bin mir außerdem bewusst, dass ich nicht alle Momente, Schichten oder Probleme unseres Textes angesprochen habe. Ich bin aber der Meinung, dass es endlich an der Zeit ist, auf das heilende Moment das Augenmerk zu legen. Dies und nichts als dies wollte ich in meinem Beitrag darlegen. Andere Heilwundererzählungen, die biblischen und die außerbiblischen, unterstützen dieses von mir herausgestellte Moment. Auf diese Parallelen gehe ich nun kurz ein.

Ein Paradebeispiel für die Bedeutung des Willens beim Heilungsprozess ist auch die Geschichte der Heilung des blinden Bartimäus, die uns dreifach überliefert ist (Mk 10,46-52; Mt 20,29-34; Lk 18,35-43). Betrachten wir sie nach der Fassung des Markus. Mk 10,46-52 heißt es: *„Sie kamen nach Jericho. Als er mit seinen Jüngern und einer großen Menschenmenge Jericho wieder verließ, saß an der Straße ein blinder Bettler, Bartimäus, der Sohn des Timäus. Sobald er hörte, dass es Jesus von Nazaret war, rief er laut: Sohn Davids, Jesus, hab Erbarmen mit mir! Viele wurden ärgerlich und befahlen ihm zu schweigen. Er aber schrie noch viel lauter: Sohn Davids, hab Erbarmen mit mir! Jesus blieb stehen und sagte: Ruft ihn her! Sie riefen den Blinden und sagten zu ihm: Hab nur Mut, steh auf, er ruft dich. Da warf er seinen Mantel weg, sprang auf und lief auf Jesus zu. Und Jesus fragte ihn: Was soll ich dir tun? Der Blinde antwortete: Rabbuni, ich möchte wieder sehen können. Da sagte Jesus zu ihm: Geh! Dein Glaube hat dir geholfen. Im gleichen Augenblick konnte er wieder sehen, und er folgte Jesus auf seinem Weg.“* Auch hier blende ich im Folgenden den Textzusammenhang aus, obwohl dieser für eine theologische Sicht wichtig wäre.

In dieser Geschichte begegnet uns wieder ein kranker Mensch, der fernab von den Mitmenschen buchstäblich am Rande der Straße lebt. Im Unterschied zu unserem Gelähmten kann er seine Not hinausschreien: *„Sohn Davids, Jesus, hab Erbarmen mit mir“* (Mk 10,47.48). Wie in der anderen Geschichte stößt auch er auf Widerstände, die seiner Heilung entgegenstehen oder sie verhindern. Die äußeren Hindernisse, die erwähnt werden, sind auch Bilder für die eigenen inneren Widerstände, die den Heilungsprozess aufhalten oder gar verhindern. Auch in dieser Geschichte stellt Jesus dem Kranken die für uns zunächst ganz unverständlich klingende Frage: „*Was willst du, dass ich dir tun soll?*" (Mk 10,51). Diese elementare Frage zielt auf den Grund der Erkrankung: „*Du musst wollen! Es bleibt dir kein anderer Weg, der zur Heilung führt!*" Der persönliche Heilungswille ist der archimedische Punkt für den Heilungsprozess. Darüber hinaus muss der Kranke seinen wunden Punkt anschauen, benennen und bekennen. Damit konfrontiert Jesus ihn mit seiner Frage „Was willst du, dass ich dir tue?". „Rabbuni (mein Meister), dass ich sehend werde!" lautet seine Antwort ohne Umschweife oder Ausrede wie in der vorigen Geschichte. Alles, was er an Verletzungen, Verwundungen, Enttäuschungen, Vereinsamung und Behinderung in seinem Leben gelitten hat, schwingt mit in seinen Worten.

Die Antwort Jesu auf diese innere Erkenntnis, die in der Form einer Bitte ausgedrückt wird, ist die Bestätigung dessen, was sich in dem kranken Bartimäus schon auf dem langen inneren Weg zur Heilung vorbereitet hat. „*Gehe hin, dein Glaube hat dich gerettet*" (Mk 10,52). Mit diesen Worten vollzieht sich die Heilung, und sie wird gleich von Jesus bestätigt.

Nicht ein Fürwahrhalten von Dogmen und Glaubenssätzen ist hier mit Glaube gemeint, sondern das Grundvertrauen dieses konkreten Menschen, das im Grunde ein Gottvertrauen ist. Und dies hat *heilende, ganzmachende Kraft*. Wie oft hören wir in ähnlichen Heilwundererzählungen diesen Satz: „Dein Glaube hat dich geheilt!" (vgl. Mt 8,13; 9,22.29; 15,28). Diese Geschichten wollen somit nicht wundersame Dinge hinausposaunen, sondern wirklich auf den zentralen

Punkt im Menschen hinzielen: *Grundvertrauen in ihm wecken und es stärken.*

Von den außerbiblischen Heilungserzählungen sei hier nur die Heilung eines Gelähmten in Epidauros, jenem großen Asklepiosheiligtum der Antike, wiedergegeben: „*Kleimenes von Argos, am Körper gelähmt. Dieser kam in den Heilraum, schlief und sah ein Gesicht, er träumte, der Gott wickle ihm eine rote wollene Binde um den Leib und führe ihn ein wenig außerhalb des Heiligtums zum Bad an einen Teich, dessen Wasser übermäßig kalt sei; als er sich feig benahm, habe Asklepios gesagt, er werde nicht die Menschen heilen, die dazu zu feig seien, sondern nur die, welche zu ihm in sein Heiligtum kommen in der guten Hoffnung, dass er einem solchen nichts Übles antun, sondern ihn gesund entlassen werde. Als er aufgewacht war, badete er und kam ohne Leibschaden heraus*" (Nr. 37 der Wunder von Epidauros, zitiert nach E. Drewermann, *Tiefenpsychologie und Exegese* II, Sonderausgabe 1. Aufl. Olten und Freiburg 1991, S. 185). Nicht nur das Äußere der Heilung hat parallele Züge zu der Erzählung im Johannesevangelium, wie zum Beispiel der Gang zum Teich. Vor allem in dem inneren Zug, in der Überwindung der Ängste und im Erlangen des Grundvertrauens, treffen sich beide Geschichten. Nicht von ungefähr handelt es sich in beiden Erzählungen um Heilung von Gelähmtheit. Gott, die Gottheit – das Fundament des Menschen – will im Menschen selber die Lösung von seinen Fesseln und die Erlangung eigener Bewegungsfreiheit bewirken.

Am Schluss möchte ich nur noch darauf hinweisen, dass im Ersten Testament der Wille des Kranken, gesund zu werden, ernstgenommen wird. Davon zeugen die vielen Klagepsalmen, in denen der Grund der Klage oder gar der Anklage gegen Gott eine Krankheit ist. In diesem Zusammenhang erwähne ich auch das tiefsinnige Buch Ijob und das leidenschaftliche Gebet des Königs Hiskija im 38. Kapitel des Buches Jesaja. Unter anderem spricht der König: „*Herr, ich ver-*

traue auf dich; du hast mich geprüft. Mach mich gesund, und lass mich wieder genesen!" (Jes 38,16). Könnten wir die Bibel endlich als Buch des Lebens verstehen und als solches erfahren!

„Ich bin der Weinstock, ihr seid die Reben" – Bleiben in der Liebe Jesu Christi
(Joh 15,1-17)

1. „Deine Sprache verrät dich"
(Mt 26,73)

Die Sprache des Petrus verrät ihn als Galiläer, und als solcher als einen Jünger Jesu. So steht es in der Leidensgeschichte Jesu nach dem Matthäusevangelium. Die Sprache verrät auch das Johannesevangelium als ein von den anderen drei Evangelien verschiedenes Evangelium.

Die Weinstock-Rede im Johannesevangelium setzt sich durch ihre sprachliche Eigenart von den Gleichnissen Jesu ab, die eine Pointe, einen Vergleichspunkt haben. Im Johannesevangelium haben wir vor uns eine Rede, in der wie in den Gleichnissen auch Bilder und Metaphern (Weinstock, Reben, Winzer) benutzt werden; aber diese Bilder werden wie in einer Allegorie unvermittelt in Aussagen übersetzt, also gedeutet. Daher spricht man im Johannesevangelium nicht von Gleichnissen, sondern von Bildreden. Dazu kommt, dass sich die Bildrede oft – wie auch in unserem Fall die Weinstock-Rede – in argumentativen Erläuterungen und Mahnungen fortsetzt. Recht deutlich können wir die Zweiteilung der Weinstock-Rede sehen:

a) Joh 15,1-8: die eigentliche Bildrede
b) Joh 15,11-17: eine weiterführende Auslegung
   Joh 15,9-10: die Überleitung von der Bildrede zur
   weiterführenden Auslegung.

2. Die Bildrede vom Weinstock
(Joh 15,1-8)

Markante Bilder aus dem Weinbau begegnen uns hier: Der
Weinstock, der Winzer und die Reben. Erfahrungen von
Menschen, aber auch religiöse Symbolik stehen dahinter.
Auf sie greift der Evangelist – oder wie andere Ausleger sagen – der Redaktor zurück, um die besondere Beziehung
zwischen Jesus Christus und den Gläubigen bzw. der Gemeinde näher zu charakterisieren.

2.1   Der Weinstock und der Winzer

Gleich am Anfang der Rede liefert der Evangelist die Bilder
zusammen mit deren Deutung: *„Ich bin der wahre Weinstock,
und mein Vater ist der Winzer"* (Joh 15,1).

Jesus Christus identifiziert sich mit dem Weinstock, der als
der wahre, echte bestimmt wird, und der Winzer ist Gott,
der als Vater Jesu Christi tituliert wird.

2.1.1 Der Weinstock

Es gibt verschiedene Meinungen darüber, woher das Bild des Weinstocks zur Bezeichnung Jesu stammt. Vor allem Exegeten, die den gnostischen Einfluss auf das Johannesevangelium annehmen, behaupten den gnostischen Ursprung des Weinstocksbildes. Sie verweisen vor allem auf die Schriften der Mandäer, einer gnostischen, religiösen Strömung der Antike, die sich bis heute als kleiner Kreis im Süden des Irak behauptet hat. In der Tat wird hier die Erlöser- oder Gesandtengestalt Weinstock genannt. Hibil, ein himmlischer Gesandter, spricht: „Ich bin ein sanfter Rebstock, der ich aus dem Orte herrlicher Pracht gepflanzt (geschaffen) wurde. Ich wurde gepflanzt aus dem Orte herrlicher Pracht, und das große (Leben) war mir der Pflanzer (Schöpfer) ...“ (G 301,20ff).

Die Forschung betrachtet bisweilen den mandäischen Weinstock als Lebensbaum, eine altorientalische Vorstellung, die bekanntlich in Babylon sehr verbreitet war. Sie besagt: irgendwo soll ein Baum oder Kraut wachsen, dessen Früchte demjenigen, der davon genießt, ewiges Leben sichern. Bekannte Lebensbaum-Darstellungen sind etwa das „Lebenskraut“ im Gilgamesch-Epos und der Lebensbaum im Garten Eden der Genesis-Erzählung. Eine Gleichsetzung des Weinstocks der Mandäer mit dem Lebensbaum ist allerdings fraglich. Zu beachten ist, dass die mandäischen Schriften nicht vom Genuss der Trauben sprechen, sondern vom Duft des Weinstocks, der als stärkend empfunden wird. Das hängt damit zusammen, dass den Mandäern der Weingenuss verboten ist.

Wenn hier und dort auch der johanneische Weinstock als Lebensbaum interpretiert wird, greift man bewusst oder unbewusst auf gnostische Vorgaben zurück. Aber damit dürfte die Sinnspitze der Weinstockrede nicht getroffen sein.

Seit jeher sind Menschen von Bäumen fasziniert. Am Baum kann der Mensch das Geheimnis des Lebens betrachten, und so sieht er ihn als Bild seines Selbst an. Nicht umsonst nahm der Baum in den Mythen aller Völker und Religionen einen wichtigen Platz ein. Als Bild des Lebens spielt die Baumsymbolik auch im Christentum und vor allem in der Frömmigkeit vieler sinnsuchender Menschen eine immer stärkere Rolle. Es gehört zur Frömmigkeitsübung in manchen Kreisen nicht nur das Umarmen von Bäumen, das mit ihnen ein Gespräch führen, sondern auch die geistliche Übung der vorstellungsmäßigen Identifikation mit einem Baum als Sinnbild des Selbst. Denn der Baum ist fest verwurzelt am Boden, nimmt von dort die Nahrung, den Lebensstoff, wächst und strebt nach oben, zum Himmel hin, blüht und bringt Früchte und welkt und stirbt schließlich.

Ich möchte nicht in Abrede stellen, dass auch in diesen Übungen eine Sinn-Erfahrung des Göttlichen erfolgen kann. Diesen Gedanken finden wir bereits bei Jakob Böhme sehr schön ausgedrückt. Ich zitiere seine Worte mit der Einführung und dem anschließende Kommentar von Josef Sudbrack: „Im Schlussteil seiner Schrift über die Menschwerdung Christi beschreibt Jakob Böhme, der schlesische Schuhmacher und Mystiker (gest. 1624), den ‚Baum des christlichen Lebens'. Nach seiner Schau der Menschwerdung und des Lebens Jesu betrachtet er nun das Ergriffensein des Menschen von Jesus. Er sieht es im Bild des Baumes; und das ist keine blasse Allegorie, sondern ein Realsymbol: ‚Seine Wurtzel steht im Mysterio (Geheimnis) der Hoffnung, sein Gewächse stehet in der Liebe, und sein Leib in der Fassung des Glaubens. Das ist nun das Corpus (Leib), darinnen der Baum stehet, wächset und grünet und Früchte bringet in Gedult; diese Früchte gehören alle in die englische Welt, und sie sind der Seelen Speise, davon sie isset, und ihr feurig Leben: „Im Schlussteil seiner Schrift über die Menschwerdung Christi beschreibt Jakob Böhme, der schlesische Schuhma-

238

cher und Mystiker (gest. 1624), den ‚Baum des christlichen Lebens'. Nach seiner Schau der Menschwerdung und des Lebens Jesu betrachtet er nun das Ergriffensein des Menschen von Jesus. Er sieht es im Bild des Baumes; und das ist keine blasse Allegorie, sondern ein Realsymbol: ‚Seine Wurtzel steht im Mysterio (Geheimnis) der Hoffnung, sein Gewächse stehet in der Liebe, und sein Leib in der Fassung des Glaubens. Das ist nun das Corpus (Leib), darinnen der Baum stehet, wächset und grünet und Früchte bringet in Gedult; diese Früchte gehören alle in die englische Welt, und sie sind der Seelen Speise, davon sie isset, und ihr feurig Leben erquicket, dass es ins Licht der Sanftmuth verwandelt wird. Gleichwie ein irdischer Baum im Wind, Regen, Kälte und Hitze wächset, also auch der Baum der Bildniß Gottes unter Creutz und Trübsal, in Angst und Qual, in Spott und Verachtung, und grünet auf in Gottes Reich und bringet Frucht in Gedult.'

Von seiner evangelischen Heimatkirche wurde Jakob Böhme geächtet; aber vielleicht hat sie verkannt, dass er im Bild spricht. Seine Erfahrung war so leibhaft-anschaulich, dass sie von theologischer Abstraktion verkannt werden muss. Im Baum schaute er das Wesen des Menschen: wachsend aus dem Urgrund der Erlösungstat Jesu hinein in das Licht der Sonne Gottes" (J. Sudbrack, *Baum des Lebens, Baum des Kreuzes,* Würzburg 1984, S. 57f).

Eine Gleichsetzung des johanneischen Weinstocks mit dem Lebensbaum würde allerdings bedeuten, dass ich mich eigentlich mit dem Weinstock, der nach dem Verfasser des Johannesevangeliums nur Jesus Christus sein kann, identifiziere. Dies liegt bestimmt nicht auf der Linie des Aussagesinns unserer Weinstock-Rede.

Wenn wir nach dem religionsgeschichtlichen Hintergrund der johanneischen Weinstock-Vorstellung fragen, kann uns das Erste Testament selber eine Antwort geben. Hier wird das Gottesvolk Israel als „Weinstock" bezeichnet, so z. B. Hos 10,1: *„Israel war ein üppiger Weinstock, der seine Früchte brachte"* oder im Ps 80,9-12: *„Du hobst in Ägypten einen Weinstock aus, du hast Völker vertrieben, ihn aber eingepflanzt. Du schufst ihm weiten Raum; er hat Wurzeln geschlagen und das ganze Land erfüllt. Sein Schatten bedeckte die Berge, seine Zweige die Zedern Gottes. Seine Ranken trieb er bis hin zum Meer und seine Schösslinge bis zum Eufrat. "*

Auch wird das Weinstockbild auf den davidischen König in Ez 17 – allerdings in kritischer Auseinandersetzung mit dem Königtum – angewandt. Als messianische Bezeichnung begegnet es uns aber erst in einer apokryphen Schrift, in „der syrischen Baruch-Apokalypse" (syr Apk Bar 36-41): Die als Weinstock bezeichnete Messiasgestalt in syr Apk Bar 36ff erscheint inmitten von Bildern furchtbar-gewaltiger Vernichtung als der sanfte Herrscher, der siegreich bleibt.

Es gibt also im biblischen Umfeld selber Anknüpfungsmöglichkeiten für die Anwendung des Weinstock-Bildes auf Jesus Christus. Das Bild wird nicht mehr nur kollektiv, sondern auch individuell gebraucht.

2.1.2 Der Winzer

Der Vater Jesu Christi, Gott, ist der Winzer, oder wörtlich „der Landwirt" (ho georgós). Dass der Verfasser nicht den Ausdruck Winzer (ampelourgós), sondern Landwirt gebraucht, könnte auf sein eigenes Konto gehen. Denn auf den Hängen im Bergland von Judäa gab es kaum Monokulturen. Zwischen Weinbergen fanden sich kleine Gerstenfelder oder auch Feigenbäume (vgl. Lk 13,6). Für eine weitreichende Interpretation eignet sich aber das Wort nicht. Im Vordergrund steht das Handeln des Winzers (Landwirts), das sich auf die Reben bezieht: Jede Rebe ohne Frucht bzw. Blütenansatz „nimmt er weg" (airei); Abschneiden steht aber nicht im Text. Im Winter reinigt der Winzer, d. h. entfernt er die dürren Zweige, im Sommer beschneidet er die guten Reben. Diese Arbeit leistet der Winzer, damit die Reben mehr Frucht bringen.

Auf dem ersttestamentlichen Hintergrund leuchtet der Arbeitseinsatz des Weingärtners ein, der keine Mühe scheut, damit die Rebzweige reiche Frucht bringen. Im Weinberglied des Propheten Jesaja (Jes 5,1-7) tut der Weinbergbesitzer alles nur Denkbare und Mögliche, damit der Weinberg süße Trauben hervorbringt: Er legt den Weinberg auf den besten, fruchtbarsten Boden auf einer Anhöhe an, auf die die Sonne ihre lebensspendende Kraft und Energie wirkungsvoll ausstrahlt. Er pflanzt die Rebstöcke nicht einfachhin in die Erde, er bereitet vielmehr sorgfältig den Boden, macht ihn fruchtbar durch Umgraben und entfernt die herumliegenden Steine, die die Arbeit erschweren und das Gedeihen der Reben behindern. Hecken setzt der Weinbergsbesitzer und Mauern baut er zum Schutz gegen Tiere und Diebe. Ausgesuchte Edelreben pflanzt er an. Einen Turm sogar, nicht etwa eine armselige Hütte, baut er in der Mitte des Weinberges, um diesen besser überwachen und die Winzergeräte darin unterbringen zu können. Sogar eine Kelter schlägt er am felsigen Grund aus, um die frischen Trauben gleich zu keltern, damit ein köstlicher Wein gemacht werden kann (vgl. V. 5,1b-2b).

Die Tätigkeit des Weinbergbesitzers, die anschaulich beschrieben wird, können wir theologisch nicht anders ausdrücken als „Gnade". Und warum die ganze Mühe? Weil er hofft, dass der Weinberg, d. h. Israel, süße Trauben bringt, Früchte des Rechts und der Gerechtigkeit.

2.2 Das reiche Fruchtbringen der Weinreben

„Ihr seid die Reben", sagt der johanneische Jesus. Das „Ihr" gilt den einzelnen Christen wie auch der Gemeinde oder Kirche. Ihnen gilt der ganze Einsatz des Weingärtners, die Zuwendung Gottes, damit sie reiche Frucht bringen. Darum geht es in der Bildrede: das Fruchtbringen. Worin das Reiche-Frucht-bringen besteht, wird zunächst nicht erläutert; jedenfalls werden keine Einzelheiten oder Verhaltensregeln aufgeführt. In der weiterführenden Auslegung, die sich an die Bildrede anschließt, wird das Fruchtbringen in der Erfüllung des Liebesgebots gesehen. In der eigentlichen Bildrede zielt das reiche Fruchtbringen auf die Erhörungsgewissheit des Gebets. Das Gebet erscheint hier als ein zentraler Bestandteil der lebendigen Beziehung der Glaubenden mit Jesus. Als Fruchtbringen ist das Gebet keine „magische Handlung", es ist vielmehr die Einübung in den Geist und in die Praxis Jesu, also der christliche Lebensvollzug. Darum kann es anschließend heißen: „Mein Vater wird dadurch verherrlicht, dass ihr reiche Frucht bringt und meine Jünger werdet" (Joh 15,8).

2.3 Die Bedingung der Möglichkeit des Fruchtbringens: das Bleiben in Jesus

Es fällt auf, dass die Bildrede vom Weinstock und den Reben – anders als in den Gleichnissen – von Mahnungen durchsetzt ist. Die Jünger Jesu sind dazu aufgefordert, in Jesus Christus zu bleiben. Denn das Reiche-Frucht-Bringen erfolgt nicht aus eigener Kraft, sondern aus der Kraft der ihnen geschenkten Gemeinschaft mit Christus: *„Wer in mir bleibt und in wem ich bleibe, der bringt reiche Frucht."* Die Christusbeziehung wird hier als innige, verwandelnde Gemeinschaft mit Christus gesehen. Von einer Verschmelzung oder gnostischem Einswerden/Einssein ist hier nicht die Rede. Es geht um eine personale, tiefgehende Beziehung, die den Personkern trifft. Das Bleiben in Jesus Christus wird auch als Bleiben der Worte Jesu in seinen Jüngern näher charakterisiert (Joh 15,7a).

Das Bleiben in Jesus Christus ist für den Verfasser des Johannesevangeliums die Bedingung der Möglichkeit des Fruchtbringens. Das bedeutet: die Jünger Jesu – die Menschen – leben aus der Vorgabe Gottes, die Jesus Christus darstellt. Der kategorische Satz *„ohne mich könnt ihr nichts tun"* (Joh 15,5) will diese Vorgabe Gottes hervorheben, die menschliches Leistungsdenken in Frage stellt.

2.4   Fazit der Bildrede

Die Bildrede will die Christus-Jünger-Beziehung anschaulich darstellen. Bei dieser Beziehung geht es um ein wechselseitiges Ineinandersein Jesu Christi und der Jünger. Dem Bemühen des Jüngers um sein Bleiben in Christus geht voraus das liebende Bemühen Christi um sein Bleiben im Jünger. Das Fruchtbringen ist der Erweis oder die Darstellung der innigen Beziehung zwischen Christus und seinem Jünger. Das Fruchtbringen gründet in der gnadenhaft geschenkten Gemeinschaft mit Christus, es wächst aus dieser heraus. Die Betonung des Fruchtbringens stellt eine nur mystisch-pietistische Versenkung des Einzelnen in Frage und weist auf das konkrete Tun hin, das sich nach der Liebe als Handlungsmaxime ausrichtet. Die Verbindung von Weinstock, Reben und Fruchtbringen zeigt im Grunde, dass es eigentlich der Weinstock Jesus Christus ist, der durch die Reben, die Jünger Jesu, Früchte trägt. Dies wirkt sich entlastend aus, es beugt Leistungsdenken vor.

3. Bleiben in Christus als Bleiben in der Liebe Jesu Christi (Joh 15,9-10)

Die Übergangsverse V. 9.10 bilden zum einen eine komprimierte Zweitauslegung des ersten Teils der Bildrede (V. 1-4) und zum anderen vertiefen und konkretisieren sie das Bleiben in Jesus Christus. Es fällt auf, dass erst an dieser Stelle die Beziehung zwischen Weinstock/Christus und Winzer/Gott Vater reflektiert wird: sie ist eine Liebesbeziehung, und diese Beziehung ist Ur- und Vorbild der Liebe Christi zum Jünger. Vor allem wird das Bleiben in Jesus Christus zum Bleiben in seiner Liebe, das durch das Halten seiner Gebote konkretisiert wird. Auf diese Weise wird das Fruchtbringen als Wirken und Walten der Liebe aufgefasst. Damit bekommt der sogenannte „Immanenz"-Gedanke („ihr in mir – ich in euch") seine praktisch-nüchterne Fassung und wird gegen ein eventuelles Missverständnis einer „mystischen" Schwärmerei geschützt.

Die Aussage in V. 10 „*Wenn ihr meine Gebote haltet, werdet ihr in meiner Liebe bleiben*" kommt auch im Johannesevangelium umgekehrt vor: „*Wenn ihr mich liebt, dann haltet ihr meine Gebote*" (Joh 14,15). Das ist kein Widerspruch. Mit der ersten Formulierung wird die Liebesimmanenz abseits jeder Schwärmerei auf den Boden konkret-gehorsamen Bemühens gestellt. Mit der zweiten Formulierung wird das Halten der Gebote abseits jeder Verknechtung und Augendienerei als der Betätigungsstoff hingebender Liebe ausgewiesen.

4. Die frohmachende Freundschaft zwischen Jesus Christus und seinen Jüngern (Joh 15,11-17)

Das „Bleiben in Jesus Christus" und das „Bleiben in seiner Liebe" wird in einer weiterführenden Auslegung als eine frohmachende Freundschaftsbeziehung neu ausgelegt.

Freude ist nach dem Johannesevangelium das Kennzeichen der christlichen Existenz. Die Freude Christi senkt sich ins Innere des Jüngers durch das Wort Jesu Christi und führt ihn zu einer Gestimmtheit, die sich bis zur Begeisterung steigern kann. Freude ist die entsprechende Antwort auf die Erfahrung des Heils. Die christlichen Versammlungen werden in der Frühzeit der Kirche Orte der Festfreude, ja der Hochstimmung (Apg 2,46). Nach dem Neuen Testament ist die Freude die Wirkung erfahrener Liebe in der Gemeinschaft mit Christus. Diese Freude ist Geschenk, keine Leistung, sie entfaltet sich zum Vollmaß der eschatologischen Heilsfülle (Joh 16,22). Die Freude ist Frucht der Gegenwart Christi bzw. verbunden mit dem Glück der Gottesherrschaft. Die christliche Verkündigung lautete einfach „Evangelium", Frohbotschaft, Freudenbotschaft.

Durch die Erhebung der Jünger zu Freunden Jesu Christi wird die Beziehung von der Kategorie Herr-Knecht befreit. Das Moment der Freiheit tritt hinzu. Es bleibt dennoch die Vorordnung der Erwählung Christi bestehen. Bei der Erwählung handelt es sich um eine Erwählung aus Liebe, die wiederum auf die Liebe zum Anderen hinzielt. Markant beginnt und endet in diesem Sinne unser Abschnitt mit der Aufforderung: *„Liebt einander"* (Joh 15,12.17).

4.1 Die Freundschaft Jesu Christi – eine Freundschaft ohne Grenzen

Wir Menschen stoßen dauernd an Grenzen. Wir haben eine Idealvorstellung von Freundschaft, die keine Brüche aufweist, und erleben oft Enttäuschungen. Die Freundschaft Jesu ist da anders, sagt der Verfasser des Johannesevangeliums. Jesus hat uns eine Freundschaft ohne Grenzen vorgelebt; er hat selbst verwirklicht, was der johanneische Jesus sagt: *„Es gibt keine größere Liebe als die, wenn einer sein Leben gibt für seine Freunde"* (Joh 15,13). Wir müssten hier hellhörig werden, da hier der Tod Jesu nicht auf die traditionelle Art als Sühnetod interpretiert wird. Er ist der Erweis einer Liebe ohne Grenzen. Wieder klingt hier der johanneische Grundsatz: *„So sehr hat Gott die Welt geliebt, dass er seinen eingeborenen Sohn hingab"* (Joh 3,16).

4.2 Fazit des weiterführenden Abschnitts (Joh 15,11-17)

4.2.1 Konkrete Geschenke der Freundschaft Jesu Christi

Jesus Christus knüpft seine Freundschaft nicht an Bedingungen: Er gibt mir Spielraum und Freiheit, ein echtes Ich zu sein, so wie er Menschen ohne Ansehen der gesellschaftlichen Stellung, unter der Voraussetzung einer unbedingten Nachfolge, in seinen Jünger- und Freundeskreis aufgenommen und sie mit seinem Geist zur Entfaltung ihrer individuellen Persönlichkeit ausgerüstet hat.

Jesus Christus schenkt mir ein grenzenloses Vertrauen: er lässt sich nicht beirren durch mein Versagen, so wie er sich auf die religiös und gesellschaftlich so eingestufte Versager eingelassen und mit ihnen in bleibender Gemeinschaft gelebt hat.

Jesus Christus ist wahrhaftig und täuscht mich nicht. Er trägt mich trotz meinen Fehlern und Schwächen. Er hat Unrecht und Sünde beim Namen genannt und jede Art von Heuchelei abgelehnt. Den Schuldiggewordenen hat er Vergebung der Sünden zugesprochen und im Sterben am Kreuz für seine Mörder um Vergebung bei Gott gebeten.

4.2.2 Forderungen der Freundschaft Jesu Christi

Wie jede menschliche Freundschaft nicht nur schenkt, sondern auch fordert, so stellt die Freundschaft Jesu Christi in tiefster Weise Forderungen. Sie erwartet Gutes von uns. Die Freundschaft mit Jesus Christus als dem Sohn Gottes und dem besten aller Menschen ist ein außerordentlicher Anruf zum Tun des Guten. Als Wegweiser zum richtigen Handeln, das zugleich nach dem Willen Gottes und zum Wohl der Mitmenschen wirkt, sind uns die Gebote geschenkt. So sagt uns Jesus Christus: *„Wenn ihr meine Gebote haltet, werdet ihr in meiner Liebe bleiben."*

Mit seinen Geboten möchte uns Jesus Christus aber nicht auf eine Menge gesetzlicher Vorschriften festlegen. Er zeigt uns vielmehr die Liebe als die Grundkraft und das Endziel allen guten Handelns: *„Dies trage ich euch auf: Liebt einander!"* Bei diesem Bemühen um gegenseitige Liebe stellt er uns sein eigenes Beispiel als Hilfe vor Augen: *„Liebt einander, wie ich euch geliebt habe!"* Wenn wir als Christen in der Freundschaft Jesu Christi leben sollen, dann sind von uns nach dem Vorbild Jesu Christi als Grundhaltungen gefordert: Herzliche

Zuwendung zu allen Mitmenschen; volles Dasein für die Mitmenschen, mit denen wir in irgendeiner Form von Freundschaft näher verbunden sind; opferbereiter Einsatz – im Extremfall bis zur Selbsthingabe – für die Mitmenschen, die sich in einer Notlage befinden.

4.2.3 Die vollkommene Freude der Freundschaft Jesu Christi

Das höchste Ziel seiner Freundschaft, so versichert Jesus Christus, ist es, dass seine Freude in uns ist und dass unsere Freude vollkommen wird. Wie jede echte Freundschaft das Du glücklich machen will, so zielt die Freundschaft Jesu Christi in einmaliger Weise auf das Glück von uns Menschen. Menschliche Freundschaft muss immer wieder bitter erfahren, dass ihr Grenzen im Glückbereiten gesetzt sind. Demgegenüber kann uns Jesus Christus mit seiner Freundschaft etwas Einzigartiges bieten: Er bringt uns das tiefste und beständigste Glück, er bringt uns das Glück der Gemeinschaft mit Gott. Dieses Glück der Gemeinschaft mit Gott beginnt schon in diesem Leben und kommt im ewigen Leben zur wunderbaren Fülle und zur bleibenden Dauer.

Wie aber können wir schon jetzt die Freude der Freundschaft Jesu Christi konkret erfahren? Auf diese Frage ist sicherlich nicht einfach mit einer Glücksformel zu antworten. Eine religiöse Gemeinschaft bietet da einen Ort der Christusbegegnung. Die religiösen Übungen wie persönliches und gemeinschaftliches Gebet, Meditation zum einen und die liturgischen Ereignisse zum anderen sind willkommene Anlässe, die zur tieferen Christuserfahrung führen können. Aber auch persönliche Gespräche, Bibellesen und Lektüre geistlicher Bücher sind eine Hilfe dazu. Magische Rezepte sind das alles aber nicht. Jedenfalls sollte eine innere Voraussetzung nicht fehlen: eine Offenheit des Geistes, die bereit ist auch für Überraschungen.

.

Solidarität und Feier des Herrenmahls – Eine Auslegung von 1 Kor 11,17-34

Die Feier des Abendmahls hat sich längst zu einer rein kultischen Handlung entwickelt. Daher können wir kaum die Brisanz der Aussagen des Paulus in 1 Kor 11,17-34 nachempfinden. Dies hängt auch mit dem Kirchenbild, das wir uns in unserer kirchlichen Sozialisation angeeignet haben, zusammen. Die Eucharistiefeier wird aus ihrem Zusammenhang mit dem Alltag herausgenommen und zur Mitte des Gemeindelebens erhoben. Daher spielt auch der Streit um die rechte kultische Form der Eucharistiefeier bei uns eine übermäßig starke Rolle. Anders bei Paulus: Er sieht im Zusammenkommen zur Versammlung, die Kultisches und Alltägliches, nämlich die Gedächtnisfeier des Todes und der Auferstehung Jesu und das gemeinschaftliche Essen und Trinken mit der Gelegenheit des Austausches unter den Teilnehmenden umfasst, die sichtbare Darstellung der Kirche Gottes am Ort. Vor allem sieht Paulus im unsolidarischen Verhalten der Reichen gegenüber den Armen in der Gemeindeversammlung eine Verhöhnung der Kirche, des Leibes Christi. Diese soziale Kluft, die Paulus als Spaltung der Gemeinde charakterisiert, prangert er heftig an.

1. Die Gemeinde in Korinth

Paulus gründete die christliche Gemeinde in der Provinz-
hauptstadt Korinth auf seiner so genannten zweiten Missi-
onsreise und wirkte dort ca. 50-52 n. Chr. In Korinth schrieb
er im Jahr 50 seinen ersten Gemeindebrief, den 1. Thessalonicherbrief. Paulus wohnte und arbeitete bei dem aus Rom
vertriebenen judenchristlichen Ehepaar Aquila und Priszilla
(Priska). Stephanas und dessen Haus (= Familie) waren die
ersten, die er dort für den christlichen Glauben gewonnen
hat (1 Kor 16,15). Paulus selber hat sie neben Krispus und
Gajus getauft (1 Kor 1,14-16). Nach dem Weggang des Paulus wirkte dort eine Zeit lang der hellenistisch gebildete ale-
xandrinische Judenchrist Apollos. Obwohl Petrus in Korinth
nicht missionierte, hatte er dort eine Gruppe von Anhängern. Wie sich durch die religiöse Sozialisation verschiedene
Gruppen gebildet hatten, gab es in sozialer Hinsicht auch
eine Vielfalt von sozialen Schichten: Die Mehrheit bestand
aus kleinen Leuten, Handwerkern, Sklavinnen und Sklaven
und Hafenarbeitern (1 Kor 1,26). Es gab auch Wohlhabende, die über reiche Vorräte verfügten (1 Kor 11,21.34) und
wie z.B. Gajus Häuser besaßen (Röm 16,23). Die soziale
Struktur der korinthischen Gemeinde, deren Mitglieder wei-
thin aus der Unterschicht stammen, veranschaulicht nach
Paulus die Botschaft vom Kreuz: Gott erwählt und beruft,
was nichts ist, „damit kein Mensch sich rühmen kann vor
Gott" (1 Kor 1,29).

2. Missstände beim Abendmahl
(1 Kor 11,17-22)

Paulus umschreibt am Anfang seiner Ausführungen die Vorkommnisse in der Gemeindeversammlung pointiert als
„Spaltungen" (schísmata) und „Parteiungen" (haireseis), die

wir uns als Cliquenbildungen vorzustellen haben. Anders als in 1 Kor 1,10-12 versteht Paulus 1 Kor 11 unter Spaltungen nicht die personenfixierte, sondern die schichtenspezifische Cliquenbildung. Es ist nicht so, dass Paulus den negativen Geschehnissen in Korinth „sogar noch einen positiven Sinn abgewinnt" (Eduard Schick zu 1 Kor 11,19). Vielmehr „stellt er diese Geschehnisse unter das gegenwärtig sich vollziehende und zukünftige Gerichtshandeln Gottes an der Gemeinde, das einzelnen die Chance gibt, sich durch energisches Handeln im Dienst der Einheit zu bewähren" (Hans-Josef Klauck). Damit erhält das Verhalten im Gottesdienst eine eschatologische Qualität.

Um welche Missstände es sich konkret handelt, führt Paulus in 1 Kor 22,20-22 aus. Hier erfahren wir, dass die Feier des Herrenmahls in einer spannungsvollen Einheit von Sättigungsmahlzeit und Sakramentsvollzug, der Gedächtnisfeier mit Brot und Wein, steht. Die Gestaltung der Abendmahlsfeier wird von den Exegeten verschieden beschrieben. Ausgehend von 1 Kor 11,25a können wir noch die alte Feierform erkennen: Die Sättigungsmahlzeit wird durch die eröffnende Brothandlung und den abschließenden Segensbecher gerahmt. Exegeten wie G. Theißen, O. Hofius und H. Merklein vertreten die Meinung, dass die Zusammenkunftfeier in Korinth diese Gestalt hatte. Dementsprechend übersetzt H. Merklein 1 Kor 11,21: „Denn jeder nimmt beim Essen das eigene Mahl ein, und der eine hungert, der andere aber ist betrunken", und 1 Kor 11,33: „Also, meine Brüder (und Schwestern), wenn ihr zum Essen zusammenkommt, nehmt einander an!" In diesem Fall erscheint die Kluft zwischen dem Zirkel der Wohlhabenden und dem Kreis der Armen viel drastischer, weil so nicht nur die Harmonie der Feier, sondern vor allem auch die Gemeinde selber zerteilt wird. Sie ist so in ihrer Einheit tief betroffen. Und dies ist es, was Paulus den Korinthern vorwirft.

Die geläufige Interpretation stützt sich auf das zeitliche Verständnis der Zeitwörter *prolambánein* (= vorwegnehmen) im Vers 21 und *ekdéchesthai* (= erwarten/warten) im Vers 33. Die Reichen, die genügend Zeit haben, treffen schon vor der Zeit zur Versammlung ein und verzehren den für die gemeinsame Mahlzeit mitgebrachten Proviant, ohne auf die wegen der Arbeit später hinzugekommenen Sklavinnen und Sklaven, und Lohnarbeiterinnnen und -arbeiter zu warten. Nach dieser Auslegung wird angenommen, dass in Korinth Sättigungsmahl und Herrenmahl bereits zwei getrennte Momente waren. Die Übersetzung der betreffenden Verse lautet in diesem Fall: „Denn jeder nimmt beim Essen seine eigene Mahlzeit vorweg, und der eine hungert dann, während der andere betrunken ist" (V. 21). Und: „Also, meine Brüder, wenn ihr zum Mahle zusammenkommt, so wartet aufeinander" (V. 33). Auch nach dieser Deutung erscheint das Verhalten der Wohlhabenden als unsolidarisch und als ein Verstoß gegen die Einheit der Gemeinde. Der erste Vorschlag hat eine viel stärkere symbolische Bedeutung. Auf keinen Fall darf aber 1 Kor 11,22 so verstanden werden, als werde Paulus das Sättigungsmahl in die Privathäuser verbannen wollen, damit der Sakramentsvollzug in der Gemeinschaftsfeier allein zum Tragen kommt. Er will vielmehr abwehren, dass die ganze Gemeinschaftsfeier zu einer Privatangelegenheit verkommt. Paulus tritt gerade dafür ein, dass das Sättigungsmahl keine Privatsache ist. „Der Missstand in Korinth besteht darin, dass die Reichen nicht teilen, so dass jeder sein eigenes Mahl einnimmt... Das widerspricht aber dem Charakter der Herrenmahlsparadosis, die das Sättigungsmahl rahmt und qualifiziert" (H. Merklein).

3. Die Überlieferung vom Herrenmahl
(1 Kor 11,23-26)

Paulus zitiert die Abendmahlsüberlieferung als unwiderlegliches Argument für das solidarische Handeln, das im Teilen des mitgebrachten Essens in der Gemeindeversammlung realsymbolisch zum Ausdruck kommt. Durch die Betonung der Tradition („empfangen" und „überliefern" als Fachausdrücke für die Weitergabe der Lehre im Judentum) sieht Paulus die Abendmahlspraxis an die Vorgabe des Beispiels Jesu gebunden.

Die Abendmahlsüberlieferung betrachtet Tod und Auferstehung Jesu zusammen. Es ist „der Herr" (ho Kyrios) Jesus der Handelnde. „Sein Tod ist letzte Konsequenz seiner völligen Hingabe an die Menschen" (F.-J. Ortkemper). Die Symbolhandlung des Brotbrechens deutet Jesus in dieser Überlieferung als „mein Leib für euch". Die Heilsbedeutung „für euch" wird betont. Der Becher mit dem Wein wird als „der neue Bund in meinem Blut" interpretiert. „Leib" und „Blut" drückt im semitischen Sprachgebrauch den ganzen Menschen aus, und es wird dadurch nicht speziell ein bestimmtes Körperteil fokussiert. Jesu Hingabe, die den Tod als letzte Kosenquenz einschließt, wird im Herrenmahl gegenwärtig. „Die Feiernden werden Tischgenossen des Herrn, der sich ihnen selbst schenkt" (F.-J. Ortkemper). Die Erwähnung der „Nacht, in der er (= Jesus) ausgeliefert wurde" (V. 23), bezieht sich auf ein Datum in der Geschichte, so dass sich die christliche Kultfeier von Totenerinnerungsfeiern und mythischen Kultlegenden in der römisch-hellenistischen Umwelt absetzt.

Wenn Paulus wie auch Lk 22,20 vom „neuen Bund in meinem Blut" spricht (V. 24) wird auf Jer 31,31-34 angespielt. Auf diese Weise wird ausgesagt, dass Jesu Hingabe in den Tod, der als historische Tatsache feststeht, eine erneuerte, nicht mehr zurücknehmbare Gemeinschaft mit Gott begründet. Wenn dieser Gedanke im Zitat des Paulus im Vordergrund steht, können wir verstehen, wie zerstörerisch für die Gemeinde das unsolidarische Verhalten seiner Glieder in Korinth sich auswirkte. Wir können so auch den großen Ärger des Paulus verstehen: „Oder verachtet ihr die Kirche Gottes? Wollt ihr jene demütigen, die nichts haben? Was soll ich dazu sagen? Soll ich euch loben? In diesem Fall kann ich euch nicht loben" (1 Kor 11,22).Und wieder setzt Paulus seine Kreuzestheologie den Korinthern entgegen. Er fügt dem Abendmahlswort seine eigene Deutung hinzu: „Denn so soft ihr von diesem Brot esst und aus diesem Kelch trinkt, verkündet ihr den Tod des Herrn, bis er kommt" (1 Kor 11,26).

4. Folgerungen für die Praxis des Herrenmahls (1 Kor 11,27-34)

Konsequent und scharf zieht Paulus aus dem Missstand, dass die Wohlhabenden beim Essen ihrer mitgebrachten Speisen die Armen nicht mit einbeziehen, sondern sie beschämen, die Folgerung, es handele sich bei einer solchen Veranstaltung nicht um eine angemessene, würdige Feier des Abendmahls. Im Rückgriff auf V. 20f besagt dies, dass zwar viele Einzelmähler stattfinden, aber dass sie kein Essen des Herrenmahls sind. Die Reichen in Korinth sind nicht fähig, den inneren Zusammenhang zwischen dem Leib der sakramentalen Gabe und dem Leib der Gemeinde zu sehen. Sie verkennen die wesentliche Ausrichtung des ersteren auf die Gemeinde als Leib Christi (1 Kor 10,17). Und darin besteht die Schuld: Die Reichen machen sich auf diese Weise schuldig gegenüber dem Herrn (V. 29). Und ihrer Schuld folgt nach dem Tun-Ergehen-Zusammenhang die Strafe. Diese sieht Paulus in den Krankheits- und Todesfällen in der Gemeinde heraufkommen. Diese für uns vielleicht anstößige Vorstellung will einfach ausdrücken, dass das Herrenmahl, das den Heilstod Christi vergegenwärtigt, zum Fluch wird, wenn es unangemessen, d.h. unsozial gefeiert wird. Die Kranken und Toten in der Gemeinde sind Symptome dafür, dass in ihr etwas nicht stimmt. Paulus ruft daher die Gemeinde zur Selbstprüfung auf (V. 31f). Er stellt die Krankheits- und Todesfälle als eine Art „pädagogische Züchtigung" hin, die warnt vor einem Verfall in den Zustand der Welt, die sich Gott verweigert und daher nicht zur Sphäre Gottes gehört.

Die Abendmahlsperikope schließt mit konkreten Anweisungen, zunächst mit der Forderung, sich gegenseitig anzunehmen (V. 33), einer Forderung, die konkret wird im Teilen der Speisen mit den Armen im Sättigungsmahl. Dazu kommt die Weisung, zu Hause zu essen, wenn es einem hungert. Und dies besagt, dass das Essen bei der Zusammenkunft in der Gemeindeversammlung nicht mit der Möglichkeit des Sattwerdens verwechselt werden darf. Sonst wird sie zur Zusammenkunft zum Gericht (V. 34). Wenn Paulus somit das Ineinander von Sättigungsmahl und Herrenmahl stark hervorhebt, besagt dies auch heute, dass es bei der Abendmahlsfeier um eine erfahrbare Gemeinschaftsfeier geht, die sich vornehmlich im Teilen mit den anderen, den Ärmeren, vollzieht. Die soziale Symbolik des Mahls soll dabei nicht außer Acht gelassen werden. Dies alles gibt Raum für kreative Gestaltungsmöglichkeiten des Abendmahls.

Unterwegs im Glauben –
Gottes Weg nach unten
(Phil 2,6-11)

Von einem fundamentalen Stellungs- und Standortwechsel, von einem „Zug nach unten", spricht der sog. Christushymnus, ein urchristliches Lied, das Paulus in seinem Brief an seine Lieblingsgemeinde in Philippi glücklicherweise vollständig überlieferte (Phil 2,6-11). Im Ermahnungsteil seines Briefes (Phil 1,27-2,18) begründet Paulus seine Mahnungen zu brüderlicher Eintracht, Liebe und selbstlosem Verhalten gerade mit einem seiner Gemeinde vielleicht von der Tauffeier her bekannten Lied, das das Christusgeschehen als einen Weg beschreibt von der höchsten Höhe bei Gott bis in die tiefste Tiefe der menschlichen Existenz und von dort wieder zurück in die höchste göttliche Stellung. Eine sachgemäße Auslegung unseres Lobliedes wird genau zu unterscheiden wissen zwischen dem Urbestandteil des Liedes, den paulinischen Ergänzungen und dem Kontext im Philipperbrief. Wenn diese Tatbestände nicht ausreichend berücksichtigt werden, können sich Missverständnisse in die Deutung hineinschleichen, wie es in der Vergangenheit oft der Fall war. Entweder wurde in das Christusbild des Liedes die Zweinaturenlehre einer späteren Dogmatik hineingepresst oder das Christusbild ethisch verkürzt, als ob Christus hier nur als Vorbild oder Ideal, dem die Christen nachstreben sollen, vorgestellt sein wollte. Weder Dogmatik noch Ethik, sondern Kerygma, Verkündigung ist der Inhalt unseres Liedes. Das Christusgeschehen als solches wird hier im Lied gefeiert. Es ist ein Geschehen von höchster Spannung, das Himmel und Erde, Gott, Mensch und Welt verbindet. Alles dreht sich um die Person Christi, aber es ist nicht eine christologische Lehre, die definiert werden soll. Die Person und das Handeln Christi wollen zeigen, wie Gott ist und handelt. In Christus offenbart sich Gott, ein Gott, der nicht bei den Mächtigen zu Hause ist, sondern bei den Versklavten und Geschundenen, ein Gott, der den Weg der Erniedrigung bis zum Tod zu Ende geht und dadurch die Mächtigen und Herrscher entmächtigt und so Raum schafft für das Lob einer befreiten Gemeinde.

1.   Der Weg in das Sklavendasein

Der Bibeltext wird wörtlich wiedergegeben:

V. 6: „*Welcher in Gottes Gestalt seiend,*
nicht als Beutestück hielt er daran fest,
Gott gleich zu sein"

Der Weg Christi setzt bei Gott selber an. Unser Lied fängt im hymnusgerechten Stil mit einem betonten Relativpronomen an, das Jesus Christus und keinem anderen sonst gilt.

„*Welcher in Gottes Gestalt seiend (lebend)*" –

Von ihm wird in der Präsenz-, nicht in der Vergangenheitsform gesagt, dass er in der Gestalt (morphe) Gottes *ist*. Es geht hier nicht um eine Definition des Seins Christi in der Welt Gottes, sondern um seine Stellung in Macht und Herrlichkeit, die er aufgab. Der Verzicht auf diese Position steht im Vordergrund. Daher wird auch nicht über die Präexistenz Christi spekuliert. Diese qualifiziert vielmehr das Christusgeschehen, wovon der ganze Hymnus eigentlich redet, als ein Geschehen von Gott her, als ein Geschehen Gottes. Es geht also im Grunde um Gott selber.

„Nicht als Beutestück hielt er daran fest, Gott gleich zu sein" –

In diesem Halbvers, dem zweiten Glied des ersten Parallelismus, klingt an, was in den beiden folgenden Versen (7-8) Schritt für Schritt in weiteren Parallelismen entfaltet wird.

Von einer Versuchung Christi gleich Adam im Paradies (Gen 3,5) kann keine Rede sein. Denn ihm steht das Gottgleich-sein zu. Dabei geht es nicht um eine Wesensaussage, sondern wie bereits bei der Aussage „in Gottesgestalt" um die göttliche Würde- und Machtstellung. Von altersher ist Gott am liebsten mit den Begriffen „Allmacht" und „Herrschaft" beschrieben worden: Gott ist der allmächtige Herr. Diesem geläufigen Gottesbild setzt der Christushymnus ein anderes, ihm total konträres entgegen: Christus hielt nicht an seiner göttlichen Machtstellung fest. Dem allzumenschlichen Besitzdenken und der Machtgier wird hier der Garaus gemacht. Nicht Festhalten, sondern Loslassen lautet die göttliche Devise. Der Hymnus beginnt so mit einem unglaublichen Abstieg oder Ausstieg Gottes. Wie sich dieses Aussteigen Gottes vollzieht, zeigen die nächsten Verse (7.8).

V. 7: *„sondern er entäußerte sich, Gestalt eines Sklaven annehmend, gleich Menschen geworden und in der Struktur erfunden als Mensch".*

Nicht das Geheimnis der Menschwerdung wird in diesem Vers konstatiert. Von einer Heilsaussage – etwa *„für uns* ist er Mensch geworden" – ist nicht die Rede. Festgestellt ist vielmehr die völlige, restlose Preisgabe Gottes in die menschliche Existenz Christi. Die Entäußerung und Entleerung, das Ablegen von Macht und Herrlichkeit vollzieht sich in der Annahme der Gestalt eines ohnmächtigen und vielfach abhängigen Sklaven. Dieses Sklavenbild definiert die menschliche Existenz, die anders als z. B. in Ps 8 nicht mit Herrlichkeit gekrönt und mit Macht ausgestaltet, sondern von Begrenztheit, Ausgeliefertsein und vielfältigen Abhängigkeiten und Zwängen bestimmt wird (vgl. Gal 4,3f). Ein solcher Mensch wird der gottesgestaltige Christus. Doch der Abstieg geht weiter, wovon der nächste Vers spricht.

2. Der Tod – Ernstfall des Weges

V. 8: *„Er erniedrigte sich selbst, wurde gehorsam bis zum Tod – zum Tod am Kreuz".*

Zu der Preisgabe der göttlichen Stellung Christi kommt die Preisgabe seines menschlichen Lebens in den Tod hinzu. Christus entzieht sich nicht dem Niedrigkeitsweg aller Menschen, z. B. durch Entrückung. Er gab sich dem Tod hin.

„Er wurde gehorsam bis zum Tod" (8b) –

Das Gehorsamwerden bis zum Tod umschreibt näher die Selbsterniedrigung Christi. Die Zielangabe „bis zum Tod" bei der Bestimmung des Gehorsamsmotivs will genauer beachtet werden, um es nicht rein ethisch im Sinne einer Tugendlehre misszuverstehen. Zum anderen erscheint der Tod hier nicht als ein unausweichliches Schicksal, dem man als Mensch sich zu beugen hat, sondern es wird dessen freiwillige Übernahme in voller Übereinstimmung mit dem Willen Gottes betont.

Es fällt auf, dass der Tod Jesu nicht im Sinne seiner Heilsbedeutung, also als Erlösungsgeschehen, verstanden wird, sondern er wird als der tiefste Punkt des Abstiegsweges gesehen. Die Preisgabe der göttlichen Stellung gipfelt in der Selbstaufgabe im Tod. Gottes Weg in Jesus Christus ist die freiwillige Übernahme des ganzen, unter Elend und Tod versklavten Menschendaseins. In der Tiefe der Not offenbart sich Gottes und Jesu Solidarität mit den Menschen. An diese pointierte Stelle bringt Paulus in einem kurzen Zusatz das Herzstück seiner Theologie an: *„zum Tod am Kreuz".* Paulus gibt sich nicht zufrieden mit den bloßen Feststellungen einer allen Menschen gemeinsamen Grenzerfahrung im Tod, der für Jesus die äußerste Konsequenz seiner Erniedrigung und seines Gehorsams ist. Die konkrete Art und Weise, wie Jesus starb, sein Tod am Kreuz, ist für Paulus der eigentliche Ausdruck des vollendeten Gehorsams Christi. Darauf legt Paulus im Kontext des Christushymnus den Hauptakzent. Er greift in den Text des Liedes nicht etwa um der Dogmatik willen ein, um die Todesauffassung des Liedes in seinem Sinn zu korrigieren, sondern er tut es im Hinblick auf die Gemeindesituation, die von Spannungen und Zwietracht von innen und Verfolgungen von außen bedroht war, um die Gemeindemitglieder auf den rechten Weg Christi zu weisen und sie zu stärken. Das ganze Lied wird so angesichts der Situation der Gemeinde neu gelesen. Indem Paulus dieses Lied als Begründung für seine Ermahnungen an die Philipper in seinen Brief einfügt, betont er durch diese Ergänzung den vorbildlichen Charakter der Selbsterniedrigung Christi noch stärker (2,3), und zum anderen will er damit die Philipper in ihrem Leiden trösten und bestärken (1,29). Entsprechend der Kreuzestheologie des Paulus ist schließlich auch hier mit seiner Auffassung vom Kreuzestod als heilbringendem Tod zu rechnen (vgl. 1 Kor 1,17f.23; 2,2; Gal 3,13; 5,11; 6,14).

3. Erhöhung und Verleihung des Namens

V. 9: *„Deshalb hat ihn Gott über alle Maßen erhöht*
und ihm geschenkt den Namen, der über alle Namen ist."

Auf die freiwillige Selbsterniedrigung Christi folgt dessen unübertreffliche Erhöhung.

Mit einem begründenden „deshalb" und einem Subjektwechsel setzt die zweite Strophe unseres Liedes an. Hier geht es um das Handeln Gottes an Christus, während die erste Strophe die Gehorsamstat Christi hervorhebt. Beides gehört eng zusammen. Die gehorsame Erniedrigung Christi bis zum Tod ist Voraussetzung und Grund für seine Erhöhung. Die Erhöhung, die nicht in einer bloßen Wiedererlangung der alten Würdestellung, sondern in der Verleihung des Kyriosnamens, d. h. der absoluten Herrschaftsstellung aufgeht, gilt als Gnadenerweis Gottes, nicht aber als Lohn. Als Antwort auf die doppelte Preisgabe, nämlich die des göttlichen Seins in das Menschliche und die des menschlichen Seins in den Tod ist die „Über-Erhöhung" Christi Gottes eigenes Geschenk, nicht bestätigende Legitimation oder Lohn. Jedem Rechtsdenken und jeder Lohnethik wird somit hier eine Absage erteilt: Christus selber ist Empfänger der Gnade Gottes. An ihm erweist sich Gott als der überreich Beschenkende.

Die Darstellung der Erhöhung gestaltet sich dann mit Elementen des antiken Thronbesteigungszeremoniells, näherhin durch Namensverleihung (V. 9b) und Akklamation durch den Hofstaat (VV. 10-11). Die Erhöhung erscheint so als Inthronisation. Wenn hier nicht von der traditionellen Formulierung „Auferweckung" oder „Auferstehung" die Rede ist, wird dies auf die Verwendung des Schemas „Erniedrigung – Erhöhung" zurückzuführen sein. Dieses geläufige biblische Schema bildet das Grundgerüst des Liedes. Die gnostische Vorstellung vom Abstieg und Aufstieg des Erlösers könnte demgegenüber nur als allgemeiner milieubedingter Rahmen in Frage kommen.

4. Huldigung der Mächte

V. 10: *„damit in dem Namen Jesu jedes Knie sich beuge
der Himmlischen und der Irdischen und der Unterirdischen"*

In diesem Vers wird Jes 45,23 *(„Ein jedes Knie soll sich vor mir beugen")* zitiert und auf Jesus voll, ohne Abstriche, angewandt. Das Kniebeugen, die Proskynese, keineswegs nur eine fromme Gebetshaltung, ist hier die sichtbare Unterwerfungsgeste, ein Huldigungs- und Anerkennungszeichen der absoluten Weltherrschaft Christi.

Betont wird der irdische Jesus mit Namen genannt. Es ist der historische Jesus, der die Weltherrschaft antritt. Seine Herrschaft ist universal und hat kosmische Dimensionen. Sie umfasst alles, kein Herrschaftsbereich bleibt ihm fremd oder neutral. Nicht nur die Glaubenden beugen das Knie, sondern auch *„die Himmlischen, die Irdischen und die Unterirdischen"*. Mit diesen sind die mächtigen Repräsentanten und Herrscher des ganzen Kosmos gemeint, die Mensch und Welt zwang- und schicksalhaft beherrschen. Mit dem Herrschaftsantritt des einzigen wahren Kyrios (Herr) ist ihre Macht jetzt schon, nicht erst in einer fernen Zukunft, endgültig gebrochen. Diese „Mächte und Gewalten" werden allerdings nicht als Feinde behandelt und einfach vernichtet, sie werden einbezogen in den lebensspendenden Herrschaftsraum Christi und bilden einen imposanten Huldigungschor, der in das Lob der Gemeinde, des eigentlichen Herrschaftsraums Christi, einstimmt.

Vers 11: *„und jede Zunge bekenne:*
Herr Jesus Christus
zur Ehre Gottes, des Vater"

Auch dieser Vers knüpft an Jes 45,23 *("jede Zunge wird beken-*
nen") nach der Septuaginta-Fassung an. Zur Unterwerfungs-
gebärde der Proskynese kommt die ausdrückliche Akklamation hinzu. Der ganze Kosmos wird zum riesigen Hofstaat,
der seinem neuen Herrscher huldigt und ihn bekennt. Die
ehemaligen Weltherrscher müssen ihre Entmachtung und
den Herrschaftswechsel ausdrücklich und rechtskräftig anerkennen. In der Akklamation sprechen sie den von Gott
selbst verliehenen Namen aus, sie unterwerfen sich dem
Erniedrigten und Gehorsamen und räumen ihm alle Macht
ein. Die Gemeinde bekennt mit diesem Lied, dass der
Mensch nun nicht mehr den dunklen Mächten des Schick-
sals, des Verhängnisses und des Todes ausgeliefert ist. Für
den antiken Menschen, der von Daseinsangst und Schick-
salsfurcht geplagt war, bedeutet die Verkündigung von der
Herrschaftsstellung Christi, die mit der Auferstehung geschah, ein Befreiungserlebnis. In diesem Sinn stimmt unser
Lied mit Eph 1,20b-22a überein: *„... den er von den Toten er-*
weckt und im Himmel auf den Platz zu seiner Rechten erhoben hat,
hoch über alle Fürsten und Gewalten, Mächte und Herrschaften und
über jeden Namen ... Alles hat er ihm zu Füßen gelegt ..."

Auf dem Hintergrund des Jesaja-Zitats wird der Kyriostitel
im Lied das Herrsein Gottes nach dem Verständnis des Ersten Testaments mit einschließen. Er bedeutet Gottes Kehrseite oder Zuwendung zu Welt und Schöpfung, ein Walten
seines Willens und seiner Ordnungen, nicht ein eigenmächti-
ges und willkürliches Beherrschen. Auf diese Weise drückt
die Übertragung des Kyriosnamens auf Jesus aus, dass dieser
die Öffnung Gottes zur Welt darstellt. Er ist die Tür oder
die Brücke zur Welt.

Gottes Weltzugewandtheit in der Weltherrschaft Christi depotenziert, entmachtet nicht nur die überirdischen Mächte und Gewalten, sie setzt auch menschlichem Machtstreben Grenzen. In dem damaligen politischen Kontext führt das Bekenntnis zur absoluten Herrschaft Christi zur Ablehnung des Herrscherkults. Diese kultische Verweigerung konnte nicht anders als eine nur partielle Identifizierung mit dem römischen Staat und eine begrenzte Loyalität ihm gegenüber bewirken. Mit diesem feierlichen, viel politische Sprengkraft enthaltenden Bekenntnis ist der Christushymnus eigentlich zu seinem Ende angekommen.

„Zur Ehre Gottes, des Vaters" – dieser abschließende Lobpreis Gottes, des Vaters, schießt über das Bekenntnis der Mächte hinaus und wird ein paulinischer Zusatz sein.

Der doxologische Abschluss ist keine bloße liturgische Floskel. Zum einen mischt sich mit der Nennung Gottes des Vaters die Gemeinde mit ein, die Gott „Abba, Vater" ruft (Röm 8,15). Zum andern wird erklärt, dass Herrschaft Gottes ureigene Domäne ist und bleibt. Denn auch die Herrschaft Christi ist hingeordnet auf Gott und wird am Ende Gott zurückgegeben (1 Kor 15,24). Auch die Begrenztheit der Herrschaft Christi beugt jedem christlichen Herrschaftsanspruch vor.

5. Zusammenfassende Betrachtung

Blenden wir den paränetischen Kontext des Liedes im Brief ab und schauen uns das Drama des Heilsgeschehens an, das dieses von Paulus übernommene urchristliche Lied uns vorführt.

Die Gemeinde kommt zwar nicht direkt in den Blick. Sie ist dennoch nicht unbeteiligt. Ihre Anteilnahme vollzieht sich nicht nur durch starres Anstaunen oder ergriffene Anbetung in einer Zuschauerrolle, sondern sie wird in den heilsgeschichtlich-eschatologischen Vorgang selbst mit hineingenommen. Aber nicht ein Vorbild zum Nachahmen wird hier im Lied vorgezeigt. Ein Geschehen wird verkündet, das uns betroffen macht und Freude schenkt. Denn es begründet und ermöglicht ein neues Denken und Handeln und stiftet Gemeinschaft mit Gott und untereinander. Der Hymnus redet von einem dramatischen Geschehen, dessen Subjekt in der ersten Strophe Christus und in der zweiten Gott selber ist. Das Christuslied beschreibt einen Weg, der von göttlicher Höhe bis zur äußersten Tiefe des Menschseins, bis zum Tod, und dann erneut zur höchsten Höhe göttlicher Würde und Herrschaft führt, die Tat und Geschenk Gottes sind.

Vom Weg des Erlösers, der aus der göttlichen Lichtwelt zur finsteren Materiewelt herabsteigt, um die bei der Erschaffung der Welt auf die Erde herabgefallenen Lichtfunken wieder in die Heimat hinaufzuführen, spricht der im Umfeld des Neuen Testaments beheimatete gnostische Erlöser-Mythos, wie er uns im „Lied von der Perle", das in den apokryphen Thomasakten 108-113 überliefert ist, begegnet (vgl. W. Schneemelcher, *Neutestamentliche Apokryphen in deutscher Übersetzung,* Bd. II, Tübingen 5. Aufl. 1989, S. 344-348). Auf seiner Erdenwanderung muss der Erlöser seine Lichtgestalt verstecken, sich als Sklave verkleiden, um unerkannt seine Erlösungsaufgabe erfüllen zu können. Demütigungen und Schmerzen bleiben ihm nicht erspart. Es gelingt ihm, die Seelen an ihren lichten Ursprung zu erinnern und sie aus ihrer Selbstvergessenheit zu entreißen. Bei seiner Rückkehr wird der Erlöser feierlich empfangen und gekrönt.

Dieser gnostische Mythos ist ein Versuch, den erlösungsbedürftigen Menschen eine Antwort zu geben. Tiefe menschliche Erfahrungen von Verlorenheit, Ausgeliefertsein an kosmische und dämonische Mächte, hoffnungslose Zerrissenheit des inneren Menschen und tiefe Sehnsucht nach ursprünglicher Einheit mit dem Göttlichen kommen hier zum Ausdruck. Die angebotene Lösung ist bestechend einfach: Erlösung durch Erkenntnis des eigenen lichten göttlichen Ursprungs und durch kultische Teilhabe am Schicksal des Erlösers.

Auch wir in einer modernen und wissenschaftsgläubigen Gesellschaft sind vor Einflüssen in dieser Richtung nicht gefeit. Wir erleben gerade heute eine Renaissance gnostischer Bewegungen und Selbsterlösungsreligionen. In KNA vom 20. Januar 1994 war zu lesen:

„Sekten und Psychokulte haben nach Schätzungen des Berufsverbandes Deutscher Psychologen (BDP) in Deutschland zwischen 1,5 und 2,5 Millionen Mitglieder und Sympathisanten. In Zukunft würden vor allem die Sekten Erfolg haben, die schnelle Problemlösungen 'mit wissenschaftlichen Etiketten versprechen', sagte BDP-Sprecher Werner Gross am Donnerstag vor Journalisten in Bonn. In der Sektenszene sei eine 'neue Qualität' der Gruppierungen festzustellen. Im Gegensatz etwa zu den Jugendreligionen suchten in jüngerer Zeit entstandene Bewegungen ihre Methoden und Techniken aus verschiedenen wissenschaftlichen Bereichen zusammen. ...

Der Wuppertaler Psychologe Detlev Poweleit wies darauf hin, dass sich bestimmte Gruppierungen verstärkt um Einfluss auf Führungskräfte und Manager in der Wirtschaft bemühten. Ziel von Scientology etwa sei es, zehn bis 15 Prozent der 'nationalen Meinungsführer' zu beeinflussen. "

Wie sollen wir als Christen auf diese Herausforderung reagieren? Haben wir eine Antwort parat? Einen Impuls und eine Orientierung finden wir in unserem Christuslied, das eine Antwort auf die gnostische Herausforderung sein wollte.

Der Christushymnus redet – im Gegensatz zum gnostischen Programm – nicht primär von der Erlösung des Menschen, sondern von Christus. Das Lied zeigt, wie er handelt und wie Gott an ihm selbst handelt. Gott und sein Heil werden in ihm transparent. Die Geschichte Jesu Christi, die keine bloße Episode oder ein Zwischenstadium ist, zeigt, wie Gott handelt und wie er in Wahrheit ist. Gott versteckt nicht seine Gestalt in einer leiblichen Hülle, um keine Feindberührung zu haben oder von seinen Feinden unentdeckt zu bleiben. Er hält daran aber auch nicht wie an einem unaufgebbaren Beutestück fest, sondern entäußert sich bis ins Nichts, ins Leere. Er gibt auf, was er hat, er gibt sich auf, er liefert sich total aus, er zeigt seine Verwundbarkeit, seine Ohnmacht, er zeigt Blöße, er gibt sich preis. Er verschwindet in der äußersten Entäußerung der Liebe. So weit geht das Loslassen Gottes. Und wie geschieht dies? Im Menschen, in der menschlichen Existenz, im Leben eines konkreten Menschen, des Jesus von Nazaret, – so lautet die Antwort.

Schritt für Schritt, fast stufenweise verfolgen wir den Herabstieg Gottes in Christus in die Niederungen der menschlichen Existenz, in die unterste Stufe des Sklavendaseins, in die Nichtigkeit des Daseins zum Tod, in die Verlorenheit und das Verlassensein, in das Verworfensein des Kreuzestodes, wie Paulus den Hymnus ergänzt. Er ist den Weg des Menschen bis zu seinem bitteren Tod gegangen. Dietrich Bonhoeffer hat 1934 in seiner Londoner Predigt zum Bibeltext in 2 Kor 12,9: *„Meine Kraft ist in den Schwachen mächtig"* Folgendes gesagt:

„Wo immer Gott erscheint, hat er wiederum durch Menschen zu leiden. Gott hat am Kreuz gelitten. Darum hat alles menschliche Leiden und Schwachsein Anteil an Gottes eigenem Leiden und Schwachsein in der Welt. Wir leiden – Gott leidet viel mehr. Unser Gott ist ein leidender Gott" (D. Bonhoeffer, *Gesammelte Schriften,* Band 4, S. 629).

Die menschliche Existenz, das Menschenbild der Antike, war geprägt durch die Erfahrungen des Bedrohtseins und das Gefühl der Angst in einem amorphen und chaotischen Kosmos, der auch die Gesellschaft mit einschließt. Mensch-sein und Sklavesein wurden gleichgesetzt. Der Mensch ist von „Mächten und Gewalten" beherrscht, versklavt. Dahin-ter steht auch die Erfahrung des nicht-anders-Könnens, das als unabwendbare, unveränderliche Schicksalsmacht, Anan-ke, personifiziert wird.

Wäre es da nicht natürlich, sich einen starken Gott zu wün-schen, der so etwas nicht zulässt, der den Chaos- und Dun-kelmächten einen Riegel vorschiebt? Oder sollten die Men-schen in einer solchen Situation sich nicht anstrengen, um durch Therapien, durch Erkenntnis und Spekulationen und durch rituelle Vollzüge das Selbst, den innersten Kern, die Perle, das Kostbarste im Menschen, die Seele, zum Heil zu führen, sie zu retten?

In unserem Hymnus wird das Verständnis des Menschseins als Versklavtsein und Ausgeliefertsein angenommen und in derer leibhafter Annahme aufgehoben. Die Ursehnsucht nach einer starken Stütze in Form einer Gottheit oder Selbsterhöhung wird radikal in Frage gestellt, ja zunichte gemacht. *„Gott aber begegnet dem Menschen, der sein will wie Gott, in dem, der nichts sein will als ein Mensch"* (G. Bornkamm, *Studien zu Antike und Christentum, Gesammelte Aufsätze,* Band II, Mün-chen 1963, S. 187).

Gott, sagt der Hymnus, hat seinen Standort aus freien Stü-cken gewechselt, er ist bei den ohnmächtigen Menschen, bei den Geringen und Armen, bei den Verlorenen und Ge-schundenen. Seine Solidarität kennt keine Grenze der Er-niedrigung. Seine Solidarität gilt vor allem den Verdammten dieser Erde. Das gibt Hoffnung für die Hoffnungslosen, Kraft für die Ohnmächtigen und Rettung für die Gottlosen.

Nicht eine von Natur aus lichte, reine Existenz soll entdeckt werden. Existenz wird erst wirklich aus Gnade verliehen.

Der letzte Grund dafür liegt in der paulinischen Auslegung der Kreuzestod Christi: in ihm geschieht die Annahme des Menschen, die transparent wird im frei übernommenen Dienst am Menschen.

Gottes gnadenhafte Solidarität ist zugleich auch Anklage gegen selbsternannte Mächte und Herren, wie es im zweiten Teil des Hymnus deutlich zum Ausdruck kommt. Sie werden entmachtet, aber nicht wie Feinde vernichtet. Sie erkennen die Herrschaft Christi an und stimmen in das Bekenntnis der Gemeinde mit ein. Die kosmischen und irdischen Mächte bekennen schon jetzt in der Verborgenheit, dereinst in aller Öffentlichkeit: Jesus Christus ist der Herr.

Der Erniedrigte ist der erhöhte Herr. Gottes Weg in die Tiefe führt nicht ins Leere. Das ist seine Antwort: Er selber hat den Erniedrigten über-erhöht, hoch über allen erhöht und ihm seinen Namen, den Kyriosnamen, geschenkt – gleichsam in einer Inthronisationsfeier, in der der neue Herrscher präsentiert, proklamiert und akklamiert wird. Denn er war seiner menschlichen Daseinsweise treu bis zum Letzten, bis in den Tod. Der Weg Jesu in die Niedrigkeit als ein gehorsames Sichbeugen unter die Naturordnung der Vergänglichkeit ist keine Sanktionierung des Status quo, keine Überhöhung der gesellschaftlichen Verhältnisse, sondern deren Transzendierung und Veränderung durch die Solidarität mit den Benachteiligten in jedem System: im religiösen, im gesellschaftlich-politischen oder im persönlichen Bereich.

Die Solidarität mit den Zukurzgekommenen ist wie ein großes Fragezeichen, das in der Geschichte auf eine Antwort harrt.

Die Gemeinde enthüllt die Herrschaft Christi vor der Welt im Bekenntnis und in der Praxis der Liebe und löst so das Fragezeichen. Sie befindet sich selber „in Jesus Christus", in dieser neuen Wirklichkeit, in diesem neuen Herrschaftsraum. Dadurch wird Gott die Ehre erwiesen.

Am Schluss zitiere ich als Zusammenfassung dieses Beitrags und zugleich als Impuls zum Weiterdenken ein Gedicht von Marie Luise Kaschnitz:

> *„Ihr mögt mich schelten sagt die Liebende*
> *Aber mein Gott war sterblich*
> *Hatte Hunger und Durst wie alle.*
> *Bettete sein Haupt*
> *Vergrub sich in meine Lenden*
> *Wanderte irrte kam wieder*
> *Der schreiende Heiland.*
> *Ihr mögt mich schelten sagt die Liebende*
> *Aber ich wusste was Gnade ist.*
> *Seine Worte verloren ihr Salz nicht*
> *Ein Leben lang*
> *Seine Hände nicht ihre Kraft*
> *Seine Lippen nicht ihre Süße."*

Für die anschließende persönliche Besinnung stelle ich folgende Fragen:

- Was empfinde ich angesichts eines ohnmächtigen Gottes?
- Welche Forderungen stelle ich an Gott?
- Welche Forderungen stellt Gott an mich?

Angst oder Trost? – Zur Angstbewältigung im Buch „Offenbarung/Apokalypse des Johannes"

1. Apokalyptik – das Geschäft mit der Angst?

Würden wir die furchterregenden Bilder, die das Buch „Offenbarung des Johannes" unserer Phantasie vorführt, auch nur im Traum sehen, wer könnte da seelenruhig weiterschlafen? Würden wir nicht eher erschreckt und schweißgebadet aufwachen und einige Zeit etwas verwirrt umherschauen?

Albrecht Dürer hat einen bedeutsamen Traum nicht nur in einem Bild festgehalten, sondern auch handschriftliche Erläuterungen hinzugefügt, die seine starke Gemütsbewegung offenbaren. Unter seinem Bild „Traumgesicht" schreibt er: *„Im Jahre 1525 nach dem Pfingsttag zwischen dem Mittwoch und dem Donnerstag in der Nacht im Schlaf habe ich dies Gesicht gesehen, wie viele große Wasser vom Himmel fielen. Und das erste traf das Erdreich ungefähr 4 Meilen von mir (entfernt) mit einer solchen Grausamkeit, mit einem übergroßen Rauschen und Zersprühen und ertränkte das ganze Land. Darüber erschrak ich so schwer, dass ich davon aufwachte, eh dann die anderen Wasser fielen. Und die Wasser, die da fielen, die waren ziemlich groß. Und es fielen etliche weiter (entfernt), etliche näher, und sie kamen so hoch herab, dass sie scheinbar langsam fielen. Aber als das erste Wasser, das das Erdreich traf, schnell näher kam, da fiel es mit einer solchen Geschwindigkeit, Wind und Brausen, dass*

*ich so erschrak, als ich erwachte, dass mir all mein Körper zitterte und
ich lange nicht recht zu mir selbst kam. Aber als ich am Morgen aufstand, malte ich hier oben, wie ich's gesehen hatte. Gott wendet alle
Dinge zum Besten. Albrecht Dürer."*

(aus: K. Petersen, *Die Apokalypse im Hinterkopf.*
Denken, Glauben und Handeln in katastrophalen Zeiten,
Göttingen 1990, S. 45f).

Bedrohliche Bilder, die den Weltuntergang darstellen oder
nahelegen, können erschrecken oder beängstigen. Auf drohende Situationen, Lebensgefahr, Tod, Zerstörung des Le-
bensraumes, Vernichtung reagiert der Mensch als Lebewesen
mit Angst. Angst gehört unvermeidlich zu unserem Leben
und ist Ausdruck unserer endlichen Existenz. Magie, Religion, Philosophie und Wissenschaft haben immer wieder versucht, die Angst zu bewältigen, zu vermindern oder gar zu
übewinden. Eine totale Angstfreiheit ist nicht erreichbar und
Systeme oder Methoden, die sie versprechen, können letztlich nur illusorische Erwartungen wecken oder die Angst nur
verdecken. Die Religion bietet Hilfe zur Angstbewältigung
durch Weckung von Vertrauen und Hoffnung und Befähigung zur Liebe. Dies ist wohl eine ideale Form von Religion.
Oft geschieht das Gegenteil: Es werden nicht die Gegenkräfte gegen die Angst entwickelt, sondern die Angst noch mehr
verstärkt. Es können sich Formen von Angst einstellen, die
eine gesunde menschliche Entwicklung behindern oder die
Persönlichkeitsstruktur nachhaltig stören.

Das Buch „Offenbarung des Johannes" hat in seiner Wirkungsgeschichte außer Impulsen zur geistigen bis hin zur
revolutionären Erneuerung von Kirche und Gesellschaft
auch starke Angstspuren hinterlassen. Nicht nur glühende
Erwartung des Tausendjährigen Reiches brach immer wieder
in der Geschichte der Kirche auf, sondern auch angstbeses-
sene Berechnungen von Endzeit und Weltende verwirrten
Menschen und entflammten regelrecht apokalyptische Be-

wegungen. Von der Johannesoffenbarung ist sowohl eine heilsame wie auch eine beängstigende und zerstörende Unruhe ausgegangen.

2. Kontrast und Wende. Zur Struktur apokalyptischen Denkens

In apokalyptischen Schriften finden wir Bilder, die den Zusammenbruch der alten Welt und den Aufbruch einer neuen Welt schildern.

Die Apokalyptik vereinfacht und verschärft zugleich das urtümliche mythische Denken in Zeitaltern. Das Denkmodell der verschiedenen Zeitalter zeigt eine absteigende Linie in der Geschichte, einen Abstieg von idealen zu immer schlechteren und härteren Lebensbedingungen. Bei dem griechischen Dichter Hesiod (um 700 v. Chr.) finden wir im Abendland die erste Darstellung eines Mythos vom Goldenen Zeitalter, der von anderen Dichtern und Denkern in der Antike aufgenommen wurde (z. B. Ovid, Vergil, Seneca). Nach diesem Mythos schufen die Götter zunächst ein goldenes Geschlecht, nach diesem ein silbernes und schließlich ein ehernes Geschlecht. Die Reihenfolge der Metalle beschreibt den kontinuierlichen Abstieg bis zu einem Tiefpunkt. Indem oft dieser Tiefpunkt mit der Gegenwart des Schriftstellers gleichgesetzt wird, dient der Mythos zur Erklärung des gegenwärtigen Elends und der gegenwärtigen Notzeit.

Gegenüber diesem mehr kulturpessimistischen Modell gibt es auch eine optimistische Form des Mythos, der den Aufstieg und Fortschritt in der Menschheitsgeschichte aufzeigt. Dies geschieht oft zum Ruhm und zur Ehre des gegenwärtigen Herrschers, der das Goldene Zeitalter herbeiführt. So spricht Vergil in seiner Aeneis den Kaiser Augustus als Vollender des neuen, Goldenen Zeitalters an.

Die apokalyptische Denkart verdichtet die Periodisierung in einem Kontrast von Altem und Neuem, Ende und Neubeginn und setzt den kritischen Punkt im Vergehen des Alten an, das durch Zerstörung erfolgt. Dieses Denkschema ist nicht nur religiösem Denken eigen, es gehört zur inneren Krisenbewältigung.

Zu einem Kinderschreibwettbewerb mit dem Thema „Meine Zukunft" schrieb eine elfjährige Schülerin Folgendes: *„Ich möchte nicht über meine Zukunft schreiben, sondern über die Zukunft der Erde. (...) In der Zukunft werden wir alle in Hochhäusern, ähnlich wie in Konservendosen, leben. Die Menschen laufen in Schutzanzügen mit Sauerstoffhelmen herum. Jeder ist in Hetze. Die Tiere sind durch das Gift, das wir in die Luft pumpen, gestorben. Bäume und Sträucher sind zubetoniert. Niemand denkt mehr an gesunde Luft, Tiere und Liebe. Der Mensch ist zur Maschine geworden. Kinder leben in Erziehungsheimen, wo sie nichts anderes lernen können, als Computer zu steuern und Reaktoren zu bedienen. Gefühle haben keinen Platz mehr. So wird unsere Welt sein, wenn man nichts dagegen tut. Aber man kann viel tun, um uns und die Welt zu retten, zum Beispiel Produkte, die wir täglich kaufen, umweltfreundlicher verpacken. Manchmal wünsche ich mir, dass ein riesiger Vulkanausbruch all unsere Mülldeponien, Kernkraftwerke und Atommeiler weit wegschleudert, so dass einige vernünftige Menschen unsere Erde neu aufbauen können"*
(R. Rusch, Hrsg., *So soll die Welt nicht werden. Kinder schreiben über ihre Zukunft,* Kevelaer 1989, S. 23).

Woher kommt denn diese apokalyptische Schilderung und Stimmung? Die tagtäglichen Bilder von Katastrophen und „feindlichen" Umweltbedingungen überfluten die kindlichen Phantasien, und die Angst macht Luft in Wunschträumen von der Unheil vernichtenden Katastrophe, die einer besseren Welt den Weg bahnt und einen neuen Anfang ermöglicht.

Die Ausführungen der Schülerin weisen dieselbe apokalyptische Struktur wie die des Buches „Offenbarung des Johannes" auf: *Eine erdrückende Erfahrung der Gegenwart macht das Gericht, das einen neuen Anfang ermöglicht, unausweichlich.*

Im Buch „Offenbarung des Johannes" wie in allen biblischen Apokalypsen halten sich Bilder der Verzweiflung und Bilder der Hoffnung die Waage, *bis endlich die Hoffnung siegt.*
Nicht Panikmache, sondern Trostspendung ist die Absicht des Verfassers des Buches „Offenbarung". Nicht Verzweiflung, sondern Hoffnung ist seine Grundstimmung. *„Feststehen im Glauben"*, ist seine Devise. Offb 6,17b wird die bange Frage der Gemeinde deutlich und unüberhörbar ausgesprochen: *„Wer kann da bestehen?"* Das ist die Frage, um deren Antwort sich das ganze Buch dreht.

3. Die Gemeindesituation

Um Frage und Antwort des Buches richtig zu verstehen, müssen wir den gesellschaftlichen Hintergrund zur Zeit seiner Entstehung vor Augen haben; wir müssen uns die Situation der Gemeinden in Kleinasien um die Mitte des Jahrs 90 n. Chr. vergegenwärtigen. Das Buch „Offenbarung" will keine Geheimnisse offenbaren. Eine Versiegelung des Buches im Sinne einer apokalyptischen Geheimschrift wird Offb 22,10 ausdrücklich verboten. Das Buch ist für die Gegenwart, in erster Linie also für die damalige Zeit geschrieben. Dieser zeitgeschichtliche Bezug ist jedenfalls bei einem sachgemäßen Umgang mitzuberücksichtigen. Der zeitgeschichtliche Aspekt schließt aber die Bedeutung des Buches über seine Zeit hinaus für die Gemeinden aller Zeiten keineswegs aus. Dafür spricht seine – wenn auch späte – Aufnahme in den Kanon Heiliger Schriften.

Wir sind in der glücklichen Lage, die Adressaten genauer als in anderen Schriften zu kennen. Das Buch richtet sich an sieben Gemeinden in Kleinasien, die unweit von Ephesus liegen: Ephesus, Smyrna, Pergamon, Thyatira, Sardes, Philadelphia und Laodizea. Die sieben Sendschreiben am Anfang des Buches lassen die Situation der einzelnen Gemeinden näher erkennen. Die Sieben-Zahl wird auch als Symbol für die Gesamtkirche stehen.

Für die Gemeinden und für die einzelnen Christen ist eine Situation der Bedrängnis und der Verfolgung angebrochen, wovon in den Sendschreiben und auch sonst die Rede ist (1,9; 2,9f; 3,10; 7,14). Diese Bedrängnis kann sich bis zum Martyrium steigern, wenn dies auch nur vereinzelt vorgekommen sein mag. Im Sendschreiben an die Gemeinde in Pergamon wird der Märtyrer Antipas mit Namen erwähnt (2,13). Um welche Zeit könnte es sich dabei handeln? Es sind die letzten Regierungsjahre des Kaisers Domitian (81-96). Die kirchliche Tradition spricht von einer Verfolgung unter seiner Regierung (Melito von Sardes, Tertullian). Aus römischen Quellen erschließt sich dies eher indirekt. Domitian ließ das christliche Ehepaar Flavius Clemens und Domitilla wegen „Gottlosigkeit" (so Dio Cassius) oder „wegen verächtlicher Gleichgültigkeit gegen den Staat" (so Sueton) töten. Der Verfasser des Buches „Offenbarung" blickt offensichtlich auf schon geschehene Verfolgungen und erwartet noch schwerere. Die Nachricht des Irenäus, die Offenbarung des Johannes sei am Ende der Regierung des Kaisers Domitian entstanden, ist durchaus glaubwürdig (haer 5,30,3). Dieser Kaiser beanspruchte für sich als erster den Namen und Titel „Herr und Gott" (dominus ac deus). Wer dem Kaiser seine göttliche Anerkennung versagte, galt als Atheist und musste mit der Todesstrafe rechnen.

In der Provinz Asien, aus der das Buch Offenbarung kommt, blühte zudem der Kaiserkult wie nirgendwo sonst. Im neuen Kaisertempel zu Ephesus ragte das marmorne Kultbild empor, das den Kaiser Domitian in vierfacher Lebensgröße als jungen Zeus darstellt. Auch in Ephesus residierte der „Asiarch", der jährlich wechselnde „Hohepriester Asiens". Er stand an der Spitze des ephesischen Kaiserkultes und war zuständig für die religiös-politischen Veranstaltungen zur Ehre des göttlichen Kaisers. Er war sozusagen der Propagandaminister.

Die Auseinandersetzung mit dem Kaiserkult steht im Mittelpunkt des Buches. Die Christen, die zwar für den Kaiser, aber nicht zu ihm beteten, mussten mit schweren Verfolgungen rechnen. Wie ein Vers aus einem Klagepsalm lautet Offb 6,10: *„Wie lange zögerst du noch, Herr, du Heiliger und Wahrhaftiger, Gericht zu halten und unser Blut an den Bewohnern der Erde zu rächen?"*

Bei diesem Konflikt, der öffentlichen Charakter hat, geht es um die Bewahrung und Bewährung der christlichen Identität. Die grauenvollen Bilder des Gerichtes, mit denen wir uns schwertun, sind nicht bloßes Phantasieprodukt eines ohnmächtigen Zorns, mögen sie auch aus Ressentimentgefühlen herrühren. Der Vollzug des Gerichtswunsches wird Gott überlassen. Die ohnmächtigen, unterdrückten und verfolgten Christen nehmen das Gericht nicht in die Hand, sie sind zur Standhaftigkeit in Jesus, zum Ausharren in der kritischen Situation aufgerufen (vgl. Offb 2,2.19; 3,10; 13,10; 14,12). Ein großes Lob wird gerade den Mitgliedern der ephesischen Gemeinde im ersten Sendschreiben ausgesprochen: *„Du hast ausgeharrt und um meines Namens willen Schweres ertragen und bist nicht müde geworden"* (Offb 2,3). Auf dem Hintergrund des Kaiserkultes sind diese Worte nicht vage und abstrakt, sondern konkret und deutlich.

4. Der Aufbau des Buches „Die Offenbarung des Johannes"

Der Aufbau des Buches „Offenbarung" wird meistens als kunstvoll empfunden. Aber die Meinungen gehen auseinander, wenn es darum geht, den Maßstab für die Gliederung des Ganzen zu bestimmen. Die einen legen die Siebenzahl zugrunde. Man denke nur an die 7 Sendschreiben, die 7 Siegel, die 7 Posaunen und die 7 Zornesschalen. Mit aller Akribie will man etwa 7 Abschnitte mit je 7 Unterabschnitten herausfinden. Das ist vielleicht zu viel des Guten.

Andere sehen in Offb 1,19 den Schlüssel für die Gliederung des Buches. Der Seher bekommt den Auftrag, niederzuschreiben
1. *was er gesehen hat* (1,9-20: Berufungsvision),
2. *was ist* (Kap. 2-3: die Sendschreiben),
3. *was hernach geschehen soll* (Kap. 4-22).

Der letztere Abschnitt wird wiederum unterteilt in:
a) die Ankündigung des Gerichts (Kap. 4-11),
b) der Kampf gegen die Widersacher Christi und der Kirche (Kap. 12-18),
c) der endzeitliche Triumph (Kap. 19-22).

Die Gliederung eines Buches kann zweifellos die dahinterliegende Konzeption deutlich machen. Es ist jedenfalls zu beachten, dass in unserem Buch Ankündigung und Darstellung, Kampf und Sieg ineinander übergehen. Ein strenger „Fahrplan" der Ereignisse ist nicht festzustellen. Für die Auslegung und das Verstehen des Ganzen genügt es daher, auf die einander entsprechenden Aussagen und Bilder, auf die Entsprechungen, Gegensätze und Variationen zu achten. Folgende Entsprechungen und Gegensätze sind besonders hervorzuheben:

1. Unheils- und Gerichtsgeschehen einerseits, Heilshandeln andererseits

2. Abgestufte (Steigerung der) Entsprechungen in den
   Gerichtsvisionen: Siegel – Posaunen – Schalen

3. Zwei Weisen der Darstellung Kap. 12 (Mythos) =
   Kap. 13 (Geschichte)

4. Vorwegnahme (Vorgriff) – Realisierung

   a) des Gerichts   a) des Gerichts
      1.-6. Siegel   ab 7. Siegel bis
      apokalyptische Reiter und   Gericht über
                                     Babylon
      kosmische Erschütterung   (Kap. 8-18)
      (Kap. 6)

   b) des Heils   b) des Heils
      Erlösung der bedrängten   Schilderung der
                                     Vollendung
      und verfolgten Gläubigen   (Kap. 21-22)
      (Kap. 7)

5. Gegensätzliche Bilder

   Babylon (Kap. 17-18) auf der einen Seite, das himmlische Jerusalem (Kap. 21-22) auf der anderen Seite.

6. Variationen:

   Die endzeitliche Vollendung als
       - neue Welt (21,1-8)
       - das himmlische Jerusalem (21,9-27)
       - das ewige Paradies (22,1-5)

5. Zur Entstehung und literarischen Gestaltung des Buches

So wie wir das Buch vor uns haben, ist es das Produkt eines Wachstums. Als ursprünglicher Entwurf lässt sich die Siegelvision erkennen (Kap. 6; 8). Die Endereignisse erscheinen als Folge der Öffnung der sieben Siegel. Das siebte Siegel sollte ursprünglich den Höhepunkt mit der Epiphanie Gottes und der Auferweckung der Toten bilden. Aus dem siebten Siegel erwachsen die Sieben-Posaunen-Visionen. Eine Verzögerung in der Spannungshaltung des Lesers wird somit beabsichtigt. Aus der siebten Posaune entstehen aus derselben Verzögerungsabsicht die Visionen der sieben Schalen. Man kann sich gut vorstellen, dass das fünfte und sechste Siegel ursprünglich die kosmischen Erschütterungen enthielten, unter denen der Zusammenbruch der alten und der Anbruch der neuen Welt vor sich ging. In der jetzigen Fassung werden aus den Wehen der Endzeit göttliche Strafen, die den Charakter von Bußwarnungen haben oder die Verstockung der Menschen erst recht offenbar machen. Diese Deutung liegt deutlich der Schalenvision zugrunde (Kap. 16), die nicht nur Warnung, sondern in erster Linie eine Darstellung der göttlichen Strafe für die Sündhaftigkeit der Menschen sein will. Das Buch als Ganzes beschränkt sich nicht auf eine Darstellung der endzeitlichen Plagen, als wäre es nur ein großes Gemälde des Endgerichts. Es will vor allem die *Bewahrung* der Gläubigen vor diesen Plagen darstellen. Diese Absicht kommt in der Vision von der Versiegelung der Gläubigen (Kap. 7) deutlich zum Ausdruck. Die Bewahrung geschieht aber nicht automatisch oder deterministisch, sie vollzieht sich in der *Bewährung*. Daher die vielen Aufrufe zur Standhaftigkeit und Stetsbereitschaft.

Der Verfasser unternahm schließlich eine politische Aktualisierung des eschatologischen Geschehens. Einen Anknüpfungspunkt für eine politische Sicht der Endereignisse bot ihm die Vorstellung von der eschatologischen Versuchung in Kap. 12. Er übernahm sie aber nicht wegen einer Theorie. Er wurde durch konkrete Erfahrungen dazu veranlasst. Der konkrete Anlass für diese „politische Relektüre" war die Christenverfolgung unter Kaiser Domitian. Das römische Kaisertum stellte sich dem Verfasser als eine Größe dar, in der sich der Satan, der Gegenspieler Gottes, auf Erden manifestierte (Kap. 13). Mit ihm treten die Gegenspieler Gottes, nämlich der Satan, der Antichrist und der Lügenprophet ins Spiel und führen das Ende der Weltgeschichte herauf. Auf diese Weise dringt zweifelsohne eine dualistische Denkweise in den Entwurf des Buches ein. Der Gemeinde der Gläubigen wird nun die Hure gegenübergestellt, die die Stadt Rom verkörpert (Kap. 17).

Dieses dualistische Schema verlangt schließlich nach einer Auflösung, die Gott als Sieger im Endkampf zeigt. Der Verfasser greift hier für seine Darstellung auf traditionelles Erzählgut zurück: das Zwischenreich (20,1-6), den Kampf des Satan (20,7-10) und das Totengericht (20,11-15).

Aber das Buch endet nicht mit der Darstellung des Gerichts, sondern mit der Vision von einem neuen Himmel und einer neuen Erde, von einer neuen Stadt, dem neuen Jerusalem, und einem neuen Paradies (21,1-22,5). Das Buch schließt mit den Bildern der Endvollendung.

Dem Ganzen werden dann die mit einer Beauftragungsvision ansetzenden Sieben Sendschreiben vorgeschaltet (1,9-3,22), in denen die Situation der sieben kleinasiatischen Gemeinden konkret angesprochen wird: Anfechtung durch die feindselige Haltung der Mitwelt und der Obrigkeit, Anpassung an die Lebensart der Welt, Reichtum und Armut, Gefahr von Häresie und Schisma, aber auch Treue, Ausdauer und sogar Liebe.

Dann umrahmen Vorwort (1,1-3) und briefliche Einleitung (1,4-5a) sowie Buchschluss (22,6-20), der wiederum einen Briefschluss aufweist (22,21), das Ganze und runden es ab. Die briefliche Rahmung ist wohl beabsichtigt und hat das Ziel, dass das Buch in den Gottesdiensten der Gemeinde vorgelesen wird (1,3).

6.   Die Bildersprache

Mit unheimlichen, aber auch mit beglückenden Bildern werden Leser und Hörer des Buches Offenbarung konfrontiert. Im allgemeinen können wir die Einzelbilder zuordnen und damit erklären. Was uns Lesern und Auslegern allerdings zu schaffen macht, ist die ungewohnte Bildkomposition, die an moderne Bildkollagen erinnert. Bilder werden aus ihrem ursprünglichen anschaulichen Zusammenhang genommen und in einen neuen gestellt. In dieser neuen Bildkomposition übersteigen sie dann die Vorstellungsmöglichkeit.

Bei der Thronwagenvision des Ezechiel (Ez 1,15-21) ist z. B. die Vorstellung von Rädern, die innen und außen voller Augen sind (Ez 1,18), eine durchaus anschauliche Vorstellung; auf die einzelnen Tiere in Offb 4,8 angewandt, zerbricht das Bild ins Unvorstellbare. Durch dieses Element der Dissonanz oder des Kontrastes soll der Leser oder Hörer zu einem emotionalen Verstehen geführt werden, das die einzelnen Elemente beachten und sie nicht von vornherein zu einer Harmonie zwingen will. Die Beschreibung des Reiters auf dem weißen Pferd in Offb 19,11-16 ist für dieses Verständnis typisch.

Diese emotionale Ebene will angesprochen sein. Zugleich soll auch der Sitz im Leben, nämlich die Ursprungssituation und der Kontext, beachtet werden. Die Entstehungssituation, die Zeit der Verfolgung, begünstigte und verstärkte den Gebrauch von Bildern, die nur Eingeweihte, direkt Betroffene verstehen. Die Symbolsprache des Apokalyptikers ist so auch eine codierte, chiffrierte Sprache, die auch Schutz bieten kann. Auf diese Weise wird in den Gemeinden Kommunikation weiter gepflegt und Sprachlosigkeit vermieden.

7. Das Erste Testament als Bezugsschrift

Da und dort im Buch finden sich Anklänge an Schriften des Neuen Testaments, sowohl an die Evangelien wie auch an die Briefliteratur. Die eigentliche Bezugsschrift oder Quelle ist allerdings das Erste Testament.

In einem anderen Zusammenhang spricht Rudolf Bultmann sogar davon, dass das im Buch „Offenbarung" bezeugte Christentum „als ein schwach christianisiertes Judentum" bezeichnet werden muss (R. Bultmann, *Theologie des Neuen Testaments,* 4. Aufl. Tübingen 1961, S. 525). In diesem Urteil wird ein ungeklärtes Verhältnis zum Buch „Offenbarung" – und vielleicht auch zum Judentum – sichtbar.

Das Erste Testament wird zwar kein einziges Mal wörtlich zitiert, aber das ganze Buch ist durchtränkt vom Ersten Testament. Wie in keiner anderen Schrift des Neuen Testaments begegnen uns hier Gedanken und Bilder des Ersten Testaments, über 580 mal.

Die bevorzugten Schriften des Ersten Testaments sind die prophetischen Bücher: Daniel, Ezechiel, Sacharja und Jesaja. Man soll eigentlich das Buch „Offenbarung" in einer Hand und das Erste Testament in der anderen lesen. Nur so können wir die Schätze dieses Buches wirklich entdecken.

8. Die Offenbarung des Johannes: Bilder der Angst – Visionen der Hoffnung

Bilder der Angst und Visionen der Hoffnung mischen sich zu einem bunten Mosaik. Beim flüchtigen Lesen des Buches können die Angstbilder den Leser überwältigen und die Wahrnehmung der hellen Hoffnungsvisionen verhindern.

Kunstvoll lässt der Verfasser Hymnen und Lieder in die düsteren Gerichtsbeschreibungen einflechten, um so einen Kontrapunkt zu diesen zu bilden. Zusammen mit den strahlenden Visionen sind sie als Vorgriff auf Gottes Zukunft Ermutigung zum Aushalten in der Drangsal und Anstoß zur Hoffnung in der Glaubenskrise.

Es wäre jedenfalls verkehrt, wollte man diese helle Seite der Apokalypse als bloße „Vertröstung auf das Jenseits" verstehen. Denn dem Apokalyptiker, der wie Johannes zugleich Prophet ist, geht es um nichts anderes als um die Erschaffung einer neuen, gerechten Welt. Als Apokalypse (apokalypsis: wörtlich „Aufdeckung") entlarvt die Johannesoffenbarung eine unmenschliche Macht-Welt und verurteilt sie als wider Gottes Willen. Es wird Gott zugetraut, eine gerechte Welt zu schaffen. Die ganze Hoffnung ruht also auf Gottes rettender Macht.

Und selbst die Gerichtsbilder können als Vorwegnahme des Gerichts Läuterung und Bereitung des Neuen, als in der Krise vollzogener Durchgang zu einem neuen Anfang verstanden werden.

9. Problematische Aspekte im Buch „Offenbarung des Johannes"

9.1 Die Ausmalung der Gerichtsszenerie

Der Gerichtsgedanke und Schilderungen von Gerichts- und Unheilsgeschehen begegnen uns nicht minder oft in den heiligen Schriften des Ersten Testaments und des Neuen Testaments. Wir finden sie in nicht-prophetischen und prophetischen Stücken und selbst bei Jesus. Die Funktion des Gerichtsgedankens und der Unheilsschilderung ist vielfältig. Sie können zur Buße und Umkehr, zur Entscheidung für den Willen Gottes aufrufen. Sie können Bilder für den Ernst der Entscheidungssituation sein.

Alle diese Auslegungen könnten den Eindruck einer Ehrenrettung des Gerichtsgedankens in religiösem Zusammenhang erwecken. Wir können uns aber nicht einfach über die Reaktion des Lesers oder Hörers hinwegsetzen. Nur mit Entsetzen können die Leser oder Hörer auf die Posaunenvisionen im 8. und 9. Kapitel der Johannesoffenbarung reagieren. Wer würde kein Grauen empfinden gegenüber einem riesigen Blutsee von rund einem Meter Tiefe und von über 2000 Kilometern Durchmesser (Offb 14,20) oder einem gewaltigen Leichenschmaus (Offb 19,17-21)?

Zweifelsohne will Johannes, der Verfasser des Buches „Offenbarung"„ durch Gerichts- und Unheilsandrohung seine Leser in seinem Sinn motivieren oder lenken. Ausdrückliche Leserlenkung finden wir in den Sendschreiben (Offb 2-3) und im Buchschluss (Offb 22,18f). An der letztgenannten Stelle heißt es: *„Ich bezeuge jedem, der die prophetischen Worte dieses Buches hört: Wer etwas hinzufügt, dem wird Gott die Plagen zufügen, von denen in diesem Buch geschrieben steht. Und wer etwas wegnimmt* *von den prophetischen Worten dieses Buches, dem wird Gott seinen Anteil am Baum des Lebens und an der heiligen Stadt wegnehmen, von denen in diesem Buch geschrieben steht.*" Diese Verfluchungsformel, die für die apokalyptischen Schriften typisch ist (vgl. äth Hen 104,10ff; slav. Hen 48,7f), will den Bestand des Buches schützen; dennoch wirft sie wegen der gewaltsamen Sprache Fragen auf. Entlarvt sie nicht eher den drohenden Charakter des Buches? Ist der Verfasser vielleicht ein hasserfüllter Mensch, voll Ressentiments und Rachegefühl gegen seine Gegner? Aber selbst bei einer negativen Diagnose seiner Seelenstruktur ist die grausame Wirklichkeit einer Verfolgung mit Todesfolge hinter seiner grausamen Phantasie zu sehen. Das sei nicht im Sinne einer Rechtfertigung, sondern einer richtigen Zuordnung gesagt.

Es ist außerdem nicht zu verkennen, dass solche Gewaltphantasien, die nicht bloß als gewöhnliche Hasstiraden abgestempelt werden dürfen, durch die Versprachlichung, durch das Ausdrücklich-Werden im Medium der Sprache ein Mittel der Bewältigung von Angst und Verzweiflung und vielleicht auch von Hass sein können. Auf keinen Fall projiziert die Johannesoffenbarung die Gerichtswünsche und Rachegefühle in die äußere Wirklichkeit. Das Gericht wird wie in jedem Klagepsalm Gott selber überlassen. Der verfolgte Verfasser und mit ihm die verfolgten Christen nehmen das Gericht nicht selbst in die Hand. Dies ist ihnen verwehrt. Denn auch sie werden gerichtet. Das allgemeine Gericht kommt über alle (Offb 20,11-15).

Schließlich ist auch mitzubedenken, dass die Johannesoffenbarung nicht so sehr die „bösen" Individuen, sondern *die bösen Strukturen oder Mächte* als Adressaten des Gerichts ansieht: die pervertierte imperiale Macht (Offb 13; 17), der Satan, der Tod und die Unterwelt (Offb 20,7-15). So ist die Johannesoffenbarung Ausdruck der Hoffnung, dass Gott eine neue Welt schafft. Aus der Perspektive einer leserorientierten Auslegung sehe ich auch keine Schwierigkeit, die Gerichtsbeschreibungen als Durchgang durch eine Krise zur Wandlung, zur Neugeburt einer wahren Identität zu betrachten. Ob dies durch die Texte selber gedeckt ist, ist eine andere Frage. Der apokalyptische Dualismus würde diese Annahme eher verneinen.

9.2 Die Vernichtung der Feinde und das Problem des Dualismus

Die Vernichtung der Feindesmacht steht im Zusammenhang mit einem dualistischen Denkmuster. Wir können an der literarischen Gestaltung eine gewisse Steigerung beobachten. Die Erweiterung des in der Siegelvision ursprünglich enthaltenen Entwurfes durch die Posaunen- und Schalen-Visionen verschärft die dualistische Tendenz oder lässt sie erst aufkommen. In den Siegelvisionen haben die „apokalyptischen" Reiter die Zerstörung der politischen und gesellschaftlichen Ordnung gebracht, und die kosmische Erschütterung kündigte den Zusammenbruch der alten und den Anbruch der neuen Welt an. Nicht anders stellt sich z. B. die Markus-Apokalypse (Kap. 13) die Endzeit vor. Im Unterschied dazu haben die Erweiterungen im Buch „Offenbarung des Johannes" den Aspekt des Gerichts als Kampf zwischen Gott und dem Satan und den satanischen Mächten stilisiert, ein ungleicher Kampf, der mit dem totalen Sieg Gottes und der qualvollen Bestrafung seiner Feinde endet. Dies könnte zwar aus der Situation und psychischen Verfassung des Verfassers erklärt werden. Er konnte und wollte die domitianische Christenverfolgung, von der er auch persönlich betroffen war, als nichts anderes als die große endzeitliche Versuchung verstehen. Daher wird in seiner politischen Aktualisierung das römische Kaisertum auch als die Größe dargestellt, in der sich der Satan, der Gegenspieler Gottes, auf Erden offenbart. Mit der politischen Aktualisierung und Historisierung der Endereignisse wird das Eingreifen der gottfeindlichen Trias, des Satans, des Antichristen und des Lügenpropheten in die Endgeschichte vorgestellt. Entsprechend dieser dualistischen Denkweise wird der Gemeinde der Gläubigen und Heiligen, nämlich dem heiligen Rest, die Hure Babylon, Rom, die gottfeindliche Großstadt, die gottfeindliche Welt überhaupt, gegenübergestellt. Die scharfe Trennung beider Bereiche macht jede Überbrückung zueinander unmöglich. Die dualistische Denkweise wehrt den Versuch einer Integration von dunklen Aspekten in das Gottesbild. Die Feinde Gottes sind dem Gericht verfallen, für sie gibt es keine Rettung mehr. Mit einer endzeitlichen Scheidung von Gut und Böse rechnet die urchristliche Predigt, auch Jesus selber. Das Problematische im Buch „Offenbarung des Johannes" ist die Hereinnahme der Endgeschichte in die Weltgeschichte: Der Verfasser fasst seine Zeit als realen Anfang der Endzeit auf. Die gottfeindliche Welt gilt nicht mehr als möglicher Adressat einer Umkehrpredigt. Ihr verdammtes Schicksal dient nur zur Abschreckung der Gläubigen. Die Sorge des Verfassers, seine christlichen Adressaten, seine Gemeinde oder Gemeinden, könnten von ihrem Glauben durch einen faulen Kompromiss in Sachen Kaiserkult abfallen, ist es, was ihn dazu treibt, alle düsteren Register der Apokalyptik zu ziehen. Er steht somit beim Gebrauch dieser Schreckensbilder in der apokalyptischen Tradition. Viele Züge sind ihm traditionell vorgegeben, so z. B. das für uns anstößige Bild vom jubelnden Zuschauen der qualvollen Bestrafung der Bösen. In der apokalyptischen Schrift „Die Himmelfahrt des Mose" heißt es:

> *„Und Gott wird dich erhöhen*
> *lässt dich am Sternenhimmel schweben,*
> *an seiner Wohnstatt.*
> *Von oben blickst du her,*
> *schaust in der Hölle deine Feinde,*

erkennst sie
und sagst voll Freude Dank
und du bekennest dich zu deinem Schöpfer" (10,9f).

Auch in der Johannesoffenbarung begegnet uns der Freu-
denruf des Verfassers über das Gericht Gottes, das der widergöttlichen Stadt Babylon (= Rom) widerfährt (Offb
18,20). Und wie ein Echo darauf ertönt ein gottesdienstlicher
Jubel im Himmel (Offb 19,1-10). Ist dies eine hämische
Freude über die Vernichtung der Feinde, reine Schadenfreu-
de? Der Verfasser drückt hier seine Freude über den Sieg
Gottes über die Macht des Bösen aus, der die Kehrseite der
Ausrichtung der Herrschaft Gottes ist: *„Halleluja! Denn König*
geworden ist der Herr, unser Gott, der Herrscher über die ganze Schöp-
fung. Wir wollen uns freuen und jubeln und ihm die Ehre erweisen"
(Offb 19,6b-7a).

9.3   Der ethische Rigorismus

Die christliche Verkündigung zielt auf eine der Botschaft
Jesu entsprechende Lebensführung ab. Daher begegnen uns
in den neutestamentlichen Schriften immer wieder Ermahnungen (Paränesen) zum sittlichen Verhalten.

Auch in der Johannesoffenbarung kommen häufig Ermahnungen vor. Die Sprache klingt aber härter. Ein ethischer
Rigorismus sucht sich Bahn zu brechen. Sätze wie die folgenden gleichen einer Ausschlussankündigung: *„Aber die*
Feiglinge und Treulosen, die Befleckten, die Mörder und Unzüchtigen,
die Zauberer, Götzendiener und alle Lügner – ihr Los wird der See
von brennendem Schwefel sein. Dies ist der zweite Tod" (Offb 21,8).

Mögen hinter dieser Härte auch eine Konfrontation mit der
„heidnischen" Umwelt und die Befürchtung eines Glau-

bensabfalls stehen, erklärt dies doch nicht den Rigorismus voll und ganz. Hier dürfte wohl der ideologische Dualismus, die Schwarz-weiß-Malerei, eine Rolle gespielt haben. Eine Tendenz zur „reinen Gemeinde" ist fast mit den Händen zu greifen. Die „wahren" Gläubigen müssen makellos, jungfräulich und asexuell sein: *„Sie sind es, die sich nicht mit Weibern befleckt haben; denn sie sind jungfräulich. Sie folgen dem Lamm, wohin es geht. Sie allein unter allen Menschen sind freigekauft als Erstlingsgabe für Gott und das Lamm. Denn in ihrem Mund fand sich keinerlei Lüge. Sie sind ohne Makel"* (Offb 14,4f). Wenn die Gegner und Gegnerinnen als „Huren" apostrophiert werden (vgl. Offb 17; 2,20-22), ist dies nicht nur ein Anknüpfen an traditionelle Motive der Glaubensapologetik. Dahinter steht sicherlich das Selbstverständnis einer reinen Gemeinde, dazu auch eine androzentrische oder patriarchalische Sicht. Die Überbetonung der eigenen Reinheit mag wohl zur Konsolidierung einer von inneren Anfechtungen und äußeren Angriffen geplagten Gemeinschaft geführt haben. Dieses Selbstverständnis und dieses Handeln enthalten als solches die Gefahr einer Absonderung mit gleichzeitiger „Verteufelung" der anderen Menschen und Gruppen oder Institutionen, die sich ihr nicht angleichen. In den Sendschreiben werden die jüdischen innerchristlichen Gegner dämonisiert (vgl. die Sendschreiben an die Gemeinden in Smyrna, Pergamon und Thyatira: Offb 2,8-29).

Es ist allerdings zu vermerken, dass der Leidensdruck nicht durch aggressive Haltung nach außen hin entlastet wird. Vielmehr erfolgt dies durch die Aggression nach innen in der persönlichen Leidensbereitschaft und in der Annahme des Martyriums: *„Wenn einer Ohren hat, so höre er. Wer zur Gefangenschaft bestimmt ist, geht in die Gefangenschaft. Wer mit dem Schwert getötet werden soll, wird mit dem Schwert getötet. Hier muss sich die Standhaftigkeit und die Glaubenstreue der Heiligen bewähren"* (Offb 13,9f).

Es stellt sich trotz alledem die Frage, ob der ethische Rigorismus nicht nur zur gewalttätigen Sprache, sondern, wo dies die Umstände erlauben, zu gewalttätigem Verhalten führt.

9.4 Die Nicht-Problematisierung der Kategorien „Macht", „Herrschaft" und „Gewalt"

Macht, Herrschaft und Gewalt haben Menschen von jeher fasziniert. Die Geschichte war und ist immer noch in der gängigen Geschichtsschreibung eine Geschichte der Mächtigen und Machthaber. Auch im religiösen Bereich wurde und wird in Machtkategorien gedacht und bisweilen auch entsprechend dem Machtstreben gehandelt. In den Schriften des Neuen Testaments werden die Kategorien der Macht und Herrschaft auf Gott und Christus angewandt. Dies hat sogar eine positive Seite: Indem Macht und Herrschaft eigentlich Gott zukommen, werden alle menschliche Macht und Herrschaft relativiert und auf menschliches Maß zurechtgestutzt. Die dem Menschen von Gott geliehene Macht und Herrschaft haben – biblisch gesehen – eine dienende Funktion. Der Missbrauch von Macht und Herrschaft wurde von den Propheten aus der Perspektive Gottes immer wieder kritisiert. Vor allem im Buch „Offenbarung des Johannes" wird das Machtstreben und die gewalttätige Herrschaft der Römer entlarvt und an den Pranger gestellt (vgl. Offb 13; 17-18). Die Überbetonung der Macht- und Herrschaftsstellung Gottes und Christi rührt aus dieser Auseinandersetzung und dient der Ent-Machtung der Gewaltherrscher. Trotz dieser positiven Sicht lässt eine unvoreingenommene Lektüre der gewaltsamen Handlungen ein Unbehagen entstehen. Die Gewaltphantasien kennen keine Grenzen, und das nicht nur gegen die heidnischen Feinde, sondern auch gegen innergemeindliche Gegner und sogar gegen eventuelle

Leser, die eine andere Lesart versuchen wollen. Zudem hat eine feministische Auslegung die Gewaltsprache der Johannesoffenbarung gegen Frauen wahrgenommen und kritisiert. Der Verfasser folgt dem androzentrischen Denkmuster, das Frauen dualistisch entweder als „die Hure" oder als „die gute Frau" auffasst. Die negativ belegten Frauengestalten sind Gegenstand von gewalttätigen Handlungen, so „die Hure Babylon", so die Prophetin Isebel. Es dürfte hier die Frage gestellt werden, ob nicht gerade der androzentrische Dualismus oder der dualistische Androzentrismus der wahre Grund für die Gewaltphantasie ist. Dass das Ausleben von Gewalt sich nicht nur auf die Phantasie beschränkt, zeigt uns eine Richtung der Wirkungsgeschichte der Johannesoffenbarung. Die revolutionären Täufer im Münsterland berufen sich auf die Johannesoffenbarung für ihre gutgemeinten Gewalttaten.Und haben sich denn nicht vor allem die Machthaber bis in unsere jüngste Vergangenheit gerade der Johannesoffenbarung bedient, um Gewaltanwendung gegen ihre ideologischen Feinde zu rechtfertigen? Hier, im tatsächlichen Machtbesitz, liegt der springende Punkt, wo Gewaltphantasien in Gewalttat umschlagen können.

Daher ist die soziopolitische Lage des Lesers bei der Lektüre der Johannesoffenbarung unbedingt mitzubedenken. Das aus der „Perspektive von unten" geschriebene Buch ist ein Manifest gegen die lebensbedrohenden, zerstörerischen Kräfte widergöttlicher Mächte. Diese „Perspektive von unten" finden wir in der Weissagung des Maya-Propheten Chilam Balam, der sich gegenüber den Untaten der spanischen Eroberer Amerikas ein apokalyptisches Ende erhofft:

> *„Es lag nur an den wahnsinnigen Zeiten, den wahnsinnigen Priestern,*
> *dass bei uns eintrat die Traurigkeit, dass bei uns eintrat das Christentum.*

Denn die sehr guten Christen kamen zu uns mit dem wahren Gott.
Doch dies war auch der Beginn unseres Elends,
der Beginn der Tribute, der Beginn der Almosen,
der Grund für das Hervorbrechen aller verborgenen Zwietracht,
der Beginn der Kämpfe mit Feuerwaffen,
der Beginn der Gewalt, der Beginn allen Raubes,
der Beginn der Sklaverei durch die Schulden,
der Beginn der Schulden auf aller Rücken,
der Beginn des ständigen Streites, der Beginn unserer Leiden.
So begann das Werk der Spanier und der Väter,
als es plötzlich Kaziken gab und Schulmeister und Staatsanwälte.
Denn es waren wie Kinder die Männer und Frauen der Völker,
und doch quälte man sie. Unglückliche, die Armen!
Die Armen wehrten sich nicht gegen den, der sie nach Lust und Laune versklavte:
der Antichrist auf der Erde, Tiger der Völker,
Wildkatze der Völker, Blutsauger der Indios.
Doch es kommt der Tag, da aufsteigen zu Gott die Tränen seiner Augen,
und da die Gerechtigkeit wie ein Donnerschlag auf die Erde fällt. "

(aus: E. Cardenal, *Musik, die zum Himmel steigt.*
Religiöse Poesie, Wuppertal 1975, S. 21).

10. Zur Aktualität des Buches „Offenbarung des Johannes"

Aufgeschreckt durch das unermessliche Zerstörungspotential des modernen Menschen, der modernen Gesellschaft und des modernen Staates suchen viele Menschen einen rettenden Strohhalm. Esoterik, Astrologie, endzeitorientierte religiöse Formen bieten aus ihrer Sicht Lösungsmodelle an. Wir durchleben in der Tat eine „Wendezeit" (so der Titel eines Buches von Fritjof Capra), die „Zeiten-Ende" und zugleich „Zeiten-Anfang", dem apokalyptischen Schema entsprechend, anzeigt. Es zeichnet sich ein Werte- und Bewusstseinswandel ab und da und dort auch eine Änderung im Lebensstil.

Ängste können lebensbedrohend sein. Sie können Resignation und Verzweiflung auslösen. Sie können aber auch Gegenkräfte freisetzen. Der richtige Umgang mit den Ängsten und Sorgen kann so z. B. zur Bewahrung der Wiedergewinnung der allgemein verlorengegangenen Haltungen von Ehrfurcht, Achtung und Respekt vor Gott, dem Mitmenschen und den Wirklichkeiten der ganzen Schöpfung beitragen. Die Grundlage dafür ist die Schaffung und Stärkung des Grundvertrauens auf die Kraft des Guten im Menschen, auf das Wirken des Geistes Gottes.

Das Buch „Offenbarung des Johannes" will durch die Verkündigung des zentralen Themas, dass Gott *der Herr der Welt und der Geschichte* ist, Vertrauen und Hoffnung wecken und die Widerstandskraft des Menschen stärken. In seiner Wirkungsgeschichte wurde allerdings die dunkle Seite des Gerichts einseitig überbetont und als Abschreckungsmittel missbraucht.

Es ist an der Zeit, auch die prophetischen Impulse für gesellschafts- und kirchenpolitische Fragen zu entdecken.

Durch die eschatologische Ausrichtung des Buches, die jede Zeit und jeden Standpunkt hinterfragt, kann auch unser Blick auf die religiöse Dimension des Lebens geschärft und unser enger Horizont erweitert werden. Und die vielen Bilder, auch die dunklen und düsteren, können uns helfen, zu uns selber wieder zu finden, unsere Ängste und unsere Träume zu verarbeiten und so zu einer wahren Identität zu kommen. Angst wäre dann eine „begnadete Angst", *eine in Sorge ohne Besorgtsein verwandelte Angst.*

„Wer ist dem Tier gleich …?" – Die beiden Tiere. Eine Parodie zur Entzauberung der Macht (Offb 13,1-18)

Nicht nur in einem Wahljahr stehen politische Kabarette hoch im Kurs. Die einen finden sich damit in ihrer Meinung bestätigt, die anderen ärgern sich arg darüber, wieder andere bekommen durchaus wichtige Denkanstöße.

Der Seher Johannes inszeniert vor unseren Augen ein großartiges Kabarett mit politisch-sozialen Andeutungen und theologischem Tiefgang. Wie es gute Kabarettisten gewöhnlich tun, sinniert er über die Hintergründe und Abgründe des menschlichen Lebens und Zusammenlebens.

Seine tiefsinnigen Überlegungen kleidet der Verfasser der Johannesoffenbarung gekonnt mit verhüllend-enthüllenden Bildern aus dem Tierreich, die sich bis ins Monströse steigern. Auf keinen Fall will er eine Fabel mit einem Moralinschuss erzählen. Gleichsam in einer Parodie in zwei Akten entlarvt der Prophet und Seher Johannes vielmehr die Strukturen einer vergöttlichten Macht, die sich für ihn in der römischen Weltherrschaft unter dem Kaiser Domitian (81-96 n. Chr.) darstellt.

1. Erster Akt: Ein Tier steigt aus dem Meer – Totale Gefährdung des Menschen durch Vergötzung der Macht (13,1-4)

Das Tier aus dem Meer – eine grauenhafte Gestalt: Ein Tier mit zehn Hörnern und sieben Köpfen. Es gleicht einem Panther mit Bärentatzen und Löwenmaul. Die Existenz eines solchen Tieres lässt sich in keinem Tierkundebuch nachweisen, sein Bereich ist die Geschichte des Menschen und dessen Inneres.

Der Seher Johannes hat in erster Linie die Geschichte im Blick. Hier hat sich die römische Weltherrschaft zu einer solchen Tiergestalt entwickelt. Die Staatsgewalt als gerechte Ordnungsmacht wird nicht in Frage gestellt. Aber die anmaßende, despotische und vergöttlichte Macht wird mit beißender Kritik und Sarkasmus überhäuft. Sie wird als eine widergöttliche und entartete entlarvt.

Hinter diesem Tier aus dem Meer steht die alles beherrschende Macht Roms. Das mit sieben Köpfen und zehn Hörnern ausgestattete Reittier der Hure Babylon im Kap. 17 weist eindeutig auf die römische Weltherrschaft hin. Auf die Nero-Sage, die von einem wiederkommenden oder wiedererstandenen Nero spricht, wird angespielt (13,3.12), und die Kritik an dem Kaiserkult beherrscht das ganze Kapitel 13. Alle diese Hinweise sprechen für ein zeitgeschichtliches Verständnis, das eine sachgemäße Bibelauslegung verlangt.

Ebenfalls legen die Bilder aus dem Buch Daniel, Kapitel 7, die Anwendung auf das römische Weltreich nahe. Der Seher Johannes unterscheidet zwar nicht mehr wie im Buch Daniel die verschiedenen aufeinanderfolgenden Weltreiche. Er vereinigt dagegen die Bilder zu einem fürchterlichen Monstrum, das die unvergleichlich große Macht und die aggressive Gewaltherrschaft Roms veranschaulichen will.

Die um die historische Wahrheit besorgten Ausleger mögen nachdrücklich fragen, ob diese Charakterisierung der römischen Herrschaft wohl stimme. Aber für den Seher Johannes war dies wirklich keine brennende Frage. Verbannt auf der Insel Patmos erlebt er ja hautnah die Despotie der Herrschenden (1,9). Auch der Märtyrertod der ersten Zeugen lässt für die Gemeinden Kleinasiens nichts Gutes hoffen (2,13).

Ob es nur Übergriffe von Übereifrigen im Dienst der Macht sind, oder ob es eine regelrechte Verfolgungswelle ist, derer Opfer die Christen Kleinasiens wurden, darüber denkt der Seher Johannes nicht nach. Als direkt Betroffener will er auch nicht nur die römische Staatsmacht kritisieren, sondern vor allem seine Mitchristen und Gemeinden vor Glaubensabfall warnen und sie zur Standhaftigkeit und Treue ermutigen, zu einer Treue, die Zeugnis gibt bis in den Tod hinein (V. 10). Darüber hinaus entlarvt Johannes das Wesen einer vergöttlichten Macht. Sie ist eine widergöttliche, chaotische Zerstörungsmacht. Als lächerliche Parodie der im Kap. 5 dargestellten Throneinsetzung des Lammes im Himmel erhält das „Tier aus dem Meer" direkt vom Drachen seine Gewalt, seinen Thron und seine große Macht (V. 26). Es handelt sich dabei um eine ins Absolute gesteigerte Macht, um eine allumfassende, totale Verfügungsgewalt über alle Stämme, Völker, Sprachen und Nationen (V. 7b). Darin ist unschwer ein parodistisches Zerrbild der Huldigung des Lammes zu sehen (5,12). Die Bilder für die Macht überhäufen sich: Hörner, Köpfe, Diademe, die Tiergestalten. Auch die Zahlen zehn und sieben weisen über eine bloße Anspielung auf Rom hinaus auf die Absolutsetzung der Macht hin. Und diese Macht ist geprägt von Brutalität und Gewalt. Dies wird durch die Gestalt der Raubtiere (Panther, Bär und Löwe) ausgedrückt. Zudem hat sie die Schwertgewalt und die Entscheidungsbefugnis über Freiheit und Unfreiheit, Leben und Tod.

Eine solche Macht kann der Seher Johannes aus seiner tiefsten Glaubensüberzeugung heraus nur als Gotteslästerung und widergöttliche Anmaßung betrachten. Einen Ausdruck dafür sieht er in den Ehrentiteln, die sich die Kaiser beilegen: Göttlicher, Gottessohn, Retter, Herr. So ließ sich Domitian als „Herr und Gott" anreden, um seine Göttlichkeit zu dokumentieren. Gerade im Kaiserkult, der besonders in Kleinasien vorangetrieben wurde, gipfeln für Johannes die widergöttliche Macht und die absolute Weltherrschaft Roms. Die rhetorischen Fragen „Wer ist dem Tier gleich, und wer kann den Kampf mit ihm aufnehmen?" (V. 4cd) parodieren die die Heilsmacht Gottes preisenden Aussagen im Ersten Testament: *„Wer von den Göttern ist dem Herrn gleich?"* (Ps 89,7; vgl. Ps 113,5; Ex 15,11) und drücken einen Allmachtsanspruch aus. Im Kaiserkult, der für den Verfasser der Johannesoffenbarung keine bloße rituelle Angelegenheit oder politische Bekundung der Ergebenheit gegenüber dem Herrscher ist, verdichtet sich in Wahrheit der unbegrenzte, totale Machtanspruch. Darin wird dieser zur Religion und pervertiert damit zugleich die Religion zu einem Götzenkult. Und alle Menschen huldigen dem Tier und dem Drachen, sie beten das Tier an und fallen vor ihm nieder (V. 4.8). Die Faszination der Macht wirkt sich unwiderstehlich auf die Menschen aus. Der Seher Johannes will damit nicht nur auf die konkrete Gefährdung des religiösen Lebens durch den Kaiserkult hinweisen. Vielmehr drückt er damit eine tiefe menschliche Wahrheit aus: den Griff nach der Allmacht und der Fülle der Macht, die Sucht nach der machbaren Vollkommenheit und Unsterblichkeit. Der Kaiserkult ist so, auf die Innenseite des Menschen angewandt, der „Gotteskomplex" selber (Horst E. Richter), der Drang nach Allmacht in allen Lebensbereichen, der dann unweigerlich zu Vernichtung und Katastrophe führt.

1.1 Die Zeit des „Tieres" ist schrecklich, aber von kurzer Dauer (13,5-8)

Wie die entfesselte Chaosmacht in der Endzeit bäumt sich „das Tier aus dem Meer" als widergöttliche Macht gegen Gott auf und beschwört eine notvolle Zeit für die Gemeinde herauf. Aber die widergöttliche Macht hat nicht das letzte Wort. Ihre Macht und die Ausübung ihrer Macht sind begrenzt. Mag sie sich auch hemmungslos und vernichtend entfalten, bleibt sie doch auf Gottes Dulden und Zulassen angewiesen. Die widergöttliche Macht offenbart darin ihre Unterlegenheit, dass es Gott selber ist, der ihrem Wirken Raum gibt (V. 5). Auch der Dauer für ihr Wirken setzt Gott eine Frist: 42 Monate (V. 5). Diese Zeitangabe geht auf Dan 7,25; 12,7 zurück und bezieht sich hier auf die Dauer der Schreckensherrschaft des syrischen Herrschers Antiochus IV. Epiphanes über Jerusalem (167-165 v. Chr.).

Wie im Danielbuch bedeutet diese Angabe auch hier eine Zeit der Bedrängnis, Not und Verfolgung. Damit bleibt der Gemeinde eine Konfrontation mit „dem Tier" nicht erspart. Aber diese Zeit ist begrenzt. 42 Monate = 3 1/2 Jahre bilden die Hälfte von 7, der Zahl der Vollkommenheit. Die Zeit der Not und der Bedrängnis, aber auch die Zeit der Machtentfaltung und des Wirkens des „Tieres" wird zu Ende gehen. Darüber hinaus entlarvt die Begrenzung der Macht und die zeitliche Befristung der Machtausübung das Unendlichkeitsstreben eines jeden Menschen und jedweder innerweltlichen Macht als falsch und gottlos.

Die gottlose Anmaßung und Unterdrückungsgewalt kennen keine Grenzen. Mit innerweltlichen Mitteln können auch Christen der unumschränkten Macht nicht beikommen, sie werden „besiegt" werden: In ihrer physischen Unversehrtheit werden sie Gewalt erleiden. Gerade die Existenz der Gemeinde provoziert die Gewaltausübung des „Tieres". Aber Gott selber verbürgt sich für den Bestand der christlichen Gemeinde. Alle Erdbewohner aber verfallen der Faszination des „Tieres" und seines Machtanspruchs, sie unterwerfen sich ihm, mit Ausnahme derer, die im Lebensbuch des geschlachteten Lammes stehen (V. 8). Mit aller Deutlichkeit wird hier die christliche Gemeinde der Tiergestalt, die sich zu einer Pseudogemeinde entwickelt, gegenübergestellt. Daraus ist auch der Aufruf herauszuhören, nicht gebannt nach jedweder Gestalt von widergöttlicher Macht zu schauen, sondern zuversichtlich das Augenmerk auf Christus zu richten. Nicht minder wichtig ist es auch, diesen Kampf („Krieg") nicht nur als äußere Unterdrückungsaktion, sondern auch als innerseelisches Geschehen im Menschen selber zu sehen. Aus dieser Perspektive kann „das Tier", das die Heiligen besiegt und tötet, als Bild für die Schattenseite im Inneren des Menschen gesehen werden, nämlich als die in die Außenwelt projizierte Widergöttlichkeit des noch nicht zu sich selbst gekommenen Menschen.

1.2   Christsein ist nicht risikofrei! (13,9-10)

Die Christen sind der Übermacht und der Gewalt des „Tieres" wehrlos ausgeliefert. Ihr Widerstand erfolgt nicht mit Waffengewalt. Mit einem prophetischen Weckruf („Wenn einer Ohren hat, so höre er": V. 9) ermahnt Johannes im Anschluss an Jer 15,2 eindringlich zur Annahme der Gefangenschaft oder des Martyriums, sollte dieses Schicksal einen Christen bei der Verfolgung treffen. Bewährung durch

Standhaftigkeit und Treue wird in dieser Situation gefordert. Totale Herrschaft, totalitäre Systeme zwingen Menschen Farbe zu bekennen, sich auch religiös zu entscheiden. Wer Treue zum Glauben über profitbringende Anpassung stellt, wird das Risiko einer auch sich verschärfenden Verfolgung auf sich nehmen. Ihm bleibt einzig als Wehr und Waffe das Ausharren in der frohen Gewissheit des Endsieges des Lammes.

2. Zweiter Akt: „Ein anderes Tier steigt aus der Erde" – Pseudoreligion im Dienst der Macht (13,11-15)

Totalitäre Regime, despotische Herrscher verlassen sich nicht nur auf nackte Gewalt und Machtfülle, sie bedienen sich auch einer wirkungsvollen Propagandamaschinerie, um ihr Image nach außen zu pflegen oder gar die Herzen der Menschen zu gewinnen.

Der Prophet Johannes hat in seiner Vision vom „Tier aus der Erde" in einer Bildersprache die soziokulturellen und religiösen Verhältnisse seiner Zeit in Kleinasien dargestellt. Hinter der Gestalt des „Tieres aus der Erde" verbergen sich die religiös und politisch Verantwortlichen, die Funktionäre samt den Institutionen für die Pflege und Verbreitung des Kaiserkultes. „Das Tier aus der Erde" erhält auch im Buch der Offenbarung den Titel „der Pseudoprophet" (16,13; 19,20; 20,10). Für die Darstellung dieser Gestalt greift der Verfasser der Johannesoffenbarung auf die frühchristlich-apokalytische Tradition vom Auftreten falscher Propheten in der Endzeit zurück (vgl. Mk 13,22; Mt 24,24). Die Gestalt des zweiten Tieres ist auch eine Parodie zu Christus: Das Tier sieht aus „wie ein Lamm", aber seine Sprache verrät sein wahres Wesen: „es redete wie ein Drache" (V. 11). Das Äußere kann die Menschen täuschen. Diese lassen sich durch äußerliche Machenschaften und Werbetechniken manipulieren oder beugen sich der Übermacht aus Angst. „Das Tier aus der Erde", „der Pseudoprophet", übt die Macht des ersten Tieres aus, kann die Todesstrafe verhängen und bestimmt das gesellschaftlich-wirtschaftliche Leben (V. 12.15.17). Seine Hauptfunktion ist die Propagierung des Kaiserkultes. Die Staatspropaganda macht sich die Sensationslust und Wundersucht der Menschen dienstbar. Mit raffinierter Regiearbeit, durch Tricks und Zauberpraktiken, werden den Menschen Wunder vorgegaukelt, um sie zur Anbetung des Standbildes des Kaisers zu verführen.

Mag auch der Kaiserkult den politischen Zweck einer Loyalitätserklärung der Bürger gegenüber dem Staat haben oder den ideologischen Zweck verfolgen, die verschiedenen Völker und Kulturen unter einem gemeinsamen Dach als einigendes Band zu versammeln, so kann die göttliche Verehrung des Kaisers als des absoluten Machthabers für einen Christgläubigen nichts anderes als Gotteslästerung und die Forderung einer solchen Verehrung als höchste menschliche Anmaßung sein. Darin äußern sich nach dem Verfasser der Johannesoffenbarung die Nachäffung Christi und die Perversion der religiösen Sehnsucht des Menschen. Er kann somit nicht anders als davor warnen und muss mit dem Zusammenstoß der Gemeinde mit der staatlichen Macht bis zur letzten Konsequenz, bis zur Hingabe des Lebens, rechnen (V. 15). Für eine nicht viel spätere Zeit (ca. 112 n. Chr.) bezeugt der römische Statthalter Plinius der Jüngere in Bithynien in einem Brief an den Kaiser Trajan, dass er die als Christen Verdächtigten genötigt habe, die heidnischen Götter anzurufen und vor dem Kaiserstandbild Weihrauch und Wein zu opfern. Bei Verweigerung habe er sie dann hinrichten lassen (Plin. ep. 96). Diese Praxis dürfen wir auch für die Zeit des Sehers Johannes annehmen. Daher durfte er mit

Recht vor Glaubensabfall warnen und die Kompromisslosigkeit des Christusglaubens einschärfen.

Der Dichter Lanza del Vasto hat in seinem Buch „Die vier Plagen" das Auftreten des „Tieres aus der Erde" eindrucksvoll charakterisiert und aktualisiert: *„Dieses Tier hat nur einen Kopf, aber mit doppeltem Antlitz, und seine teuflische Stimme widerspricht den Lammeshörnern. Diese sagen: Ich bin der neue Messias, und ich bringe den Völkern Befreiung und alle Zukunftsverheißungen. Kommt her, meine Kinder, und seht, wie ich gefällig bin. Der alte Messias betrog euch mit einem Traum vom jenseitigen Paradies; ich bin imstande, euch in dieser Welt das Paradies zu bieten. Er predigte euch die Armut; ich aber gewähre euch die Fülle. Er wies euch auf den schmalen Weg; ich aber öffne vor euch die breite Straße. Er predigte euch das Opfer; ich aber werde euch durch Wohlstand befreien. Er sprach für wenige Auserwählte; ich aber bin das Heil der Masse..."* (zitiert bei Ch. Brütsch, *Die Offenbarung Jesu Christi. Johannes-Apokalypse*, 2. Band, 2. Aufl. Zürich 1970, S. 131f).

2.1   Zum Durchschauen ermahnt – das schwierige Geschäft der Entzauberung (13,18)

Der Seher und Prophet Johannes appelliert an die Weisheit und Verstandeskraft seiner Leser bei der Auseinandersetzung mit der widergöttlichen Macht. Er gibt ihnen eine Rätselaufgabe und erleichtert die Lösung durch die Angabe des Zahlenwertes: 666. Die eingeweihten Leser sollen daraus den Namen des Tieres enträtseln. In der Antike waren solche Zahlenrätsel beliebt. Eine Entschlüsselung der genannten Zahl auf den gemeinten Namen war hier für Außenstehende höchst kompliziert, da jede Zahl sich sowohl im Griechischen wie im Hebräischen aus den verschiedenen Kombinationen von Zahlenbuchstaben zusammensetzen konnte. Es wird allgemein angenommen, dass bei dieser Rätselaufgabe das hebräische Alphabeth zugrunde liegt. Die am besten begründete Annahme ist die Deutung der Zahl 666 als die Quersumme des Namens „Kaiser Nero" in hebräischer Umschrift (Nron Ksr): n = 50; r = 200; o (w) = 6; n = 50; k = 100; s = 60; r = 200.

Diese Deutung würde so auf den Kaiser Domitian hinweisen, der für den Verfasser der Johannesoffenbarung als der wiederkommende Nero gilt. Nicht nur die Nero-Sage, die das Kapitel 13 voraussetzt, sondern auch der Hinweis auf die Errichtung eines Standbildes in diesem Zusammenhang würde für diese Deutung sprechen (V. 14). Domitian ließ denn auch in Ephesus zu seinen Ehren einen Tempel und ein monumentales Standbild errichten. Aber das Rätsel geht über die geheimnisvolle Bekanntgabe eines Namens hinaus. Es hat auch eine wichtige symbolisch-theologische Bedeutung. Die Zahl 666 hat 3 mal die Zahl 6, die das Zurückbleiben hinter der 7, der Zahl der göttlichen Vollkommenheit, bedeutet. Die dreimalige 6 enthüllt also das vergängliche Wesen des Menschen. Damit wäre 666 eine Merkzahl, die die Selbstherrlichkeit, die göttliche Anmaßung des Menschen entlarvt. Diese Zahl würde am Schluss das ganze Kapitel zusammenfassen. Denn hier geht es um die Entzauberung der widergöttlichen Macht und des Strebens des Menschen nach Unendlichkeit, Unvergänglichkeit und Vollkommenheit, in einem Wort: um das „Wie-Gott-gleich-sein-wollen". Für diese harte Arbeit der Entzauberung und Entlarvung braucht der Christ, ja jeder Mensch, Gottes Weisheit und menschlichen Verstand.

2.2 Zur Sklaverei verdammt – eine kaum bedachte Konsequenz (13,16-17)

Die Besiegelung der Knechte Gottes (7,2-8) parodierend, weist Johannes auf das Malzeichen der Diener des Kaiserkultes hin, die sich dadurch als Sklaven des „Tieres" ausweisen. Alle Menschen, Menschen aus allen sozialen Schichten, unterwerfen sich unter Zwang den entwürdigenden Praktiken der totalen Macht. Sie werden sonst ihrer Lebensgrundlage beraubt: *„Kaufen oder verkaufen konnte nur, wer das Kennzeichen trug: den Namen des Tieres oder die Zahl seines Namens"* (V. 17). Wo totale Macht und deren Propagandisten am Werk sind, werden eigenes Denken und Handeln verfemt. Völlige Anpassung und Verzicht auf eigenen Lebensentwurf sind dann die Folge, ebenfalls eine Gleichschaltung, die Menschen zur Masse herabwürdigt. Auf die Nonkonformisten lauert daher eine tödliche Gefahr, auch indirekt durch Entzug der Möglichkeit zum Lebensunterhalt. Der massive Druck gegen die Christen läuft auf einen faktischen Ausschluss aus der damaligen Gesellschaft hinaus. Mit realistischen Augen sieht der Seher Johannes nicht nur die religiöse Gefährdung oder Behinderung des christlichen Kultes, sondern auch die Schmälerung und Verunmöglichung der wirtschaftlichen Existenz. So stellt er *das christliche Entweder-Oder* krass vor Augen: Entweder sich dem Kaiserkult, der gottlosen Macht, ergeben und gut leben, aber dadurch ein Sklavendasein führen oder sich verweigern und so auf materielles Wohlergehen verzichten. Viele Christen haben in Diktaturen aller Zeiten ein solches Entweder-Oder am eigenen Leib erfahren.

II. Thematische Beiträge

Jesu Predigt von der Nähe des Reiches Gottes als tiefster Grund zu einem neuen Lebensstil, zur Buße und zur Umkehr

Markus lässt das öffentliche Wirken Jesu mit dem Ruf beginnen: *„Die Zeit ist erfüllt, und die Königsherrschaft Gottes ist nahegekommen. Kehrt um und glaubt an das Evangelium"* (Mk 1,14f). Er fasst mit diesen Worten den Inhalt der Verkündigung Jesu zusammen. Dieser Ausruf Jesu steht am Anfang des Markusevangeliums gleichsam als eine große Überschrift über das ganze Evangelium und ist zugleich ein Programm. Wir können sagen, dass Markus damit ein Herzstück der Predigt Jesu getroffen hat. Denn die Königsherrschaft Gottes ist das zentrale Thema der Predigt des irdischen Jesus. Davon handeln sehr viele Gleichnisse.

Was heißt „Gottesherrschaft" (basileia tou theou)? Wie hat Jesus diesen Begriff verstanden? Da Jesus keine Definition des Begriffs „Herrschaft Gottes" gegeben hat, ist der Rahmen, der Horizont für unser Verständnis das Erste Testament und das Judentum. Diese sind ja die Wurzeln Jesu und des Christentums. Das griechische Wort „Basileia" bedeutet sowohl den Herrschaftsvollzug als auch das Herrschaftsgebiet, „das Königreich". Daher dürfte man den dynamischen, funktionalen Aspekt des ersteren nicht gegen den räumlichen Aspekt des zweiten ausspielen.

1. Königsherrschaft Gottes – Ziel biblischer Endhoffnung

Im Ersten Testament wird JHWH als König über Israel, sein Volk (Jes 41,21; 44,6), und „König über die ganze Erde" (Ps 47,3), „König der Völker" (Jer 10,7; Ps 47,4) bekannt. Israel erkennt in seiner Geschichte aus Verhängnis und Scheitern, dass JHWHs Königtum in dieser Weltzeit nicht verwirklicht werden kann und erhofft sich seine Verwirklichung für die Heilszeit am Ende. Einst wird JHWH über die ganze Erde herrschen, in Jerusalem thronen und alle Völker werden nach Zion wallfahren (Jes 2,2-5; 24,23; 60,1-22; Mi 4,1-3; Sach 14,9).

Diese Hoffnung intensiviert sich in der Apokalyptik, jener geistlichen Strömung, die seit dem Buch Daniel besonders in außerbiblischen Schriften Spuren hinterlassen und um die Zeitenwende breite Bevölkerungsschichten in Israel, auch Jesus selber, beeinflusst hat. Ein Merkmal der Apokalyptik (Offenbarung) ist die Verbindung von Endzeit mit der Aufrichtung des Königtums Jahwes. *„In jenen Tagen wird Gott, der Herr des Himmels, ein Reich entstehen lassen, das ewig unzerstörbar bleibt"* (Dan 2,44).

2. Die Herrschaft Gottes

Die Königsherrschaft Gottes ist auch Ziel neutestamentlicher Endhoffnung. Ein Merkmal des Neuen Testamentes ist, dass die Gottesherrschaft nicht bloß eine jenseitige, zukünftige Größe ist. In Jesus ist die Gottesherrschaft herbeigekommen. Wie ist nun das Verhältnis von Zukunft und Ankunft der Gottesherrschaft näher zu bestimmen?

Gottesherrschaft wird sowohl als eine noch ausstehende als auch als eine bereits gegenwärtige Größe angesehen. Betont wird ihre Nähe, die bis in die Gegenwart hineinwirkt. Die Gleichnisse vom Senfkorn (Lk 13,18-19/Mt 13,32) und vom Sauerteig (Lk 13,20f/Mt 13,33Q) sagen, dass gegenwärtig die Gottesherrschaft verborgen ist, aber in der Zukunft vollkommen offenbar sein wird. Überhaupt haben die Gleichnisse Jesu, die vornehmlich Gleichnisse von der Herrschaft Gottes sind, nicht nur die Funktion der abstrakten Belehrung über einen Gegenstand des Wissens, sondern auch und vor allem die der Gegenwärtigsetzung: Im Vollzug der Gleichnisrede wird die Gottesherrschaft zur Gegenwart. Die Gleichnisse sind Ansage und Zusage der Gottesherrschaft. Die Gleichnisse vom Schatz im Acker (Mt 13,44), von der kostbaren Perle (Mt 13,45-46) und vom Fischnetz (Mt 13,47-50) erzählen von der Begegnung des Hörers mit der in Jesu Predigt bereits gegenwärtigen Gottesherrschaft. Diese Gleichnisse sind Mitteilung und zugleich Zuspruch einer alles andere überbietenden Wirklichkeit, die dem Hörer ein Ja zu dieser Wirklichkeit förmlich abzwingt.

Es entspricht der Intention Jesu, wenn sowohl Matthäus wie Lukas die Verkündigung Jesu als „Evangelium vom Reiche (Gottes)" zusammenfassen (Mt 4,23; 9,35; 24,14; Lk 4,43; 8,1; 16,16). Die Gegenwart der Gottesherrschaft wird nicht nur angesagt und zugesagt, sie wird auch leibhaft erfahren in den Zeichen Jesu.

3. Die Gegenwart der Gottesherrschaft in den „Machttaten" Jesu

Die Krankenheilungen und Dämonenaustreibungen sind Zeichen und Anfang der Gottesherrschaft. Sie machen diese erfahrbar; sie zeigen ihren Anbruch an, sind aber keine Beweise dafür. *„Wenn ich durch den Finger Gottes die Dämonen austreibe, ist ja die Gottesherrschaft zu euch gelangt"* (Lk 11,20; vgl. Mt 12,28). Dieser Spruch Jesu zeigt außerdem, dass seine Person mit zum Inhalt der Gottesherrschaft gehört. *„Die Gottesherrschaft ist mitten unter euch"* (Lk 17,21).

Im Unterschied zur Apokalyptik ist für Jesus die Herrschaft Gottes in der gegenwärtigen Geschichte bereits präsent. Auch darin zeigt sich ein Unterschied zur Apokalyptik, dass Jesus bei seiner Ansage der Gottesherrschaft oder des Reiches Gottes jede ausmalende Schilderung unterlässt. Dennoch ist das Reich Gottes bei ihm nicht inhaltsleer oder abstrakt. Er gebraucht das Bild des Mahles (Festmahles), das auf die Gemeinschaft mit Gott und auf die in dieser geschehenen Gemeinschaft der Glaubenden hinweist. Gottesherrschaft ist Gott selber in der Weise seiner eschatologischen Anwesenheit in der Welt. Gottesherrschaft ist in der Befreiung von Dämonen und Krankheiten und in der Vergebung der Sünden gegenwärtig. Gottesherrschaft ist Gottes souveräne Zuwendung zum Menschen, die Jesus auf eine einmalige Art vollzieht. Seine Jünger selber werden im Verlauf der Überlieferung einbezogen in die wirkmächtige Verkündigung der Gottesherrschaft (Lk 10,9). Die Gottesherrschaft als gnädiges Heilshandeln unterscheidet sich so von der Vorstellung des zeitgenössischen Judentums und des Täufers Johannes, bei denen der Gerichtsaspekt stärker betont wird. Die Axt ist bereits an die Wurzel der Bäume gelegt, und die Schaufel ist bereits in der Hand des Pächters, um die Spreu vom Weizen zu trennen. Allerdings wird im Laufe der christlichen Überlieferung, insbesondere bei Matthäus, die Erwartung der Gottesherrschaft mit dem Gerichtsgedanken wieder stärker verknüpft. Ich weise nur auf die Rede vom „Werfen in den Feuerofen, wo Weinen und Zähneknirschen sein werden" in der Deutung des Gleichnisses vom Unkraut des Ackers (Mt 13,42) und in der Anwendung des Gleichnisses vom Fischnetz hin (Mt 13,50). Als typisch für Matthäus dürfen wir auch die im Sinne des Endgerichts erfolgte Ergänzung des Gleichnisses vom Hochzeitsmahl sehen, in dem auch vom Hinauswerfen in die „Finsternis, wo Weinen und Zähneknirschen sein werden", die Rede ist (Mt 22,13).

Das Gericht ist im Gegensatz zur Enderwartung des Täufers und der jüdischen Apokalyptik nicht Inhalt des Reiches Gottes, sondern deren negative Folie, die auf die Dringlichkeit der Entscheidung für die Herrschaft Gottes hinweist.

Wenn Jesus in Wort und Handeln zeigt, wie Gott ist, wird darin Gottesherrschaft gegenwärtig. Im Zuspruch der Vergebung, in der Zuwendung Jesu zu den Sündern und den sozial Verstoßenen, den Armen und den Kranken, zeigt sich Gottes Herrschaft.

4. Die Gottesherrschaft als Gabe Gottes und Aufgabe des Menschen

Gottesherrschaft ist reines Geschenk; sie ist die Gabe Gottes (Lk 12,32); man muss sie empfangen wie ein Kind (Mk 10,15 par). Das Gleichnis vom Wachsen der Saat (Mt 4,26-29) betont das unbeeinflussbare und unaufhaltsame Kommen der Gottesherrschaft. Mag die Gottesherrschaft am Anfang auch noch so unscheinbar sein, am Ende wird sie doch offenbar und allen sichtbar sein.

Die Menschen sind aber nicht bloße Zuschauer eines kosmischen Phänomens, sie sind Adressat, Empfänger, sie werden daher auch in die Pflicht genommen. Sie verantworten Gottes wirksames Wort von seiner Herrschaft. Die Jünger Jesu werden auch gesandt, das Reich Gottes zu verkünden, und auch zu heilen (Mt 10,7). Die Gleichnisse vom Schatz und von der Perle (Mt 13,44.45f) zeichnen sich aus durch das Bild eines glücklichen Finders oder des Kaufmannes, der den ganzen Besitz verkauft, um den Acker (mit dem Schatz) bzw. die Perle kaufen zu können. In diesem Doppelgleichnis geht es um das kluge Handeln, um den Einsatz des Menschen angesichts der Gottesherrschaft: Nicht um dieses oder jenes „Opfer", sondern um die Dreingabe von allem. Die Gegenwart ist die Zeit der Entscheidung. Es gilt hier und jetzt, sich auf die Gottesherrschaft einzustellen.

5.   Jesu Umkehrruf

Ähnlich wie Johannes der Täufer verbindet auch Jesus in seiner Predigt das nahe Kommen der Gottesherrschaft mit der Umkehrforderung. Mk 1,15 bringt den Umkehrruf Jesu mit demselben Wortlaut, wie er für Johannes den Täufer überliefert wurde: *„Die Herrschaft Gottes ist nahegekommen, kehrt um"*. Jesu Umkehrforderung wird allerdings nicht erst wie bei Johannes dem Täufer aus dem sicheren nahen Kommen des Gerichts notwendig, vielmehr gehören Umkehr und Gottesherrschaft, die in Jesus und auch hier und jetzt gegenwärtig sind, sachlich eng zusammen.

6.   Die Umkehrpredigt Jesu

Was heißt Umkehr? Man darf Umkehr nicht bloß als einen inneren Vorgang verstehen und etwa auf die Reue über begangene Sünden einengen. Man darf auch nicht nur an äußere Bußübungen denken, die den erzürnten Gott versöhnen sollen, etwa gemäß dem Bild des Büßers in Sack und Asche.

Umkehr, wie das entsprechende griechische Wort metanoia „Sinnesänderung", „Umdenken" und das hebräische Wort *schub* (zu Gott) „zurückkehren" ausdrücken, besagt eine die ganze Person betreffende Haltung, ein neues Sich-selbst-Verstehen vor Gott, sich Gott übergeben. Und dies hat Konsequenzen für das konkrete Verhalten, für die Lebensweise, für den eigenen Lebensstil. So ist Umkehr ein Sich-Lösen aus Selbstbehaftung und Weltverfallenheit und positiv ein Sich-Unterwerfen unter den Willen Gottes in Gehorsam und Liebe gemäß der Verkündigung Jesu. Jesus, seine Verkündigung und sein Handeln sind Konkretisierung und Vermittlung des Willens Gottes.

Es ist aber nicht zu übersehen, dass der Ruf zur Umkehr in der Verkündigung Jesu nur einen sehr geringen Raum einnimmt. In den echten Jesuworten begegnet er uns in der bereits zitierten Zusammenfassung der Predigt Jesu in Mk 1,15 und zudem in Lk 13,1-5, wo er auf den Bericht über die Niedermetzelung der Galiläer durch Pilatus und über die Erschlagung von 18 Menschen durch den Zusammensturz des Schiloach-Turmes mit dem Ruf antwortet: „Wenn ihr nicht umkehrt, werdet ihr alle ebenso umkommen" (Lk 13,3.5). Alle haben Umkehr nötig. In dieser Aussage stimmt Jesus mit dem Täufer überein. Aber im Unterschied zu ihm ist das Gericht Folge mangelnder Umkehr.

7. Die Predigt Jesu von der Herrschaft Gottes als tiefster Grund für Buße und Umkehr

Im Mittelpunkt seiner Predigt und seines Handelns steht die vorbehaltlose Zuwendung Gottes, seine unbedingte Liebe und Güte. Gott ist auf der Suche nach dem verlorenen Schaf und der verlorenen Drachme; der Vater geht dem verlorenen Sohn entgegen. Jesus, der die Güte Gottes sichtbar macht, spricht den Oberzöllner Zachäus an, kehrt in seinem Haus ein und hält Mahlgemeinschaft mit ihm (Lk 19,1-10). Er lässt sich auf die Sünderin ein und verteidigt sie gegen Vorwürfe und Verachtung. Dies alles zeigt, wie Umkehr aus der Gnade entsteht. Es macht sichtbar, wie Gottes Güte die einzige Macht ist, die einen Menschen zur Umkehr führen kann.

Wenn wir feststellen, dass bei Jesus nicht das Gericht, sondern die Heilsbotschaft, die gnadenhafte Ankunft der Gottesherrschaft im Vordergrund steht, dürfen wir dennoch seine ernste Umkehrforderung nicht übersehen, auch wenn nur selten davon die Rede ist. Der Weheruf und das Drohwort gegen die galiläischen Städte Chorazin, Betsaida und Kafarnaum (Mt 11,20-24) knüpfen an den Mangel an Bekehrung an, der eigentlich einer Ablehnung Jesu gleichkommt. Wenn Jesus das Handeln der Einwohner Ninives, die auf die Predigt des Jona hin umkehrten, seinen Zeitgenossen entgegensetzt, will er die Tatsache unterstreichen, dass die Bewohner der genannten galiläischen Städte Jesus abgelehnt haben. Aber damit muss man auch rechnen, dass das Nein zu seiner Botschaft unweigerlich Gericht einträgt. Mit der Möglichkeit des Heilsverlustes muss der Mensch in der freien Begegnung mit der Botschaft Jesu durchaus rechnen, wenn Ablehnung statt Annahme seine Antwort ist.

Das, was verblüffend ist und fromme Gemüter aufregt, ist das bedingungslose Angebot des Heils, die bedingungslose Liebe Gottes, die Jesus auch in seinem unkonventionellen Umgang mit notorischen Sündern zum Ausdruck bringt. Auch in Gleichnissen drückt er das aus: Der verlorene Sohn trägt kein Büßerhemd, er wird in der Begegnung mit dem Vater gleich in seine Sohneswürde eingesetzt. Dagegen protestiert der im Haus gebliebene und die harte Hausarbeit einer Frömmigkeitsübung verrichtende ältere Sohn (Lk 15,11-32): „So viele Jahre schon *diene* ich dir und nie habe ich gegen deinen Willen gehandelt", spricht der ältere Sohn im Gleichnis vom verlorenen Sohn (V. 29). Und das Doppelgleichnis vom verlorenen Schaf und von der verlorenen Drachme (Lk 15,1-10) spricht von der übergroßen Freude Gottes über die Umkehr eines einzigen Sünders. Mit dieser Aussage will Jesus sein Verhalten rechtfertigen gegenüber dem Vorwurf seiner Gegner, er pflege Gemeinschaft mit Zöllnern und Sündern.

Wenn wir auf die Überlieferung der ersten Gemeinden schauen und ihre Situation mit der Situation Jesu vergleichen, stellen wir eine veränderte Landschaft fest. Bereits die frühen Gemeinden haben schwerwiegende Probleme zu lösen gehabt. Das Problem der Parusieverzögerung mussten sie meistern. Die Wiederkunft Jesu lässt auf sich warten. Der Glaube war vielfach erkaltet und gefährdet bis zum Abfall. Sie mussten erfahren, dass die Taufe keine Garantie des Heils ist. Wachsamkeit ist gefordert (Mk 13; Mt 24-25). Bewährung wird verlangt (Hebr 10,19-12,29; 1 Petr 1,6f). Die Forderung nach Umkehr hat nun einen neuen Stellenwert. Die häufige Erwähnung dieser Forderung bei Matthäus und Lukas im Unterschied zu Markus zeigt besonders gut diese neue Gemeindesituation.

Der ursprüngliche Gedanke Jesu bei Markus, man müsse das Reich Gottes wie ein Kind annehmen, wenn man hineingehen will (Mk 10,15), wird bei Matthäus in eine Forderung, zu *werden wie die Kinder,* umformuliert, und dies wird wiederum mit „umkehren", „sich bekehren" erläutert: „Wenn ihr nicht *umkehrt* und wie die Kinder werdet, könnt ihr nicht in das Himmelreich kommen" (Mt 18,3). Auch die zweite Bitte des Vaterunsers „Dein Reich komme" ergänzt und erläutert Matthäus mit einer dritten Bitte: *„Dein Wille geschehe wie im Himmel so auf der Erde"* (Mt 6,10).

Vor allem in der Offenbarung des Johannes, in den Sendschreiben an die Gemeinden (Offb 2,1-3,22), wird eindringlich zur Umkehr ermahnt, weil ein Nachlassen der ersten Liebe und Glaubensbegeisterung, eine Ermüdung und ein Erkalten des Gemeindelebens in den großen Anfechtungen dieser Welt zu verzeichnen sind: *„Aber ich habe wider dich, dass du deine erste Liebe verlassen hast. Gedenke also, woher du gefallen bist, und kehre um und schaffe die ersten Werke. Wenn aber nicht, so werde ich zu dir kommen und deinen Leuchter von seiner Stelle rücken, wenn du nicht umkehrst"* (Offb 2,4f).

„Gedenke also, wie du es empfangen und gehört hast, und bewahre es und kehre um. Wenn du nicht wachst, werde ich kommen wie ein Dieb, und nicht wissen sollst du, zu welcher Stunde ich über dich kommen werde" (Offb 3,3). *„Zeige also neuen Eifer und kehre um!"* (Offb 3,19.

Diese, auch echt biblische, Umkehrforderung ist in der Gerichtspredigt beheimatet. Der Gedanke an das Gericht soll das Eingeständnis des eigenen Ungenügens, je des sündhaften Zustandes und der einzelnen Sünden wachrufen, soll zu Reue und Buße, zur „Abkehr vom Bösen" (Apg 3,26), von den „toten Werken" (Heb 6,1) und zur Rückkehr zum lebendigen Gott und zu dem empfangenen neuen Lebensgrund treiben.

So wie die ersttestamentliche Gottesverkündigung auch in ihrer Vollendung durch die neutestamentliche in ihrer Art gültig bleibt, so bleibt die Umkehrforderung auch in ihrer Vollendung im gnadenhaft geschenkten neutestamentlichen Glaubensstand gültig. Sie ist immer von neuem „Bruch mit der Vergangenheit und Hinwendung zum lebendigen Gott, dessen Gericht unmittelbar droht" (E. Neuhäusler, *Anspruch und Antwort Gottes,* Düsseldorf 1962, S. 125).

Umkehr ist so „ein immer neu zu vollziehender Vorgang, nicht die einmalige, grundlegende ‚Bekehrung', sondern stets neue Rückwendung zum Ausgangspunkt, zur Grundlage des ‚Gottesverhältnisses'" (W. Trilling, „Metanoia als Grundforderung der neutestamentlichen Lebenslehre", *in: Einübung des Glaubens, FS für K. Tilmann,* Würzburg 1965, S. 178-190; bes. 178), auf der die Gemeinde und der einzelne in ihm durch Gottes Zuwendung schon steht. Da das christliche Leben sich noch nicht in der Sicherheit eschatologischer Vollendung, sondern auf dem Weg dorthin befindet, ist eine immerwährende Umkehr unerlässlich. So wie das Reich Gottes nicht ausschließlich eine jenseitig-spirituelle Größe ist, sondern alle Lebensbereiche und Beziehungen umgreift, bezieht Umkehr nicht nur das religiös-individuelle Verhältnis zu Gott, sondern auch den gemeinschaftlich-politischen Bereich mit ein. Eine doppelte Bekehrung ist nötig, die des Herzens und die der Ordnung der Dinge und der menschlichen Gemeinschaft. Wie diese immerwährende Umkehr geschehen soll, kann nicht von vornherein genau bestimmt werden. Die Konkretisierung des Umkehrvorganges hängt von der jeweiligen Situation ab. Der Neutestamentler E. Neuhäusler sagt mit Recht, dass Umkehr an sich nur „ein formaler Begriff" sei, „der sich je nach der Situation mit konkretem Inhalt füllt" (E. Neuhäusler, a.a.O., S. 130). Aber wir sind dabei nicht allein gelassen, wir haben die Orientierungslinien im Handeln und in der Predigt Jesu.

Was die äußerliche Ausdrucksweise der Umkehr betrifft, nämlich die Bußübungen, muss man sich unbedingt an Jesus orientieren. Denn nur so können wir eine nur veräußerlichte Religion vermeiden und der scharfen Kritik Jesu an Pharisäismus entgehen.

Die ersttestamentlich-jüdischen Formen der Bußübungen, die kultisch-rituellen Ausformungen der Umkehr waren das Fasten, das Tragen von Buß- und Trauergewand, Sack und Asche wie auch Gebet und Klage(vgl. 1 Kön 21; Joel 1,8; Jes 58,5; Nah 9; Dan 9,4-19; Bar 1,15-3,8) und Bußliturgien mit Sündenbekenntnis an besonderen Bußtagen (1 Kön 8,33ff; Jer 36,6.9; Sach 7,3.8; 8,19). Der Mensch braucht rituelle Formen in der Religionausübung. Jesus hat sie nicht prinzipiell abgelehnt, sondern deren Verformung und Übertreibung, die darin besteht, dass diese äußeren Formen wie ebenfalls die inneren Vorgänge der Buße als vorweisbare Leistungen vor Gott und als Auszeichnung vor den Menschen angesehen werden.

Wenn Jesus sich über Fasten, Beten, Almosen geben oder Buße tun in Sack und Asche äußert, besagt das noch nichts über deren Konkretisierung im Leben des einzelnen und der Gemeinde. Sie haben auch im Laufe der Kirchengeschichte verschiedene Formen angenommen. Ihre konkrete Ausformung hängt von der Situation ab. So kann Fasten oder auch das Gebet andere aktuellere Formen annehmen. Wichtig ist es, die Praxis Jesu vor Augen zu haben. Äußere Riten können nicht Selbstzweck sein. Der Dienst an Gott und den Menschen ist das unerlässliche Kriterium gemäß der Zusammenfassung Jesu: Als Jesus nach dem größten Gebot gefragt wurde, antwortete er: *„Du sollst den Herrn, deinen Gott, lieben mit ganzem Herzen, mit ganzer Seele und mit all deinen Gedanken. Das ist das wichtigste und erste Gebot. Ebenso wichtig ist das zweite: Du sollst deinen Nächsten lieben wie dich selbst. An diesen* *beiden Geboten hängt das ganze Gesetz samt den Propheten" (Mt 22,37-40).*

„Die Verkündigung Jesu ist – so können wir mit Joachim Gnilka zusammenfassen – von dem zentralen Anliegen getragen, die Menschen auf die bevorstehende Ankunft des eschatologischen Gottesreiches vorzubereiten. Es gilt, sich in völliger Abkehr von allem Gottwidrigen und aller Sünde, im Vollzug echter Metanoia-Gesinnung für das kommende Heil zu rüsten. Die Anforderungen, die an den gestellt werden, der in das Reich eingehen will, sind unausweichlich und hart. Wenn es darauf ankommt, muss er bereit sein, Hand und Fuß und Auge daranzugeben, denn es ist besser für ihn, als Lahmer oder Einäugiger in das Leben einzugehen als gesund in das Feuer der Hölle geworfen zu werden (vgl. Mt 18,8f.par). Damit ist nicht gesagt, dass das Leibliche des Menschen die Quelle der Sünde und des Bösen ist, wohl aber, dass es ihm zum Ärgernis werden kann. Der Ursprung der Bosheit liegt nach der Auffassung Jesu nicht in der körperlichen Verfasstheit des Menschen, sondern in seinem Herzen, denn aus dem Innern des Herzens 'kommen die bösen Gedanken, Unzucht, Diebstahl, Mord, Ehebruch, Habgier usw.' (Mk 7,21f.). Wie sich bei Jesus keine leibfeindlichen Äußerungen feststellen lassen, lehrt er nirgendwo eine Höherbewertung der Seele gegenüber dem Leib im Sinn griechischen Denkens. Der fast zum geflügelten Wort gewordene Satz 'Was nützt es dem Menschen, wenn er die ganze Welt gewinnt, dabei aber seine *psyche* (Seele/Leben) einbüßt (Mk 8,36), bleibt falsch verstanden, wenn man psyche mit 'Seele' übersetzt und damit die Vorstellung verknüpft, dass Jesus die Heimholung der Seele zu Gott im Sinne des Wortes 'Rette deine Seele!' über alles gestellt habe. Wohl setzt Jesus das ewige Heil über alle irdischen Güter und über die Summe aller Güter der Welt, denn *psyche* ist gleich Leben und will als ewiges Leben verstanden sein. Über den Verlust des ewigen Lebens, das als das eigentliche

Leben zu gelten hat, ist der Erwerb des *hólos kósmos* (ganze Welt) gering zu achten. Das ewige Leben aber betrifft genau so wie das irdische Leben den ganzen Menschen, wenn das ewige auch nicht, entsprechend primitiv-eschatologischen, zeitgenössischen jüdischen Anschauungen, als eine in ein maßloses Glück potenzierte Fortsetzung des irdischen aufgefasst werden darf. Nur wenn man die volle Relation beider Formen des Lebens auf den ganzen Menschen aufrecht erhält, ergibt sich für das Wortspiel ein guter Sinn: 'Denn wer sein Leben retten will, wird es verlieren, wer aber sein Leben verliert um meinet- und der Frohbotschaft willen, wird es retten' (Mk 8,35). Für das bevorstehende Ende rechnet Jesus mit der Auferstehung der Toten. Diese bleibt nicht auf die Gerechten oder die Israeliten beschränkt, sondern ist allumfassend, wie die angekündigte Konfrontation der galiläischen Städte mit Tyros und Sidon (Mt 11,22), der Niniviten und der Königin des Südlandes mit diesem Geschlecht beim Gericht (12,41f.) und das große Gerichtsgemälde Mt 25,31-46 ausweisen." (Joachim Gnilka, Die biblische Jenseitserwartung: Unsterblichkeitshoffnung – Auferstehungsglaube?: Bibel und Leben 5 (1964), 103-116, S. 108f).

Zur weiterer Diskussion schließe ich diese Ausführungen mit folgenden Thesen und Fragen:

1. Die Gottesherrschaft beginnt hier und jetzt. Was besagt dies konkret für mein Leben?

2. Jesus steht in einer personalen Beziehung zur Gottesherrschaft. Welchen Stellenwert hat Jesus für mich, für meinen Glauben?

3. Die Herrschaft Gottes ist Gabe und Aufgabe. Die Herrschaft Gottes kommt von Gott und nimmt den Menschen in die Pflicht. Welche Schlussfolgerung ziehe ich daraus?

4. An der Gnade entsteht Umkehr. Wie ist die mehr und mehr um sich greifende Gleichgültigkeit gegenüber dem Willen Gottes zu erklären?

5. Umkehr ist eine immerwährende Aufgabe, kein punktuelles Geschehen. Dies besagt, dass der Vorgang der Umkehr sich in der jeweiligen Situation zu konkretisieren hat. Was bedeutet dies für mich und für die Gemeinde hier und jetzt? Was muss ich alles für meinen Lebensstil berücksichtigen?

6. Eine doppelte Bekehrung ist notwendig: die Bekehrung des Herzens zu Gott und die Bekehrung zum Nächsten in der Gestaltung einer gerechten Ordnung der Welt. Sehe ich die Verbindung beider Bekehrungen oder versuche ich die eine gegen die andere auszuspielen?

Damit Träume wahr werden
– Dein Reich komme

„Träume sind Schäume", „Hoffen und Träumen lässt vieles versäumen", lauten unsere Sprichwörter. Sind Träume also nur Schäume, sinnlos und leer? Keineswegs! Nicht von ungefähr stehen Traum und Traumdeutung in der Psychotherapie und in der religiösen Heilserfahrung hoch im Kurs. Neben dem Nachttraum steht auch der Tagtraum: der Traum vom besseren Leben, von einer besseren Welt. Auch dieser Traum kann Heilung bewirken. Menschen, ganze Völker, sind am Leben geblieben, weil sie sich an das dünne Seil des Traums von einem besseren Leben, von einer besseren Welt klammerten. Menschen verlassen auch heute noch das ihnen Wohlvertraute und das Liebste, ihre Heimat, um einer besseren Zukunft ihrer Kinder willen. Träume überwinden die Schranken des Bestehenden, sie geben sich nicht ab mit dem Status quo – aus der Kraft der Hoffnung. Wenn diese Hoffnung aus der Büchse der Pandora verschwindet, kommt für das Leben unweigerlich das Aus.

1. Was Gott verheißt, sein Reich, ist wie ein Traum

Die Bitte „Dein Reich komme" ist die Mitte, die zentrale Bitte des Vaterunsers. Wenn wir diese Bitte nicht gedankenlos dahinsprechen, dann mutet sie an wie ein Traum. „Reich" oder „Reich Gottes": Wer das Wort hört, denkt meist schnell an den „Jüngsten Tag", der die große Entscheidung bringt (Mt 26,36), und an den „Himmel", der mit den irdischen Bildern von umfassender Sättigung und von seligem Lachen (Mt 6,20-23), vom Hochzeitssaal (Mt 25,10), vom Paradies (Lk 23,43), vom „Eingehen in die Freude" (Mt 25,23) usw. umschrieben wird. Vielleicht kommen ihm auch die grandiosen Visionen der Apokalypse, der Offenbarung des Johannes, in den Sinn: Die vom neuen Himmel und der neuen Erde, vom neuen Jerusalem, in das die Völker mit ihren Schätzen einziehen werden, und vor allem die vom vollendenden Gott, der dann unter uns wohnen und alles neu machen wird, so dass es keine Trauer, kein Leid und keinen Tod mehr geben wird (vgl. Offb 21,1ff).

Was diese Bilder und Visionen meinen, übersteigt unsere Vorstellungskraft: *„Kein Auge hat es gesehen ..., was Gott denen bereitet hat, die ihn lieben"* (1 Kor 2,9). Wir können das Reich Gottes mit Begriffen nicht erfassen. Jesus selber hat es auch nie definiert. Er hat es einfach bei seinen Hörern vorausgesetzt. Sie konnten es ahnen. Es entsprach ihren Sehnsüchten. Aber es ist nicht damit gleichzusetzen. Es sprengte ihre konkreten Vorstellungen und Handlungsweisen und korrigierte sie. Zur Zeit Jesu gab es Gruppen wie die Zeloten, die das Reich Gottes durch gewaltsame Befreiung aus dem Joch der Römer herbeiführen wollten. Andere Gruppen wie die Pharisäer wollten die Ankunft des Reiches Gottes durch strenge Gesetzesbeobachtung beschleunigen. Wieder andere Gruppen wie die Apokalyptiker erwarteten das Reich Gottes nicht mehr für die Weltzeit, sie verlegten es in die kommende, zukünftige Welt. Alle sind darin einig, dass es dabei um die Herrschaft Gottes geht: Gott wird als König über alle und alles herrschen. Es geht in erster Linie um die ausgeübte Macht, um das königliche Herrschen Gottes. Daher wird der Gebrauch des Wortes „Herrschaft" oder „Königsherrschaft" Gottes empfohlen. Und dies nicht nur, weil unsere Erfahrungen mit den verschiedenen „Reichen" schlecht waren, sondern weil der Ausdruck „Reich" das Herrschaftsgebiet, den Bereich oder Raum zu stark betont. Beim Reich Gottes geht es ja um den Herrschaftsanspruch Gottes auf diese Welt, der in einem neuen Gottes-, Menschen- und Weltverhältnis sichtbar wird. Aber gerade deswegen kann es bei der Übersetzung des griechischen Wortes „Basileia" mit Königsherrschaft oder Königreich nicht um ein Entweder-Oder gehen. Die Durchsetzung der Herrschaft Gottes braucht einen gesellschaftlichen Raum. Bei der Verkündigung des Reiches Gottes geht es nicht nur um Gottes Königssein – dieses steht ja ohnehin nicht in Frage -, sondern gerade um den gesellschaftlichen Wirkungsraum, um das Gebilde also, dessen König Gott ist.

Seit dem Buch Daniel, das im Kontrast zu der vergöttlichten Gewaltherrschaft der syrischen Herrscher, der Seleukiden, die Heraufführung des Reiches Gottes verkündet, sollte eigentlich die gesellschaftsbezogene Dimension von Gottes Königsherrschaft nicht mehr umstritten sein: ein Reich der Gerechtigkeit, des Friedens und der Liebe, das Mensch und Welt gleichermaßen umfasst (Dan 2,35). Auch Jesus steht in dieser Tradition.

2.   Ein Traum, der nicht vertrösten will

Das „Reich", um dessen Kommen wir im Vaterunser bitten, ist nicht ein rein innerlicher Vorgang im Menschen, ein Reich der Innerlichkeit. Die traditionelle Deutung von Lk 17,21: „Siehe, das Reich Gottes ist mitten unter euch" als die Gegenwart des Reiches im Innern des Menschen lässt sich schon rein sprachlich im Urtext nicht aufrechterhalten.

Gottes Traum vom „Reich" will die Menschen weder durch Rückzug ins Innere noch durch Jenseitshoffnung über die schlechte Gegenwart vertrösten. Gerade die Gegenwart des

Reiches ist das unverwechselbare Neue der Verkündigung Jesu. Mit ihm, in seiner Person und in seinem Wirken ist das Reich Gottes anfanghaft da, dessen vollendete Gestalt steht allerdings noch aus. Gottes Reich ist somit eine gegenwärtige und zugleich eine zukünftige Größe.

3. Ein Traum, der in unsere Welt hereinbricht

Im Zentrum der Predigt und des Wirkens Jesu steht seine Botschaft von der Gegenwart des Reiches Gottes. Gleich dem Freudenboten, der die nahe bevorstehende Ankunft des Herrschers ankündigt, teilt Jesus das Herannahen des Reiches mit. *„Die Zeit ist erfüllt, und das Reich Gottes ist nahe"*, fasst Mk 1,15 die Predigt Jesu zusammen. Gottes Reich steht unmittelbar vor der Tür, es greift bereits in die Gegenwart hinein. Die lange Wartezeit ist mit dem Kommen Jesu zu Ende. Jesus hat das Reich Gottes in vielen und sehr schönen Gleichnissen angesagt. Er tat dies, nicht etwa weil er nur in der rabbinischen Tradition steht, die sich dieser Sprachform bediente, auch nicht, weil seine Hörer Analphabeten und daher des abstrakten Denkens nicht mächtig gewesen wären, und auch nicht, weil er und seine Hörer einfach auf Grund ihrer orientalischen Kultur Bilderreichtum liebten. In seinen Gleichnissen vermittelt Jesus das Reich Gottes so unmittelbar, dass der Hörer hineingezogen wird und dadurch erkennen kann, dass es hier um seine eigene Sache geht: Das Reich Gottes ist ein Angebot an dich! Dies ist der Sinn der Gleichnisse Jesu überhaupt.

Die Gleichnisrede Jesu soll eine neue Sichtweise und einen Standortwechsel des Hörers ermöglichen. Der Pharisäer Simon wird Lk 7,36-50 durch das Gleichnis von den beiden Schuldnern eingeladen, sich mit den Augen des Schuldners zu sehen und sich auf die Ebene der Sünderin zu stellen. Dasselbe sagt der Umkehrruf Jesu Mk 1,15 aus: *„Kehrt um und glaubt an das Evangelium".* Umkehr ist so die menschliche Entsprechung zum Reich-Angebot Jesu.

Jesus sagt das Reich nicht nur mit Worten an, er vollzieht es in der Praxis: in seiner Zuwendung zu den Armen und Ausgegrenzten, zu den Kranken und Sündern. *„Wenn ich aber mit der Kraft Gottes die Dämonen austreibe, dann ist das Reich Gottes schon zu euch gekommen"* (Lk 11,20). Wenn das Reich da ist, wäre es töricht, diese Chance verstreichen zu lassen. Jeder Kaufmann, der Erfahrung in seinem Beruf hat, würde alles dafür geben, um in den Besitz der einen kostbaren Perle zu kommen (Mk 13,45). Auch ein kluger Verwalter, der vor einer Kündigung steht, setzt alles auf eine Karte, um sein Überleben zu sichern (Lk 16,1-13).

Alle sind eingeladen, das Angebot Jesu anzunehmen, aber vor allem die Armen, die Hungernden, die Weinenden, die Zu-kurz-Gekommenen, die Leidenden und Verfolgten überhaupt sind die primären Zuspruchsempfänger des Reiches in den Seligpreisungen Jesu: *„Selig, ihr Armen, denn euch gehört das Reich Gottes. Selig, die ihr jetzt hungert, denn ihr werdet satt werden. Selig, die ihr jetzt weint, denn ihr werdet lachen"* (Lk 6,20f).

4.   Ein Traum, der Vertrauen fordert

Menschen sind oft versucht, selbst das Reich Gottes total verwirklichen zu wollen. Die Geschichte zeigt uns allerdings, dass wir Menschen allein eine totale Erfüllung unserer Sehnsüchte nicht erreichen können. Auch kann es geschehen, dass sich die versuchte Erfüllung in ihr Gegenteil verkehrt.

Auch die Gläubigen machen die Erfahrung, dass die große Wende, die Vollendung des Reiches Gottes, auf sich warten lässt. Mutlosigkeit und Resignation können die Folge sein. Bei den Menschen, die Jesus begegneten, war es nicht viel anders: Jesu unscheinbares, wenig auffälliges Wirken entsprach den großen Erwartungen im Volke nicht. Enttäuschung und Ablehnung machten sich breit. In dieser Situation verkündet das Gleichnis vom Sämann die Gewissheit, dass sich das Reich Gottes gleich dem Samen allen Widrigkeiten zum Trotz erfolgreich durchsetzen wird (Mk 4,13-20). Zugleich macht uns die Deutung des Gleichnisses in Mk 4,13-20 darauf aufmerksam, dass die Beschaffenheit des Bodens für das Gelingen wichtig ist. Das Reich Gottes kann noch so winzig und kümmerlich im unscheinbaren Wirken Jesu und in seiner kleinen Bewegung beginnen, es wird dennoch eine überwältigend große, eindrucksvolle Wirkung hervorbringen, so wie das Senfkorn zum Baume wird (Mt 13,31f) oder wie der Sauerteig den ganzen Teig durchsäuert (Mt 13,3). Die Menschen können Vertrauen und Gewissheit haben, dass sich das Reich Gottes, seine Herrschaft, durchsetzen wird. Denn mit dem Reich Gottes verhält es sich so wie mit einem Samen, der, einmal auf die Erde geworfen, unweigerlich zur Reifung drängt (Mk 4,26-29).

Die Menschen brauchen auch nicht ungeduldig oder gegenüber Andersdenken unduldsam zu sein. Denn mit dem Reich Gottes verhält es sich wie mit einem Acker, auf dem nicht nur Weizen, sondern sogar Unkraut ungehindert bis zur Ernte wächst und der dennoch eine gute Ernte hervorbringt (Mt 13,24-30). Darum können die Menschen ihren Weg zum Reich Gottes mit Geduld und Gelassenheit gehen im Bewusstsein, dass das Entscheidende mit dem Kommen Jesu bereits geschehen ist. Mit ihm bricht die Herrschaft Gottes an und ist in Spuren und Zeichen in uns und in der Welt gegenwärtig. Auf die bange Frage des Täufers, der im Gefängnis von den Taten Jesu hört: *„Bist du der, der kommen* *soll, oder müssen wir auf einen anderen warten?"* (Mt 11,3), antwortet Jesus klipp und klar: „*Geht und berichtet Johannes, was ihr hört und seht: Blinde sehen wieder, und Lahme gehen; Aussätzige werden rein, und Taube hören; Tote stehen auf, und den Armen wird das Evangelium verkündet. Selig ist, wer an mir keinen Anstoß nimmt"* (Mt 11,4-6).

Diese Spuren zu entdecken, diese Zeichen aufzuspüren und sie als solche anzuerkennen, darauf kommt es an. Wenn Menschen ihre Vorurteile gegenüber Fremden und Heimatlosen, ihren Hass gegen Feinde überwinden, wenn Menschenrechte mehr Beachtung finden und ungerechte politische Systeme sich wandeln, wenn sich Einzelpersönlichkeiten unter Einsatz ihres Lebens oder unter Inkaufnahme des Verlustes ihrer Machtstellung für Gerechtigkeit, Frieden und Wohl der Menschen und Völker einsetzen, wenn christliche Kirchen und andere Religionen sich zusammenfinden und gemeinsam einen Weg für Frieden, Gerechtigkeit und Bewahrung der Schöpfung suchen, wenn in den Gemeinden das Glaubensleben lebendiger und froher wird durch Gemeinschaft, Einsatz für Mensch, Tier und Umwelt, dann sind die Spuren vom Gottesreich schon sichtbar da.

5. Ein Traum, der uns ganz in Anspruch nimmt

Gott führt *sein* Reich herauf. Er ist es, der sein Reich den Menschen schenkt (Lk 12,29.32). Diese sind darauf, ganz unerwartet, wie auf einen Schatz gestoßen (Mt 13,44). Gleich Kindern, sollen wir Menschen es uns schenken lassen (Mk 10,14f). Gottes Reich ist wesentlich Gottes souveräne Gabe, Gottes Geschenk. In den Wachstumsgleichnissen wird das ganze Gewicht ausschließlich auf das Tun Gottes gelegt. Im Gleichnis von der selbstwachsenden Saat (Mk 4,26-29) bringt die Erde von selbst, automatisch, ihre Frucht, *„und der Sämann weiß nicht, wie das geschieht".*

Der Geschenkcharakter des Reiches zwingt die Menschen allerdings nicht zur Passivität und Untätigkeit. Gerade Geschenke wollen angenommen werden. Das Reich Gottes ruft zum vollen Einsatz auf, es stellt den Anspruch, sich auf seinen Anbruch mit allen Kräften einzustellen. Denn mit dem Reich Gottes verhält es sich wie mit einem Kapital, das nicht vergraben werden darf, sondern mit dem gehandelt werden muss (Mt 25,14-30). Das Reich Gottes kommt zwar nicht durch unser Bemühen, dennoch sind wir zur Arbeit im Weinberg bestellt (Mt 20,1-16). Und die Bergpredigt ist keine bloße Mahnung, sondern Programm und Einlassbedingung zugleich für das Eingehen in das Reich Gottes.

6. Ein Traum, der lebensgefährlich sein kann

Der Tod Jesu, des ureigentlichen Evangelisten des Reiches Gottes, kam nicht von ungefähr. Träumer – von Jesus bis Martin Luther King und Bischof Romero – haben ihren revolutionären Traum mit dem Tod bezahlt.

Jesu Predigt von der vorbehaltlosen Vergebungsbereitschaft Gottes und seine demonstrative Solidarisierung mit den „Zöllnern und Sündern" (Mk 2,15-17), mit den „Verlorenen" (Lk 15), erregten Anstoß bei den Frommen und den offiziellen Vertretern des Volkes, die sich als Garanten und Beschützer von Gottes Recht und Ehre wähnten. Selbst seine Frohbotschaft war Anlass zum Ärgernis (Mt 11,6). Der sich zuspitzende Konflikt endete mit dem Tod, den Jesus als Konsequenz seiner Botschaft anzunehmen bereit war. Er hielt so an seiner Überzeugung fest, dass „das Reich Gottes kommt" und er im großen Gastmahl der Endzeit mit den Seinen endgültig zusammensein wird (Mk 14,25; vgl. Lk 22,16-18). Für seine Jünger ist die Auferstehung Jesu, des Zeugen für das Reich Gottes, die unwiderrufliche Bestätigung der Treue Gottes zu seiner Heilszusage und Anfang ihrer endzeitlichen Verwirklichung.

7.   Ein Traum, der Freude bringt

Aus einem Alptraum erwachen Menschen völlig verstört. Der Traum vom Reich Gottes macht froh. Mit dem Kommen Jesu ist die endzeitliche Freude (Lk 14,15-24), die Hochzeitsfreude, da. Die Zeit für Fasten und Trauern ist vorbei (Mk 2,18f). Nicht von ungefähr wird in den Evangelien Jesus mit dem Täufer Johannes konfrontiert, die Jünger Jesu mit den Anhängern des Täufers. In der Verkündigung des Täufers war die Ansage des Gerichts vorherrschend. Da war Trauer und Buße am Platz, denn *„die Axt ist schon an den Baum gelegt ..."* (Mt 3,10). Jesus dagegen verkündet die vorbehaltlose Heilszuwendung, die unverdiente Güte und Liebe Gottes, die für alle Frohbotschaft sein will. Freude ist somit Gottes Geschenk, sie drückt zugleich die positive Annahme des Reiches Gottes bei den Menschen aus (Mt 13,44; Lk 19,6-10). Sie gründet also letztlich in der Freude Gottes, der uns Menschen seine Gemeinschaft vorbehaltlos anbietet (Lk 15,5-7.9f.23ff). Freude ist die Ausdrucksform des Reiches Gottes selbst: *„Geh ein in die Freude deines Herrn"* (Mt 25,22.23). Durch diese Freude kann das Leiden in der Welt und an der Welt ausgehalten werden, bis einst Gott endgültig alle Tränen von den Augen der Menschen abwischen wird (Offb 7,17).

8. Warum bitten wir um das Kommen des Reiches?

Wenn wir um das Kommen des Reiches bitten, tun wir es nicht, um unsere eigene Passivität und Nachlässigkeit zu beschönigen oder zu rechtfertigen. Das Gebet ist keine Beruhigungspille für eigene Versäumnisse oder für den Mangel an Einsatz. Das Gebet ist Ausdruck des Vertrauens, dass Gott für seine Sache, das Kommen des Reiches, steht. Dieses Vertrauen nimmt den Beter in die Pflicht, der Sache Gottes zu dienen. Der Beter ist also gefordert, sein Bestes zu geben, sich mit aller Kraft für das Kommen des Reiches einzusetzen.

Das Gebet befreit aber auch vom Leistungsdruck und schenkt Gelassenheit. Der Beter weiß, dass alles Geschenk Gottes ist, das er nicht verscherzen darf. Er weiß auch, dass die endgültige Vollendung in Gottes Hand liegt. In dieser Spannung von „Jetzt schon" und „Noch nicht" leben wir als Christen in dieser Welt. Diese Spannung ist auch in der konkreten Kirche, die Kirche Jesu Christi sein will, aber häufig, an diesem Maßstab gemessen, fehlgeht, auszuhalten.

Jesu Reich-Gottes-Predigt und der Gedanke der Freiheit

Nach dem großen Philosophen des Idealismus, Hegel, entwickelt sich die Weltgeschichte zu einer Freiheitsgeschichte. Zweifelsohne geschah die Erlangung der individuellen Freiheitsrechte in erbitterter Auseinandersetzung mit den christlichen Kirchen, die Jesu Botschaft in die Welt hineinverkündeten. Auf der einen Seite etablierten sich die Kirchen in der Welt und auf der anderen Seite verflüchtigten sie das Reich Gottes zu einer weltlosen Größe. Daher kann das Thema „Die Predigt Jesu vom Reich Gottes und der Freiheitsgedanke" manche etwas befremden. Vielleicht gehört dieses Thema unter die Abhandlung der Beziehung von Paulus und Jesus, könnte einer einwenden. Denn der Apostel Paulus gilt gewöhnlich als der große Prediger der christlichen Freiheit. Sein Brief an die Galater wird nicht ohne Grund als die magna Charta der christlichen Freiheit bezeichnet. Hier entwickelt Paulus seine theologischen Gedanken über die Befreiung eines Christenmenschen von Gesetz, Sünde und Schuld und den kosmischen Geistermächten. Durch Christi Erlösungstat, durch Tod und Auferstehung Christi wird der Mensch befreit zum wahren Gehorsam: *„Christus hat uns befreit, und nun sind wir frei. Bleibt daher fest und lasst euch nicht von neuem das Joch der Knechtschaft auflegen!"* schreibt Paulus an seine bedrohte Gemeinde in Galatien (Gal 5,1).

Wir wollen uns im Folgenden allerdings nicht mit Paulus, sondern mit Jesus, mit der Mitte seiner Predigt, der Verkündigung von der Herrschaft Gottes in Wort und Tat, befassen. So werden wir auch feststellen können, dass hier bereits dieselben Gedanken keimhaft, aber doch deutlich vorhanden sind, wenn auch nicht das Wort „Freiheit" gebraucht wird. Da es sich um die Verkündigung des historischen Jesus handelt, werde ich nicht auf das vierte Evangelium, das Johannesevangelium, zurückgreifen, wo das Wort „Freiheit" Jesus in den Mund gelegt wird.

1. Die Gottesherrschaft: das Zentralthema der öffentlichen Verkündigung Jesu

1.1 Zum Begriff „Gottesherrschaft"

Im Griechischen steht das Wort *basileia tou theou*. Das Wort *basileia* ist die Übersetzung für das hebräische Wort *malkut* bzw. das aramäische *malkuta*. Es bezeichnet die Königsherrschaft. Es ist ein dynamischer Begriff und hat einen anderen Akzent als das Wort „Königreich", das mehr ein räumlicher und statischer Begriff ist. Wenn in Mt 20,21 die Bitte der Frau des Zebedäus heißt: *„Sag, dass diese meine beiden Söhne sich in deinem Reich zu deiner Rechten und Linken setzen dürfen!"*, verbinden wir mit dem Begriff „Reich"unwillkürlich eine statisch-räumliche Bedeutung. Der Ausdruck „in deinem Reich" bedeutet einfach: „wenn du als König kommst". Dieselbe Aussage begegnet uns auch an anderen Stellen (vgl. Mt 16,28; Lk 22,30; 23,42).

Als dynamischer Begriff betont das Wort Königsherrschaft Gottes die herrschaftliche Macht Gottes, die gerade das Hauptmerkmal hat, „dass Gott das ständig ersehnte, auf Erden nie erfüllte Königsideal der Gerechtigkeit verwirklicht" (Joachim Jeremias, *Neutestamentliche Theologie. Erster Teil:*

Die Verkündigung Jesu, Gütersloh 1971, S. 101). „Die königliche Gerechtigkeit besteht für die Vorstellungen der Völker Orients ebenso wie für diejenigen Israels seit Urzeiten nicht primär in unparteiischer Rechtssprechung, sondern im Schutz, den der König den Hilflosen, Schwachen und Armen, den Witwen und Waisen angedeihen lässt" (ebd. 101f).

1.2. Zum Sprachgebrauch des Ausdrucks „Königsherrschaft Gottes"

1.2.1 Das Erste Testament und das Frühjudentum

Der Begriff „Königsherrschaft Gottes" kommt im Ersten Testament und im Frühjudentum nicht häufig vor. Da im Judentum der Gottesname nicht ausgesprochen wurde und oft durch das Wort „Himmel" ersetzt wurde, hat man auch den Begriff „Königsherrschaft des Himmels" in der Bedeutung von „Königsherrschaft Gottes" verwendet. Denselben Sprachgebrauch finden wir auch im Matthäusevangelium. Aber die Aussage, dass Gott als König herrscht und die Hoffnung, dass er seine Herrschaft in dieser Welt durchsetzt, sind wichtige Inhalte des Ersten Testaments und des jüdischen Glaubens. Denken wir nur an den Psalter, in dem die JHWH-König-Psalmen (Ps 47; 93; 96;)7; 98; 99) eine wichtige Stellung haben.

1.2.2 Die Verkündigung Jesu

Die Redewendung „Königsherrschaft Gottes" wird von vielen Exegeten als Kennzeichen der ipsissima vox Jesu, seiner Ausdrucksweise, charakterisiert. Sehr oft begegnet sie uns bei den Synoptikern: Mk 13 x; Mt-Lk-Logien 9 x (Q); darüber hinaus: Mt 27 x (S); Lk 12 x (S); Joh 2 x. Auch neue, bisher unbekannte, für die Sprache Jesu charakteristische Redeweisen werden überliefert:

- Nahekommen der Königsherrschaft Gottes (Mk 1,15par; Mt 10,7par; Lk 10,11 (21,31).
- Eingehen in die Königsherrschaft Gottes (Mk 9,47; 10,15par; 10,23par; Mt 5,20; 7,21; 18,3; 23,13; Joh 3,5).

Die Urkirche hat dann diese Redeweise in ihrer Verkündigung kaum gebraucht. Für sie war Jesus nicht mehr nur der Verkündiger und Bringer der Königsherrschaft Gottes, sondern der verkündigte Christus, der selber diese Königsherrschaft Gottes in Person, die *autobasileia* – so Origenes – ist. Dieser Perspektivenwechsel und diese Inhaltsverlagerung dürften nicht die Tatsache verdecken, dass Jesus die Rede von der Königsherrschaft Gottes mit neuem Inhalt gefüllt hat.

2. Zum Inhalt des Ausdrucks „Königsherrschaft Gottes"

2.1 Forschungsgeschichte: die Rede vom zukünftigen und gegenwärtigen Kommen des Reiches Gottes

2.1.1 Die Auffassung der liberalen Theologie

Der Begründer dieser theologischen Richtung, Albrecht Ritschl, erklärte: Die Vorstellung Jesu vom zukünftigen Hereinbrechen des Reiches, das kosmische Katastrophen einschließt, sei lediglich Gebrauchsmaterial aus der jüdischen Apokalyptik. Das für Jesus Besondere und ihm Eigene wären die Worte über das gegenwärtige Kommen des Reiches. „'Das Reich Gottes ist inwendig in euch' (Lk 17,20f)! Das Reich Gottes ist gegenwärtig und inwendig. Es ist nämlich, von Gott her gesehen, das höchste Gut, zu dem Gottes Liebe die Menschen führen will; es ist vom Menschen her gesehen die sittliche Gemeinschaft des Menschengeschlechtes, die durch gegenseitiges Handeln aus Liebe realisiert wird."

(L. Goppelt, *Theologie des Neuen Testaments I: Jesu Wirken in seiner theologischen Bedeutung,* hrsg. von J. Roloff, Göttingen 1976, S. 101f).

2.1.2 Die konsequente Eschatologie von Johannes Weiß und Albert Schweitzer

Nach Johannes Weiß, dem Albert Schweitzer folgt, übernimmt Jesus die Reich-Gottes-Vorstellung der jüdischen Apokalyptik. Das Reich Gottes sei für ihn eine streng endzeitliche, überweltliche Größe. Es breche in nächster Zukunft noch innerhalb seiner Generation durch eine kosmische Katastrophe als die neue Welt Gottes an.

Die Bezeichnung „konsequente Eschatologie" will zur Sprache bringen, dass alles in Jesu Wirken auf das unmittelbar bevorstehende Kommen des Reiches Gottes bezogen wird. Diese Auffassung versteht sich nicht zuletzt als Protest gegen das fortschrittsgläubige liberale Bürgertum, das Sinn und Mitte der Predigt Jesu in einer innerweltlich zu verwirklichenden allgemeinen Menschenliebe (Philanthropie) sieht.

2.1.3 Die aktuelle Eschatologie Rudolf Bultmanns

Bultmann bejaht zum einen die historisch richtige Feststellung der konsequenten Eschatologie: Jesus hat in der Tat die Reich-Gottes-Vorstellung aus der Apokalyptik übernommen. Es steht außerdem für Bultmann fest, dass Jesus von einem gegenwärtigen Kommen des Reiches nie gesprochen hat. Denn alle hierfür in Frage kommenden Sprüche Jesu seien exegetisch anders zu verstehen. Lk 17,20f z. B. wolle eigentlich Folgendes ankündigen: „Das Reich Gottes ist *plötzlich* unter euch". Jesus war für Bultmann ein Prophet, der ähnlich wie Johannes der Täufer das nahe Ende ankündigte. Diese Vorstellung sei aber mythisch. Daher müsse die *mythische* Ankündigung des nahen Weltendes über das rein

historische Verständnis hinaus existential interpretiert werden. Jesus umschreibe auf diese Weise, dass *jetzt* gegenüber seinem Wort letzte Entscheidung für Gott gegen die Welt geboten sei. „Das Bewusstsein, dass die Stellung des Menschen zu Gott über sein Schicksal entscheidet und dass seine Entscheidungsstunde befristet ist, kleidet sich in das Bewusstsein, dass die Entscheidungsstunde für die Welt da ist"
(R. Bultmann, *Theologie des Neuen Testaments,*
4. Aufl. Tübingen 1961, S. 22f).

2.1.4 Die realisierte Eschatologie von Charles Harold Dodd

Dodd verneint, dass Jesus von einem zukünftigen Kommen des Reiches sprach. „Das Reich Gottes ist gekommen" (Mt 4,17) sei der Tenor der Predigt Jesu. Die wenigen Worte über ein zukünftiges Kommen seien *unbetont* und uneigentlich; sie wollen im Grunde nur den endzeitlichen Charakter der Gegenwart symbolisch unterstreichen. Jesu Lehre über das Reich Gottes stelle dagegen sein Wirken als „realisierte Eschatologie" dar, d. h. als den Einbruch der Macht der zukünftigen Welt in einer Reihe noch nie dagewesener, unwiederholbarer Ereignisse, die jetzt in aktuellem Vollzug seien. Das Reich Gottes sei die wirksame Durchsetzung der Souveränität Gottes gegen alles Böse und alles Übel in der Welt. Dodds Ansicht geht somit über die reine Innerlichkeit eines Liebesethos in der liberalen Theologie hinaus.

2.2 Die inhaltliche Bestimmung des Begriffs „Königsherrschaft Gottes"

2.2.1 Der Zeitpunkt des Kommens der Gottesherrschaft

Wir finden in den Synoptischen Evangelien Worte vom zukünftigen und vom gegenwärtigen Kommen der Gottesherrschaft im Munde Jesu.

2.2.1.1 Zum zukünftigen Kommen der Gottesherrschaft

Den Zukunftscharakter des Kommens der Gottesherrschaft bezeugen deutlich einige Sprüche Jesu.

Mk 14,25: *„Amen, ich sage euch: Ich werde nicht mehr von der Frucht des Weinstocks trinken bis zu dem Tag, an dem ich von neuem davon trinken werde im Reiche Gottes".*

Auch andere Termini charakterisieren das Reich Gottes als eine Größe der eschatologischen Zukunft:

„Jener Tag": Lk 10,12: *„Ich sage euch: Sodom wird es an jenem Tag nicht so schlimm ergehen wie dieser Stadt"* (nämlich den galiläischen Städten, die Jesus abgewiesen haben). In der Parallelstelle Mt 10,15 wird erklärend hinzugefügt: *„am Gerichtstag".* Diese apokalyptische Redewendung findet sich bei den Synoptikern nur im Matthäusevangelium: 11,22 (par Lk 10,14: *„im Gericht");* 11,24; 12,36 (Sondergut).

„Tage des Menschensohnes": Lk 17,22.24.26.30. Lk 17,24: *„Denn wie der Blitz von einem Ende des Himmels bis zum anderen leuchtet,*

so wird der Menschensohn an seinem Tage erscheinen." In der Parallelstelle (Mt 24,27) begegnet uns wieder eine matthäische Wendung: *„So wird die Parusie des Menschensohnes sein."* Nur Matthäus gebraucht dieses Wort, das der christlichen Urgemeinde eigen ist (Mt 24,3.27.37.39).

Das zukünftige Kommen der Gottesherrschaft wird in anderen Sprüchen als unmittelbar Bevorstehendes, als Nahekommen bestimmt.

In den Summarien (Mk 1,15; Mt 9,17), aber auch in der Spruchüberlieferung über die Aussendung der Jünger (Lk 10,9.11; Mt 10,7), findet sich die Jesus eigene Formel: *„Das Reich Gottes ist nahe herbeigekommen."*

Mk 13,30par: *„Amen, ich sage euch: Diese Generation wird nicht vergehen, bis das alles eintrifft".* „Das alles" meint die Endereignisse. „Diese Generation" (wörtlich „dieses Geschlecht") meint die Zeitgenossen. Es ist also nur eine kurze Zeitspanne im Blick. Dieselbe kurze Frist nennt noch bestimmter Mk 9,1: *„Amen, ich sage euch, von denen, die hier stehen, werden einige nicht sterben, bis sie gesehen haben, dass das Reich Gottes in seiner ganzen Macht gekommen ist."*

Mt 10,23f (Sondergut): *„Amen, ich sage euch, ihr werdet nicht zu Ende kommen mit den Städten Israels, bis der Menschensohn kommt."* Die Flucht der Jünger wird nicht von langer Dauer sein, da der Menschensohn in der Zwischenzeit erscheinen wird.

Die Naherwartung Jesu erfolgt im Rahmen der jüdischen Apokalyptik. Allerdings fehlen der apokalyptischen Vorstellungswelt Jesu entscheidende Merkmale der allgemeinen Apokalyptik. Jesus lehnt das für die Apokalyptik charakteristische Rechnen mit Fristen grundsätzlich ab und stellt darum auch keinen Ablauf der Endereignisse auf. Lk 17,20f (Sondergut): *„Das Reich kommt nicht so, dass man es an äußeren Zeichen erkennen konnte."* Mk 13,32, Mt 24,36: *„Doch jenen Tag und jene Stunde kennt niemand, auch nicht die Engel im Himmel, nicht einmal der Sohn, sondern nur der Vater"* (vgl. Mt 24,42; 25,13).

2.2.1.2 Das gegenwärtige Kommen der Gottesherrschaft

Eine zentrale Bedeutung kommt den Worten vom gegenwärtigen Kommen der Gottesherrschaft zu. Hier wird der Anbruch der Heilszeit im Wirken Jesu ausgedrückt. So sind seine Heilungen Zeichen der Heilszeit: *„Wenn ich aber die Dämonen durch den Finger* (Mt: Geist) *Gottes austreibe, dann ist doch das Reich Gottes schon zu euch gekommen"* (Lk 11,20/Mt 12,28). In diesem Zusammenhang ist auch auf die Antwort Jesu an die Anfrage des Täufers in Mt 11,4-6; Lk 7,22f, zu verweisen.

Lk 17,20f: *„Das Reich Gottes kommt nicht so, dass man es an äußeren Zeichen erkennen könnte. Man kann auch nicht sagen: Seht, hier ist es!, oder: Dort ist es! Denn: Das Reich Gottes ist (schon) mitten unter euch."*

2.2.2 Die Realisierungsbereiche der Gottesherrschaft

Ausgehend von Lk 17,20f hat die liberale Theologie der Jahrhundertwende das Reich Gottes als eine rein geistig-sittliche Größe aufgefasst. Der Ausdruck *entos hymon* wurde mit Martin Luther „inwendig in euch" übersetzt, so dass das Reich Gottes als reine Innerlichkeit verstanden wurde.

Jesus hat den Begriff „Reich Gottes" nirgends definiert. Aber wir können den Inhalt umreißen. In den Seligpreisungen (Mt 5,3-12; Lk 6,20-23), die programmatisch der Bergpredigt (so Matthäus) bzw. Feldrede (so Lukas) vorangehen, finden wir eine nähere Bestimmung des Begriffs des Reiches Gottes. Wir haben zwei Fassungen, die jeweils aus einer bestimmten Gemeindesituation entstanden sind.

„Das Reich Gottes bringt die Tröstung, die alles Leid beseitigt, und die Sättigung, die alles Hungern aufhebt. Die Evangelisten heben jeweils eine Seite dieses Heilwerdens besonders hervor, Lukas den Hunger nach Brot, Matthäus den Hunger nach Gerechtigkeit. Jesu Verheißung aber meint Hunger und Leid so umfassend, wie die hinter ihr stehenden atl. Traditionen. Das Reich Gottes bringt demnach ein leibliches und geistiges *Heilwerden*, d. h. im Endergebnis *eine neue Welt* ohne Mangel und Leid, eine Welt des Friedens und der Gerechtigkeit" (L. Goppelt, *Theologie des Neuen Testaments,* Bd. 1, S. 119).

Diese Wende zum Heil geschieht durch das Handeln Gottes am Menschen. Sprachlich wird dies durch die Passivform (das passivum divinum) ausgedrückt, so wie die Aussage „sie werden getröstet werden" nichts anderes sagen will als: Gott wird sie trösten.

Die Zuwendung Gottes zu den Menschen in Jesu Wirken ist eine Zuwendung zum ganzen Menschen, und darum bringt das Reich Gottes auch neue Verhältnisse, eine neue Welt, die die Veränderung der menschlichen Herzen voraussetzt. Die vielen Heilungserzählungen stellen den neuen Menschen in der neuen Welt dar.

Dieses umfassende Verständnis vom Reiche Gottes wird durch das Vaterunser (Mt 6,9-15/Lk 11,2-4) bestätigt. Zentral steht hier die Bitte um das Kommen des Reiches Gottes, das Vergebung, Befreiung vom Bösen und von Not bringt. „Gottes Herrschaft kommt, wenn Gott als Gott anerkannt wird und sein gnädiger Wille geschieht ... Gottes Herrschaft bedeutet auch hier ein neues Verhältnis zu Gott, durch das leibliches und geistliches Heil wird" (L. Goppelt, *Theologie des Neuen Testaments,* Bd. 1, S. 121).

Dies kommt Lk 7,22f (Mt 11,5) in der Antwort Jesu an den Täufer zum Ausdruck: *„Blinde sehen wieder, Lahme gehen, und Aussätzige werden rein; Taube hören, Tote stehen auf, und den Armen wird das Evangelium verkündet."* Die Zitate aus dem Ersten Testament (Jes 29,18.35,5f.26,19; 61,1 liefern keine erschöpfende Liste der menschlichen Notsituationen. Die Liste hat Beispielcharakter, und man kann sie mit einem „usw." ergänzen. Die Antwort Jesu will ausdrücken, dass die Weltvollendung (= Gottesherrschaft) im Anbruch ist, und zwar in seinem Wirken. Man kann dies aus der Struktur der Stelle ersehen, da sie eine freie Zitatkombination von Jes 35,5ff und 29,18f (beides Schilderungen der Heilszeit) mit 61,1f (Frohbotschaft für die Armen) ist.

3. Die Freiheit in der Verkündigung Jesu

Anders als bei Paulus finden wir den Ausdruck „Freiheit" in der Predigt Jesu nicht. Im Munde Jesu ist von Freiheit nur im Johannesevangelium die Rede. *„Die Wahrheit wird euch frei machen ... Wenn euch also der Sohn frei macht, dann seid ihr in Wahrheit frei"* (Joh 8,32f.36). Inhaltlich ist auch bei den Synoptikern durchaus von Freiheit die Rede, wenn auch die Betonung auf der aktiven Seite, der Befreiung durch Gott, liegt. Ausdrücklich ist von der Befreiung der Gefangenen und Unterdrückten in einem Jesaja-Zitat (Jes 61,1f) in Lk 4,18 die Rede.

Lk 4,16-21 (30) ist für unsere Thematik wichtig. Es stellt die Predigt Jesu in Nazaret dar und steht programmatisch am Anfang seiner Verkündigung. Man kann sogar sagen, es ist die lukanische Erklärung der zusammenfassenden Predigt Jesu bei Mk 1,15: *„Die Zeit ist erfüllt, und das Reich Gottes ist nahe. Bekehrt euch und glaubt an das Evangelium."* Lk 4,21 wird die Erfüllung der Verheißung Gottes im Wirken Jesu betont. Die Weltvollendung ist in seinem Wirken angebrochen.

Der Begriff der Freiheit wurde oft auf den inneren Bereich eingeengt. Der Mensch wäre frei, auch wenn er in Ketten läge. Diese Freiheit meint unsere Stelle allerdings nicht, sondern die Zerschlagung der inneren und äußeren Ketten. Der Zusammenhang spricht deutlich für einen umfassenden Sinn von Freiheit, ähnlich wie der Begriff der Gottesherrschaft auch einen umfassenden Sinn hat. Auch das Jesaja-Zitat legt diesen umfassenden Sinn nahe. Es ist ja von wirklich Armen, von wirklich Blinden, von Gefangenen, Niedergebeugten und vom Jobeljahr die Rede. Wir haben hier wieder eine Aufzählung von einigen Beispielen, die die Weltvollendung ausdrücken wollen.

Nicht bloß diese Stelle, sondern überhaupt viele Sprüche Jesu und vor allem seine Wirkweise dokumentiert die ganzheitliche, umfassende Befreiung des Menschen.

- *Sie ist eine Befreiung von Sünde und Schuld* (Mk 2,1-12; Lk 7,36-50; Joh 7,53-8,11; 8,30-36).

- *Sie ist Befreiung vom Tod* (Mk 5,35-43par; Lk 7,11-17; Joh 11,1-44: Aussagen über Auferstehung).

- *Sie ist Befreiung vom verabsolutierten Gesetz* (vgl. die Heilungen am Sabbat. Verstöße gegen die Reinigungsgesetze und Polemik gegen diese Gesetze: Mk 7,1-23/Mt 15,1-20).

- *Sie ist Befreiung von der Macht der Dämonen* (vgl. die Dämonen- Austreibungsgeschichten).

- *Sie ist Befreiung von Not* (vgl. die Heilungsgeschichten und die Speisewundergeschichten).

Zusammenfassend lässt sich sagen, dass „Freiheit" bei Jesus einen umfassenden Sinn hat. Auch können wir aus guten Gründen sagen, dass die Reich-Gottes-Predigt Jesu mit der Verkündigung der Freiheit zu tun hat. Mehr noch: die Freiheit wird nicht bloß proklamiert wie so oft in der Geschichte, sondern es geht hier um die *Schaffung des freien Menschen und so auch seiner freien Verhältnisse und seines freien Wirkungsraumes.*

„Deine Sünden sind dir vergeben" – Jesu Solidarität mit Schuldigen

Adolf Holl, österreichischer Theologe und Publizist, stellte in seinem 1971 veröffentlichten Buch *Jesus in schlechter Gesellschaft* eine These auf, die damals die fromme Welt sowie die kirchliche Institution empörte: Jesus sei ein „moralischer Außenseiter", dessen Verhalten „kriminell" gewesen sei. Denn er habe sich mit den Unterprivilegierten seiner Gesellschaft, den Zöllnern, Sündern und Huren in provokatorischer Weise solidarisiert. Und dafür habe man ihn bestraft (S. 23). Holl wollte durch die Hervorhebung des für den historischen Jesus charakteristischen „Zugs nach unten (S. 81-95) das Bild Jesu korrigieren, das jahrhundertelang in der Kirche durch eine „hohe Christologie" einseitig geprägt war. Nicht von ungefähr verschärfte Holls Buch seinen Konflikt mit der kirchlichen Behörde. Adolf Holl, dessen Sprache recht plakativ klingen mag, wollte das Verhalten Jesu unter soziologischen Gesichtspunkten beleuchten und darstellen: das ist ein legitimes Anliegen. Er musste sich aber dabei auf die Ergebnisse der modernen Bibelforschung stützen. Hier gibt es seit dem Erscheinen von Holls Buch Erkenntnisfortschritte, die zu einer genaueren Differenzierung veranlassen.

Da sich in den Erzählungen und den Worten von der Sündenvergebung Jesu die Praxis der Kirche widerspiegelt, empfiehlt eine kritische Bibelauslegung, diese Stellen nicht als Ausgangspunkt für eine Annäherung an die historische Gestalt Jesu zu verwenden. Es sind die bekannten Stellen, die von einem sündenvergebenden Handeln Jesu sprechen: die

Heilung des Gelähmten (Mk 2,1-12), die Begegnung Jesu mit der Sünderin im Haus des Pharisäers Simon (Lk 7,36-50) und die Erzählung von „Jesus und der Ehebrecherin" (Joh 7,53-8,11).

Wegen dieser Unsicherheit gehe ich in meiner Darlegung von dem unkonventionellen Verhalten Jesu gegenüber Zöllnern, Frauen, Kindern und Kranken aus.

1. Jesu unkonventionelles Verhalten

Jesu Umgang mit Zöllnern, Frauen, Kindern und Kranken entsprach nicht den Regeln eines frommen Lebens. Sein Verhalten dürfte bei seinen frommen Zeitgenossen Anstoß erregt haben. Ob Jesus sie damit absichtlich provozieren wollte, ist eine historische Frage, auf die unsere Quellen nicht mehr genau antworten können. Daher benutze ich hier die allgemeinere Charakterisierung von „unkonventionellem Verhalten" und spreche nicht etwa von Jesu „provozierendem" Verhalten. Dies sei hier zur Überschrift vermerkt.

1.1 Jesu Umgang mit Zöllnern

Nach den synoptischen Evangelien ist ein besonderes Merkmal des Verhaltens Jesu sein Umgang mit Zöllnern. Bezeichnenderweise werden die Zöllner aber im Johannesevangelium nicht genannt. Wir können dennoch mit guten Gründen damit rechnen, dass wir beim Umgang Jesu mit Zöllnern auf historischem Grundstein stehen. Hier muss allerdings beachtet werden, dass die gemeinsame Bezeichnung „Zöllner und Sünder" (Mt 9,10/Mk 2,15; Mt 9,11/Mk 2,16/Lk 5,30; Mt 11,19/Lk 7,34; Mk 2,16; Lk 15,1) auf eine weiter entwickelte Stufe in der urchristlichen Traditionsbildung zurückgeht. Zum einen steht dahinter das Jesubild eines Sünderheilands, zum anderen bedeutet der Ausdruck „Sünder" im urchristlichen Sprachgebrauch auch einfach „Heide" (Mk 14,41par: „in die Hände der Sünder = der Heiden"; Lk 6,32-34 liest „Sünder", wo Mt 5,47 „Heiden" schreibt; vgl. auch Gal 2,15). Aus diesen Gründen könnte der gegen Jesus erhobene Vorwurf ursprünglich einfach „Zöllnerfreund" lauten (Mt 11,19; Lk 7,34).

Der gegen Jesus erhobene Vorwurf, er verkehre mit Zöllnern, wird den Zweck gehabt haben, Jesus beim Volk zu diskreditieren. Zwar haben die Zöllner zur Zeit Jesu die Steuer in Galiläa noch nicht für die römische Besatzungsmacht, sondern für den Landesherren Herodes Antipas eingetrieben. Daher erlauben die galiläischen Verhältnisse die Zöllner dort noch nicht als Volksfeind einzustufen. Diese Bezeichnung konnten die Zöllner erst in der Auseinandersetzung der frühen Gemeinde mit ihren jüdischen Volksgenossen erhalten, als nun die Aufnahme von Zöllnern in die christliche Gemeinschaft als Paktieren mit dem Volksfeind ausgelegt werden konnte. Die Erzählung vom Gastmahl mit den Zöllnern (Mk 2,15-17) z. B. will dann auch die christliche Praxis begründen und rechtfertigen.

Wenn der Vorwurf gegen Jesus auch noch nicht diese politische Spitze hatte, so wollte man ihn doch dadurch disqualifizieren. Denn die Zöllner waren vor allem in frommen und gebildeten Kreisen wegen ihrer unsauberen Praktiken von Steuereintreibung verachtet.

Die Verachtung der Zöllner ist ein in der Antike verbreitetes Phänomen. Gebildete und vornehme Leute verachteten die Zöllner pauschal und hielten sie prinzipiell für kriminell und dumm. Philostrat erzählt, der Philosoph Apollonius von Tyana sei beim Übergang nach Mesopotamien in Zeugma (=

Flussübergang) vom Zöllner gefragt worden, was er mit über die Grenze nähme. Apollonius habe geantwortet: „Die Besonnenheit, die Gerechtigkeit, die Tugend, die Enthaltsamkeit, die Tapferkeit, die Disziplin", und so zählte er noch weitere weibliche philosophische Begriffe auf. Der Zöllner sah schon seinen Gewinn und sagte: „Trage bitte schriftlich deine Sklavinnen ins Register ein". „Das geht nicht", sagte Apollonius, „sie sind nicht Sklavinnen, die ich mit hinausnehme, sondern Herrinnen" (Philostrat, Vita Ap I,20). Aus dieser Geschichte spricht die ganze Verachtung des Gebildeten über den Ungebildeten. Der Zöllnerberuf gehörte also zu den verachteten, schlecht bezahlten Dienstleistungsberufen, die von armen Leuten ausgeübt wurden. Aber so eine generelle Abwertung der Zöllner begegnet uns nicht in den jüdischen Schriften. Sie galten allerdings als unrein wegen der Berührung mit Heiden und wurden zu dem *am ha'ares* (Volk des Landes) gerechnet. Vereinzelt wurden sie auch mit Dieben und Räubern gleichgesetzt. Sollte der Ausdruck „Sünder" im Zusammenhang mit „Zöllner" („Zöllner und Sünder") ursprünglich sein, dann bezeichnet er „Kriminelle" als Menschen aus den verachteten Dienstleistungsberufen, die sich etwas zuschulden kommen ließen.

Gerade mit diesen Menschen verkehrte Jesus. Er hatte keine Berührungsängste in seinem Umgang mit ihnen. Seine Anhänger rekrutierten sich auch aus dieser Berufsgruppe. Ob ein Zöllner zum engen Jüngerkreis der Zwölf gehörte, ist umstritten. Mk 2,13-14 erzählt von der Berufung des Levi, des Sohnes des Alphäus, der vom Zolltisch weg in die Nachfolge Jesu berufen wurde. Diese Berufungserzählung ist zum einen eine ideale Szene, um Jesu Sendung zu demonstrieren, dass er gekommen ist, Sünder zu rufen und zu retten (Mk 2,17b). Zum anderen wird Markus aus den Gästen des Levi, den Zöllnern, den Beruf des Gastgebers erschlossen haben, da diese Berufungserzählung mit der Erzählung vom Zöllnergastmahl (Mk 2,15) zusammen überliefert wurde. Es ist in diesem Zusammhang außerdem zu bedenken, dass bereits der Verfasser des Matthäusevangeliums den Namen Levi durch Matthäus ersetzt hat (Mt 9,9) und dass nur er in der Zwölfer- bzw. Apostelliste dem Matthäus den Beinamen „der Zöllner" gibt. Aber entscheidend für die urchristlichen Gemeinden sowie für uns ist nicht die historische Genauigkeit, sondern die maßgebende Eigentümlichkeit Jesu: seine Öffnung und Offenheit für jeden, vor allem für die Ausgegrenzten.

Seine Sendung hat Jesus als Sammlung des Gottesvolkes verstanden: Er will es zu Einheit und Zusammenschluss führen. Darum will er alle Gegensätze und Spaltungen überwinden. Denn nur so kann das Volk für die Zeit des Messias ausgerüstet werden.

Auch Jesu Tischgemeinschaft mit seinen Anhängern, einschließlich mit den Zöllnern und sogar mit seinen Gegnern (Lk 7,36-50; 11,37; 14,1), ist Ausdruck seiner uneingeschränkten Offenheit. Jesu Praxis, zusammen mit den verachteten Zöllnern zu essen, konnte ihm aus frommen Kreisen Vorwürfe einbringen (Mk 2,16 par; Lk 15,1f). Auch seine Lebensführung wird in diesem Zusammenhang einer verächtlich machenden Kritik unterzogen worden sein; hier brauche ich nur auf die negative Bemerkung „Siehe was für ein Mensch, so ein Fresser und Weinsäufer" (Mt 11,19/Lk 7,34) hinzuweisen, die im Rahmen einer Mahlgemeinschaft zu hören war. Ob Jesus seine Mahlveranstaltungen als demonstrative Zeichensetzungen für die Gewährung der Vergebung Gottes oder für die Vorweggabe des eschatologischen Mahles in der Königsherrschaft Gottes verstanden hat, können wir aus unseren Quellen nicht mit Sicherheit feststellen. Jedenfalls haben sie diese Bedeutung für die nachösterliche Gemeinde, so z. B. in der Erzählung vom Zöllnergastmahl (Mk 2,15-17 par) und von der Einkehr Jesu ins Haus des Oberzöllners Zachäus (Lk 19,1-10).

Aus der Perspektive seines Verständnisses von der Gegenwart der Königsherrschaft Gottes und im Lichte seiner Verkündigung der vorbehaltlosen Annahme Gottes können wir Jesu freien Umgang mit Zöllnern auch als Ausdruck des gnädigen Willens Gottes verstehen. Diese theologische Implikation verstärkt dann das Ärgerliche an seinem Verhalten. Das Ärgernis entsteht gerade dadurch, dass Jesus mit seinem Verhalten Mauern niederreißt, die Menschen, vor allem fromme Menschen, zwischen ihnen und den anderen, die nicht zu ihnen gehören, zur Wahrung der eigenen Privilegien und zum Schutz der Ehre Gottes errichtet hatten.

1.2 Jesu Umgang mit Frauen und Kindern

Jesus kennzeichnet auch sein freier Umgang mit den gering geachteten Frauen und Kindern. Die stärker frauenfreundlichen Erzählungen der Evangelienüberlieferung finden wir im Lukas- und im Johannesevangelium, d. h. in späteren Schriften, die die Jesustradition stärker bearbeiteten. Es ist z. B. nicht zu verkennen, dass Lukas Jesus als Freund der Frauen bezeichnet.Wenn Lk 8,1-3 auch nur ein Summarium des Verfassers des Lukasevangeliums, d. h. seine eigene literarische Schöpfung ist, kann die Stelle auf echte jesuanische Tradition zurückgehen. Dass Jesus Frauen in seiner Gefolgschaft als Jüngerinnen hatte, entsprach nicht der frommen Erwartung an das Verhalten eines Propheten oder Rabbi. Wenn schon dieses unkonventionelle Verhalten Jesu im Umgang mit Frauen im palästinensichen Raum äußerst anstößig war, umso mehr seine Meister-Jüngerin-Beziehung zu einer von Besessenheit geheilten Frau, zu Maria von Magdala. Auch die Begegnung mit der blutflüssigen, vielleicht geschlechtskranken Frau, und ihre Heilung demonstrieren Jesu freien Umgang sowie seine Offenheit und Überwindung jedweder Grenzsetzung (Mk 5,21-43 par). Blutfluss verunreinigt Lev 15,25 zufolge rituell und schließt so die Frau aus der Kultgemeinschaft, d. h. aus der Gottesgemeinschaft sowie überhaupt aus der menschlichen Gesellschaft aus. Jesus setzt sich über das Reinheitsgebot hinweg, er hat keine Angst vor ritueller Verunreinigung und hilft, dass die Frau wieder in die Gottesgemeinschaft aufgenommen wird. Jesus redet sie mit „Tochter" an (Mk 5,34). Dies bedeutet: Er sieht sie als Tochter Gottes und als Erbin der Königsherrschaft Gottes an.

Jesu Verhalten gegenüber Frauen ist vorbehaltlos. Auch im Umgang mit Dirnen zeigt er ein unkonventionelles Verhalten. Dies bezeugt der einmalige und einhellig als echt beurteilte Spruch Jesu: „Amen, das sage ich euch: Zöllner und Dirnen gelangen eher in das Reich Gottes als ihr" (Mt 21,31b). Für Jesus gibt es „keine menschliche Situation, keine noch so entehrende Situation, wie es der Status der Dirnen fast zu allen Zeiten war und ist, aus der heraus der Zugang zum Reich Gottes verwehrt wäre. Im Gegenteil, diese 'Erniedrigten und Beleidigten' verstehen den Anruf des Evangeliums besser als die etablierten Frommen. Indem Jesus diesen Menschen sich verbündete, gab er ihnen auch eine neue Selbstachtung zurück" (J. Blank, „Frauen in den Jesusüberlieferungen", in: *Die Frau im Urchristentum,* hrsg. v. G. Dautzenberg, H. Merklein, K. Müller, Freiburg 1946, S. 9-91; bes. S. 34).

Jesus nahm sich auch der Kinder an. Diese wurden in der hellenistischen Gesellschaft sowie im palästinensischen Raum missachtet, sie galten als geringwertig. Nicht selten wurden kleine Kinder einfach ausgesetzt: Wenn auch die Evangelientexte, die „Jesus und die Kinder" thematisieren, sehr stark aus der Situation der christlichen Gemeinde formuliert sind, ist die Annahme der Kinder durch Jesus unumstritten. Nicht etwa die Unschuld des Kindes hebt Jesus hervor, sondern seine Hilfsbedürftigkeit, Unfertigkeit, Kleinheit.

Gerade „die so Beschaffenen", d. h. hilflosen, hilfsbedürftigen Kinder sollen angenommen und aufgenommen werden: *„Wer ein solches Kind um meinetwillen aufnimmt, der nimmt mich auf; wer aber mich aufnimmt, der nimmt nicht mich auf, sondern den, der mich gesandt hat"* (Mk 9,37). Dies bedeutet nichts anderes, als dass jedes Kind ein Gotteskind ist. Diesen hilfsbedürftigen Kindern spricht Jesus die Königsherrschaft Gottes zu. Sie werden nicht von Gottes Heil ausgeschlossen, wie es manche Fromme wegen der mangelnden Kenntnis des Gesetzes angenommen haben. Hier wird wieder das echt Jesuanische sehr deutlich: Jesus schließt keinen vom Heil Gottes aus, auch die Kinder haben vollen Anteil am Heil der Gottesherrschaft, das eben nicht von der menschlichen Leistung abhängt.

Zum anderen gebraucht Jesus das Bild des Kindes, um die Haltung des Empfangens und Sich-Öffnens als das richtige Verhalten gegenüber der Gottesherrschaft zu verdeutlichen. Beide Momente, die echt jesuanisch sind, finden wir in der schönen Erzählung von der Segnung der Kinder (Mk 10,13-16). Die vorliegende Erzählung wurde allerdings aus der Perspektive der nachösterlichen Gemeinde überliefert und auf ihre Situation hin angewandt.

1.3 Jesu Umgang mit Kranken

Dass Jesus Wunderheilungen gewirkt hat, wird heute unter Annahme eines „Wildwuchses" in der Überlieferung der Wundererzählungen auch von kritischen Exegeten bejaht. Hier geht es mir allerdings nicht um Heilwundererzählungen im Allgemeinen, auch nicht um die weit verbreitete Ansicht, dass Krankheiten Strafen für Sünden und Schuld sind. Diese Sichtweise teilte Jesus nicht, obwohl dies in einem Spruch

Jesu erst im vierten Evangelium ausdrücklich formuliert wird (Joh 9,3).

Eine Verbindung zwischen Heilung und Sündenvergebung begegnet uns in der Erzählung von der Heilung eines Gelähmten (Mk 2,1-12). Aber diese Erzählung kann nicht als Beweis für ein sündenvergebendes Handeln Jesu dienen. Dagegen spricht nicht nur ihre literarische Gestaltung, die eine Entwicklung zeigt, sondern auch die christologische Spitze, die Jesu göttliche Würde und Vollmacht ausdrücken will. Bei gegenteiliger Annahme würde man Jesus wieder den abgelehnten Zusammenhang von Krankheit und Schuld unterschieben.

Es geht mir hier um Jesu unkonventionelles Verhalten, das zuweilen in frommen Kreisen anstößig war. Dieses Verhalten zeigt sich auch in seinem freien Umgang mit Besessenen und Aussätzigen, die aus der menschlichen Gesellschaft ausgegrenzt werden. Sie werden nicht nur aus hygienischen Gründen gemieden, sie werden aus der Kult- sprich: Gottesgemeinschaft ausgeschlossen. Gerade diesen ausgegrenzten, ausgestoßenen Menschen bietet Jesus Gottes Heil an. Auf die vielen Heilungserzählungen von Besessenen und Aussätzigen kann ich hier nicht eingehen. Ich weise aber auf die Antwort Jesu auf die Anfrage des Täufers hin, in der die Heilung von Aussätzigen als Zeichen für die Gegenwart des Kommenden, d. h. des Bringers der Königsherrschaft Gottes, erwähnt wird: „Die Aussätzigen werden rein" (Mt 11,5/Lk 7,22). Die Historizität dieser Perikope ist zwar umstritten. Dennoch ist aus guten Gründen anzunehmen, dass Jesus seine Heilungstätigkeit als Zeichen der Gegenwart der Gottesherrschaft ansieht. Gerade seine Exorzismen (Dämonenaustreibungen), die bei der an den Täufer gerichteten Aufzählung seiner Heilstaten nicht erwähnt werden, betrachtet Jesus als solches sichtbares Zeichen: „Wenn ich aber die Dämonen durch den Finger Gottes austreibe, dann ist doch das Reich Gottes schon zu euch gekommen" (Lk 11,20; vgl. Mt 12,28).

2. Die Wurzeln des Verhaltens Jesu

2.1 Gegenwart und Heilscharakter der Königsherrschaft Gottes

Jesus verkündet die unmittelbare Nähe der Herrschaft Gottes in dieser Welt. Gottesherrschaft ist in ihrer Vollendung eine ausstehende, zukünftige Größe, die in der Person Jesu und in seinem Wirken in die Gegenwart hineinragt. Markus fasst den Inhalt der Verkündigung Jesu mit den Worten zusammen: *„Die Zeit ist erfüllt und nahe herbeigekommen die Königsherrschaft Gottes; kehrt um und glaubt an die Heilsbotschaft"* (Mk 1,14f). In vielen Gleichnissen sprach Jesus vom Reiche Gottes. Die Gleichnisse vom Senfkorn (Lk 13,18f/Mt 13,31f) und vom Sauerteig (Lk 13,20f/Mt 13,33Q) drücken aus, dass zwar die Gottesherrschaft noch verborgen ist, aber in der unmittelbaren Zukunft vollkommen offenbar sein wird. Und die Gleichnisse vom Schatz im Acker (Mt 13,44), von der kostbaren Perle (Mt 13,45f) und vom Fischnetz (Mt 13,47-50) konfrontieren Jesu Hörer mit der Wirklichkeit des Reiches Gottes, auf die sie sich jetzt schon einlassen sollen. Die Gleichnisse Jesu sind keine bloße Schilderung, sondern echte Mitteilung und lebensfördernder Zuspruch jener in Jesus sich offenbarenden Wirklichkeit, die Gottes Nähe ist.

Auch Jesu Machttaten, seine Wunderheilungen, lassen diese Wirklichkeit leibhaft erfahrbar werden. Die Krankenheilungen und Dämonenaustreibungen sind, wie bereits bemerkt, Zeichen und Anfang der Gottesherrschaft: *„Wenn ich aber die*

Dämonen durch den Finger Gottes austreibe, dann ist doch das Reich Gottes schon zu euch gekommen" (Lk 11,20; vgl. Mt 12,28). Jesus setzt durch seine Person und sein Wirken die Herrschaft Gottes gegenwärtig. Es ist darum folgerichtig, wenn Lukas die Ablehnung einer Vorausberechnung oder künftiger Lokalisierung des Reiches Gottes durch Jesus mit dem Hinweis begründet, dass das Reich Gottes schon unter den Menschen sei (Lk 17,21b).

Im Vergleich Jesu mit dem Täufer Johannes fällt auf, dass Jesus das Heil, den Primat des Heiles vor dem Gericht, betont. Im Unterschied dazu hebt der Täufer das Gericht hervor: Die Axt ist bereits an die Wurzel der Bäume gelegt, und die Schaufel ist bereits in der Hand des Richters, um Spreu vom Weizen zu trennen (vgl. Mt 3,10). Aber der Täufer sprach vom Gericht nicht um des Gerichts willen. Bei der Motivierung auf das Heilsangebot Gottes einzugehen, hebt er aber die von Gottes Heiligkeit geforderte und erwartete Bestrafung der Sünden im Gericht hervor. Für Jesus war das Motiv die schrankenlose Liebe Gottes.

2.2   Das Gottesbild Jesu

Bereits der Vergleich mit Johannes dem Täufer hat uns Züge im Gottesbild Jesu gezeigt, die auch im Ersten Testament und im Judentum vorkommen; sie werden allerdings hier nicht besonders betont: Es ist vielleicht ungewohnt, vom Gottesbild Jesu zu sprechen, und manch einer möchte an dessen Stelle vielleicht lieber vom Gottesverhältnis Jesu reden. Aber für mich beinhaltet das Gottesbild Jesu auch seine besondere, vertrauliche und unmittelbare Gotteserfahrung, die in der Gottesanrede „Abba" (Vati) im Gebet Jesu verdichtet zur Sprache kommt (Mk 14,36).

Gott ist für Jesus in erster Linie der aus reiner Gnade handelnde Gott. Dieses Gottesbild wird im Gleichnis von den Arbeitern im Weinberg (Mt 20,1-16) thematisiert. Das Gleichnis fängt wie ein Reich-Gottes-Gleichnis an, will aber nicht eine Belehrung über das Reich Gottes sein, sondern es will Gottes zur Liebe befreiende Macht aufscheinen lassen und vermitteln. Nach einigen Auslegern spiegelt sich im Protest der Arbeiter „der Protest der Kritiker der Freudenbotschaft (wider), die Jesu Zuwendung zu den Letzten nicht bejahen können" (G. Eichholz, *Gleichnisse der Evangelien. Form, Überlieferung, Auslegung,* Neukirchen-Vluyn 2. Aufl. 1975, S. 98). Das Gleichnis will jedenfalls die Güte Gottes verkünden, die alles Ordnungsdenken übersteigt. So kann Jesus hier durchaus das berechtigte Anliegen in der gegen ihn erhobenen Kritik gelten und zu Wort kommen lassen. „Die Erzählung weckt vordergründig Sympathie für die Ganztagesarbeiter. Doch in den Worten des Besitzers zeigt Jesus den Zuhörern, dass sie mit ihrer Kritik in Gefahr stehen, Gott in menschliche Begriffe, Vorstellungen, Maßstäbe einfangen zu wollen. Dieser Gefahr gegenüber weist er auf die Souveränität Gottes hin, die es Gott erlaubt, das durch Güte zu überbieten, was durch menschliche Gerechtigkeit gefordert ist. Eben durch diese Ausrichtung auf Güte ist Gottes Souveränität keine Willkür. Das ist auch den Gesprächspartnern prinzipiell unstreitig; es ist die gemeinsam anerkannte Sicht Gottes ... Aber Jesus macht in äußerster Folgerichtigkeit damit ernst, dass die 'Ordnung' Gottes 'Heils'-ordnung ist. Dadurch verschiebt er allerdings gleichsam die Perspektive eindeutig zugunsten der Gnade, was den Verdacht eines „unorthodox-unordentliche(n) Entgegenkommen(s) dem Sünder gegenüber" (Limbeck, Ordnung S. 194) wecken konnte und wohl auch musste" (P. Fiedler, *Jesus und die Sünder,* Frankfurt/M – Bern 1976, S. 183).

Ähnlichkeiten und Unterschiede zu unserem Gleichnis zeigt eine Stelle aus der rabbinischen Schrift Tanchuma:

Tanch ki tisa` 19b: „*Gleich einem König, der Arbeiter auf sein Feld zum Pflanzen schickte, ihnen aber den Lohn für ihr Pflanzen nicht bekanntgab. Am Abend wurde jedem, der einen Baum gepflanzt hatte, ein Goldstück gegeben. Da fingen alle an, sich zu verwundern, und sprachen: Diesem, der nur einen geringen und winzigen Baum gepflanzt hat, hat er ein Goldstück gegeben, wie viel mehr müsste uns werden, die wir viele gepflanzt haben!*
Und wenn der Lohn für das Loslassen der Vogelmutter Länge der Lebenstage ist (Dt 22,6f), um wie viel größer müsste der Lohn für Gebote sein, die mit Verlust und Mühe und Lebensgefahr verbunden sind!
Darum hat Gott den Lohn derer, die ein Gebot in der Tora erfüllen, nicht bekannt gegeben, damit die Israeliten sie aus eigenem Antrieb tun möchten, um (so) den Lohn zu mehren. Denn so haben wir gelernt (nämlich MAbot...I,3): 'Seid nicht wie die Knechte, die dem Herrn dienen in der Absicht, Lohn zu empfangen, sondern wie die Knechte, die dem Herrn dienen ohne die Absicht, Lohn zu empfangen.'"
(zit. in: P. Fiedler, *Jesus und die Sünder*, BbiblExTh 3, Frankfurt/M. – Bern 1976, S. 176f).

„Der charakteristische Unterschied zwischen diesem rabbinischen Gleichnis und dem Gleichnis Jesu kann darin erblickt werden, dass Jesus auf die Barmherzigkeit Gottes den Hauptakzent legt, wodurch das Tun des Gotteswillens keineswegs an Gewicht verliert, während das jüdische Gleichnis diese Hingabe an den Gotteswillen ins Zentrum rückt, die auf das Über-Mass der Güte Gottes vertrauen kann."
(P. Fiedler, *Jesus und die Sünder*, S. 177).

362

2.3 Gottes absolute Vergebungsbereitschaft

Jesus akzentuiert die eine Seite des jüdischen Gottesbildes: die Seite des Erbarmens, der Güte und Gnade. Im Gleichnis vom verlorenen Sohn (Lk 15,11-32) gebraucht Jesus das Bild der Vaterliebe, des väterlichen Erbarmens, um Gottes Güte und seine Vergebung schenkende Barmherzigkeit aufscheinen zu lassen. Es war nicht richtig, dass man früher dieses Gottesbild, das als ein christliches in Beschlag genommen wurde, gegen ein jüdisches Richter-Gott-Bild ausgespielt hat. Den Hörern Jesu war diese Güte-Seite Gottes nicht unbekannt (Ps 103,13; Jes 64,7; vgl. Ps 145,8f). Gerade dieses gemeinsame Einverständnis war die Basis für die Möglichkeit einer Kommunikation zwischen Jesus und seinen Zuhörern. Es ist daher unverständlich, wenn viele Ausleger annehmen, dass die von Jesus im Gleichnis verkündete göttliche Vergebungsbereitschaft nur auf den Widerstand der Hörer stoßen kann.

Wenn wir uns den Rahmen der drei Gleichnisse vom Verlorenen im Lukasevangelium, Kap. 15 (vom verlorenen Schaf, von der verlorenen Drachme und eben vom verlorenen Sohn), näher anschauen, können wir feststellen, dass gerade Lukas die Situationsangabe geschaffen hat: „Alle Zöllner und Sünder kamen zu ihm, um ihn zu hören. Die Pharisäer und die Schriftgelehrten empörten sich darüber und sagten: Er gibt sich mit Sündern ab und isst sogar mit ihnen" (Lk 15,1-2). Hier sehen wir, dass die Frontstellung bereits fest definiert ist. Es kann darum nicht mehr um Gewinnung von Hörern, sondern einfach um Verteidigung der Praxis Jesu gehen. Darin sehen wir eine weiter entwickelte Stufe in der Überlieferung der Erzählung.

Ein Problem scheint auch zu sein, dass das gesamte Gleichnis „zweigipfelig" (Jeremias) ist oder zwei Schwerpunkte bzw. Gipfel hat: die Aufnahme des verlorenen Sohnes (V. 24) und der liebevolle Zuspruch des Vaters zum älteren Sohn (V. 31). Aus diesem Grund konnten manche Ausleger hier sogar zwei Gleichnisse bzw. ein Wachstum des ersten Gleichnisses sehen. Aber dies sind literarische Fragen, auf die ich hier nur nebenbei hinweisen möchte.

Betonte man einseitig den ersten Teil des Gleichnisses (Lk 15,11-24), dann wäre die Erzählung eine gleichnishafte Aufforderung zur Buße, wie dies auch manchmal (oder oft) in Bußpredigten der Fall ist. Zu beachten ist aber, dass beide Teile zum ursprünglichen Gleichnis gehören. In diesem Fall liegt der Akzent auf dem zweiten Teil. Die im ersten Teil breit und anschaulich dargestellte Vatergüte und -liebe bildet dann die auch von Jesu Hörern akzeptierte Basis für die nun im zweiten Teil folgende Schlussfolgerung: Die Liebe des Vaters verlangt nach der des Bruders. Gottesliebe schließt Bruder- und Schwesterliebe ein – wie Jesus sie praktiziert hat. „Nicht *dass* Gottes Vaterliebe jedem noch so verschuldeten Sünder offen stand, wenn er sich ihr nur öffnete, stand zur Debatte, ebenso wenig, dass *Jesus* den Sündern *Gottes* Vergebung brachte, sondern *welche Folgerungen* aus der unbezweifelten Vergebungsbereitschaft Gottes *zu ziehen* seien" (P. Fiedler, *Jesus und die Sünder,* S. 168).

Da unser Gleichnis eine echte Parabel ist, endet sie nicht mit einem happy end, sondern sie hat einen offenen Schluss. Der Hörer wird selber gefragt, die Schlussfolgerung zu ziehen. Aber gerade für die Frommen war und ist es nicht leicht, die für sie umwerfenden Konsequenzen zu ziehen. Sie wussten und wissen sich zwar dazu verpflichtet, gegenüber Gott echte „Früchte der Umkehr" zu bringen. Sie sind danach bestrebt, den Ernst der Umkehr nicht preiszugeben. Da sie diesen Ernst an Beachtung von Geboten und Vorschriften festgelegt haben, konnten sie den vorbehaltlosen Umgang Jesu selbst mit ausgegrenzten Menschen, die ihnen als notorische Sünder galten, nicht nachvollziehen. „Menschen, denen es aufrichtig um die Ehre Gottes zu tun ist, konnten gewiss leicht dazu neigen zu meinen, sie müssten gleichsam Gott gegenüber der Anmaßung Jesu in Schutz nehmen" (P. Fiedler, *Jesus und die Sünder*, S. 168). Wir können also in der Tat mit ernsthaften Einsprüchen und Vorbehalten gegenüber Jesus aus den frommen Kreisen rechnen. Unser Gleichnis zeigt uns, dass Jesus gerade sie aus ihren Vorbehalten ihm gegenüber herauslocken möchte.

3. Gottes Vergebung fordert Praxis der Vergebung untereinander

Das Gottesbild Jesu schließt die Praxis der Vergebung ein. Gottes Vergebung aus reiner Gnade fordert von den Menschen, ihrerseits selbst Vergebung zu üben. Jesu Gottesbild hat eine ethische Dimension, so wie seine Predigt von der Gottesherrschaft mit der Forderung nach Umkehr verbunden ist. Die Umkehr ist nicht Reue-Erlebnissen gleichzusetzen, sie bedeutet Glaubensgehorsam, der sich in Handlungen kundtut. Für Jesus zielt die Umkehr in erster Linie auf das Überschreiten aller Schranken, die das Volk spalteten, auf die Sammlung der „Kinder Israels" ab. Gerade darin vollzieht sich für ihn die Umkehr auch als religiöser Vorgang, als Umkehr zu Gott.

Umkehr ist für Jesus wesentlich „Hinwendung zu Gott mit dem Eingeständnis, ein Sünder zu sein und der Barmherzigkeit Gottes zu bedürfen" (R. Schnackenburg, *Die sittliche Botschaft des Neuen Testaments, Bd. 1: Von Jesus zur Urkirche,* Freiburg 1986, S. 46). Dies führt uns das Gleichnis vom Pharisäer und Zöllner (Lk 18,10-14) vor Augen, wenn wir auch mit zu bedenken haben, dass wir es hier vielleicht nicht mit einem jesuanischen Gleichnis zu tun haben. Aber Sprüche Jesu wie z. B. die Weherufe gegen die galiläischen Städte (Mt 11,21f/Lk 10,13-15, der Hinweis auf die Einwohner von Ninive, die auf die Predigt des Jona hin Buße taten (Mt 12,41/Lk 11,32) oder seine Antwort an die Boten, die ihm die Niedermetzelung von Galiläern meldeten (Lk 13,3.5), zeigen uns deutlich, dass Jesus gemäß dem Glauben Israels mit der allgemeinen Sündhaftigkeit rechnet: Alle Menschen sind vor Gott Sünder und bedürfen der Umkehr. Was Jesus allerdings auszeichnet, ist die Betonung der Gnade Gottes: *Der Mensch lebt aus der vorgängigen Güte und Liebe Gottes.* Dies ist das alles entscheidende Prae!

Gottes Liebe beinhaltet Vergebung. Die Vergebung Gottes verpflichtet den Menschen, auch selbst seinen Mitmenschen zu vergeben, sich mit ihnen zu versöhnen. Davon spricht die Vaterunserbitte: „Erlass uns unsere Schulden, wie auch wir sie unseren Schuldnern erlassen haben" (Mt 6,12/Lk 11,4ab), eine Begründung der Bitte, die dann Matthäus für seine Gemeinde verschärft: „Denn wenn ihr den Menschen ihre Verfehlungen vergebt, so wird auch euer himmlischer Vater euch vergeben. Wenn ihr aber den Menschen nicht vergebt, so wird euch euer Vater eure Verfehlungen auch nicht vergeben" (Mt 6,14f). In der Jüngergemeinschaft soll es – so Matthäus – keine verfeindeten Brüder und Schwestern geben.

Die Forderung der Vergebung, die aus der erfahrenen Vergebung Gottes herausfließen soll, wird im Gleichnis vom unbarmherzigen Knecht oder vom Schalksknecht (Mt 18,21-35) thematisiert. Wer aus dem Erbarmen Gottes lebt – so lautet die Botschaft -, ist sittlich verpflichtet, selbst Erbarmen zu üben. Da Gott allen Menschen zuallererst in barmherziger Güte entgegenkommt, sollen sie auch in ihrem Verhalten zu ihren Mitmenschen Güte und Erbarmen walten und Gnade vor Recht ergehen lassen. Wer aber nicht dazu bereit ist – so lautet die ernste Mahnung am Schluss des

Gleichnisses –, wird schuldig an Gottes Erbarmen und fällt damit seinem eigenen Maßstab selbstsicherer Gerechtigkeit anheim, durch den er vor Gott niemals bestehen kann.

Da Jesus die Konsequenzen des *Voraus (Prae) der Gnade Gottes* klar herausstellt, ist so nur folgerichtig, wenn er das Gebot der Nächstenliebe auf die Forderung der Feindesliebe hin, die Frontstellungen und Grenzziehungen abschafft, radikal ausweitet (Mt 5,44b/Lk 6,27b). „Wie Gott eben auch zu seinen 'Feinden', den Sündern, von überströmender Güte ist, so darf sich der Mensch nicht anders verhalten, solange und gerade wenn er sich auf Gott berufen, sein Kind sein will" (P. Fiedler, *Jesus und die Sünder,* S. 193).

4. Die christliche Praxis der Sündenvergebung – eine Konsequenz der jesuanischen Praxis der Annahme von Ausgestoßenen

Paulus verankert die Sündenvergebung im erlösenden Kreuzestod Jesu Christi (vgl. Röm 4,25). In den Evangelienüberlieferungen begegnen uns drei Erzählungen, die vom Sünden vergebenden Handeln Jesu berichten: die Heilung des Gelähmten (Mk 2,1-12 par), die Begegnung Jesu mit der Sünderin im Haus des Simon (Lk 7,36-50) und Jesus und die Ehebrecherin (Joh 7,53-8,11). Die kritischen Exegeten ordnen – wie bereits bemerkt – diese Stellen der christlichen Apologetik der nachösterlichen Gemeinden zu. Aber auch die nicht (ganz) kritischen Exegeten haben mit diesen Stellen ihre Schwierigkeiten. Joachim Jeremias, der sich in jüdischen Schriften gut auskennt, hebt hervor, dass Jesus nicht selber die Sünden vergibt, sondern nur die Vergebung Gottes zuspricht.

Auch Leonhard Goppelt muss zugeben, dass Jesus die Vergebung in der Weise gewährte, „dass er sich selbst dem Einzelnen zuwandte und ihm ein neues Verhältnis zu Gott vermittelte, ohne Vorbedingungen zu stellen" (*Theologie des Neuen Testaments, Bd. 1: Jesu Wirken in seiner theologischen Bedeutung*, Göttingen 1975, S. 246). Wenn es so ist, dann stellt die Sündenvergebung eine Interpretation des unkonventionellen Verhaltens Jesu dar. Hier wäre auch zu fragen, wieweit Jes 53 (das Lied vom leidenden und sühnenden Gottesknecht) eine Rolle spielt.

Aus guten Gründen können wir der kritischen These zustimmen, dass die Erzählungen vom Sünden vergebenden Handeln Jesu nachösterlich gebildet wurden, um die Praxis der Sündenvergebung in der Vollmacht des historischen Jesus zu begründen. So führt die christliche Gemeinde ihr Recht der Sündenvergebung auf Jesus zurück. Das Johannesevangelium verbindet die Vollmacht der Gemeinde zur Sündenvergebung mit der Beauftragung des Auferstandenen: *„Empfangt den Heiligen Geist: Wem ihr die Sünden vergebt, dem sind sie vergeben; wem ihr die Vergebung verweigert, dem ist sie verweigert"* (Joh 20,22c-23).

Grundlage für die Vollmacht und Praxis der Sündenvergebung ist die Anerkenntnis des gnädigen Voraus der Vergebung Gottes, die jedem Menschen erfahrbar werden will.

„Das gläubige Wissen, aus der ‚Vorgabe' der end-gültigen Vergebung Gottes leben zu dürfen, auch in täglich neu zugezogener Schuld stets von Gottes Liebe umfangen und getragen zu sein, kann uns ebenso aus den Fesseln der Schuld, deren Erfahrung man sich nur durch Selbsttäuschung verschließen kann, lösen und zu schöpferischer Liebe den Mitmenschen gegenüber befähigen, wie es bei den ersten Anhängern Jesu war, die sich ihm anvertrauten. Dass auch unser Vertrauen, damit unsere Hoffnung an Jesus

Christus allein geknüpft sind, gründet darin, dass er es ist, der den heiligen Gott der Geschichte Israels, den Gott der Schrift in einmaliger, vollmächtiger Weise – und dies bis in den Kreuzestod hinein – als den Gott der Liebe, der Vergebung, der bedingungslosen Gemeinschaft mit den Menschen ausgelegt hat, dessen Heilswille allein die Antwort der Liebe erwartet, so dass die Gemeinschaft unter den Menschen wieder heil werden kann. In einprägsamer Kürze hat Paulus dies so ausgedrückt: ' .. nehmt einander an, wie auch Christus uns angenommen hat, zur Ehre Gottes' (Röm 15,7)."

(P. Fiedler, *Jesus und Sünder,* S. 283).

Zwischen Zerrissenheit und Ganzheit – Menschen auf dem Leidensweg Jesu

1. Petrus und Judas oder der Zwiespalt zwischen Anspruch und Wirklichkeit

1.1 Petrus – der lange Weg vom Zwiespalt bis zum Wiederfinden der Einheit

Hat Petrus, der Felsenmann, sich falsch eingeschätzt oder kannte er sich nicht gut genug? Hat er nicht Jesus, seinem Meister, fest geschworen, dass er, Petrus, ihn nie verraten würde, komme was wolle? Er, Petrus, würde sogar mit ihm, Jesus, in den Tod gehen, sollte dies nötig sein. Dass es ihm ernst ist, dies sagt er nicht nur mit Worten, er unterstreicht es mit Taten: Er greift im kritischen Moment zum Schwert und will so seinen Meister mit Gewalt verteidigen. Aber was ist das Ergebnis? Ein abgetrenntes Ohr des Malchus, einer Polizeiwache. Diese Anekdote gleicht einer Humoreske. Der selbsternannte Leibwächter Jesu zielt nur scharf am Kopf vorbei, anstatt lebensgefährlich zuzustechen. Hat Petrus sich dadurch nur lächerlich gemacht? Hat er sich nicht damit selber entblößt, sein Wesen offenbart? Er heißt ja auch Simon, der Hörende. Verweist nicht gerade die Verletzung des Ohres auf ein Defizit bei Petrus? Ist vielleicht sein geistiges Gehör nicht eher mangelhaft? Handelt er nicht überstürzt, weil er gerade nicht richtig zuhört, das Wesentliche der Botschaft Jesu überhört? Er begreift den Weg Jesu nicht, ja er will Jesus von seinem Leidensweg abhalten. Er maßt sich sogar an zu wissen, was Jesus zu tun oder zu lassen hat. Ein leidender Messias passt nicht in sein Konzept (Mk 8,31-33). Auf die Probe gestellt, versagt er kläglich. Und immer tiefer versinkt er in die innere Zerrissenheit. Als Jesus auf dem Höhepunkt seiner Selbstoffenbarung als Messias vor dem hohepriesterlichen Richter steht, erreicht Petrus seinen Tiefpunkt vor dem „Richterstuhl" des gemeinen Volkes. Er verleugnet Jesus, lehnt die Bekanntschaft mit ihm und seine Zugehörigkeit zu ihm ab; er verrät Jesus, als dieser den kritischsten Moment seines Lebens durchlebt.

Gekonnt werden beide Szenen der Leidensgeschichte Jesu nach Markus aufeinander abgestimmt. Das Verhör vor dem Hohenrat (Mk 14,53-65) und die Verleugnung durch Petrus (Mk 14,66-72) verhalten sich zueinander wie zwei Bildszenen auf einem Diptychon. Erzählerisch und theologisch ist die eine Erzählung nicht ohne die andere voll zu begreifen. Jede Szene hat einen steigenden Spannungsbogen, dessen Momente sich entsprechen: Auf der einen Seite werden zunächst recht allgemeine, dann aber konkrete Anschuldigungen von „falschen" Zeugen gegen Jesus vorgebracht. Dies alles nimmt Jesus auf sich mit totalem Schweigen (Mk 14,55-61a). Auf der anderen Seite wird auch Petrus gleichsam vor einem Richterstuhl zunächst zweimal gefragt, ob er erstens doch mit diesem Jesus aus Nazaret zusammen war und zweitens zu den Jesusleuten gehört. Petrus verneint diese Fragen, seine Antwort weist eine Steigerung auf: „Ich weiß nicht und verstehe nicht, wovon du redest" (Mk 14,68), „er aber leugnete es wieder ab" (Mk 14,70).

Das Verhör kommt auf einer dritten Stufe zum entscheidenden Moment, zum kritischen Punkt: Jesus wird die entscheidende und folgenschwere Frage gestellt: „Bist du der Messias, der Sohn des Hochgelobten?" (Mk 14,61c). Auch Petrus wird auf der anderen Seite mit der folgenschweren Bekenntnisforderung konfrontiert: „Du gehörst wirklich zu ihnen; du bist doch auch ein Galiläer" (Mk 14,70). Jesus antwortet klipp und klar, ohne Zögern, im Bewusstsein auf die Konsequenzen seines Bekenntnisses: „Ich bin es" (Mk 14,62). Auf der anderen Seite antwortet Petrus unter Fluch und Schwur: „Ich kenne diesen Menschen nicht, von dem ihr redet" (Mk 14,71). Standhaftes Bekenntnis auf der einen Seite, feiges Verleugnen unter Fluchen und Schwören auf der anderen, sie bilden einen ersten Höhepunkt auf diesem hochdramatischen Diptychon.

Folgende Skizze verdeutlicht die Gegensätze:

Jesus vor dem Hohenrat	Petrus vor dem Forum der Welt
1. Erste (allgemeine) Anschuldigungen: falsche Zeugenaussagen gegen Jesus (Mk 14,55f)	1. Erste (persönliche) Befragung durch eine Magd des Hohenpriesters: „Auch du warst mit diesem Jesus aus Nazaret zusammen" (Mk 14,67)
2. Zweite (konkrete) Anschuldigung: das Niederreißen des von Menschen erbauten Tempels und Errichtung eines nicht von Menschenhand gemachten Tempels (Mk 14,58)	2. Zweite vor dem Forum der Menschen gestellte „Befragung" durch dieselbe Magd: „Der gehört zu ihnen" (Mk 14,69
3. Antwort Jesu: Schweigen (Mk 14,61a)	3. Antwort des Petrus: Nicht wissen, ableugnen (Mk 14,68.70)
4. Entscheidende Frage durch den Hohenpriester: „Bist du der Messias, der Sohn des Hochgelobten?" (Mk 14,61c)	4. Entscheidende Befragung nach der *Zugehörigkeit* des Petrus zu den Jesusleuten: „Du gehörst *wirklich* zu ihnen ..." (Mk 14,70c)
5. Mutiges Bekennen Jesu zu seiner Messianität (Mk 14,62)	5. Feiges Verleugnen durch Petrus unter feierlichem Schwur und Fluch (Mk 14,71)

Die Geschichte von der Verleugnung durch Petrus endet nicht mit diesem Moment des größten Gegensatzes, sondern sie führt gerade zu dessen Auflösung. Auf das Zeichen des Hahnenschreies hin „erinnert" sich Petrus an die Voraussage Jesu und beginnt zu weinen (Mk 14,72). Gerade dieses Weinen löst Starrheiten und Verkrampfungen, die Zerrissenheit fängt an, sich aufzulösen. Petrus, der Felsenmann, fängt an, ein weicher, formbarer Stein zu werden, ja der felsenfeste, steinharte Mann, wird zu einem Tränenbach, der harte Kieselsteine zu formen vermag. Der Hahnenschrei wird zum Symbol eines neuen Tages und eines neuen Lebens. Er ist das Zeichen dafür, dass die dunkle Nacht dem hellen Tag freie Bahn lässt.

1.2 Judas Iskariot oder das Scheitern an der Zerrissenheit

Abgesehen davon, dass Judas Iskariot in den urchristlichen Überlieferungen zum Negativbild der Jüngerschaft Jesu überhaupt geworden ist, verdeutlicht seine Figur das menschliche und religiöse Scheitern an der Zerrissenheit. Hier steht nicht zur Debatte die historische Charakterisierung des Judas Iskariot in den biblischen Überlieferungen, die aus der Perspektive des Historikers eine grobe Fälschung ist. Wir kennen nicht die Gründe für die „Auslieferung" Jesu durch Judas Iskariot. Die in den Evangelien angegebenen Gründe sind allesamt deutende negative Charakterisierungen, inklusive der Geldgier (Joh 12,4-6; Lk 22,5). Die theologische Begründung für die Tat des Judas Iskariot gipfelt in der Besitznahme seiner Person durch den Satan oder Teufel (Joh 6,70; 13,2.27; Lk 22,3). Die Handlung des Judas Iskariot wird zunächst theologisch, nicht moralisch, als Untat beurteilt. Auslieferung besagt dann einfach die Aufkündigung der Nachfolge und Jüngerschaft. Es fällt auf, dass auf einer frühen Überlieferungsstufe das Ausliefern Jesu in den Tod sowohl von Judas als auch von Gott ausgesagt wird. Ob damit Judas Iskariot als Gottes Werkzeug erscheint? Zu bedenken ist bei all diesen Fragen, dass das biblische Gottesbild eine Negierung der menschlichen Freiheit und eine Despotisierung Gottes ablehnt.

Judas' Tat ist wohl zu seiner aktivistischen Messiaserwartung in Bezug zu setzen. Seine „Auslieferung" kann sowohl aus Enttäuschung über die messianische Art Jesu erfolgt sein als auch aus dem Verlangen danach, dass Jesus sich endlich in Jerusalem als der erwartete Messias-König ausweise.

Die Zerrissenheit, die sich an der Figur des Judas Iskariot offenbart, führt die Möglichkeit des Scheiterns vor Augen, das Verfehlen des menschlichen Wesens. In dieser Hinsicht kann die Gestalt des Judas – abzusehen ist von der historischen Betrachtung – gerade als Negativfolie für Petrus angesehen werden. Beide haben Jesus „verleugnet", „verraten". Der eine, Petrus, sozusagen „zerreißt sich nicht zu Tode", er darf weiterleben, der andere, Judas Iskariot, endet im Tode (nicht historisch, sondern geistig und auf der Beziehungsebene). Beide erhalten eine Chance: Petrus den Hahnenschrei oder nach Lukas den Blick Jesu im entscheidenden Augenblick (Lk 22,61), Judas Iskariot die Anrede „Freund" (Mt 26,50). Aber nur Petrus steht zu seiner Zerrissenheit und wagt einen neuen Beginn, Judas sieht zwar seine Untat ein, kann sogar das Preisgeld zurückgeben, wagt aber nicht einen neuen Anfang in Schuld und trotz aller Schuld. Die legendären Erzählungen vom Ende des Judas Iskariot (Mt 27,3-10; Apg 1,16-20) verdeutlichen zunächst nur das Scheitern eines Jüngers und Apostels, der nicht mehr den Weg zu einer erneuten Nachfolge fand.

Der vierte Evangelist bringt auf seine Art das Scheitern des Judas Iskariot gerade im Anschluss an die Brotrede Jesu (Joh

6,22-59) und setzt es in Gegensatz zum Bekenntnis des Petrus (Joh 6,60-71). Der vierte Evangelist stellt so das Scheitern des Judas Iskariot als eine religiöse Angelegenheit dar. Für ihn gibt es nicht immer nur die Möglichkeit des Glaubens, sondern auch die des Scheiterns, und dies weist für ihn auf die dunkle Macht des Bösen hin.

So finster auch das Treiben und das Ende des Judas Iskariot, ja seine ganze Gestalt in den biblischen Überlieferungen scheint, schimmert doch auch ein ganz kleiner heller Punkt durch, der den Tod beider, Jesu und des Judas Iskariot, engstens verbindet: Gerade das judenchristliche Matthäusevangelium, das hellhörig ist für die ersttestamentlichen Verheißungen, bringt mit dem von Judas Iskariot in den Tempel zurückgeworfenen Geld, das den Preis für Jesu Tod darstellt, den Kauf des Töpferackers als Begräbnisplatz für Fremde in Verbindung. Heißt das denn nicht, dass die Fremden nun Anteil haben am Verheißungsland? Die Fremden, auch die fremden Völker, erhalten so ihren angestammten Platz nahe Jerusalem. So verwirklicht Gott die verheißene Wallfahrt der Fremden nach Jerusalem.

2. Kajaphas und Pilatus oder die religiös-politische Zerrissenheit

2.1 Kajaphas, der Taktierer zum Machterhalt

Die Hohepriesterschaft und Kajaphas als ihr Repräsentant sind nach den Evangelienüberlieferungen die treibende Kraft für den Tod Jesu; sie nehmen ihn nicht nur in Kauf wie einen Betriebsunfall, sie sind auch dafür voll verantwortlich (Mk 14,1f; 15,9.11ff). Sie geben vor, das unterdrückte Volk

376

vor schweren Unterdrückungen, ja vor dessen Ausrottung bewahren zu wollen. Sie appellieren damit an die Urängste der durch Leiderfahrungen gequälten Menschen. Aber im Grunde offenbaren sie ihre eigene Angst vor Macht- und Privilegienverlust (Mk 15,10). Die Überlieferungen im vierten Evangelium legen den Finger auf diesen wunden Punkt: *„Was sollen wir tun? Dieser Mensch tut viele Zeichen. Wenn wir ihn gewähren lassen, werden alle an ihn glauben. Dann werden die Römer kommen und uns die heilige Stätte und das Volk nehmen ... Ihr bedenkt nicht, dass es besser für euch ist, wenn ein einziger Mensch für das Volk stirbt, als wenn das ganze Volk zugrunde geht"* (Joh 11,47-50).

Jesus und seine Schar sind gefährlich für eine religiöse Institution, die auf Machterhalt aus ist. Ruhe und Ordnung und ungestörter Kultbetrieb, dies stabilisiert den Status quo (Joh 19,7). Hier hinein kann Jesus, der selbsternannte Prediger vom Reiche Gottes, viel Unruhe bringen. Nicht von ungefähr gipfelt nach der urchristlichen Überlieferung das offizielle Verhör durch den Hohenpriester Kajaphas vor dem Hohenrat in der Frage nach dem Messiassein Jesu, obwohl dies kein historisches Protokoll ist. In der Evangelienerzählung wird somit die höchste Repräsentanz der religiösen Institution mit ihrer eigenen Vision, der Erwartung des Messias, konfrontiert. Auf das Bekenntnis Jesu reagiert der Hohepriester Kajaphas mit Empörung und Trauer: Er zerreißt sein Gewand (Mk 14,63). Diese Handlung ist im Erzählungszusammenhang von Verhör vor dem Hohenrat und Verleugnung durch Petrus (Mk 14,53-72) das negative Gegenstück, der Gegenpol, zum Weinen des Petrus (Mk 14,72). Beide Szenen verhalten sich zueinander als ausschließende Gegensätze.

Unabhängig von der historischen Beurteilung, erweist sich Kajaphas als machtbewusster und gewiefter Taktierer, der weiß, wie er sein Ziel durchsetzen kann. Im Grunde ist er voller Angst. Die Angst ist es, die ihn zu seiner Handlung treibt. Er wie auch die anderen Hohenpriester fürchten sich vor dem Volk und suchen die beste, unauffälligste Gelegenheit, Jesus zu beseitigen (Lk 22,2). Jedes Anzeichen von Aufruhr soll vermieden werden; daher ist List am Platz, um Jesus dingfest zu machen (Mk 14,1f). Daher erfolgt die Gefangennahme Jesu in einer Nacht- und Nebelaktion (Mk 14,43-52). Dies alles zeugt für die ängstliche Natur eines machtgierigen Menschen.

Suchten wir in der Weltliteratur eine Entsprechung zur dramatischen Inszenierung der Person eines Kajaphas und dessen Wirken, fänden wir sie in Dostojewskis großartiger Erzählung vom Großinquisitor. Darin fragt der greise Großinquisitor den von ihm gefangengesetzten Jesus, der wiedergekommen ist, um sein Werk an Güte und Befreiung zu wiederholen: *„Bist Du es? Ja? ... Warum bist Du denn hergekommen, uns zu stören? Denn uns zu stören bist Du gekommen ...“* Die Auseinandersetzung gipfelt in dem Vorwurf des Großinquisitors, Jesus habe den Menschen die Freiheit zugemutet: *„... frei sollte er (der Mensch) Dir nachfolgen, entzückt und bezaubert von Dir. Statt des festen alten Gesetzes sollte der Mensch künftig selbst mit freiem Herzen entscheiden, was gut und böse sei, und dabei nur Dein Vorbild als Führer vor sich haben. Aber hast Du wirklich nicht bedacht, dass er schließlich sogar Dein Vorbild und Deine Wahrheit verwerfen und als unverbindlich ablehnen wird, wenn sie ihm eine so furchtbare Last aufbürden, wie es die Freiheit der Wahl ist?“*

In der Erwiderung Aljoschas zu seinem Bruder Iwan wird die phantastische Persönlichkeit des Großinquisitors als kirchliche Verkörperung des Verlangens nach Macht, irdischen Gütern und Knechtung zum Ausdruck gebracht: *„Was da vorliegt, ist das einfache Verlangen nach Macht, nach schmutzigen irdischen Gütern, nach Knechtung, in der Art einer zukünftigen Leibeigenschaft, mit der Absicht, selbst die Gutsbesitzer zu werden ...“*

Eine nicht mehr zu überbietende Kritik an real existierenden Kirchen!

2.2 Pilatus, der Mächtige, als ohnmächtiger Spielball der widersprüchlichen Interessen

Pilatus verkörpert die politische Macht in ihrer ganzen Widersprüchlichkeit. Die innere und religiöse Zerrissenheit eines Petrus oder Judas Iskariot setzt sich fort in der äußeren Zerspaltung des religiösen und politischen Systems eines Kajaphas und Pilatus. Die zerbrochene Beziehung bleibt nicht in sich geschlossen, sondern sie geht über in den gesellschaftlich-politischen Bruch oder Zwiespalt. Die Figur des Pilatus stellt somit eine Steigerung der Kajaphasfigur dar. Sie ist das ungeschminkte Gesicht des Kajaphas. Das Taktieren und Lavieren sowie das Sichbeugen unter die „Sachzwänge" kennzeichnet die Machtbesessenheit und offenbart im Grunde die abgrundtiefe Angst um sich selbst, die sich wiederum als Angst vor Machtverlust ausdrückt und immer tiefer in die Spirale der Macht und Angst hinabführt.

In der hochdramatischen Erzählung vom Verhör Jesu durch Pilatus im vierten Evangelium (Joh 18,28-19,16a) springen geradezu in die Augen das Kommen und Gehen des Pilatus, sein Hin und Her zwischen Jesus oder dem Richterstuhl und den Hohenpriestern oder dem Volk, der Wechsel der Standorte zwischen innen und außen und umgekehrt, und dies nicht weniger als siebenmal. Eine innere Unruhe treibt ihn hin und her, Pilatus findet sich nicht bei sich selbst. Ein unsicherer Richter, der nicht nur den äußeren Platz wechselt, sondern auch seine innere Gewissheit und Wahrheit. Und dies kommt einem Verrat seines Wesens gleich. Obwohl er von der Unschuld Jesu überzeugt ist, gibt er – scheinbar widerstrebend – dem Verlangen der Hohenpriester und des von diesen aufgewiegelten Volkes nach. Seine beiden Versuche, Jesus freizulassen, scheitern an seiner Entschlussunfähigkeit und Erpressbarkeit: Die Wahl zwischen Jesus und Barabbas (Joh 18,39f) und das Vor-Augen-Führen einer Jammergestalt als Spottkönig (Joh 19,1-7). Es ist zu bedenken, dass beide Szenen im Gesamtkontext einer antijüdischen Polemik stehen, so dass die Verantwortlichkeit des Pilatus dadurch fast ausgeblendet wird. Dennoch offenbart seine Gestalt das Wesen der Macht, die nur auf Machterhalt aus ist. Die Mächtigen oder die, die sich als solche wähnen, ahnen nicht, dass sie selber nur ein ohnmächtiger Spielball der Interessen werden. Sie müssen dort versagen, wo die Wahrheit auf der Probe steht. Regiemäßig wird dieses Problem in der direkten Konfrontation zwischen Jesus und Pilatus vorgestellt. Auf der einen Seite steht der Vertreter der kaiserlichen Macht, auf der anderen Jesus, der Anspruch auf eine andersgeartete gewalt- und machtlose Königsherrschaft erhebt (Joh 18,37), die als solche in den Augen der Mächtigen nun als Spottfigur oder Karikatur erscheinen mag (Joh 19,2-5). Aber diese „Herrschaft" ist keine nur jenseitige Größe, sie ragt in die irdischen Verhältnisse herein. Jede politische Macht hat ihre Grenze an der gottgegebenen Ordnung. Wer dagegen verstößt, macht sich unweigerlich schuldig (Joh 19,10f). Auf diese Weise wird die politische Macht vor jeder Verabsolutierung gewarnt. Wiederum kristallisiert sich als Grundmotivation für ein „unwahrheitsgemäßes", auch politisches Handeln die Angst heraus, eine Angst, die zwiespältig und zerrissen, wankelmütig und entscheidungsunfähig macht.

3. Die Frau aus Betanien, die Jesus salbte oder Nachfolge Jesu – ungeteilt und ganz

Im Gegensatz zu den Männergestalten der Passion, die die innere sowie die äußere Zerrissenheit des Menschen darstellen, begegnen uns Frauen in der Passion, vorab die Frau, die Jesus in Betanien salbte (Mk 14,3-9), als Gestalten einer ungeteilten und leibhaftigen Nachfolge Jesu.

Nicht von ungefähr wird die älteste Passionsgeschichte durch die beiden Salbungserzählungen umrahmt: eine, die am Anfang des Leidensweges vollzogen wird (Mk 14,3-9), und die andere, die nicht mehr vollzogen, sondern durch die Auferstehungsbotschaft ersetzt wird (Mk 16,1-8).

Die Salbung in Betanien nimmt die Stellung einer im voraus vollzogenen Totensalbung (Mk 14,8) ein, hat aber auch die Funktion einer messianischen Salbung durch eine Frau. Ein unerhörter Vorgang! Die christologische Aussage steht allerdings nicht im Mittelpunkt der Erzählung, sondern die Tat der Frau, die zum Evangelium wird (Mk 14,9). Sie ist Grund für die Auseinandersetzung zwischen Jesus und den Kritikern der Frau. Sogar die Anonymität der Frau hebt ihre Tat hervor, ihre Person tritt hinter ihre Tat zurück, sie geht in ihrer Tat gänzlich auf.

Was tut die Frau? Wie handelt sie? Was steht in Kontrast dazu?

Die Frau tut etwas Unerhörtes, Ungehöriges, Provozierendes. Erstaunlicherweise erweckt die Tatsache, dass es eine Frau ist, die Jesus in einer Männergesellschaft öffentlich berührt und sein Haupt salbt, nicht den Widerspruch der umgebenden Männer, sondern die große Geldverschwendung.

Im Verlauf der Überlieferung werden die Murrenden zu Jüngern Jesu (Mt 26,8f) oder sie werden einfach in die Gestalt des Judas Iskariot verdichtet (Joh 12,4ff). Die Frau kümmert sich nicht um Vorwürfe und Kritik, und der Streit unter Männern lässt sie einfach kalt. Die Verschwendung (von fast einem Arbeitslohn für ein ganzes Jahr) versinnbildlicht die Ganzhingabe: *„Sie hat getan, was sie konnte"* (Mk 14,8a). Fern ist ihr jede Berechnung oder Taktik. Die Frau verkörpert die Nachfolge Jesu mit ganzem Herzen, eine Nachfolge, die auch leibliche Formen annimmt.

Und die murrenden Männer und Jünger? Sie stellen den negativen Part: Sie sind berechnend, wollen sachlich bleiben und haben hehre Absichten: mit dem Geld den Armen helfen (Mk 14,5). Diese Absicht verneint Jesus nicht, er kritisiert die abstrakte sachorientierte Logik oder Ideologie der Männer. Diese haben dadurch nur ihre distanzierte Haltung offenbart, die der Nachfolge Jesu im Leiden widerstrebt. Sie begreifen nicht, was hier und jetzt zu tun ist. Die Kontrastierung dieser möglichen Haltungen macht aus unserer Geschichte eine eindringliche Nachfolgegeschichte. Die ausdrückliche Erwähnung der Jünger unterstreicht dies noch stärker.

Für die urchristliche Überlieferung war es wichtig zu dokumentieren, dass es Frauen sind, die Jesus ungeteilt und mit ganzem Herzen nachgefolgt sind. Ausgerechnet Frauen halten am Kreuz aus (Mk 15,40f), gerade sie sind auch die ersten Zeugen der Auferstehungsbotschaft (Mk 16,1-8). Und Jesus selber macht an Frauengestalten deutlich, was ungeteilte, vorbehaltlose Hingabe heißt. Er stellt die Tat der armen Witwe, ihre kleine Spende, den großen Opfergaben der Reichen entgegen (Mk 12,41-44), und dies geschieht gerade im Tempel, im damaligen religiös-politischen Zentrum. Die vielen Reichen, die auch viel gaben, haben nur etwas von ihrem Reichtum gegeben, die arme Witwe dagegen alles, was sie besaß. Sie ist die einzige, die von ganzem Herzen, mit ganzer Seele und mit allen ihren Kräften Gott dient und ihr Leben auf ihn setzt. Und wie wird heute in der Kirche Jesu Christi mit Frauen umgegangen?

Jesus starb umsonst – Deutungen des Todes Jesu im Neuen Testament

1. Das Kreuz mit dem Kreuz. Verständnisschwierigkeiten und Vorbehalte

Wer den Tod eines jungen Menschen erlebt, fragt sich unwillkürlich: Warum musste er so jung sterben? Er hatte ja das Leben noch vor sich. Seine Zukunft, seine Lebenspläne kommen durch den Tod jäh zu einem Ende. Und dieses Ende gilt als Scheitern, das die Warum-Frage provoziert.

Die Emmaus-Jünger im Lukasevangelium drücken ihre Trauer und Enttäuschung über die Zerstörung ihrer Hoffnungen und Erwartungen aus. Der schmachvolle Verbrechertod, den Jesus am Kreuz erlitten hat, scheint so den Anspruch Jesu zu widerlegen, in seinem Wort und Werk breche die Herrschaft Gottes an.

Der Gekreuzigte ist ein von der Welt und von Gott Verlassener. So einer kann nicht der Christus, der Gesalbte, der Messias, der von Gott gesandte Retter sein. Denn so steht in der Heiligen Schrift, in Dtn 21,23: *„Ein Gehenkter* (d.h. einer, der am Pfahle hängt) *ist ein von Gott Verfluchter."* Mit der Tatsache des Kreuzestodes Jesu, der nach den Worten des Paulus (1 Kor 1,23) „Ärgernis und Torheit" ist, mussten sich die an Christus Glaubenden auseinandersetzen.

Uns Heutigen bereiten die Deutungen des Todes Jesu und deren Wirkungsgeschichte Probleme.

Erstens: Vor allem der sogenannten Satisfaktionstheorie, die mit dem Namen von Anselm von Canterbury (1033-1109) in Verbindung steht, wird heftig widersprochen. Denn hier begegnet uns das Bild eines kleinlichen Gottes, der auf seine Ehre pocht und Genugtuung für seine verletzte Ehre verlangt. Mit diesem Verständnis hängt auch die Rede vom Opfertod und Schuldopfer eng zusammen. Gegen diese Vorstellung und deren praktische Schlussfolgerungen erheben sich laute Proteste. Schon Friedrich Nietzsche reizte eine solche Vorstellung zu sarkastischen Bemerkungen: „Gott gab seinen Sohn zur Vergebung der Sünden, als Opfer. Wie war es mit einem Male zu Ende mit dem Evangelium! Das Schuldopfer, und zwar in seiner widerlichsten, barbarischen Form, das Opfer des Unschuldigen für die Sünden der Schuldigen! Welches schauderhafte Heidentum!" (Der Antichrist Nr. 41).

Es ist keineswegs eine Verbeugung vor Nietzsche, wenn Theologinnen und überhaupt Frauen gegen das Gottesbild protestieren, das den despotischen patriarchalischen Vater in den Himmel projiziert und Erlösung durch Opfer geschehen lässt. Dahinter stehen Leidenserfahrungen, schmerzvolle Erfahrungen von Unterdrückungen der Frauen durch Männer. Wenn wir uns mit dem Tod Jesu und dessen Deutungen im Neuen Testament befassen, müssen wir uns solche Erfahrungen zu Herzen nehmen und sie zu Wort kommen lassen.

Zweitens: Seit der Aufklärung ist die Rede eines stellvertretenden (Sühne)Todes auch im kirchlichen Raum nicht mehr allgemein akzeptiert. Schuld wird als eine persönliche Erfahrung verstanden, die nicht übertragbar ist. Immanuel Kant hat in seiner Schrift *Die Religion innerhalb der Grenzen der bloßen Vernunft* (Königsberg 1793) die neuzeitliche Problematik des Stellvertretungsgedankens klar ausgesprochen. Im Zusammenhang mit der Erörterung des radikalen (= angeborenen)

Bösen, d. h. eines natürlichen Hanges des Menschen zum Bösen, und seines Verhältnisses zum moralisch Guten spricht er von der Unübertragbarkeit jener persönlichen Schuld auf andere; er nennt sie „ursprüngliche, oder überhaupt vor jedem Guten ... vorhergehende Schuld", und diese kann, „so viel wir nach unserem Vernunftrecht einsehen, nicht von einem andern getilgt werden; denn sie ist keine transmissible Verbindlichkeit, die etwa, wie eine Geldschuld ... auf einen andern übertragen werden kann, sondern die allerpersönlichste, nämlich eine Sündenschuld, die nur der Strafbare, nicht der Unschuldige, er mag auch noch so großmütig sein, sie für jenen übernehmen zu wollen, tragen kann" (I. Kant, *Werke in zwölf Bänden,* Bd. VIII, Suhrkamp Frankfurt/M. 1968, S. 726). Und weiter schreibt Kant: „... es ist gar nicht einzusehen, wie ein vernünftiger Mensch, der sich strafschuldig weiß, im Ernst glauben könne, er habe nur nötig, die Botschaft von einer für ihn geleisteten Genugtuung zu glauben ..., um seine Schuld als getilgt anzusehen, und zwar dermaßen, (mit der Wurzel sogar), dass auch fürs künftige ein guter Lebenswandel, um den er sich bisher nicht mindeste Mühe gegeben hat, von diesem Glauben und der Akzeptation der angebotenen Wohltat, die unausbleibliche Folge sein werde" (ebd. S. 779). Diesen Glauben charakterisiert Kant weiter als ein „Wunsch-Denken". Kants Position hängt mit dem Ziel der Aufklärung zusammen, die für ihn „der Ausgang des Menschen aus seiner selbst verschuldeten Unmündigkeit" ist. Im Namen der Mündigkeit und Autonomie des Menschen als Person und Vernunftwesen lehnt Kant den Stellvertretungsgedanken ab. Die Würde der menschlichen Person erlaube einen solchen „Entlastungsmechanismus" nicht.

Und drittens: Die Frömmigkeitspraxis vermittelte Jahrhunderte lang ein anstößiges wie falsches Gottesbild in Verbindung mit dem Sühnopfer. In seinem Buch „Einführung in das Christentum. Vorlesungen über das Apostolische Glaubensbekenntnis" aus dem Jahr 1968 schrieb Josef Ratzinger Folgendes: „Von manchen Andachtstexten her drängt sich dem Bewusstsein dann die Vorstellung auf, der christliche Glaube an das Kreuz stelle sich einen Gott vor, dessen unnachsichtige Gerechtigkeit ein Menschenopfer, das Opfer seines eigenen Sohnes, verlangt habe. Und man wendet sich mit Schrecken von einer Gerechtigkeit ab, deren finsterer Zorn die Botschaft von der Liebe unglaubwürdig macht" (S. 213).

2.   Auch Tatsachen brauchen Deutung

„Im Kreuz ist Heil, im Kreuz ist Leben, im Kreuz ist Hoffnung", singen seit jeher Christen bei der Kreuzverehrung in der Karfreitagsliturgie. Nicht wenige Christen möchten dem widersprechen und sagen: „Im Kreuz ist Tod". Diese Aussage will die negative Erfahrung, die Seite des Todes und der Lebensverneinung zum Ausdruck bringen. Das Kreuz ist ein Todesinstrument, ein Folterwerkzeug, eine Hinrichtungsmaschine zur Machterhaltung des römischen Imperiums gegen Aufruhr und alles, was dafür gehalten wurde. Der Tod Jesu ist so Ergebnis brutaler Gewaltanwendung. Diese Seite kann nicht ausgeblendet werden. Es kommt aber darauf an, wie wir damit umgehen und was wir damit erreichen wollen. Wir dürfen uns fragen, was will so ein Film von der Art Gibsons. Eine Rührseligkeit führt zu nichts, eher ist Protest gegen Gewalt am Platze. Und diesen Protest vermisse ich am Film Gibsons. Außerdem ist die blutige Darstellung des Gekreuzigten ein spätmittelalterliches Phänomen. Die frühen Darstellungen des gekreuzigten Jesus bis zur Romanik sind erhabene Darstellungen. Das Kreuz erscheint als Thron des Kyrios Jesus Christus, und er selber als gekrönter Herrscher. Diese Künstler haben von der Botschaft des Neuen Testaments mehr verstanden als viele andere, die ins Leid verliebt zu sein scheinen.

Das Neue Testament begnügt sich aber nicht mit einer Tatsachenfeststellung. Der Tatbestand des grausamen Todes Jesu wird gedeutet, und die Deutungen werden aus Glaubenserfahrungen gewonnen, die den Tod Jesu in ein neues Licht setzen. Es sind die Ostererfahrungen, dass Jesus lebt, dass er von Gott auferweckt worden ist. Es sind Glaubensdeutungen, die auch heute ernstgenommen werden wollen.

3. Die Passionserzählungen der Evangelien

Der Ausdruck „Passionsbericht" kann dazu verleiten, die Passionserzählungen fälschlicherweise als protokollartige Berichterstattung aufzufassen. Schon die älteste Passionserzählung im Markusevangelium stellt eine Deutung dar. Das ganze Evangelium ist auf Deutung hin angelegt. Mit Recht nennt Martin Kähler das Markusevangelium „eine Passionsgeschichte mit ausführlicher Einleitung". Markus zeichnet uns den Weg des Messias Jesus, der von Beginn seines Auftretens an zum Kreuz führt. Daher steht in seinem Evangelium der Tötungsbeschluss schon sehr früh fest (Mk 3,6). Und der Weg Jesu ans Kreuz, ins Leiden, steht paradigmatisch für die Leidensnachfolge (Mk 8,34). Es wäre aber ein fatales Missverständnis, die Leidensnachfolge als Verherrlichung oder Aufforderung zum geduldigen Ertragen von Leid aufzufassen. Das Markusevangelium ist in einer Zeit entstanden, als die Römer einen erbitterten und grausamen Krieg gegen die Juden führten. Jerusalem, die Heilige Stadt, und den Tempel haben die Römer zerstört und die jüdische Bevölkerung aus der Stadt vertrieben. Wir finden also im Markusevangelium die Erfahrung der Markusgemeinde, dass der Weg vieler Christusanhänger/innen ebenfalls in Verfolgung und bis ans Kreuz führte. Die letzten Worte Jesu „Mein Gott, mein Gott, warum hast du mich verlassen" (Mk 15,34 = Ps 22,2) kontrastiert Markus in der Kreuzigungserzählung mit dem Bekenntnis des Hauptmanns: „Wahrhaftig, dieser Mensch war Gottes Sohn" (Mk 15,39). Er erzählt in diesem Zusammenhang: „Jesus aber schrie laut auf. Dann hauchte er den Geist aus. Da riss der Vorhang im Tempel von oben bis unten entzwei" (Mk 15,37f). Der Vorhang des Tempels, der den direkten Anblick der Majestät Gottes nicht erlaubte, zerreißt im Moment des Todes Jesu. Gott ist im Leiden und Sterben dieses Menschen unverhüllt sichtbar. Er ist im Leiden und an jedem Tiefpunkt menschlichen Daseins präsent. Er ist nicht fern. Er hängt mit Jesus am Kreuz.

Seitdem ich den autobiographischen Roman von Elie Wiesel *Die Nacht* gelesen habe, bringe ich immer wieder die Kreuzigungserzählung im Markusevangelium mit der Hinrichtungsnotiz bei Elie Wiesel in Verbindung:

„Eines Tages flog die Elektrozentrale von Buna in die Luft. An Ort und Stelle gerufen schloss die Gestapo auf Sabotage. Man fand eine Fährte, die in den Block des holländischen Oberkapos führte. Dort entdeckte man nach einer Durchsuchung eine bedeutende Menge Waffen.
Der Oberkapo wurde auf der Stelle festgenommen. Wochenlang wurde er gefoltert. Umsonst. Er gab keinen Namen preis, wurde nach Auschwitz überführt und war fortan verschollen.
Aber sein Pipel blieb im Lager, im Kerker. Gleichfalls gefoltert, blieb auch er stumm. Die SS verurteilte ihn daher zusammen mit zwei anderen Häftlingen, bei denen Waffen gefunden worden waren, zum Tode.
Als wir eines Tages von der Arbeit zurückkamen, sahen wir auf dem Appellplatz drei Galgen. Antreten. Ringsum die SS mit drohenden Maschinenpistolen, die übliche Zeremonie. Drei gefesselte Todeskandidaten, darunter auch der kleine Pipel, der Engel mit den traurigen Augen.
Die SS schien besorgter, beunruhigter als gewöhnlich. Ein Kind vor

Tausenden von Zuschauern zu hängen, war keine Kleinigkeit. Der Lagerchef verlas das Urteil. Alle Augen waren auf das Kind gerichtet. Es war aschfahl, aber fast ruhig und biss sich auf die Lippen. Der Schatten des Galgens bedeckte es ganz.

Diesmal weigerte sich der Lagerkapo, als Henker zu dienen. Drei SS-Männer traten an seine Stelle.

Die drei Verurteilten stiegen zusammen auf ihre Stühle. Drei Hälse wurden zu gleicher Zeit in die Schlingen eingeführt.

„Es lebe die Freiheit!" riefen die beiden Erwachsenen. Das Kind schwieg.

„Wo ist Gott, wo ist er?" fragte jemand hinter mir.

Auf ein Zeichen des Lagerchefs kippten die Stühle um.

Absolutes Schweigen herrschte im ganzen Lager. Am Horizont ging die Sonne unter.

„Mützen ab!" brüllte der Lagerchef. Seine Stimme klang heiser. Wir weinten.

„Mützen auf!"

Dann begann der Vorbeimarsch. Die beiden Erwachsenen lebten nicht mehr. Ihre geschwollenen Zungen hingen bläulich heraus. Aber der dritte Strick hing nicht reglos: der leichte Knabe lebte noch ...

Mehr als eine halbe Stunde hing er so und kämpfte vor unseren Augen zwischen Leben und Sterben seinen Todeskampf. Und wir mussten ihm ins Gesicht sehen. Er lebte noch, als ich an ihm vorbeischritt. Seine Zunge war noch rot, seine Augen noch nicht erloschen.

Hinter mir hörte ich denselben Mann fragen:

„Wo ist Gott?"

Und ich hörte eine Stimme in mir antworten:

„Wo er ist?" Dort – dort hängt er, am Galgen ..."

Wie anders dann die Darstellung des Leidens und Sterbens Jesu im spätesten Evangelium, dem Johannesevangelium. Hier erscheint Jesus nicht als der unschuldig leidende Knecht Gottes, als der Schmerzensmann in Ohnmacht und Verlassenheit wie in den synoptischen Evangelien, sondern als der souveräne Herr des Geschehens, der alles im Voraus weiß (Joh 18,4) und bestimmt (Joh 18,6.11). Im Johannesevangelium trägt Jesus sein Kreuz allein (Joh 19,17) und geht in Freiheit und vollem Wissen hinüber zum Vater (Joh 13,1f). Als der herabgestiegene Gesandte kehrt er in die Herrlichkeit des Vaters zurück. Die Stunde des Todes Jesu wird im Johannesevangelium zur Stunde seiner Erhöhung und Verherrlichung (Joh 7,30; 8,20; 12,23,37; 13,1; 17,1), dem Ziel seines Lebens und Wirkens, der Vollendung seiner Sendung. Das letzte Wort Jesu am Kreuz klingt wie ein Siegesruf: „Es ist vollbracht!" (Joh 19,30) So verschmelzen im Johannesevangelium scheinbare Gegensätze in einem Ereignis: Schmachvolle Erniedrigung und glorreiche Erhöhung, Tod und Leben in Fülle, Ende und Neubeginn. Eine kongeniale Interpretation des Kreuzesgeschehens im Johannesevangelium hat uns Johann Sebastian Bach im Eingangs- und Schlusschoral seiner Johannespassion geschenkt:

„Herr, unser Herrscher, dessen Ruhm
in allen Landen herrlich ist!
Zeig uns durch deine Passion,
dass du, der wahre Gottessohn,
zu aller Zeit,
auch in der größten Niedrigkeit,
verherrlicht worden bist.

....

Ach Herr, lass dein lieb Engelein
am letzten End die Seele mein
in Abrahams Schoß tragen.
Den Leib in seim Schlafkämmerlein
gar sanft, ohn ein´ge Qual und Pein,
ruhn bis am Jüngsten Tage!
Alsdann vom Tod erwecke mich,
dass meine Augen sehen dich
in aller Freud, o Gottes Sohn,
mein Heiland und Genadenthron!
Herr Jesu Christ, erhöre mich,
ich will dich preisen ewiglich!

4. Die Frage nach dem Warum und Wozu des Todes Jesu

Zwei Fragestellungen, die voneinander getrennt werden müssen, sind jedenfalls zu beachten:

- *Warum musste Jesus sterben?* Und
- *Wozu musste er sterben?*

Die erste Frage versucht, auf das Ärgernis des Kreuzestodes Jesu eine Antwort zu geben. Die zweite Frage geht darüber hinaus und will die Bedeutung des Sterbens Jesu als Geschehen „für uns" umschreiben.

4.1 Warum musste Jesus sterben? Die Frage nach den Gründen für den Tod Jesu

Es konnte nicht ausbleiben, dass sich die Jünger Jesu nach dem Warum fragten. Jesu Kreuzestod stellt die Sendung Jesu radikal in Frage. Die Jüngerflucht (Mk 14,50par) dokumentiert, dass sein Tod in ihren Augen ein Gegenbeweis dafür ist, dass Jesus den Anbruch der eschatologischen Herrschaft Gottes in seinem Wort und Werk zu Recht verkündete. Der schmachvolle Verbrechertod Jesu zerstörte von Grund auf ihre Hoffnungen und Erwartungen.

Wir finden im Neuen Testament zwei wichtige Deutungsmuster, die versuchen, auf die Warum-Frage eine Antwort zu geben.

4.1.1 Jesus erlitt das Prophetenschicksal

Die traditionelle Vorstellung vom gewaltsamen Geschick der Propheten finden wir vor allem in der sog. Logienüberlieferung (Q), einer Sammlung der Sprüche Jesu, die aus den Evangelien nach Matthäus und Lukas gewonnen wird. Jesus widerfuhr, was allen Boten Gottes widerfährt (Lk 11,49ff par; 13,34ff par). Jesu Todesgeschick erscheint nach einem Deutungsmuster als Ausdruck der Abweisung durch Israel und will dessen Unbußfertigkeit entlarven. Bisweilen wird die Verantwortung des jüdischen Volkes für den Tod Jesu polemisch überbetont (Mk 12,1-12; Joh 18,35; Apg 7,52; 1 Thess 2,15). Diese Polemik ist auf dem Hintergrund der Situation der jungen christlichen Gemeinde zu verstehen. Die Verfolgungssituation der Trägergruppe der urchristlichen Überlieferungen ist die Perspektive, aus der heraus das Geschick Jesu betrachtet wird. Die Tradenten der Spruchsammlung Q betrachteten sich als Boten der Endzeit (Lk 10,16par) und erfuhren bei ihrem Wirken Ablehnung und Verfolgung (Lk 6,22par; 12,8par).

4.1.2 Jesus erlitt das Leiden des Gerechten

Mit Hilfe dieser ersttestamentlich-frühjüdischen Vorstellung konnten die Urchristen ihre Überzeugung ausdrücken, dass Jesus als der Messias nicht durch Leiden und Kreuzestod widerlegt wurde. Gerade dieses Deutungsmuster macht die Nähe Gottes zu dem Gekreuzigten und dessen göttliche Bestätigung deutlich. Dieses Deutungsmodell begegnet uns in den Reden der Apostelgeschichte (Apg 2,2f.32.36; 3,1ff; 4,10; 5,30f; 10,39f) sowie in den Leidensansagen (Mk 8,31; 9,31; 10,33f par) und in der vormarkinischen Leidensgeschichte (Mk 15,20b-41). Der Grundtenor dieser Vorstellung ist, dass der Gerechte gerade als Gerechter verfolgt, angefeindet oder getötet, aber durch Gott errettet wird. Wenn das Todesschicksal des Messias Jesus als „schriftgemäß" (1 Kor 15,3) oder als ein dem göttlichen „Muss" entsprechendes Geschehen (Mk 8,31par) gedeutet wird, werden seltsamerweise nicht einzelne Schriftstellen als Beweise zitiert. Auch hinter diesen Formulierungen steht die Vorstellung des leidenden Gerechten als umfassendes Deutungsmodell; mit dessen Hilfe konnte die junge christliche Gemeinde nach innen und außen ihren Glauben an den gekreuzigten Messias bezeugen. Denn der an Ostern erfahrenen Verherrlichung des Gerechten musste – so sagt dieses Deutungsmuster – ein schmachvolles Leiden vorausgehen.

Wenn wir allerdings nach den historischen Gründen fragen, warum Jesus sterben musste, lautet die Antwort: weil er vollmächtig aufgetreten ist. Das vollmächtige Auftreten Jesu, das die *bedingungslose* Zuwendung Gottes zu den Menschen, insbesondere zu den religiös und gesellschaftlich Deklassierten, in Wort und Tat dokumentiert und die einträglichen Privilegien einer offiziellen Vermittlung des Heils ausschaltet, nötigte die durch Jesu Verhalten Geschädigten zum Handeln. Anstößige Worte wie das Tempelwort (Mk 13,2par; 14,58; 15,29) und provokative Handlungen wie die Vertreibung der Händler aus dem Tempelvorhof (Mk 11,15-19par) haben das Fass zum Überlaufen gebracht. Der Hauptgrund liegt darin, dass Jesus sich anmaßte, gar an Gottes Stelle zu handeln. Er setzte sich über die religiösen Schranken hinweg und pflegte Tischgemeinschaft mit Zöllnern und Sündern (Mk 2,15-17par); er verkündete Gottes uneingeschränkte, bedingungslose Liebe (Lk 15; 18,9-14). Diese Souveränität Jesu schürte große Angst bei den Verwaltern des Heils, die der Konfrontation mit Jesus nur noch mit dem Todesbeschluss entgegentreten konnten (Mk 3,6; 11,18; 14,1). Angst um den Verlust von Privilegien hat damals wie heute dazu geführt, dass Menschen tausendfach zu Opfern tödlicher Absichten werden.

Wir können selbstverständlich fragen, ob die genannten Hinweise in den Evangelien nur deutendes Beiwerk sind oder Ausdruck dafür, dass Jesus als Gefahr für die allgemeine Ordnung angesehen worden ist. Es ist aus guten Gründen anzunehmen, dass Jesus deshalb starb, weil er das Reich Gottes so herausfordernd in Wort und Tat verkündet hat. Darum mussten ihn die Ordnungshüter beseitigen. Und die Ordnungshüter waren in Palästina zur Zeit Jesu in erster Linie die Römer. Der Ausdruck im Credo „sub Pontio Pilato" ist keine rein zeitliche Bestimmung. Der römische Präfekt Pontius Pilatus repräsentiert die römische Großmacht. Die Römer sind also die wahren Verantwortlichen für den Tod Jesu. Ob und inwieweit auch die jüdische Obrigkeit mitbeteiligt war, können wir nicht mehr genau angeben, weil die christlichen Überlieferungen von Anfang an aus Missionsinteressen versuchten, die Römer zu entlasten und stattdessen die Juden (mehr) zu belasten. Aufgrund historischer Vergleiche können wir heute sagen, dass die Römer immer wieder versuchten, den beherrschten Völkern einen gewissen Anteil an Ordnungsfunktionen zu geben. Und hier könnten die Interessen beider sich zu einem Knoten verbinden. Mit dieser Möglichkeit können wir auch im Falle Jesu rechnen.

4.2 Starb Jesus umsonst? Das Wozu des Sterbens Jesu

Die Sinndeutung des Kreuzestodes Jesu, dessen Heilsbedeutung, ist nach dem Zeugnis des Neuen Testaments *nur von Gott her,* in der Auferweckung Jesu von den Toten, gegeben. Die alte Glaubensformel in 1 Kor 15,3b-5 bringt denn auch Tod und Auferweckung Jesu als zusammenhängendes, von Gott bewirktes Heilsgeschehen zur Sprache. Sie lautet:

> *„Christus ist für unsere Sünden gestorben,*
> *gemäß der Schrift,*
> *und ist begraben worden.*
> *Er ist am dritten Tag auferweckt worden,*
> *gemäß der Schrift,*
> *und erschien dem Kephas, dann den Zwölf.“*

Diesen Sachverhalt hat der evangelische Neutestamentler Heinz-Dietrich Wendland prägnant so ausgedrückt: „Dass Christus ‚aus der Kraft Gottes lebt' (2 Kor 13,4), das macht erst diesen Tod und dieses Kreuz zum Heilsereignis". Die Auferweckung Jesu ist Gottes Ja zu Jesus, dem Gekreuzigten, zu seinem Wort und Werk. Auf diese Weise kann ohne explizite Heilsdeutung von Jesus Christus als dem „Erstling der Entschlafenen" (1 Kor 15,20) oder „Erstgeborenem von den Toten" (Kol 1,18; Offb 1,5) die Rede sein. In diesen Zusammenhang gehören auch die Erhöhungsaussagen und -vorstellungen (Lk 24,26; Apg 2,33; 5,31; Phil 2,9ff; Joh 3,14; 8,28; 12,32), die allerdings das Verständnis des Kreuzestodes Jesu als eines Durchgangsstadiums auf dem Weg in die himmlische Herrlichkeit nahe legen können. In der Apostelgeschichte begegnen uns alte Überlieferungen, die ein solches Verständnis des Todes Jesu aufweisen (Apg 2,23f.33; 3,14f; 4,10; 5,30). Vor allem begegnet uns diese Auffassung in Kreisen des frühen christlichen Enthusiasmus. Sie scheint noch in einigen urchristlichen Hymnen wie Phil 2,6-11; 1

Tim 3,16; Eph 1,20f; Kol 1,20 sowie in der Auseinandersetzung des Paulus mit den Enthusiasten in Korinth durch. Den Letzteren gegenüber betont Paulus, dass der Auferstandene und im Geist Gegenwärtige niemand anderes als der Gekreuzigte ist (1 Kor 2,2).

Kaum beachtet, aber wichtig für das Verständnis des Paulus ist der Kontext, der Zusammenhang, in dem Paulus vom Kreuz Christi spricht. Es sind drei Sachzusammenhänge:

1. „Kreuz Christi und Weisheit" in 1 Kor 1-2 (vgl. auch 2 Kor 13,4)
2. „Kreuz Christi und Gesetz" in Gal 3,1.13; 5,1.11; 6.12.14a
3. „Der Gekreuzigte und die neue Existenz des Glaubenden" in Gal 2,19; 5,24; 6,14b; Röm 6,6.

Aus der Argumentation des Paulus geht hervor, dass er keine Apologie des Kreuzes treibt, sondern gegnerische Positionen in den galatischen Gemeinden und in Korinth damit angreift.

5. Die Deutungen des Todes Jesu im Neuen Testament im einzelnen

5.1 Die für uns heute eher unproblematischen Deutungen

In diesem Zusammenhang möchte ich nur darauf hinweisen, dass manche Glaubensformeln und Lieder bzw. deren Fragmente im Neuen Testament entweder den Tod Jesu oder dessen soteriologische Bedeutung nicht ausdrücklich erwähnen. Röm 10,9b zitiert die Glaubensformel „Gott hat ihn von den Toten auferweckt", und Paulus bemerkt dazu, dass, wer dies im Herzen glaubt, gerettet wird. Auch die Liedfragmente in 1 Thess 1,9f und 1 Tim 3,16 übergehen den Tod Jesu. Und in den urchristlichen Liedern in Phil 2,6-11 und Kol 1,15-20 wird der Kreuzestod Jesu nach allgemeiner Auffassung der Exegeten erst nachträglich durch Paulus im ersten Fall oder durch den Verfasser des Kolosserbriefes im zweiten Fall eingetragen.

Nicht unerwähnt bleiben sollte auch die Tatsache, dass ganze Schriften des Neuen Testaments wie der Jakobusbrief, der Judasbrief, der 2. Petrusbrief und der 2. Thessalonicherbrief den Tod Jesu mit keinem Wort erwähnen. Das Schweigen in diesen Texten dürfen wir allerdings nicht überinterpretieren. Es fällt aber auf, dass diese Briefe das Leben der Gemeinde dezidiert unter den erhöhten Herrn stellen. Ob hier der Grund dafür liegt?

5.1.1. Das Sterben Jesu „für uns"

Die Aussage „Jesus Christus starb für uns" ohne weitere Angaben kann in dem Sinne verstanden werden, dass Jesu Tod ein Sterben zugunsten von uns Menschen, uns zugute, zu unserem Heil, zu unserer Erlösung war. Wie im Deutschen die Präposition „für", so hat aber auch im Griechischen „hypér" die Doppelbedeutung „im Interesse von, zugunsten von" und „anstelle von", „anstatt". Mit einer Doppelbödigkeit in dieser Kurzformel des Glaubens dürfen wir rechnen. Denn der Stellvertretungsgedanke kann nicht einfach eliminiert werden, wie dies aus vielen Stellen im Neuen Testament hervorgeht. *„Gott aber hat seine Liebe zu uns darin erwiesen, dass Christus für uns gestorben ist, als wir noch Sünder waren"* (Röm 5,8). *„Er hat seinen eigenen Sohn nicht verschont, sondern ihn für uns alle dahingegeben"* (Röm 8,32).

5.1.2 Jesu Tod als Hingabe

Die Hingabe-Aussagen fassen den Leidensweg Jesu von der Verhaftung bis zum Tod theologisch zusammen.

Es begegnen uns Aussagen, die von der Hingabe Jesu durch Gott sprechen (vgl. Röm 8,32; 4,25) und auch solche, die die Selbsthingabe Jesu zur Sprache bringen (Gal 1,4;2,20: Eph 5,2.25). Die Hingabe-Aussage fokussiert nicht auf den Tod Jesu, sondern sie bringt das ganze Leben Jesu mit seinem Tod als Kulminationspunkt in den Blick: *„Denn auch der Menschensohn ist nicht gekommen, um sich dienen zu lassen, sondern um zu dienen und sein Leben hinzugeben als Lösegeld für viele"* (Mk 10,45).

5.1.3 Lebenseinsatz für Freunde – eine johanneische Deutung

Das Johannesevangelium überrascht uns durch singuläre Konzeptionen. Nicht nur die Passionserzählung im allgemeinen und die Kreuzigungsszene im besonderen gestaltet der vierte Evangelist nach eigener theologischer Auffassung. Auch die theologische Deutung des Todes Jesu zentriert sich nicht auf die Sühne- oder Opfervorstellung. Ein wichtiges Deutungsmuster ist der Lebenseinsatz für die Freunde. In der Antike war der Lebenseinsatz für Nahestehende und darüber hinaus für das Gemeinwesen hoch geschätzt. Dazu sind die Heroen und die Edlen fähig.
Mag der vierte Evangelist auch auf das hellenistische Ideal anspielen, so geht es ihm doch nicht um eine heroische Tat. Jesu Lebenseinsatz ist eine Lebenshingabe, die bis zum äußersten geht und daher Ausdruck vollendeter Liebe ist (Joh 15,13; 13,1). Sein Lebenseinsatz, mit dem Jesus sein Leben bis zum Tod riskiert, bewahrt das Leben der Seinen und

ermöglicht ihnen das Leben (Joh 10,11.15.17). Jesu Lebenshingabe ist so die Vollendung der Sendung Jesu.

5.2 Die für uns heute eher problematischen Deutungen

5.2.1 Jesu Kreuzestod als Heilssetzung Gottes

Vielfach beißen wir uns an bestimmten, für uns heute problematischen Vorstellungen wie Sühne- und Opfertod fest und können dabei leicht das übergreifende theologische Motiv übersehen, dass Jesu Kreuzestod in Verbindung mit dem Handeln Gottes eine bestimmte Aussage machen will. Oft wird der Tod Jesu einfach mit der Tat Gottes gleich gesetzt. Wir vergessen dabei, dass das Kreuz oder der Kreuzestod Jesu ein Realsymbol für Gottes Heilshandeln ist. Wenn auch in den urchristlichen Überlieferungen von Jesu Leiden und Sterben der Vorbildcharakter immer stärker betont wird (vgl. 1 Petr 2,21ff u. ö.; Hebr 12,2; die lukanische Passionserzählung als Märtyrergeschichte), liegt der theologische Hauptakzent auf dem Kreuzestod Jesu als Heilssetzung Gottes. Diese Heilsperspektive besagt nicht, dass Gott der eigentliche Akteur oder Verursacher des Todes Jesu sei, so dass die dafür verantwortlichen Menschen reine Marionetten in der Hand Gottes wären. Im Paradoxon des Kreuzestodes ereignet sich Gottes Heilstat *extra nos*, bedingungslos und vom Menschen unabhängig. Jesu Kreuzestod durchkreuzt so jede Eigen- und Vorleistung des Menschen. Gottes Heil gründet sich auf Gottes eigener Initiative. Es ist seine Gabe. Nichts anderes drückt die Aussage aus, dass Gott der im Tode Jesu Handelnde ist (Röm 8,32) oder Jesu Tod als Erweis der Liebe Gottes interpretiert wird (Röm 5,8; Joh 3,16; 1 Joh 4,10). So konfrontiert uns der Kreuzestod mit unseren Erlösungsversuchen und Sehnsüchten nach Leistungskraft, ewiger Jugend und Allmacht. Zum anderen hängt die Zentrierung des Heilshandelns Gottes auf den Kreuzestod mit der Vorstellung vom Gericht Gottes zusammen. Es handelt sich hier wieder um eine Vorstellung, die uns zu schaffen macht.

Diesem Gericht, das Mensch und Welt in der Beziehung zu Gott wieder ins Lot bringen will, ist der Mensch radikal verfallen. Niemand anderes kann ihn davor retten als Gott allein. Im Tod Jesu vollzieht Gott das Gericht, das den Menschen paradoxerweise aus seiner Todes- und Sündenverfallenheit rettet (Röm 8,3). Wie sehr Tod Jesu und Todverfallenheit des Menschen zueinander sich antithetisch verhalten, zeigt uns etwa Hebr 2,14f: *durch Christi Tod wird der (versklavende) Tod entmachtet.* In alledem wird mit unzulänglichen und vorläufigen Sprachmitteln die Erfahrung des Menschen ausgedrückt, dass er sich nicht selber am eigenen Schopfe aus der Sumpf herausziehen kann. Er hat aber die Chance des Neuanfangs von Gott her, so dass er kein hoffnungsloser Fall ist.

5.2.2 Jesu Tod als Sühnetod

Wie kein anderes Wort stößt heute das Wort „Sühne" als Deutung des Todes Jesu auf Widerspruch und Ablehnung. Sühne entspricht nicht dem modernen Lebensgefühl, sie kommt auch höchstens im gerichtlichen Kontext vor. Vor allem ist das seit dem Hohen Mittelalter geläufige Sühneverständnis nicht mehr nachvollziehbar: Sühne als Genugtuung zur Wiederherstellung der verletzten Ehre Gottes. Diese Vorstellung ist unbiblisch und das dahinterstehende Gottesbild entspricht dem Verhaltensmuster eines in seiner Ehre gekränkten und beleidigten Fürsten.

Wegen dieses Missverständnisses und vor allem, weil das Sühnemotiv ein altes und wichtiges urchristliches Interpretament ist, bedarf es einer sachgemäßen Erklärung. Ein frühes Zeugnis für die Heilsbedeutung des Todes Jesu im Sinne des Sühnetodes sind die vorpaulinische Glaubensformel 1 Kor 15,3b (*„Christus ist für unsere Sünden gestorben gemäß der Schrift"*) sowie die ebenfalls vorpaulinischen Abendmahlsworte 1 Kor 11,24f (*„Das ist mein Leib für euch ... Dieser Kelch ist der neue Bund in meinem Blut"*).

Was inhaltlich „Sühne" bedeutet, bringt Röm 3,25a, wo Paulus wiederum eine alte Glaubensformel benutzt, deutlich zum Ausdruck: *„Ihn hat Gott dazu bestimmt, Sühne* (wörtlich: *Sühneort) zu leisten mit seinem Blut, Sühne, wirksam durch Glauben."* Bei der Sühne geht es somit nicht um eine Vorleistung des Menschen, durch die er Gott gnädig stimmen müsste. Gott selber vollzieht die Sühne, und Jesus Christus ist „der Ort" dieses Sühnegeschehens, das die Menschen gerecht macht und ihnen Sündenvergebung schenkt. Der Ausdruck „Sühneort" (griech: hilasterion) meint im Anschluss an Ex 25,17-22 die *kapporet*, die goldene Deckplatte auf der Bundeslade, die zur Sühnung Israels mit dem Blut des Opfertieres besprengt wird. Keine menschliche Sühneleistung wird hier vorausgesetzt, sondern Gott selber richtet einen *öffentlichen Sühneort* für die Menschen ein. Gott ist es, der die Sühnung vornimmt, das drückt auch der missverständliche Satz in 2 Kor 5,21 aus: *„Den (=Christus), der die Sünde nicht kannte, hat er (=Gott) für uns zur Sünde (= Sündopfer) gemacht, damit wir in ihm Gerechtigkeit Gottes würden."* Dass Gott der Handelnde ist und dass keine Vorleistung des Menschen verlangt wird, kommt auch durch die mit der Sühnedeutung des Todes Jesu in enger Verbindung stehende Bundesvorstellung zum Ausdruck (Röm 3,25f; Mk 14,24; 1 Kor 11,25). Dadurch wird die bereits kultisch durch die Sühne ausgedrückte Gewährung huldvoller Gottesgemeinschaft verstärkt hervorgehoben. Bei der Heilsbedeutung des Todes Jesu handelt es sich so um die *von Gott bedingungslos geschenkte Heilsgemeinschaft.*

5.2.3 Jesu Tod als Versöhnung

Beeinflusst durch die Dogmatik, wurde im kirchlichen Bereich Versöhnung in Bezug auf den Tod Jesu meistens als Besänftigung des Zornes Gottes verstanden. Dadurch kam der Begriff Versöhnung in die Nähe von Sühne, obwohl beide von Haus aus verschieden sind. Sühne gehört in den kultischen Bereich, Versöhnung aber in den Bereich der mitmenschlichen Beziehung und Gesellschaft. Auf dieser Ebene bedeutet Versöhnung die gegenseitige Absprache zur Überwindung von Feindschaft oder Streit zwischen zwei Parteien. Es fällt auf, dass die Versöhnung zwischen Gott und Mensch im Neuen Testament gerade nicht als zweiseitiges Abkommen gilt, das etwa zwischen zwei sich streitenden Parteien (Gott und Mensch) geschlossen würde. Im Gegenteil: Versöhnung ist ein einseitiger Akt Gottes, der die Feindschaft des Menschen gegen Gott, das negative Gottesverhältnis, aufhebt. Die Initiative geht allein von Gott aus; die Versöhnung ist Geschenk der Liebe Gottes. Dadurch wird dieses Deutungsmuster aus seinem ursprünglichen Bedeutungszusammenhang herausgelöst und „gebrochen", und erst so umgewandelt, wird es auf den Tod Jesu angewandt. Dieses einseitige Versöhnungshandeln Gottes, das sich im Tod Jesu vollzieht, bringt Paulus Röm 5,8-10 prägnant zur Sprache; er greift dabei auch auf die kultische Einrichtung der Sühne zurück : *„Gott aber hat seine Liebe zu uns darin erwiesen, dass Christus für uns gestorben ist, als wir noch Sünder waren. Nachdem wir jetzt durch sein Blut gerecht gemacht sind, werden wir durch ihn erst recht vor dem Gericht Gottes gerettet werden. Da wir mit Gott versöhnt wurden durch den Tod seines Sohnes, als wir noch (Got-*

tes) Feinde waren, werden wir erst recht, nachdem wir versöhnt sind, gerettet werden durch sein Leben" (vgl. 2 Kor 5,18f).

5.2.4 Jesu Tod als Lösegeldzahlung

Vom Tod Jesu als Lösegeldzahlung ist Mk 10,45b par und 1 Tim 2,6 die Rede und klingt Tit 2,14; 1 Petr 1,18f an. Irreführend ist das Verständnis des „Lösegelds" als strafrechtlich bestimmte Bußleistung. Es geht dabei nicht um eine Bußgeldzahlung oder eine Schadensersatzleistung, sondern um die Freisetzung aus Schuld- und Todesverfallenheit. Mit der Lösegeldvorstellung verbindet sich auch der Stellvertretungsgedanke, der Jesus Christus mit den auszulösenden Menschen enger in Beziehung setzt. Er gibt sein Leben, d. h. sich selbst, hin als Lösegeld zur Auslösung der Menschen. Da die Unheilssituation der Menschen ausweglos ist, tritt Jesus Christus für sie ein und löst sie durch seine totale Lebenshingabe am Kreuz aus. Es ist allerdings zu bemerken, dass das Bild vom Lösegeld nicht entfaltet wird. Es wird nicht gesagt, wem das Lösegeld bezahlt wird. Nicht eine allseitige Entfaltung des Bildes interessiert diese Tradition der Lösegeldvorstellung, sondern die Herausstellung der Unermesslichkeit der Heilstat Gottes in Jesus Christus. Es geht im Grunde um das „Umsonst" der Erlösung, welche geschichtlich verankert ist (vgl. Eph 1,17).

Auch das Bild vom Loskauf/Loskaufen umschreibt die Lösung des verwirkten Lebens aus der Unheilssituation. Das Loskaufbild drückt einen Herrschaftswechsel aus. Die Menschen werden aus dem Herrschaftsbereich, aus der Macht der Sünde, des Gesetzes und des Todes freigekauft (1 Kor 6,20) und in den Herrschaftsbereich Gottes und Christi hineingeführt (vgl. Röm 6,17f.22f). Paulus bringt das Bild des Loskaufs ausdrücklich mit dem Kreuzestod Christi in Verbindung: „*Christus hat uns vom Fluch des Gesetzes freigekauft, indem er für uns zum Fluch geworden ist; denn es steht in der Schrift: Verflucht ist jeder, der am Pfahl hängt"* (Gal 3,13). Ziel dieses Loskaufs ist das Geschenk der Sohnschaft Gottes, der befreiten Existenz mit vollgültiger Berechtigung zur Gottesbeziehung (Gal 4,5f).

Inwiefern der Tod Jesu eine wichtige Rolle bei der Vorstellung von Lösegeldzahlung und Loskauf spielt, dürfte auch damit zusammenhängen, dass ein Rechtsanspruch mit dem Tod endet. Der stellvertretende Tod Jesu beendet den Rechtsanspruch der Macht der Sünde, des Gesetzes und des Todes (Röm 6,6.8).

5.2.5   Jesu Tod als Opfertod

Das Verständnis des Todes Jesu als eines Opfertodes kommt im Neuen Testament außer im Hebräerbrief selten vor. Dennoch hat der Opfergedanke das geläufige Verständnis des Todes Jesu in Theologie und Kirche – im katholischen Bereich besonders durch das Verständnis der Messe als des unblutigen Opfers Christi – stark bestimmt. Dabei mischt sich ein archaisches Opferverständnis ein: durch Jesu Opfertod wird Gott günstig gestimmt, sein Zorn wird abgewendet, Gott selber verlangt den Tod seines Sohnes als Opfergabe. Zu diesem Verständnis verleitet auch das Bild des Blutes Jesu Christi, das zunächst einfach das Sterben Jesu ausdrückt, nun aber im Zusammenhang des Opferglaubens die Vorstellung eines blutigen Rituals aufkommen lässt, was Menschen heute stark abstößt. Diese Auffassung steht aber in schroffem Gegensatz zum biblischen Kult- und Opferverständnis, nach dem Gott selber durch die von ihm geschenkten Opfergaben und kultischen Einrichtungen den verwirkten Zugang zu ihm wieder öffnet. Nicht die Menschen opfern Gott, sondern Gott bietet den Menschen seine Güte, versinnbildlicht in den Opfergaben, an.

Durch eine stärkerwerdende christologische Reflexion konnte der Gedanke der Selbsthingabe Christi und seines Sterbens „für uns" mit den kultischen Motiven der „Darbringung" und des „Opfers für Gott" verbunden werden. Aber selbst Eph 5,2, wo der Tod Jesu Christi ausdrücklich als Opfer bezeichnet wird, ist die als Selbstdarbringung verstandene Selbsthingabe Christi nur Ausdruck seiner Liebe: „*liebt einander, weil auch Christus uns geliebt und sich für uns hingegeben hat als Gabe und als Opfer, das Gott gefällt.*"

Auch das Kelchwort in der Fassung von Mk 14,24par erinnert im Zusammenhang mit Ex 24,3-8 an das Opferritual der Blutbesprengung beim Bundesschluss und weist somit eine Nähe zur Opfervorstellung auf. Aber damit will nicht der Tod Jesu als eine Ritualhandlung für Gott bestimmt werden. Vielmehr wird mit diesem Opfermotiv die Teilhabe an der Heilswirkung des Todes Jesu ausgesagt.

Der Tod als Bestandteil der Opferhandlung gilt daher nicht etwa der Besänftigung eines erzürnten Gottes. Er ist auf dem Hintergrund der gemeinantiken Sündevorstellung zu verstehen. Danach schlägt die Sünde auf den sündigen Täter auf Grund des Tun-Ergehen-Zusammenhangs zurück. Die Sünde, verstanden nicht nur als moralische Fehltat, sondern als konkrete, fast dingliche Wirklichkeit, schlägt nach dieser Auffassung auf ihren Verursacher zurück und kommt bei dessen Eliminierung erst zur Ruhe. Auf diese Weise vollzieht sich im Tod des geschlachteten Opfertieres symbolisch der Tod des Sünders, der die Sünde dann aus der Welt schafft. So konnte der Tod Christi nicht nur als „Einsatz bis in den Tod hinein zugunsten der Menschen", sondern als stellvertretender Tod, als „unser Tod" aufgefasst werden (2Kor 5,14; Gal 2,19). Und selbst der Hebräerbrief, der am ausführlichsten die Heilsbedeutung des Todes Jesu mit der Opfervorstellung näher umschreibt (Hebr 7,27; 9,12.14.26.28; 10,10.12.14), beschränkt sich keineswegs darauf (Hebr 1,3: Reinigung der Sünden; 7,25; 10,19f: Hinführen zu Gott). Auch das Ritual vom großen Versöhnungstag nach Lev 16 spielt eine wichtige Rolle. Danach dient der Opfergedanke dem von Gott geschenkten Sühnegeschehen. Damit verbindet sich die Vorstellung vom Hohenpriester nach der Ordnung Melchisedeks (Hebr 7 – 20). Die nur schlecht vorstellbare Motivkombination von Opfergabe und Opferpriester in ein und derselben Person betont die Selbsthingabe Jesu Christi als überbietender und selbst unüberbietbarer Brennpunkt, der jedwede kultische Heilsinstitution, Opfergabe sowie Opferpriester ein für allemal, d. h. endgültig, aufhebt: *„Wo aber die Sünde vergeben wird, da gibt es kein Sündopfer mehr"* (Petr 10,18). Gerade die Hervorhebung des „Selbstopfers" *(„durch sein eigenes Blut"*: Hebr 9,12) drückt die Einmaligkeit, End-Gültigkeit und Totalität der Selbsthingabe Christi aus. Nicht etwa eine antijüdische Haltung nimmt der Verfasser des Hebräerbriefes ein, wenn er den ersttestamentlichen Kult im „Selbstopfer" Jesu Christi überboten sieht. Vielmehr will er damit seiner von Resignation und Ermüdung heimgesuchten Gemeinde klarmachen, dass ihr durch die Selbsthingabe Jesu eine nicht mehr zu überbietende Möglichkeit des Heils erschlossen ist und diese Chance des Heils verpasst werden kann (Hebr 10,1-10).

6. Wie hat Jesus seinen Tod im Voraus gedeutet?

Aus Mk 14,25, einem allgemein für echt gehaltenen Wort Jesu, geht hervor, dass Jesus nicht nur mit einer vagen Möglichkeit, sondern mit der Gewissheit seines Todes gerechnet hat: *„Amen, ich sage euch: Ich werde nicht mehr von der Frucht des Weinstocks trinken bis zu dem Tag, an dem ich von neuem davon trinke im Reich Gottes."*

In diesem Spruch wird auch mit einer erneuten Gottesgemeinschaft über den Tod hinaus gerechnet. Eine ausdrückliche Deutung des Todes Jesu kommt allerdings in diesem Spruch nicht in den Blick. Dies erfolgt in der Abendmahlshandlung und eingeschränkt im Abendmahlswort. Vor seinem Tod feierte Jesus das Abendmahl als Abschiedsmahl, bei dem er im Unterschied zur jüdischen Mahlpraxis das *eine* Brot seinen Jüngern gab und ihnen den *einen* Kelch herumreichte. Brot- und Kelchwort (*„Dies ist mein Leib", „Dies ist mein Blut"*, Mk 14,22.24) verdeutlichen die symbolische Handlung Jesu angesichts seines Todes, die die mit seinem Wirken in Verbindung stehende Lebenshingabe bis in den Tod unterstreicht. Seine Pro-Existenz verdichtet sich somit im Akt seines Todes. Wenn wir darüber hinaus damit rechnen, dass Jesus selbst die deutenden Worte „für viele" (= das auf die Völker offene Gesamtisrael) im Rückgriff auf Jes 53,12 gesprochen hat, können wir nicht ausschließen, dass Jesus seinen Tod als Sühnetod aufgefasst hat. Aber bedeutete dies dann nicht, dass Jesus mit dieser Deutung sich selbst widerspräche? Denn er hat das Heil Gottes bedingungslos verkündet und zugesprochen. Dennoch braucht Jesu Tod als Sühnegeschehen nicht erst als „Bedingung" für Gottes Heilsangebot betrachtet zu werden. Der Sühnetod Jesu würde angesichts des äußeren Scheiterns im Tod und der dadurch dokumentierten offiziellen Ablehnung den Heilsentschluss Gottes endgültig ratifizieren. Hat Jesus an seiner

Sendung und seiner Heilsbotschaft von der bedingungslosen Vergebung Gottes bis in den Tod festgehalten, wird er seinen Tod auch in Zusammenhang seines ganzen Wirkens im Sinne der sich auch letztendlich im Sühnetod vollziehenden Vergebung Gottes verstehen. Eine bewusste Anlehnung an das vierte Gottesknechtslied im Buch Jesaja (Jes 52,13 – 53,12) würde für diese Annahme sprechen. Die Aufnahme des Sühnemotivs zur Deutung des Todes in der Urgemeinde würde dann in der Folgerichtigkeit der Verkündigung und des Wirkens Jesu selbst liegen. Es versteht sich aber, dass wir uns hier im Raum des Hypothetischen bewegen.

7. Kann man dem Tod Jesu Positives abgewinnen?

Wir können uns diese Frage auch persönlich stellen: Was sagt mir der Tod Jesu? Was sagt mir sein Kreuz? Können wir denn trotz der vielen negativen Erfahrungen mit den Deutungen des Todes Jesu diesem Tod auch etwas Positives abgewinnen? Ich glaube ja. Denn seinen Tod, der ein Kreuzestod ist, können wir nicht einfach aus dem Leben Jesu herausnehmen. Dies wurde vielfach, auch schon im Frühchristentum, vor allem in gnostischen Kreisen, versucht. Nehmen wir sein Leben und sein Wirken ernst, dann sollten wir auch konsequenterweise sein schreckliches Ende ernst nehmen. Allerdings ist eine Fetischisierung des Kreuzes Jesu unbedingt zu vermeiden. Denn es gilt den ganzen Christus, sein Leben, sein Wirken und Sterben und seine Auferweckung zu beachten. Er – und nicht etwa ein Moment in seinem Leben – ist der Rettende und Befreiende.

Auch der heutige Mensch erfährt die Welt als eine Wirklichkeit, die sich in Unordnung befindet. Und er sehnt sich nach einer Welt ohne Unterdrückung und Gewalt. Der Tod Jesu provoziert uns dann zum Protest gegen Machtmissbrauch und Gewaltanwendung und -verhältnisse. Das Kreuz ist nämlich im römisch-jüdischen Kontext ein Symbol des Widerstandes. Mag das Kreuz für die römische Macht ein Abschreckungsmittel gewesen sein, für die Juden war es der konsequente Gang ihres Widerstandes.

Der Mensch erfährt auch heute die Brüchigkeit seiner Existenz. Er erfährt, wie er auch durch eigene Schuld und soziale Zwänge am Abgrund steht oder tief unten in seinem Leben angekommen ist und allein nicht mehr herauskann. Eine tiefe Berührung mit dem Gekreuzigten und Auferstandenen hat manch einem eine neue Existenz geschenkt. Er fühlt sich wie neugeboren. Das Fernsehen berichtete in seiner Sendung „Weltspiegel" am Pfingstsonntag des Jahres 2004 von der Wandlung eines japanischen Mafioso zum evangelischen Pfarrer. Sein Zeugnis war überzeugend: er sagte, die Begegnung mit Jesus habe ihn aus dem lebensgefährlichen Mafiamilieu gerettet und ihm ein neues Leben geschenkt. So hilft er selber, in seiner Gemeinde Menschen aus diesem Teufelskreis der Gewalt zu befreien.

Der Tod Jesu – gedeutet von Ostern her – zeigt uns, dass Gott die Macht hat, die Verhältnisse umzuwälzen. Die Rede vom ohnmächtigen Gott kann zwar die Solidarität Gottes im Leiden ausdrücken, aber es geht dabei um eine befreiende Solidarität, die die Sache nicht so sein lässt, wie sie ist.

Der Tod Jesu, sein Kreuzestod, befreit uns von der Versuchung, uns durch eigene Leistungsstärke erlösen zu wollen. Er befreit uns auch von der Chimäre, dass wir Christen durch Teilhabe am Leben Jesu Christi vollkommen erlöst wären. Der Tod Christi weist auch auf die Unerlöstheit der Welt und des Menschen hin. Der Tod Jesu kann uns dazu verhelfen, erdhaft zu bleiben.

Die Tatsache, dass das Leben vom Tod umfangen ist, ist eine alltägliche Erfahrung. Auch der Tod Jesu zeigt diese Wirklichkeit. Aber die Auferweckung Jesu ist Gottes Antwort, die besagt, dass der Tod nicht das Ende bedeutet.

Das biblische Zeugnis des Christusglaubens – Zur Grundlegung der neutestamentlichen Christologie

1. Jesus ja – Christus nein, oder: Wie lässt sich der Christusglaube heute vermitteln?

Das Motto „Jesus ja, Christus nein!" gibt zu bedenken, ob sich der historische Jesus einfacher vermitteln lässt als der erhöhte Christus. Manche Strömungen oder Bewegungen in der jüngsten Vergangenheit wie etwa die Jesus-People-Bewegung oder manche neueren theologischen Entwürfe oder Jesusbilder, die Jesus als einen vorbildlich humanen und gerechten Menschen darstellen, legen diese Auffassung nahe.

Der positive Akzent dieser Strömungen oder Versuche liegt zweifelsohne in ihrem Protestpotential gegen ein stark dogmatisches Christusbild, das so erhaben ist, dass der Zugang zu ihm erschwert oder gar unmöglich wird. Als Frage und Infragestellung oder Korrektiv sind diese Versuche nützlich und gegebenenfalls auch notwendig. Sollten diese Versuche das einzig gültige Jesusbild darstellen wollen, wären sie allerdings – wie jedes verabsolutierte Jesusbild – fragwürdig.

Auf dem Hintergrund der neutestamentlichen Zeugnisse ist die antithetische Formulierung „Jesus ja – Christus nein!" zu hinterfragen. Dieses Schlagwort will zunächst provozieren.

Es soll Anstoß zum Nachdenken, nicht aber eine Glaubensformel sein.

In den letzten Jahrzehnten sind wir durch die Schärfung des
historischen Bewusstseins und durch die historisch-kritische
Forschung dazu befähigt worden, eine Vielfalt von Christologien in den neutestamentlichen Schriften wahrzunehmen
und christologische Entwürfe zu unterscheiden. Wir können
nicht nur die etwa fünfzig verschiedenen Hoheitstitel und
Christusprädikate aufzählen, sondern auch diese Titel in ihre
Geschichte einordnen. Wir können uns von den Christologien der verschiedenen Verfasser oder Kreise und Gemeinden ein genaueres Bild machen. Wir sprechen von der Christologie des Markus, des Matthäus, des Lukas, von der paulinischen und der johanneischen Christologie, von der Christologie des Hebräerbriefes und der anderen neutestamentlichen Schriften. Durch unsere Unterscheidungsakribie gehen
wir sogar weiter zurück als nur auf die Ebene und das Ge-
samtbild der Verfasser und stoßen bis zu den ihnen vorgegebenen vielfältigen Traditionen, Einzelüberlieferungen
und Sammlungen vor und können so in etwa die vormarkinische oder vorpaulinische Christologie, die Christologie der
Logienquelle oder die des Kreises um Stephanus beschreiben. Die Vielfalt von Christologien kann unter Umständen
auch Verwirrungen verursachen. Wir können Unebenheiten
und Widersprüche entdecken, die je nach Standort auch zu
Glaubensfragen hochstilisiert werden können. Diese Vielfalt
ist aber sachgemäß als ein Zeugnis des Reichtums des Christusglaubens aufzufassen. Sie zeugt im Grunde von der *Unergründlichkeit des Geheimnisses Christi,* das in der Unergründlichkeit Gottes sein Fundament hat. Daher können wir Christus
auch im Glauben nicht total einfangen. Die vielen Hoheitstitel, die Ausdruck dieses Glaubens sind, wollen gerade diese
Unergründlichkeit zum Ausdruck bringen.

Die Dogmengeschichte zeigt ein stetes Ringen um tiefere Erkenntnisse und Zugänge, die auch zuweilen Merkmale von Kompromissen haben. Auch das Neue Testament bezeugt uns vielfach das Problem des Zuganges zu Christus. 1 Petr 1,8 heißt es: *„Ihn (Jesus Christus) habt ihr nicht gesehen, und dennoch liebt ihr ihn; ihr seht ihn jetzt nicht, aber ihr glaubt an ihn und jubelt in unsagbarer, von Herrlichkeit erfüllter Freude".* In diesem Vers ist nicht das Nachtrauern einer späteren Gemeinde, sie sei dem irdischen Jesus nicht begegnet, eingefangen, sondern es wird hier vor einer billigen Unmittelbarkeit gewarnt, wie es auch im Tadelruf an Thomas im Johannesevangelium zum Ausdruck kommt: *„Selig sind, die nicht sehen und doch glauben!"* (Joh 20,29). Auch die vielen Missverständnisse und der Unverstand der Jünger sowohl bei den Synoptikern als auch im Johannesevangelium sind eigentlich keine Nachzeichnung historischer Vorkommnisse im Leben Jesu, sondern aktuelle Probleme der jeweiligen Gemeinde. Hier wird nicht der Vorzug der Augenzeugen als Zeitgenossen Jesu hervorgehoben. Überhaupt hat Augenzeugenschaft nicht schon als solche einen unmittelbaren, unvermittelten Zugang zu Jesus erschlossen. Die Zeitgenossen Jesu, seine Hörer, sind von den Handlungs- und Denkmodellen ihrer Gesellschaft sowie den Vorgegebenheiten ihrer eigenen Biographie geprägt. Diese Bedingtheiten bestimmen die Sehfähigkeit und die Verstehensprozesse der Hörer und Augenzeugen Jesu. Wenn die einen die Heilungswunder Jesu als Werk des Beelzebubs, andere aber als Werk Gottes deuten, wird dies nicht nur auf die Ambivalenz des Wundergeschehens zurückzuführen sein, vielmehr zeugt dies auch von diesem durch viele Faktoren bedingten Verstehensprozess.

2. Christologische Ansätze und Zugänge zum Christusglauben

Es kann hilfreich sein, zwischen Ansatz und Zugang zu unterscheiden. Mit Ansatz verstehe ich mehr den Inhalt und den grundsätzlichen Aspekt, mit Zugang die Methode und die Vermittlung. Beides kann aber auch oft ineinanderfließen.

Was die Ansätze betrifft, wurden in den neueren christologischen Entwürfen zwei Arten von Christologien unterschieden: die „Christologie von unten" und die „Christologie von oben". Die sogenannte „Christologie von unten" setzt beim historischen Jesus von Nazaret, näherhin in der Erzählung von ihm und bei den menschlichen Erfahrungen mit ihm – sozusagen ganz unten – an und drückt von dieser Erfahrungsebene her ihr Jesusbild aus. Mit dem Schlagwort „Christologie von oben" wird der spekulative Ansatz beim dreifaltigen Gott, nämlich das Herabsteigen, die Menschwerdung der zweiten göttlichen Person charakterisiert.

Der Entwurf einer Christologie von unten ist nicht von ungefähr entstanden. Er ist eine Reaktion auf die beherrschende hohe Christologie. Diese führte die theologische Reflexion zu einer Trennung zwischen Christologie und Soteriologie mit schwerwiegenden Folgen. In der Volksfrömmigkeit wurde Jesus oft zu einem auf Erden wandelnden Gott, seine Menschheit wurde nur noch als die äußere Erscheinung oder gar Verkleidung Gottes verstanden. Viele Kirchenlieder können eine doketistische Tendenz nicht verbergen.

Mit diesen Christologien, der von oben und der von unten, haben heute viele Gläubige ihre Schwierigkeiten. Für die einen ist die eine zu wenig, für andere ist die andere zu viel. Wie Schlagworte eben sind, verbindet man mit „Christologie von unten" und „Christologie von oben" einen Gegensatz, einen ausschließenden sogar. Grenzen und Notwendigkeit einer Ergänzung oder Synthese werden dann zumeist übersehen.

Bei allen Versuchen, das Geheimnis Christi zu ergründen, sind wir auf das Zeugnis des Neuen Testaments angewiesen. In ihm bezieht sich der Glaube auf Jesus, den Christus, auf den irdischen Jesus, der die Gottesherrschaft verkündete, und auf den auferweckten Christus, der im Heiligen Geist bleibend in der Kirche gegenwärtig ist. Diese dichte Aussage sei im Folgenden näher erläutert.

3. Zur biblischen Grundlegung der Christologie

3.1 Die Christusprädikate oder Hoheitstitel

Den Ausgangspunkt für die biblische Grundlegung der Christologie bilden die Hoheitstitel. Man setzt hier einfach mit der (vermuteten) Feststellung an, Jesus habe beansprucht, der Messias (Christus), der Knecht Gottes, der Sohn Gottes und anderes zu sein.

Dieser Ausgangspunkt ist heute unmöglich geworden, da nach übereinstimmender Meinung der Exegeten die Christusprädikate nicht Aussagen des irdischen Jesus selbst, sondern Glaubensbekenntnisse der nachösterlichen Kirche sind. Es ist überhaupt ein fragwürdiges Unternehmen, die Darstellung der neutestamentlichen Christologie an christologischen Hoheitstiteln zu orientieren. Die Christusprädikate sind nichts anderes als Kristallisationspunkte des Christusglaubens, als solche sind sie allerdings nicht unwichtig. Sie müssen jedoch nicht nur für sich in ihrer Entstehung und Ausformung, sondern auch im Kontext des jeweiligen Gemeindelebens, in ihrem Sitz im Leben und in ihrer Pragmatik betrachtet werden.

3.2   Das Entwicklungsmodell

Das Entwicklungsmodell versucht, Ursprung und Entfaltung der Christologie zu rekonstruieren. Dabei ist das biologisch-organische Modell leitend: Aus einfachen Bauelementen entsteht am Ende eine komplizierte Struktur.

Der Regensburger Neutestamentler Franz Mussner versucht, die Entwicklung der Christologie vom anfänglichen „Sehakt", in dem sich die Erfahrung der Jünger mit Jesus sammelte, über die durch die Osteroffenbarung vorangetriebene christologische Reflexion bis zur Auffassung der totalen bis zur Deckungsgleichheit führenden „Aktionseinheit Jesu mit Gott",nachzuzeichnen. Titelmäßig lasse sich die Entwicklungslinie von einer Propheten- zu einer Sohnes-Christologie hin darstellen. Der Sohnestitel, der alle anderen Prädikate an sich gezogen habe, sei der Höhepunkt der christologischen Entwicklung. „Die Glaubensreflexion erkennt im Sohnesprädikat die zutreffendste Versprachlichung des 'Jesusphänomens', (F. Mussner, „Ursprünge und Entfaltung der neutestamentlichen Sohneschristologie. Versuch einer Rekonstruktion", in: L. Scheffczyk, *Grundfragen der Christologie,* QD 72, Freiburg 1975, 77-113; bes. 107).

Ob es tatsächlich eine geradlinige christologische Entwicklung gegeben hat, an deren Schlusspunkt eine hohe Christologie steht, ist allerdings fraglich. Denn es lässt sich im Neuen Testament feststellen, dass die komplizierten Christologien der Weisheits-, Schöpfungsmittler-, Präexistenz- und

Inkarnationsaussagen keine späte Christologie sind. Sie bilden nicht den Schlusspunkt des christologischen Reflexionsprozesses. Sie müssen bald nach Ostern formuliert worden sein. Denn bereits Paulus kann auf sie zurückgreifen. Ihm lagen christologische Bekenntnisse und Lieder vor. Der Hinweis auf 1 Kor 15,3-5, Röm 1,3f und Phil 2,6-11 soll in diesem Zusammenhang vorläufig genügen. Auf diese Stellen wird weiter unten einzugehen sein.

Die Vorstellung von einer geradlinigen Entwicklung täuscht eine Systematik vor, die die Eigenständigkeit der Gemeinden nicht berücksichtigt. Es ist eher mit einem Nebeneinander von christologischen Entwürfen zu rechnen, wenn auch die Tendenz bestand, der höheren Christologie, konkret der Sohneschristologie, die anderen christologischen Entwürfe einzuverleiben. Dies kann man vor allem anhand des Johannesevangeliums verifizieren.

Durch diese Feststellung sollen die anderen christologischen Entwürfe nicht übersehen oder entwertet werden. Es wäre historisch nicht korrekt und glaubensmäßig anmaßend, wenn man diesen Schlusspunkt des Reflexionsprozesses des christologischen Bekenntnisses als die einzig richtige Perspektive oder das einzig richtige Horizontverständnis betrachten würde. Was für Christen wären sonst z. B. die Judenchristen, die in Jesus nur „den eschatologischen Propheten" oder den „Messias" in landläufigem Sinn sahen? Wäre ihr Christsein dann etwa weniger christlich? Ist denn Christsein nur dogmatisch von der hohen Christologie her zu bestimmen?

Durch die historisch-kritischen und soziologischen Forschungen dürften wir jetzt in der Lage sein, nicht nur die verschiedenen christologischen Entwürfe zu verstehen und sie in ihren literarischen sowie soziokulturellen Kontext einzuordnen, sondern auch Verständnis für die vielen miteinander konkurrierenden Aussagen aufzubringen. Wir können verstehen, „dass jüdische Gelehrte und Priester, die sich Jesus anschlossen und christologisch glaubten, als Fachtheologen und geschulte Rabbiner das Christusgeheimnis anders zur Sprache brachten als einfache Leute vom Volk, die von Jesus und seinem Auftreten beeindruckt waren … So hat sich schon vor Ostern eine Art fachtheologische Einordnung Jesu durch die zuständigen Freunde und Gegner Jesu unter den Rabbinen vollzogen, die eine andere Ausdrucksweise benutzten als das begeisterte Volk, das sich mehr populartheologisch äußern musste. So dürfte schon aus soziologischen Gründen eine schichtenspezifische frühe Christologie entstanden sein, die Jesus in populären christologischen Erzählungen umschrieb, allgemein verständliche Titularchristologie betrieb oder andererseits hohe Sophia- oder Präexistenzchristologie entwickelte" (P.-G. Müller, *Bibel und Christologie. Ein Dokument der Päpstlichen Bibelkommission,* Stuttgart 1987, S. 290).

Wir können gegenüber der soziologischen Bedingtheit der Gruppenperspektiven in der Ausbildung christologischer Bekenntnisse die Augen nicht einfach verschließen. Die Beachtung des soziokulturellen Kontextes als des Verstehenshorizontes und der Formulierungsebene ist nicht nur für die Textauslegung, sondern vor allem für die jeweilige Umsetzung wichtig. Die Interpretation schließt Auslegung und Übertragung ein. „Schon rein sprachlich und dialektbedingt musste nun das früheste christologische Zeugnis in den aramäisch sprechenden judenchristlichen Gemeinden Palästinas anders als in den griechisch sprechenden Gemeinden der heidenchristlich-hellenistischen Gemeinden Palästinas oder gar der Diaspora in Kleinasien, Syrien, Griechenland oder Ägypten verkündet werden, ganz zu schweigen von der frühen lateinischen Umsetzung des Kerygmas in die jüdisch-christliche Diaspora Italiens, Nordafrikas und Spaniens. Die christologische Kunde vom Heil in Jesu Tod und Auferstehung erfuhr ja in atemberaubender Geschwindigkeit eine ungeheure Expansion in die gesamte damals zivilisierte und bekannte Welt, so dass spätestens dreißig Jahre nach Ostern der neue Weg christologischen Glaubens im gesamten Imperium bekannt war und zur Herausbildung zahlreicher Ortsgemeinden gerade in den städtischen Kulturzentren des Imperiums führte. Die dadurch bedingte große geographische Streuung des christologischen Credo erforderte eine vielfältige sprachliche Umsetzung in Grammatik, Mentalität und Verständnishorizont verschiedener Kulturen und Traditionen, so dass die angestrebte Wahrung der Einheit des christologischen Zeugnisses geradezu nur dadurch erzielt werden konnte, dass man es in den verschiedensten Sprachformen ansagte und es dem Verstehen verschiedenster Völker anvertraute. Der hermeneutische Prozess der vielfachen sprachlichen Explikation des Christusgeheimnisses in unterschiedlichen geographischen Zonen, Völkern und Kulturen bei gleichzeitiger Wahrung der Einheit des christologischen Credo der Kirche stellt eine der gewaltigsten Leistungen der für die Kanonbildung verantwortlichen Kirche der beiden ersten Jahrhunderte dar" (P.-G. Müller, *Bibel und Christologie*, S. 291).

Bei der Bestimmung der Christologie oder Einordnung der verschiedenen Christologien sollte es nicht nur rein hermeneutisch oder religionsgeschichtlich um bloße Zuordnung oder Erklärung des religiösen Hintergrundes gehen. Noch wichtiger scheint mir die Aufdeckung des soziokulturellen Interesses und der machtpolitischen Implikationen zu sein. Der Befreiungstheologe Leonardo Boff bringt die christologische Fragestellung auf den Punkt: „Für wen hat dieses oder aber jenes Christus-Bild Relevanz? Welche Interessen stecken dahinter, und welche konkreten Vorhaben werden dadurch bekräftigt? ... Worauf lässt sich diese Art von Christologie ein? Welcher Sache will sie dienen?" (L. Boff, „Eine Christologie von der Peripherie her", in: Giancarlo Collet [Hg.], *Der Christus der Armen. Das Christuszeugnis der latein-*

teinamerikanischen Befreiungstheologen, Freiburg i. Br. 1988, 135f).

3.3 Die Suche nach der ältesten Christologie

Einige Exegeten wie z. B. Ferdinand Hahn wollen in Apg 3,20f die älteste Christologie des aramäisch-palästinischen Judenchristentums sehen. Wir lesen dort im Zusammenhang der Aufforderung zur Umkehr und Buße in der Rede des Petrus auf dem Tempelplatz: *„(damit) der Herr Zeiten des Aufatmens kommen lässt und Jesus sendet als den für euch bestimmten Christus. Ihn muss freilich der Himmel aufnehmen bis zu den Zeiten der Wiederherstellung von allem, die Gott verkündet hat durch den Mund seiner heiligen Propheten von jeher."* Hier stehe die Anschauung von Jesus als einem in den Himmel Entrückten, der vorerst nur der designierte Messias, der *Messias designatus* sei. Erst bei seinem endzeitlichen Kommen werde er der *Messias constitutus,* der messianische König. Demgegenüber schriebe die hellenistische Gemeinde ihrem erhöhten Herrn, dem Kyrios eine herrscherlich-göttliche Stellung zur Rechten Gottes schon für die Zwischenzeit, zu.

Ob allerdings die frühe oder früheste Gemeinde jemals nur an eine Entrückung Jesu geglaubt hat, die nur ein Verweilen im Himmel bis zur baldigen Wiederkunft bedeutete, ist aus den neutestamentlichen Quellen nicht wahrscheinlich zu machen. Denn dies würde gegen die zentrale Stellung des Auferweckungsglaubens gehen, der in diesem Fall unbekannt sein müsste. Wenn aber der Christusglaube der frühen Gemeinde aufgrund der Begegnung mit dem Auferstandenen entstand, dann wusste sie nicht nur, dass Jesus weiter lebt, sondern auch, dass Gott den Gekreuzigten auferweckt und bestätigt hat. Daher musste sich ihr die Erhöhung Jesu, seine Einsetzung in eine Ehren- und Herrschaftsstellung zur

Rechten Gottes nahelegen. Das geht aus Röm 1,4 deutlich hervor. Auch das Christuslied Phil 2,6-11 interpretiert die Auferstehung geradezu als Erhöhung. Der österliche Horizont gibt daher dem „entrückten" Jesus eine andere Position als den jüdischen Gestalten, die am Ende ihres Lebens entrückt werden und einst wiederkehren sollen. Auch Gal 1,15 und Mt 28,18f wird die Manifestation der Würde und der Hoheitsstellung mit den Erscheinungen des Auferstandenen in Verbindung gebracht.

Die älteste vorpaulinische aramäisch-palästinisch-judenchristliche Glaubensformel in 1 Kor 15,3-5, die die Auferweckung Jesu allerdings im Unterschied zu dem vorpaulinisch-hellenistisch-judenchristlichen Verständnis in den Christusliedern in Phil 2,9ff und 1 Tim 3,16 nicht als Erhöhung auffasst, widerspricht durch die ausdrückliche Bezeugung der Auferstehungserscheinungen dem Verständnis der Auferweckung als bloßer Entrückung. Denn diese Bezeugung schließt außerdem das herrscherliche Wirken des auferstandenen Jesus in seiner Gemeinde mit ein. Auch der „Maranatha"-Ruf (1 Kor 16,22; Offb 22,20; vgl. auch Did 10,6), der aus der palästinischen Urgemeinde stammt, setzt die Erhöhung Jesu voraus. Vor allem beinhaltet die alte Glaubensformel in Röm 1,3f die messianisch-hoheitliche Einsetzung aufgrund der Auferstehung.

Neben dieser unausdrücklichen, unreflektierten „Erhöhungs"-Christologie läuft die alte Parusie- oder eschatologische Christologie einher, die in den im historischen Jesus beheimateten Aussagen vom zukünftigen Kommen des Menschensohnes greifbar wird und noch 1 Thess 1,10 durchscheint. Hier wird das Kommen des Sohnes vom Himmel her erwartet. Auch der Maranatha-Ruf kann in diesem eschatologischen Sinn interpretiert werden.

Quellenmäßig können wir nicht so etwas wie ein einziges Urgestein der ältesten Christologie finden. Wir können auch nicht die Auferweckung Jesu als den absoluten Ausgangspunkt der urchristlichen Christologie begreifen, es sei denn, Christologie meint immer nur explizite, ausgeformte Christologie. Denn neben einer expliziten Christologie gibt es eine implizite, beim Anspruch des historischen Jesus ansetzende Christologie. Damit soll die Bedeutung des Osterereignisses und -glaubens für den christologischen Erkenntnisprozess und die christologische Sprachfindung nicht geschmälert werden. Aber Ostern darf im neutestamentlichen Sinn nicht nur als göttliche Korrektur des *scandalum crucis* oder gar nur als formale Bestätigung des Anspruches Jesu mit seiner Reich-Gottes-Verkündigung verstanden werden, sondern vor allem auch als Verkündigung des kommenden neuen Äons selber, als Anbruch der für die eschatologische Zukunft erwarteten Totenerweckung. Durch seine Auferstehung ist Christus der Erstgeborene unter den vielen Brüdern (Röm 8,29), der Erstgeborene der Toten (Kol 1,18).

Für die frühe oder früheste Zeit des nachösterlichen Christusglaubens ist eine Inhärenz von Erhöhung und Parusie anzunehmen. Der Münsteraner Neutestamentler Wilhelm Thüsing hat dies deutlich herausgestellt: „Die frühe Gemeinde weiß die 'Erhöhungsvorstellung' terminologisch noch kaum oder jedenfalls nicht in der später entwickelten Weise von der Parusieerwartung abzusetzen; sie vermag also auch noch nicht in der späteren Weise zu differenzieren zwischen dem 'erhöhten' und dem kommenden Jesu. Trotzdem sind beide Spannungspole – der präsentische und der futurische – in voller Stärke vorhanden.

Wenn die Christen dieser frühen nachösterlichen Zeit das Wirken des erhöhten Herrn erfahren, drängt es für ihre Auffassung mit Macht auf die Parusie hin. Ihrer 'Erhöhungsvorstellung' ist der Blick auf den kommenden Menschensohn in einer Weise inhärent, dass sie bei ihrem Blick auf den gegenwärtig Wirkenden gar nicht davon absehen können; ja, von dieser dynamischen Hinordnung des gegenwärtigen 'Erhöhungs'-Wirkens Jesu auf die Parusie lassen sie sich so mittragen, dass eine theologische eigenständige, explizite Aussage der Erhöhung nur schwer und erst allmählich aufkommen kann. Oder umgekehrt ausgedrückt: Die Erhöhungsvorstellung ist in dem Blick auf den in offenbarer Macht kommenden Menschensohn impliziert" (W. Thüsing, *Erhöhungsvorstellung und Parusieerwartung in der ältesten nachösterlichen Christologie,* SBS 42, Stuttgart 1969, S. 91).

Thüsing sieht im Maranatha-Ruf „den vielleicht typischsten Ausdruck für die Zusammenschau des auferstandenen mit dem kommenden Herrn" (ebd. S. 92). Dieses Verständnis kommt auch noch sehr spät in der Johannesoffenbarung vor: Hier erscheint der auferstandene Jesus sowohl als derjenige, der in der Gegenwart seine Weisungen erteilt wie auch als der, der die Weltgeschichte ihrem Ende zuführt und in seiner Parusie dieses Ende auch verwirklicht.

Diese Zusammenschau dürfte durch das semitisch-ersttestamentliche Zeitverständnis bedingt sein, die die teleologische Ausrichtung der Gegenwart auf die notwendig nachfolgende Vollendung herausstellt, wobei das Zeitempfinden betont am Inhalt der Gegenwart orientiert bleibt (vgl. dazu A. Vögtle, *Weltverständnis im Glauben,* Mainz 1965, S. 224-253).

Die „Erhöhungschristologie" als Glaube an den durch die Auferweckung gegenwärtig wirkenden Jesus dürfte also der Kristallisationspunkt der neutestamentlichen Christologie sein, der den vorösterlichen Jesus mit dem in der Zukunft kommenden Menschensohn verknüpft.

4. Die Auferstehung Jesu als Ausgangspunkt der urchristlichen Christologie

Nicht wenige Bibelforscher halten die Auferstehung Jesu für den absoluten Ausgangspunkt der Christologie. Erst seit der Auferstehung könne man von einer Christologie sprechen. Das Scheitern der Leben-Jesu-Forschung, die einen ohne die Brille des Glaubens betrachteten Jesus darstellen wollte, und der empfundene Widerspruch zwischen dem historischen Jesus und dem kerygmatischen Christus führten zur Vernachlässigung der Frage nach dem historischen Jesus, auch bei kritischen Exegeten wie z. B. Rudolf Bultmann. Der irdische Jesus gehört nach Bultmann nur zum Rahmen des Christentums. Die Christologie Bultmanns beruht ausschließlich auf Paulus und Johannes. Er radikalisiert und engt zugleich die Aussage des Paulus ein, er wolle den „Christus nach dem Fleische", den irdischen Jesus, nicht kennen. In diesem Sinn legt Bultmann 2 Kor 5,16 aus. Dazu ist allerdings zu bemerken, dass das, was Paulus ablehnt, das fleischliche Erkennen des Christus ist. Der Ausdruck „nach dem Fleisch" kann auch grammatikalisch genauso gut auf das voranstehende Verb „kennen" bezogen werden. Paulus warnt außerdem ausdrücklich vor der Verfluchung Jesu (1 Kor 12,3) und er greift auch auf urchristliche Jesussprüche zurück (1 Kor 11,23ff; 1 Kor 7,10.25; 9,14). Paulus kommt also sehr wohl auf den irdischen Jesus zu sprechen. Allerdings kreisen seine Theologie und Verkündigung um das Doppelthema Kreuz und Auferstehung.

Auch bei den Synoptikern finden wir eine scharfe Gegenüberstellung zwischen dem irdischen Jesus und dem nachösterlichen Christus, was im Lästerungsspruch (Lk 12,10 par) deutlich zutage tritt. Wenn die Lästerung des Christus in der Q-Fassung (Lk 12,10b) schwerer wiegt als die des irdischen

Menschensohnes, ist allerdings daraus nicht eine Relativierung oder Geringschätzung des irdischen Jesus herauszulesen. Die scharfe Gegenüberstellung ist eher ein Ausdrucksmittel, um die einzigartige Qualität und Würde des im Heiligen Geist geschehenen Redens des auferstandenen Jesus hervorzuheben. Denn es geht hier um die Annahme der nachösterlichen Predigt.

Die Auferweckung Jesu ist der theologische Ansatz und das Urdatum der urchristlichen Christologie. Die Auferstehung Jesu ist nicht nur das auslösende Moment für den Christusglauben der Jünger, sondern auch die Grundlage der Christologie. Im Licht der Begegnung mit dem Auferstandenen ging den Jüngern das irdische Leben Jesu in seinem messianischen Charakter auf, erfuhren sie seine wirksame Gegenwart, die sie zum Zeugnis und zur Mission befähigte. Eine narrative Christologie über diese urchristliche Erfahrung haben wir in der Emmauserzählung (Lk 24,13-35).

Die Annahme einer Kluft oder eines Grabens zwischen dem historischen Jesus und dem kerygmatischen Christus ist nicht gerechtfertigt. Die neutestamentliche Traditionsbildung, die die literarische Gattung Evangelium mit Aussagen aus dem Leben und über das Leben Jesu geschaffen und es zum Bestandteil des Kanons gemacht hat, lässt das Kerygma in eine historische Vergangenheit rückwärts verlängern und zeigt damit die Identität des historischen Jesus und des verkündigten Christus.

Beim Aufkommen der gnostischen Bewegung, die mit ihrer Predigt vom göttlichen Offenbarer, von dem himmlischen Erlöser oder dem Pneuma-Christus das paulinische Kerygma nur einseitig missverstanden haben konnte (2 Tim 2,18), waren die Evangelien mit ihrer Anknüpfung an den irdischen Jesus ein hilfreiches und wertvolles Instrument für die Rettung und Bewahrung des Glaubens an Gott, der sich in der Geschichte und durch ein geschichtliches Ereignis als Retter erweist.

In Abwandlung eines berühmten Satzes von Kant könnte man formulieren: Ohne den Auferstehungsglauben wäre der Glaube an den irdischen Jesus blind, ohne den historischen Jesus wäre der Auferstehungsglaube leer. Es ist daher nicht von ungefähr, dass die urchristliche Tradition, die gerade zur Evangelienbildung führte, die Aussage über Tod und Auferstehung Jesu als Weissagung des irdischen Jesus überliefert (Mk 8,31; 9,31; 10,33f).

Auch die christologische Konzentration des Johannesevangeliums ist in diesem Zusammenhang interessant: Der vierte Evangelist verkündet wie die Synoptiker das Erdenleben Jesu, sieht aber im Unterschied zu ihnen stärker die Identität des irdischen Jesus mit dem erhöhten Herrn. Die Zeit vor und die Zeit nach Ostern fließen ineinander, sie werden aber unterschieden. Die Sicht der nachösterlichen Gemeinde ist dennoch ungleich stärker. Die Zeit vor Ostern gleicht einem historischen Rahmen, in den das Kerygma eingesetzt wird. Es ist daher verständlich, dass die späteren christologischen Entwürfe gerade an das Johannesevangelium anknüpfen.

5. Der christologische Ansatz beim irdischen Jesus

Es geht hier nicht um einen christologischen Ansatz als Ausgangspunkt einer bestimmten oder vermeintlichen „Christologie von unten", die den Menschen Jesus ohne den Gottesbezug zur Sprache bringen will, sondern um Anhaltspunkte oder christologische Implikationen beim irdischen Jesus. Deutliche Anhaltspunkte liegen im Hoheitsanspruch

Jesu, in seiner exklusiven Autorität. Dieser Anspruch und diese Autorität werden sichtbar

a) in der Vollmacht Jesu, in seiner Freiheit gegenüber der Tora,
b) in der Verbindung der Herrschaft Gottes mit seinem Heilshandeln und seiner Heilszusage,
c) in seinem Anspruch auf das endzeitliche Gottesvolk,
d) im Ruf in seine Nachfolge und
e) in seinem nur ihn qualifizierenden Gottesverhältnis.

Diesem Anspruch entspricht auf der Seite der Jünger die Konzentrierung auf den einen Lehrer Jesus, dessen Exklusivsetzung ein vorösterliches Datum ist. Das Judentum kannte und anerkannte eine Vielzahl von Rabbinen als Schriftautoritäten, dagegen legte sich die Jesusbewegung auf Jesus als einzig maßgeblichen Rabbi fest (Mt 23,8).

Alle diese historischen Daten werden allerdings mit dem österlichen Blick betrachtet. Nach dem neutestamentlichen Zeugnis „(war) der Jesus 'von unten' zu keinem Zeitpunkt seiner irdischen Existenz frei von dem 'von oben', weil sich in Jesu wirkmächtigem Reden und Handeln eben schon das eschatologische 'von oben' Gottes zeigte" (P.-G. Müller, *Bibel und Christologie,* S. 319).

6. Die Sprachformen (Artikulationen) des christologischen Zeugnisses

Schon in der frühen nachösterlichen Zeit wird das christologische Zeugnis in Sprachformen und Formeln geprägt. Bekenntnishafte Formulierungen kommen in allen Schichten des Neuen Testaments vor. Ausgehend von Röm 10,9 unterscheidet Hans Conzelmann zwei Typen des Bekenntnisses: Homologie und Credo (H. Conzelmann, *Grundriss der Theologie des Neuen Testaments,* München 1967, S. 81f). Bekennen und Glauben erscheinen hier in Verbindung mit einer Formel: *„Denn wenn du mit deinem Mund bekennst: 'Herr ist Jesus', und in deinem Herzen glaubst: 'Gott hat ihn von den Toten auferweckt', so wirst du gerettet werden"* (Röm 10,9).

Die Elemente der Homologie, die auf die Gegenwart bezogen ist, sind Akklamation und Proklamation. Ihr Sitz im Leben ist die Gemeindeversammlung. Das Credo bildet ein kurzes Summarium der Lehre mit dem Hauptbestandteil „Er ist gestorben und auferweckt" bzw. „erhöht". Es hat Vergangenheitsbezug. Sitz im Leben des Credo sind die Katechese und die Tauffeier. Vorwiegend wird der Kult als Entstehungs – und Verwendungsraum des Bekenntnisses betrachtet. Der Kult als Sitz im Leben dürfte allerdings nicht einseitig betont werden. Die urchristliche Auffassung des Bekenntnisses ist weit umfassender. Bekenntnis hat auch den Charakter eines aktiven, nach außen gewandten Bezeugens (vgl. Mt 10,32). Ein wichtiger Sitz im Leben des Bekenntnisses ist auch die innergemeindliche Auseinandersetzung z. B. mit Irrlehren. Dies geht vor allem aus 1 und 2 Joh deutlich hervor.

Vor allem sind die christologischen Zeugnisse in ihrer sprachlichen Prägung auf dem Hintergrund ihrer theologiegeschichtlichen Herkunft, die eine kulturelle Bestimmung ist, zu betrachten. Es ist zwischen einer aramäisch-sprechenden judenchristlichen, einer hellenistisch-judenchristlichen und einer hellenistisch-heidenchristlichen Gemeinde streng zu unterscheiden.

Diese Kontextunterscheidung soll nicht hauptsächlich dem Suchen und Finden einer christologischen Urformel dienen, so dass es sich dabei nur um eine christologische Archäologie handelte. Wichtig ist allein die Möglichkeit eines besseren

Verständnisses der interpretativen Rezeption der christologischen Formeln in den jeweiligen kulturellen Kontext.

6.1 Die aramäisch-sprechende Urgemeinde

6.1.1 Die Auferweckungsformel

Als älteste christologische Formel dürfte die sogenannte Auferweckungsformel „Gott hat Jesus von den Toten auferweckt" gelten. Am ursprünglichsten ist die Formel 1 Thess 1,10 zu finden (vgl. auch Apg 5,30; 13,30 [3,15; 4,10; 10,40; 13,37]). Mit der Aussage „Gott hat Jesus von den Toten auferweckt" verbindet sich die Vorstellung, dass Jesus durch diese Auferweckung zum Menschensohn erhöht wurde, der als solcher von der Gemeinde in nächster Zukunft erwartet wird.

Die ursprüngliche Sprachform ist der partizipiale bzw. Relativsatz, der in den Segenssprüchen jüdischer Prägung das Heilshandeln Gottes näher charakterisiert. Die Wendung ist eine Entsprechung der Gottesprädikation im Schema: „der euch aus dem Land Ägypten herausgeführt hat" (Num 15,41; Dtn 6,12). Es legt sich nahe, dass es die aramäischen Judenchristen waren, die die mit Auferweckungsformel als Gottesprädikation schufen. Der Gebrauch dieser Formel durch Paulus als Begründung für die Auferstehung der Toten (Röm 8,11; 1 Kor 6,14; 15,15; 2 Kor 4,14) zeigt bereits die Rezeption der Formel in der hellenistisch-heidenchristlichen Gemeinde: Die Auferweckungsformel wird nach Analogie der Mysterienvorstellung von der Übernahme des Gottesschicksals durch die Mysten verwendet.

In den Bereich der hellenistisch-heidenchristlichen Gemeinde gehört auch die Umwandlung der Auferweckungsformel in eine Auferstehungsformel: Die Auferweckung Jesu, die in der aramäisch sprechenden Gemeinde als Tat Gottes an ihm galt, wurde durch das Denkschema der Mysterienreligionen dahingehend verändert, dass Jesus einen göttlichen Charakter annahm und er selber Subjekt seiner Auferstehung wurde. Die Hinzufügung der Sterbensaussage kann man so als Analogiebildung zu den Mysterienvorstellungen verstehen.

In diesen Zusammenhang gehört auch das paulinische Taufverständnis als Mitsterben und Mitauferstehen bzw. Mitleben mit Christus in Röm 6,1-11. Eine Rezitation der Formel bei der Tauffeier lässt sich allerdings aus dieser Stelle nicht entnehmen.

6.1.2 Die Wundererzählungen

Die Wundererzählungen sind für das Verständnis des Christologisierungsprozesses lehrreich. Ihre Traditionsgeschichte zeigt den Weg des Christuszeugnisses von einer impliziten zu der expliziten Christologie. Ihre Rezeption im Rahmen der Evangelien zeigt nicht nur die theologischen Tendenzen und Interessen der einzelnen Evangelisten. Ihre redaktionelle Arbeit z. B. bei Markus zeigt erhebliche Korrekturen zu den ursprünglichen Wundererzählungen.

Die in der Logienquelle (Q) überlieferte Perikope vom Hauptmann von Kafarnaum (Mt 8,5-10; Lk 7,1-10) enthält kein ausdrückliches Bekenntnis zur Hoheit Jesu. Die Nuance der Erzählung aber, nämlich die lobende Anerkennung des Glaubens des Hauptmannes durch Jesus, was eine implizite Kritik an der Haltung der Hörer beabsichtigt, schließt durchaus eine positive Stellung zur Person Jesu als dem von Gott gesandten Heilbringer mit ein. In der nachösterlichen Verkündigung bedeutet dies im jüdischen Raum die Anerkennung Jesu als des Messias Israels.

Indem die Hauptmann-Perikope als Kritik an der ablehnenden Haltung der Hörer Jesu formuliert wird, weist dies wohl auf eine spätere Phase der Mission an Israel hin. Demgegenüber trägt die Erzählung der Heilung des Aussätzigen in Mk 1,40-45 den Charakter einer werbenden Christusgeschichte, die dadurch deren Verwurzelung in der frühen aramäisch-judenchristlichen Gemeinde offenbart. Und dennoch: auch diese Heilungserzählung verwendet noch keinen Titel für Jesus. Sie will einfach bezeugen, dass in Jesus der endzeitliche Heilbringer erschienen ist, der alle Gottesmänner Israels überbietet.

Gegenüber diesem messianischen Hinweis der Wundererzählungen im palästinischen Judenchristentum wird im hellenistisch-judenchristlichen und vor allem im heidenchristlichen Bereich der Epiphaniecharakter der Wunder Jesu stark hervorgehoben. Die Wundererzählungen zielen hier auf eine Wesensaussage über Jesus. Sein göttliches Tun erweist ihn als wesenhaften Gottessohn. In diesem Zusammenhang ist vor allem auf die Erzählungen von der Sturmstillung (Mk 4,35-41) und vom Seewandeln Jesu (Mk 6,45-52), die in ihrer Konzentration auf die Person des Wundertäters die Missionierungstendenz in Hinsicht auf die Heiden durchscheinen lassen, zu verweisen. In ihrer späteren Überlieferungsstufe werden sie auf die Situation der Gemeinde angewandt. Die Motive des schlafenden Jesus bzw. der Rettung der Jünger stammen aus einem späteren Stadium des Überlieferungsprozesses und zeigen ein ekklesiologisches Interesse. Die Erzählungen werden dann auf die Gemeindesituation angewandt. Träger dieser Wundererzählungen dürften hellenistisch-judenchristliche Missionare gewesen sein, deren Mission von pneumatischen Machterweisen begleitet war (vgl. 2

Kor 12,12; Röm 15,9; Mk 6,7ff; 16,17f; Apg 3,1ff; 8,6ff u. ö.).

Bei seiner Rezeption der Wundererzählungen zeigt Markus die Gefahr einer Herrlichkeitschristologie und des Wunderglaubens seiner Gemeinde überhaupt auf. Nicht in Wundern, sondern in Niedrigkeit und im Paradox des Kreuzes hat Jesus nach Markus seine Gottessohnschaft geoffenbart (Mk 15,39).

6.1.3 Die Bekenntniserzählung der Passion Jesu (Mk 15,20b-22a.24.27)

Diese alte vormarkinische Überlieferung zeigt ein theologisch-apologetisches Interesse, das auf eine Auseinandersetzung mit dem Judentum hinweist.

Mit Hilfe des Schriftbeweises anhand von Ps 22,19 bzw. Jes 53,12 wird dargestellt, dass Jesus „nicht als Verbrecher, sondern gemäß dem im Alten Testament bezeugten göttlichen Willen unschuldig als Gerechter gekreuzigt worden" ist (J. Schreiber, *Theologie des Vertrauens. Eine redaktionsgeschichtliche Untersuchung des Markusevangeliums,* Hamburg 1967, S. 32).

Die Gemeinde sieht im Kreuzestod Jesu die Verwirklichung des Heilswillens Gottes (Mk 15,24.27). Markus hat dann diese ursprüngliche „Bekenntniserzählung" aufgenommen und in den Rahmen des eschatologischen Handelns Gottes gestellt. Seine Christologie stellt demnach heraus, dass *„der am Kreuz Gerichtete"* in Wahrheit *„der Weltenrichter"* ist (vgl. dazu J. Ernst, *Anfänge der Christologie,* SBS 57, Stuttgart 1972, S. 75).

6.2 Die griechisch sprechende Gemeinde

6.2.1 Die Formel von der Einsetzung zum Gottessohn (Röm 1,3f)

Im Proömium zu seinem Römerbrief greift Paulus auf eine Glaubensformel zurück. Dass sie ihm vorgegeben ist, zeigen die für ihn ungebräuchlichen Wendungen und Vorstellungen, etwa die Davidssohnschaft Jesu, die Ausdrücke „einsetzen" (horizein) oder „Geist der Heiligkeit".

Die Formel bringt nicht etwa eine „Zweistufenchristologie" zur Sprache: eine erste Stufe der Niedrigkeit und eine zweite der Hoheit oder Erhöhung. Im Mittelpunkt des Interesses steht eindeutig die Einsetzung Jesu zum Sohne Gottes, die „aus (d. h. aufgrund bzw. seit) der Auferstehung von den Toten" erfolgt. Die Gottessohnwürde Jesu, in der dessen königliche Messiasstellung ausgedrückt sein will, wird mit dem Urdatum der Auferstehung verbunden (vgl. auch Apg 2,36; 13,33). Dies entspricht wohl nicht der paulinischen Auffassung. Für das Verständnis des Paulus ist charakteristisch, dass er die Formel mit den Ausdrücken oder Titeln „sein Sohn" und „Jesus Christus, unser Herr" einrahmt. Die Vorrangstellung der Sohnestitulatur bringt für Paulus zum Ausdruck, dass Jesus schon vor der Auferstehung Gottes Sohn war. Dennoch hat er die Formel in sein Glaubensverständnis integriert.

Eine Parallele zu unserer Formel ist auch 2 Tim 2,8 zu finden, allerdings ohne die ausdrückliche Erwähnung der Einsetzung zum Gottessohn.

6.2.2 Die Bekenntniserzählung von der jungfräulichen Empfängnis und der jungfräulichen Geburt (Lk 1,26-38)

Die Erzählung von der sogenannten Jungfrauengeburt fußt weitgehend auf der Septuaginta-Fassung von Jes 7,14 und gehört daher ins griechisch sprechende Judenchristentum. Sie bringt zum Ausdruck, dass Jesus durch göttliche Zeugung zum Messias und Sohn Gottes wurde. Bereits Philo von Alexandrien bezeugt die Vorstellung, dass bestimmte Gestalten des Alten Testaments, die zwar einen menschlichen Vater hatten, auf dem Weg jungfräulicher Empfängnis durch ein Wunder Gottes ins Leben getreten sind (so in seiner Schrift „Über die Cherubim" §§ 40-52). Philo bezieht die jungfräulichen Frauengestalten allerdings allegorisch auf die Tugenden. Der Evangelist Lukas wird dann die Zeugung Gottes mit dem Geist Gottes in Verbindung gebracht haben. In seiner Redaktion stellt er Jesus dem Täufer Johannes überbietend gegenüber: Jesus ist nicht nur vom Geist erfüllt wie Johannes (Lk 1,15), sondern er verdankt seine Existenz diesem Gottesgeist (Lk 1,35).

6.2.3 Schöpfungsmittler-Inthronisationslied (Kol 1,15-20)

Es ist zwischen dem ursprünglichen Lied und den späteren Ergänzungen zu unterscheiden (vgl. dazu J. Ernst, *Anfänge der Christologie*, S. 66ff). Die ursprüngliche Form betont die hoheitlich-herrscherliche Stellung Christi. Das Verständnis der Auferstehung Jesu als Erhöhung wird zwar beibehalten, aber der Blick geht zurück auf den Anfang: Er ist der Schöpfungsmittler und -erhalter. Als solcher ist er der eschatologische Versöhner, dessen Amt das All umfasst. Nicht erst in der Erlösungsordnung sorgt sich Gott durch Christus um seine Welt. Dies ist ein wichtiger Grundzug, der als Korrektiv gegen einen Anthropozentrismus des Heilsverständnisses dienen kann.

Die redaktionellen Ergänzungen weisen auf die Funktion der Kirche in der Welt und vor allem auf das Kreuz als den eigentlichen Ort der Versöhnung hin. Damit wird der Gefahr eines triumphalistischen Missverständnisses vorgebeugt. Die Betonung des absoluten Vorrangs Christi hat Heilsfunktion – Christologie und Soteriologie gehören wesentlich zusammen. Die Menschen, welche damals in ständiger Angst vor den dämonischen Weltmächten lebten, werden mit dem Zuspruch ermutigt: Christus, das Haupt, ordnet alles und hält alles zusammen. In ihm ist Heil, und zwar in ihm allein. Aber auch die kosmologische Dimension der Versöhnung will beachtet werden. Das All als Lebensraum für den erlösten Menschen erhält eine neue Orientierung und eine neue Ordnung.

6.2.4 Das Epiphanielied (Joh 1,2-17)

In der heutigen Exegese besteht die fast einhellige Auffassung, dass der vierte Evangelist in den Prolog seines Evangeliums (Joh 1,1-18) ein vorgegebenes Lied eingearbeitet hat. In der Rekonstruktion des ursprünglichen Liedes gehen die Meinungen der Forscher allerdings weit auseinander. Nur in der Beurteilung der Verse 6-8, die nicht als ursprünglicher Bestandteil des Liedes gelten, gibt es Übereinstimmung. Heinrich Zimmermann stellte heraus, dass es sich bei diesem Lied nicht um einen Logos-Hymnus handelt. Die Verse 1 und 14a seien Interpretationen des Evangelisten. Das ursprüngliche Lied liege auf der Linie von Phil 2,6-11; Kol 1,15-20; Hebr 1,3 und 1 Tim 3,16. Zimmermann gliedert das Lied in drei Strophen mit je sieben Zeilen: Die erste Strophe umfasst Vv. 2-5, die zweite Vv. 10-12a und die dritte Vv. 14b.c.16.17, ohne die Wörter „durch Mose" (vgl. H. Zimmermann, *Jesus Christus, Geschichte und Verkündigung*, Stuttgart 1973, S. 269-292).

Wie Kol 1,15-17 wird in der ersten Strophe die Stellung Christi in der Schöpfungsordnung als Schöpfungsmittler und -erhalter hervorgehoben. Im Unterschied zu den anderen Christushymnen wird hier besonders auf den Menschen abgehoben: „Das durch Christus vermittelte Leben der Schöpfung war das Licht für die Menschen, das heißt, den Menschen war die Möglichkeit und die Fähigkeit gegeben, ihr Leben und das Leben der Schöpfung als Leben in Christus zu erkennen" (H. Zimmermann, *Jesus Christus*, S. 285). Der Hymnus spricht dann von der negativen Reaktion der Finsternis, die das Licht nicht aufgenommen hat, obwohl das Licht in der Finsternis leuchtet. Diese Gedanken werden in der zweiten Strophe in einer Variation verstärkt und auf die Menschenwelt hin verdeutlicht, um dann in der Mitte des Hymnus von der Wende zu sprechen: *Es gibt solche, die ihn doch aufnahmen.* Es sind jene, die an ihn glauben, und ihnen hat er die Macht gegeben, Kinder Gottes zu werden. Es wird nicht gesagt, wie dies geschieht. Es ist wohl an die Taufe zu denken, so dass der Hymnus ein Tauflied sein wird.

Wie die Gotteskindschaft sich verwirklicht, zeigt die dritte Strophe. Christus ist zwar vorübergehend in die Welt gekommen, indem er unter den Seinen sein Zelt aufgeschlagen hat. Dies geschah aber so, dass diese seine Herrlichkeit über seinen Weggang hinaus schauen können. Im Unterschied zu den anderen Hymnen spricht die preisende Gemeinde von sich selbst: „Wir haben seine Herrlichkeit gesehen", d. h. Gott selbst, der sich „in Gnade und Wahrheit" mitteilt, sich Mensch und Welt zuwendet. Die in ein großes Lob aufbrechende Gemeinde weiß sich damit als Empfangende. Das Lied schließt mit der Aussage, dass die Gnade, die die Überbietung des Gesetzes ist, durch Christus gegeben wird. Das Ende des Liedes wendet sich zum Anfang der ersten und der zweiten Strophe zurück: Wie die Schöpfung (1. Strophe) und die Menschen (2. Strophe) durch Christus geworden sind, so ist auch die Gnade durch ihn gegeben.

Der vierte Evangelist interpretiert das Lied im Hinblick auf sein Evangelium mit den wichtigen Aussagen über den Logos in V. 1 und V. 14a. Unter dem Logos wird die Offenbarung Jesu Christi verstanden. Dies wird V. 18 als eine Zusammenfassung nachdrücklich herausgestellt. Es wird dann auf den Täufer Johannes (Vv. 6-8.15) in Hinblick auf sein Zeugnis hingewiesen. Wichtig ist sein Zeugnis als Hinweis auf den gegenwärtigen Christus und auf das Bekenntnis zu ihm. Ziel dieses Zeugnisses ist der Glaube. Dieser ist mit dem Ziel des ganzen Evangeliums identisch (Joh 20,31).

6.3 Die heidenchristliche Gemeinde

6.3.1 Die Kyrios-Jesus-Akklamation

Den Zuruf „Kyrios Jesus" finden wir bei Paulus (Röm 10,9; 1 Kor 12,3; Phil 2,11). In Phil 2,11 ist er allerdings Bestandteil des Christus-Hymnus und Ziel der Aussage des Liedes. Aus diesem Tatbestand geht hervor, dass dieser Zuruf eine vorpaulinische Formel ist.

Der paulinische Kontext wie auch die Verwendung der Formel im Lied sprechen für den Gottesdienst als dem Sitz im Leben. In diesem Akklamationsruf blickt die versammelte Gemeinde nicht zurück auf den Akt der Einsetzung des Kyrios, etwa in der Auferweckung im Sinne der Erhöhung, sondern sie akklamiert ihn zu seiner Herrenstellung, sie bekennt sich zu ihrem Kyrios, sie ist dadurch bereit, sich zu allen anderen Herren in Gegensatz zu stellen. Dies ist ein unvertrauter Öffentlichkeitsaspekt, der den politischen Charakter des Gottesdienstes hervorhebt.

Wenn die hellenistisch-heidnische Herleitung des Kyriosrufes aus dem Mysterienkult bzw. Kaiserkult – nach heutiger allgemeiner Auffassung der Exegeten – stimmt, ist die Opposition zur Umwelt noch viel stärker: Die Herrschaft Jesu über seine Gemeinde und jeden einzelnen ist eine exklusive. Dies unterscheidet auch die sogenannte „Einer"-Akklamation in 1 Kor 8,5f: *„Und wenn es im Himmel oder auf Erden sogenannte Götter gibt – und solche Götter und Herren gibt es viele -, so haben wir doch nur einen Gott, den Vater. Von ihm stammt alles, und wir leben auf ihn hin. Und einer ist Herr: Jesus Christus. Durch ihn ist alles, und wir sind durch ihn."*

Das göttliche Herrscheramt Jesu, das in Phil 2,10f die Mächte und Gewalten – und nicht nur die Gemeinde – anerkennen, wird mit dieser „Einer-Formel" in 1 Kor 8,6 als ein bei der Schöpfung selber gegebenes gegenüber dem ganzen Kosmos proklamiert.

6.3.2 Das Weg-Lied (Phil 2,6-11)

Glücklicherweise ist uns hier der vollständige Text eines urchristlichen Liedes überliefert. Das Lied beschreibt in seinem ersten Teil (Vv. 2-8) den Weg eines präexistenten Wesens aus seiner göttlichen Daseinsweise in die menschliche als einen Weg der tiefsten Erniedrigung bis in den Tod, den es aus Gehorsam auf sich nimmt. Im zweiten Teil (Vv. 9-11) wird gesagt, dass Gott dieses Wesen, dessen Namen (Jesus) erst jetzt mitgeteilt wird, aufgrund seiner Erniedrigung über alles erhoben hat. Das Handeln Gottes wird als Inthronisationsakt geschildert: Erhöhung mit Namensgebung, Prosky-

nese der Mächte und deren Akklamation zu dem neu einge-
setzten Herrscher, dessen Stellung größer und mächtiger
wird als vor seiner Erniedrigung.

Das Ziel des Liedes ist die Kyrios-Akklamation. Die Gemeinde, die dieses Lied singt, stimmt in die Akklamation der
Mächte mit ein und unterstellt sich ihrem Kyrios und weiß
sich unter seinem Schutz. Sie steht nicht mehr unter der
Zwangsherrschaft der Mächte. Das aus der Gnosis bekannte
Weg-Schema des Liedes konzentriert sich nicht mehr nur
auf die Auferstehung, es führt über die reale Erniedrigung,
die im Gegensatz zur scheinbaren Erniedrigung des Erlösers
in der Gnosis steht, zurück zur Präexistenz bei Gott.

6.3.3 Das Weg-Schema in den Liedfragmenten 1 Tim 3,6 und 1 Petr 1,20; 3,18.22

1 Tim 3,6 und 1 Petr 1,20; 3,18.22 begegnen uns Liedfragmente, in denen das Weg-Schema vorkommt. Im Liedfragment 1 Tim 3,6 wird zwar ein Weg beschrieben, aber das
Gewicht liegt auf dem letzten Teil des Weges, auf der Erhöhung. Sie besteht aus drei Akten:

- die Rechtfertigung, das heißt die Erhöhung zu göttlichem Leben, die Vergottung

- die Erscheinung vor den Engelsmächten, das heißt
  die Vorstellung, die Präsentation des neuen Gottes
  im Kreise der Himmlischen

- die Aufnahme in die himmlische Herrlichkeit, das
  heißt die Inthronisation oder Einsetzung zum Herrscher.

440

Interessant ist die Ausrichtung bzw. die Interpretation der himmlischen Akte auf die aktuelle Glaubenswirklichkeit. Die himmlische Präsentation und die Inthronisation haben ihre irdischen Entsprechungen in der Verkündigung unter den Völkern und im Glauben in der Welt. Eben darin wird die umfassende Herrschaft Christi sichtbar.

Auch im Liedfragment 1 Petr 1,20; 3,18.22 liegt das Gewicht auf dem Ende des Weges. Dennoch wird der Blick auf den Weg selbst gelenkt. Sechs Stationen werden genannt: präexistente Vorherbestimmung, Erscheinung am Ende der Zeit, Tod, Wiederbelebung, Aufstieg und Unterwerfung der Mächte. Die feiernde Gemeinde, die dieses Lied in ihrem Gottesdienst singt, erkennt Jesus als Herrscher über Mächte, Engel und Gewalten an und weiß sich als beschützte Gemeinde dieses mächtigen Herrn.

7.   Der freie Umgang mit Glaubensformeln

Für das Neue Testament ist charakteristisch, dass traditionelle Glaubensformeln nur in einer bestimmten Auslegung weitergegeben werden und so eine Aktualisierung des Kerygmas darstellen. Bereits im Neuen Testament haben wir auf diese Weise das ursprüngliche Kerygma *nur im Vorgang der Auslegung für die Situation der Adressaten.* Dies ist keine zufällige Anpassung des überlieferten Bekenntnisses an die neue Situation, sondern das notwendige Aussprechen des Bekenntnisses selbst. „Der überlieferte Christus ist immer zugleich der jeweils erneut ausgelegte Christus". „Die mechanische Wiederholung des überlieferten Bekenntnisses würde die Sache, die dieses Bekenntnis ursprünglich meinte (= das tradendum), gerade nicht festhalten, sondern verfehlen, weil in der überlieferten Formel als solcher das „tradendum" zum „traditum" verobjektiviert worden ist, das als solches nicht mehr den notwendigen Bezug auf den aktuell Bekennenden enthält" (H. F. Weiß, *Bekenntnis der Überlieferung im NT*: ThLZ 99 [1974] 325). Folgende Beispiele aus dem Neuen Testament sollen das Gesagte erhellen:

7.1. Die Glaubensformel 1 Kor 15,3-6

In der Auseinandersetzung mit den Gegnern einer zukünftigen Auferstehung der Toten in der Gemeinde zu Korinth wird die überlieferte Glaubensformel (1 Kor 15,3-5) nicht einfach rezitiert, sondern weitergeführt und auf diese Art im Hinblick auf die konkrete Situation in der korinthischen Gemeinde interpretiert. Dies besagt konkret: Die Bedeutsamkeit der in der Formel intendierten Sache wird für die Frage nach Gegenwart und Zukunft der Christen herausgestellt (vgl. 1 Kor 15,12ff; bes. 15,20ff). Verbindlichkeit für die Gemeinde in Korinth hat die Formel nicht bereits als solche, sondern erst in der von Paulus an dieser Stelle vorgetragenen Interpretation. Denn die von Paulus bekämpften Irrlehrer haben die gemeinsamen „Glaubensartikel" nicht angezweifelt. Irrig ist nur deren Interpretation. Sie haben die Aussage über die Auferstehung Jesu enthusiastisch missverstanden (vgl. 1 Kor 15,12ff; 1 Kor 4,8!). In der Auseinandersetzung mit diesem Missverständnis interpretiert und präzisiert Paulus die Formel im Sinne des „Wortes vom Kreuz", im Sinne seiner *„theologia crucis"* (1 Kor 1,18ff). Dieser interpretarische Kontext des Paulus ist eigentlich das Verbindliche, auch für uns heute. In der Interpretation bewahrheitet sich die Glaubensformel, die nicht bloß rezitiert, sondern auf die jeweililge Situation hin interpretiert werden will.

7.2   Das Bekenntnis zu Jesus als „Sohn Gottes"

Das Bekenntnis zu Jesus als „Sohn Gottes" spielte im Urchristentum eine große Rolle. Dieses Bekenntnis wird von Paulus vorausgesetzt (vgl. Röm 1,3f; 8,3; Gal 4,4) und kommt in den verschiedenen neutestamentlichen Schriften wie z. B. im Markusevangelium (vgl. Mk 1,11; 9,7; 15,39), im Johannesevangelium (Joh 3,16f; 20,31) und im 1. Johannesbrief (vgl. 1 Joh 4,15; 5,5) sowie im Hebräerbrief (vgl. Hebr 1,4ff; 4,14) vor.

Der Titel „Sohn Gottes" ist religionsgeschichtlich gesehen ambivalent. Erst der Kontext konkretisiert seinen Inhalt. In der jeweiligen Verkündigungssituation ist seine Aussage faßbar. „So wird im Hebräerbrief das überlieferte Bekenntnis aktualisiert, indem es im Sinne der diesem Brief eigenen 'Hohenpriester'-Christologie interpretiert wird. Der vierte Evangelist interpretiert das traditionelle Bekenntnis zu Jesus als 'Sohn Gottes' im Rahmen und Zusammenhang des für ihn charakteristischen Offenbarungsgedankens, wie er grundlegend bereits im Prolog des Johannesevangeliums und hier besonders in Joh 1,18 zum Ausdruck kommt. Das Markusevangelium wiederum interpretiert das überlieferte Bekenntnis im Sinne seiner Passionstheologie: 'Sohn Gottes' ist Jesus hier gerade als der 'Christus passus', und das sachgemäße Bekenntnis zu Jesus als 'Sohn Gottes' ist das Bekenntnis angesichts des Gekreuzigten (15,39). Ähnlich – wenn auch auf einem anderen traditionsgeschichtlichen Hintergrund als bei Markus – wird auch bei Paulus das überlieferte Bekenntnis zu Jesus als 'Sohn Gottes' in den Gesamtzusammenhang einer 'theologia crucis' einbezogen und auf solche Weise zugleich präzisiert (vgl. Gal 4,4f; Röm 8,3f sowie Röm 5,10; 8,32; Gal 2,20)" (H. F. Weiß in: ThLZ 99 [1974] S. 326). Vor allem der 1. Johannesbrief ist ein Zeugnis für die Aufnahme und Interpretation des traditionellen Bekenntnisses zu Jesus als Gottes Sohn. „Hier ist es ganz offensichtlich, dass in der Auseinandersetzung mit einem christologischen Doketismus das überlieferte Bekenntnis zu Jesus als dem 'Christus' und dem 'Sohn Gottes' nicht mehr ausreicht, dass dieses Bekenntnis als solches vielmehr auch Basis sein kann für eine christologische Irrlehre. Kritische Instanz in der Auseinandersetzung mit der Irrlehre ist somit auch hier nicht dieses Bekenntnis als solches; erst als in einem bestimmten Sinne ausgelegtes Bekenntnis vermag es vielmehr in der Auseinandersetzung mit der Irrlehre seine kritische Funktion wahrzunehmen (vgl. 1 Joh 4,2f.15; 5,5ff; vgl. auch 2 Joh 7)" (H. F. Weiß in: ThLZ 99 [1974] S. 326).

Aus alldem ist ersichtlich, dass das überlieferte Bekenntnis als solches noch kein Kriterium der christlichen Wahrheit ist. Die Wahrheit wird konkret, indem das Bekenntnis in jeweils neuer Situation zur Sprache gebracht wird. Daher besteht das Recht eines theologischen Pluralismus, der letzten Endes in der Geschichtlichkeit der Offenbarung selbst begründet ist.

8. Der Weg zu Christus nach Mt 11,25-30

Drei Sprüche werden in dieser Perikope zusammengestellt. Sie lassen sich aber nicht eindeutig auf Jesus zurückführen. In der Zusammenstellung wird das Anliegen des Matthäus deutlich. Vv. 25.26.28-30 erscheint Jesus als die Weisheit Gottes. Diese Weisheit ist nicht mehr das Gesetz, worüber die Weisen und die Schriftgelehrten – die Experten also – Bescheid wissen. Es sind die Kleinen und Armen, die die volle Gotteserkenntnis erlangen, die in Jesus, in seinem Gotteshandeln am Menschen Wirklichkeit wird. „In Jesus bricht der Gott ein, vor dem der Mensch nicht mehr weise und reich sein kann, es aber auch nicht mehr sein muss, sondern es wagen darf, sich ihm auszuliefern, alles von ihm zu erwarten und ihm ohne Angst entgegenzuleben" (E. Schweizer, *Das Evangelium nach Matthäus,* NTD 2, 13. Auflage Göttingen 1973, S. 175).

Die Sonderstellung Jesu als des Sohnes, seine Ausschließlichkeit als der Gott wirklich Erkennende, unterstreicht der Vers 27. Die Aussage, dass nur der Vater ihn kennt, weist auf die Anfechtung der Gemeinde, dass ihn die Menschen verkennen. Gott als Vater soll erkannt werden, dazu hat Jesus, der Sohn, die Menschen durch seine Offenbarung befähigt.

„Die drei Sprüche wollen Gottes Gottheit festhalten. Dass nur der Sohn sie offenbart, heißt, dass wir uns Gott nicht selbst ausdenken können, sondern nur dann recht von ihm reden, wenn wir ihn von Jesus her verstehen als den, der in seinem Schenken und Lieben, also in seiner Bewegung zum Sohn und durch den Sohn zu den Söhnen hin Gott ist. Es gibt keinen Gott an sich; es gibt nur den Gott, der sich als Vater ausstreckt nach dem Sohn und den Söhnen hin. Zugleich wird aber festgehalten, dass auch der Sohn nicht einfach zu unserer Verfügung steht, als könnten wir ihn so selbstsicher vereinnahmen. Wer der Sohn ist, das wissen nicht einfach wir; das weiß nur der Vater. Ob wir ihn uns als Seelenbräutigam oder Sozialreformer vorstellen, malen wir ihn immer wieder nach unserem Bild. Das beweist auch die lange Reihe der künstlerischen Darstellungen. So führt der Weg zu Gott über das Armwerden, das Unmündigwerden im Verstehen Gottes, ja, die seelische Belastung; denn den Armen, Unmündigen und Belasteten ist verheißen, dass sie erreichen, was alle Gelehrsamkeit und alle erfolgreiche Aktivität nicht erreicht: das Stillwerden, in dem der Mensch sein Leben als Geschenk Gottes verstehen darf und zum wirklichen Dienst für Gott und seinen Nächsten frei wird" (E. Schweizer, *Das Evangelium nach Matthäus*, S. 177f).

9. Der lebendige Gottesdienst als Erfahrungsort des Christusglaubens

Der Sitz im Leben der christologischen Formeln und Lieder ist der Gottesdienst. Die Rezitation und das Singen solcher Formeln und Lieder sind Bekundungen des Glaubens in der Gemeinschaft. Christus begegnet jedem einzelnen, er ist souverän in seiner Begegnung, er kann auch unabhängig von einer Glaubensgemeinschaft erstmals begegnen. Seine Begegnung führt aber auch zur Gemeindebildung. Auch Paulus, durch Christus selbst bekehrt, wendet sich an die Gemeinde in Damaskus.

Der Gottesdienst erhält die besondere Bedeutung, indem hier die Zugehörigkeit zur Herrschaft Christi, des einzigen Herrn, gemeinsam ins Bewusstsein gehoben wird. Hier wird seine Gegenwart im Herrenmahl, im Angesprochenwerden durch sein Wort und im Wirken des Geistes erfahren.

Wenn unsere Gottesdienste nur noch hohle Orte geworden sind, dann ist es höchste Zeit, dass hier etwas getan wird, und zwar nicht durch mehr Disziplinierung und Uniformierung, sondern durch das Erspüren des Wehens des Geistes. Eigentlich ist die Liturgie Sache der ganzen Gemeinde und Sache jedes einzelnen. In der urchristlichen Versammlung konnte sich jeder beteiligen auf die eigene Art und Weise.

Durch die im Gottesdienst erfahrene Kraft des Geistes gestärkt, könnten die Christen ihren Dienst am Menschen und an der Welt froher und vielleicht auch effektiver tun.

Jesu Heilssendung und der Heilungsauftrag der Kirche

1. Zur biblisch-theologischen Begründung des Heilungsdienstes in der Kirche

Legitimationsfrage und Legitimationszwang sind deutliche Anzeichen für Krisenstimmung. Selbstverständliches wird hinterfragt oder sogar in Frage gestellt und Unsicherheit und Profilierungssucht können die Folgen sein.

Wir durchlebten eine Zeit, in der die sozialen Dienste der Kirche stückweise und immer stärker dem Sozialstaat abgetreten werden mussten. In diesem Sog musste auch die Art und Weise des kirchlichen Helfens professionelle Formen annehmen. An die Stelle eher spontaner, nichtprofessioneller Formen gegenseitigen Helfens trat in der heutigen arbeitsteiligen und leistungsorientierten Gesellschaft die organisierte und professionelle „soziale Dienstleistung".

Wir durchleben aber auch gerade die Zeit, in der der Sozialstaat, nicht erst seit der Wiedervereinigung, Risse bekommen hat. In einer Situation des sozialpolitischen Umbruchs wird die Frage nach dem Stellenwert und der Wirkmöglichkeit der kirchlichen Diakonie neu gestellt. Welchen Beitrag kann die Diakonie in der Krise des Sozialstaats leisten? lautet die aktuelle Frage. Diese Frage, auf die ich hier nur verweisen kann, soll den Rahmen umschreiben, auf dessen Hintergrund die grundlegende bibeltheologische Frage nach der

Begründung des diakonischen Dienstes, näherhin des Heilungsdienetes, in diesem Beitrag zu behandeln ist.

Trotz großer Fortschritte in der modernen Medizin werden die Kranken nicht weniger, sondern mehr. Auch bisher unbekannte und fast ausgerottete Krankheiten brechen mit Macht wieder aus. Auch psychische Belastungen führen immer mehr zu psychosomatischen Krankheiten. Heute spricht man nicht nur von Kranken als Individuen, sondern auch vom „Patient Familie" und von der „kranken Gesellschaft". Zum anderen zwingt man sich zu einem Versteckspiel, dass Kranke rein äußerlich aus unserem Blickfeld verschwinden. Das Ideal eines dynamischen und leistungsstarken Menschen verträgt keine Schwäche und keine Krankheit.

Demgegenüber stellt sich Jesus dem Kranken und der Krankheit. In der Begegnung mit ihm erfährt der Mensch Heil und Heilung. *„Dein Glaube hat dich geheilt!"*, sagt Jesus zu den Geheilten im Neuen Testament (Mk 5,34par; 10,52par; Lk 17,19). Glaube und ganzheitliche Heilung stehen hier in enger Beziehung, ja in einem ursächlichen Zusammenhang. Es wird eine menschliche und religiöse Erfahrung angesprochen, die über lange Zeit – auch im kirchlichen Bereich – vergessen oder verschwiegen wurde. Ärzte wie auch Patienten vertrauten mehr auf den Apparat, auf die Medikamente, auf die immer perfektere Technik.

Bald stellte sich jedoch die Einsicht ein, dass der große und teure technische Aufwand nur „Reparaturarbeit" leistet. Entscheidend ist, was der Kranke selbst in den Heilungsprozess einbringt: *die Hoffnung,* die letztlich aus einem tiefen Vertrauen in den Sinn des Lebens kommt.

Auch in Theologie und Kirche vollzog sich eine wohltuende Wende: der Glaube hat nicht mehr nur mit *Seelenheil* oder mit dem ewigen Heil im Jenseits zu tun, er erfasst den ganzen

Menschen. Die Leib-Seele-Einheit wurde auch in der Kirche neu entdeckt. Der Glaube ist ein Prozess der Heilwerdung des ganzen Menschen mit Leib und Seele.

Die Bibel – wenn auch nicht die Kirche als Institution – wird heute immer mehr gefragt. Viele Menschen sind auf der Suche nach Orientierung und Sinn. Die Bibel als ursprüngliches Zeugnis des Glaubens, als Niederschlag von Glaubenserfahrungen, kann uns in diesem Sinne Orientierung geben und Wegzeichen sein.

2. Jesu Heilssendung und seine Verkündigung vom Reich Gottes

2.1 Die Verkündigung Jesu von der Herrschaft Gottes

Die Predigt vom Reiche Gottes oder von der Gottesherrschaft ist der Rahmen und der Ort der Heilssendung Jesu. *„Die Zeit ist erfüllt, und das Reich Gottes ist nahe. Bekehrt euch und glaubt an das Evangelium!"* (Mk 1,14f). Mit diesem Ruf lässt Markus, der erstmals eine Evangelienschrift verfasste, das öffentliche Wirken Jesu beginnen. Er fasst mit diesen kurzen Worten den Inhalt der Verkündigung Jesu zusammen. Wenn dieser Ausruf Jesu am Anfang des Markusevangeliums steht, gilt er als eine zusammenfassende Überschrift für das ganze Evangelium und stellt zugleich das Programm Jesu dar. Dies entspricht der Predigt Jesu. Auch Matthäus und Lukas fassen die Verkündigung Jesu als „Evangelium vom Reich (Gottes)" zusammen (Mt 4,23; 9,35; 24,14; Lk 4,43; 8,1; 16,16). Wenn Jesus vom „Reich Gottes" oder von der „Gottesherrschaft" spricht, greift er auf die Vorstellung und Erwartung seines Volkes zurück: Jahwe ist der König über Israel, sein Volk (Jes 41,21; 44,6), er ist auch „der König über die ganze Erde" (Ps 47,3), er ist „der König der Völker" (Jer 10,7; Ps 47,4).

Da Israel aus seiner Geschichte und aus der Geschichte der Völker voll Verhängnis und Scheitern zur Erkenntnis kommt, dass das Königtum Jahwes in dieser Weltzeit nicht sichtbar und endgültig verwirklicht wird, erhofft es dies für die Zukunft. Mit der beginnenden Heilszeit wird Jahwe über die ganze Erde herrschen und in Jerusalem thronen (Jes 24,23; Sach 14,9), und alle Völker werden nach Zion wallfahren (Jes 2,2-5; 60,3).

Vor allem im Buch Daniel und in den mit ihm beginnenden apokalyptischen Schriften wird die Endzeit mit der Aufrichtung des Königtums oder der Herrschaft Jahwes in Verbindung gebracht: *„In jenen Tagen wird Gott, der Herr des Himmels, ein Reich entstehen lassen, das ewig unzerstörbar bleibt"* (Dan 2,44). In den außerbiblischen apokalyptischen Schriften wird dann die Endzeit ausführlich und anschaulich dargestellt.

Demgegenüber malt Jesus die Endzeit nicht aus. Für ihn ist die Gottesherrschaft nicht bloß eine jenseitige, zukünftige Größe. Vielmehr ist die Gottesherrschaft in ihm bereits herbeigekommen. Obwohl auch für Jesus die Gottesherrschaft in ihrer vollen Durchsetzung noch aussteht, ist die Betonung der Gegenwart der Herrschaft Gottes, ihre Nähe, die bis in die Gegenwart hineinwirkt, ein besonderes Merkmal seiner Predigt und seines Wirkens. Die Kleinheit, Verborgenheit und Gefährdung der Gottesherrschaft in der Gegenwart konfrontiert Jesus mit der vollen Offenbarung und endgültigen Durchsetzung in der Zukunft. In vielen Gleichnissen verdeutlicht Jesus diesen Kontrast oder Gegensatz: Der bedrohten Aussaat am Anfang wird die erstaunlich große Ernte vom Ende im Gleichnis vom Sämann gegenübergestellt (Mk

4,1-9; Mt 13,1-9; Lk 8,4-8). Im Gleichnis von der selbst-wachsenden Saat (Mk 4,26-29) wird auf das naturgegebene Reifen der Aussaat, das zur Ernte führt, hingewiesen. Vor allem das Doppelgleichnis vom Senfkorn (Mk 4,30-32; Mt 13,31f; Lk 13,18f) und vom Sauerteig (Mt 13,33; Lk 13,20f) bringt den Kontrast zwischen dem kleinen Anfang und dem großartigen Ende, zwischen der winzigen Ursache und der überwältigenden Wirkung zum Ausdruck. Damit will Jesus aussagen: „Aus einem Nichts für menschliche Augen, schafft Gott seine Königsherrschaft", die die Völker der Welt um-fassen wird" (J. Jeremias, *Die Gleichnisse Jesu,* 7. durchges. Auflage Göttingen 1965, S. 148).

Wenn Jesus Gleichnisse erzählt, will er nicht nur über das Reich Gottes belehren. Seine Gleichnisse sind Ansage und Zusage der Gottesherrschaft zugleich. Das Doppelgleichnis vom Schatz im Acker und von der Perle (Mt 13,44-46) kon-frontiert die Hörer mit der in Jesus bereits gegenwärtigen Gottesherrschaft. Angesichts dieser Gegenwart gilt es, das endgültige Heil freudig und entschlossen zu ergreifen.

2.2 Das Heilswirken Jesu als Vergegenwärtigung der Gottesherrschaft

Die Gegenwart der Gottesherrschaft wird nicht nur angesagt und zugesagt, sie wird auch leibhaft erfahren in den Wun-derheilungen Jesu. Dies wird Mt 4,23 in einem zusammen-fassenden Überblick über das Wirken Jesu deutlich ausge-drückt: *„Er zog in ganz Galiläa umher, lehrte in den Synagogen, verkündete das Evangelium vom Reich und heilte im Volk alle Krankheiten und Leiden"* (vgl. Mt 9,35; Mk 1,39).

Die Krankenheilungen und Dämonenaustreibungen sind unverkennbares Zeichen und wirkungskräftiger Anfang der Gottesherrschaft. Sie weisen wie ein Zeichen auf ihre Gegenwart hin, und sie sind zugleich auch die Weise ihrer Gegenwärtigsetzung selber: *„Wenn ich durch den Finger Gottes die Dämonen austreibe, ist ja die Gottesherrschaft zu euch gelangt"* (Lk 11,20; vgl. Mt 12,28). Sein Wirken kann nicht von seiner Person abgetrennt werden. Diese gehört mit zum Inhalt der Gottesherrschaft selber: *„Die Gottesherrschaft ist mitten unter euch"*, d. h. durch mich, sagt Jesus (Lk 17,21). Jesu Heilswirken, die Verkündigung des Evangeliums und seine Person gehören engstens zusammen. Im Lukasevangelium kommt dies programmatisch in der Perikope vom Auftreten Jesu in Nazaret am Anfang seines Wirkens zur Sprache: *„So kam er auch nach Nazaret, wo er aufgewachsen war, und ging, wie gewohnt, am Sabbat in die Synagoge. Als er aufstand, um aus der Schrift vorzulesen, reichte man ihm das Buch des Propheten Jesaja. Er schlug das Buch auf und fand die Stelle, wo es heißt: Der Geist des Herrn ruht auf mir; denn der Herr hat mich gesalbt. Er hat mich gesandt, damit ich den Armen eine gute Nachricht bringe; damit ich den Gefangenen die Entlassung verkünde und den Blinden das Augenlicht; damit ich die Zerschlagenen in Freiheit setze und ein Gnadenjahr des Herrn ausrufe"* (Lk 4,16-21). In diesem Text begegnet uns in erster Linie die Auffassung des Evangelisten. Wie sieht es aber bei Jesus selber aus? Können wir denn dies ausloten? Diese Fragen führen uns zu einer näheren Betrachtung der Wunderheilungen Jesu.

2.3   Die Wunderheilungen Jesu – Märchen oder Wirklichkeit?

In den Evangelien werden sehr viele Heilungen erzählt oder erwähnt, die Jesus auf wunderbare Weise gewirkt hat. Die große Zahl von Wundererzählungen in den Evangelien hat zuweilen den richtigen Zugang zur Bibel als Wort Gottes erschwert. Viele haben den Eindruck, es handle sich hier um phantastische, märchenhafte Erzählungen und sonst nichts. Aber wo bleiben dann die Fragen, die tiefer bohren und zu ergründen versuchen, was diese Erzählungen wohl bedeuten und aussagen wollen? Eine echte Auseinandersetzung mit dem Text findet oft nicht statt. Oft ist bereits der Ansatz der Fragestellung falsch. Unter diesem Gesichtspunkt wird übersehen, dass diese Geschichten mit dem persönlichen Leben des Menschen zu tun haben. Dann ist das Wissen doch zweitrangig, ob das Erzählte sich auch tatsächlich ereignet hat. Denn Wundererzählungen sind Glaubenserzählungen, nicht etwa Protokolle von wundersamen Ereignissen. Die Wundererzählungen in den Evangelien bilden ein Pendant, ein Gegenstück zur Wortverkündigung Jesu. Beides stellt das ganze Wirken Jesu dar. Jesus ist ein Lehrer mit Vollmacht und Kraft. Seine neue Lehre in Vollmacht äußert sich nach Mk 1,22.27 in Krankenheilungen und Dämonenaustreibungen. Diese Art zu wirken, ist das Spezifische und Charakteristische für Jesus von Nazaret.

Im Folgenden möchte ich mich mit den Wunderheilungen Jesu näher befassen. Diese Darlegungen berühren unsere Frage nach der biblischen Begründung des Heilungsdienstes in der Kirche nicht direkt, aber sie können ihr die richtige Perspektive und einen fruchtbaren Rahmen geben. Ich möchte hier bemerken, dass nicht das Wunder als solches im Vordergrund steht, sondern der Bezug zwischen Heilung und Glaube. Bereits die Bezeichnung „Wunder" engt unseren Blick auf die Art und Weise des Geschehens ein, und somit kommt ein Wunderverständnis als Durchbrechung von Naturgesetzen heraus. Das biblische Verständnis ist dagegen viel weiter, inhaltsreicher und tiefer. Alles, was dem Menschen Staunen und Bewunderung abringt, kann in der Bibel als „Wunder" bezeichnet werden, obwohl das Wort „Wunder" nicht gebraucht wird, um die Machttaten Jesu zu bezeichnen. Der besondere Ausdruck für die Taten Jesu ist „Krafttaten" oder „Zeichen". Damit sind Geschehnisse gemeint, die Gottes Macht offenbaren und auf die anfanghafte Gegenwart des Reiches Gottes durch und mit Jesus hinweisen. Unter diesem Gesichtspunkt sind die Wunderheilungen Jesu zu betrachten. Ohne dieses Vorzeichen können wir nur ein schiefes Bild bekommen.

Heute wird in der historisch-kritischen Forschung kaum mehr bestritten, dass Jesus auffällige Heilungen vollbracht hat. Allerdings gelten die Wundererzählungen nicht als authentische Berichte, ausgenommen die Heilung der Schwiegermutter des Petrus (Mk 1,29-31) oder die Geschichte vom blinden Bartimäus (Mk 10,46-52), die gewisse biographisch einmalige Züge vorweisen. Die Heilwundererzählungen folgen ja einem antiken Erzählmuster und zeigen deutlich Entwicklungen in ihrer Überlieferung. Auch die theologischen Deutungen und Akzentsetzungen der Gemeinden sind in diesen Erzählungen deutlich zu erkennen.

Die Heilwundererzählungen beginnen mit einer Situationsschilderung, die das Auftreten der beteiligten Personen erwähnt. In einem zweiten Schritt wird das Wunder vorbereitet. Die Not und die Bitte des Kranken um Heilung werden beschrieben. Dann steht im Zentrum der Erzählung die Wunderhandlung. Den Schluss bilden die Demonstration der Heilung und der sogenannte Chorschluss oder die zustimmende Reaktion auf das Wunder. Festzustellen ist, dass nicht nur ein Erzählmuster oder -schema auf Jesus angewandt worden ist etwa, um ihn als den alle Heiler und Wundertäter übertreffenden Heiland darzustellen. Die Wundergeschichten erinnern jedenfalls, wenn auch allgemein und trotz Konkretheit des Erzählten etwas vage, an Krankenheilungen und Dämonenaustreibungen Jesu; sie erzählen diese sogar in einer gesteigerten Form.

In der Wortüberlieferung der Evangelien haben wir Sprüche Jesu, die als sicheres Zeugnis für die Historizität der Heilungstätigkeit Jesu gelten. Der Täufer Johannes, der im Gefängnis lag, lässt seine Jünger Jesus fragen, ob er der verheißene Messias sei. Jesus antwortet: *„Geht und berichtet Johannes, was ihr hört und seht: Blinde sehen wieder und Lahme gehen; Aussätzige werden rein, und Taube hören; Tote werden auferweckt, und den Armen wird das Evangelium verkündet. Und wohl dem, der an mir keinen Anstoß nimmt"* (Mt 11,4-6). Dieser Spruch benutzt Worte des Propheten Jesaja (Jes 26,19; 29,18f; 35,5f; 61,1). Es sind Bilder für die angebrochene Heilszeit. Die Aufzählung der Heilungen sagt noch nichts über ihren tatsächlichen Umfang. Es fehlen in der Reihenfolge die für Jesus so typischen Dämonenaustreibungen. Es ist dennoch anzunehmen, dass Krankheiten wie Blindheit, Lahmheit oder Taubheit von Jesus geheilt wurden.

Wichtiger als diese historische Klarstellung des Umfangs der Wunderheilungen Jesu ist die Erkenntnis seiner Sicht der Heilung selber.

2.4 Warum heilte Jesus? – Jesu Sicht der Heilung

Der bereits zitierte Spruch Jesu in Mt 11,5 zeigt die Zuordnung der Heilungen zum Anbruch der Herrschaft Gottes. Die Heilungen erscheinen hier als *Erfüllung ersttestamentlicher Verheißungen* und Erwartungen. Erstes Testament und Neues Testament gehören zusammen. Die Heilungen Jesu sind Zeichen für den Anbruch des endzeitlichen Heils, des verheißenen und mit Spannung erwarteten Reiches Gottes. Auch im bereits zitierten Spruch Lk 11,20 werden die Dämonenaustreibungen ausdrücklich mit dem Kommen der Herrschaft Gottes in Beziehung gesetzt. Mit dem Neutestamentler Alfons Weiser fasse ich das Gesagte zusammen: „Die Heilungen machen erfahrbar, dass die Herrschaft Gottes in Jesu Wirken anbricht; sie zeigen, wie sie beschaffen ist, nämlich dass sie den Menschen an Leib, Seele, Geist und im Verhältnis zu seiner Umgebung heilt; und sie sind ein Hoffnungszeichen dafür, dass Gott das begonnene Werk vollenden wird. Dadurch, dass die Heilungen als Anbruch der Herrschaft Gottes gelten, verweisen sie auf den, der in Jesus und seinem Wirken zum Zug kommt, nämlich auf Gott selbst" (A. Weiser, „Heilkräfte in biblischer Sicht": ders., *Studien zu Christsein und Kirche,* SBAB 9, Stuttgart 1990, 77-91; bes. 79f).

In der Evangelienüberlieferung steht im Vordergrund die Aussage, dass Gott selber durch Jesus heilt. Dies wird deutlich in der direkten Verbindung zwischen Gottesherrschaft und Heilungen Jesu. Jesus ist somit nicht einfach ein Therapeut, ein Heiler, sondern *Gott selber ist im Wirken Jesu am Werk.* Der Gott der Bibel ist der Gott, der heilt, er führt die heilvolle Zeit herauf. Das Erste Testament, auf das Jesus sich ausdrücklich bezieht, beschreibt die messianische Zeit als eine heile, geheilte Zeit, in welcher Krankheiten aufhören und Heilungen geschehen: „*Sagt den Verzagten: Habt Mut, fürchtet euch nicht! Seht, hier ist euer Gott! ... er selbst wird kommen und euch erretten. Dann werden die Augen der Blinden geöffnet, auch die Ohren der Tauben sind wieder offen. Dann springt der Lahme wie ein Hirsch, die Zunge des Stummen jauchzt auf*" (Jes 35,4a-c.e.5.6a.b). Darauf, dass die Heilungen nicht etwa nur bildlich, sondern wörtlich zu verstehen sind, weist die Verheißung Gottes in demselben Jesaja-Buch hin: „*Kein Mensch in der Stadt wird mehr sagen: Ich bin krank*" (Jes 33,24). Und dies ist möglich, weil nach dem Glauben Israels Gott selber der Arzt der Menschen ist: „*Ich bin Jahwe, dein Arzt*", versichert Gott seinem Volk im Buch Exodus (Ex 15,26). Die Heilungen Jesu offenbaren also die ursprüngliche und tiefe Absicht Gottes mit seiner Schöpfung: die Schaffung einer heilen

Welt mit heilen Menschen. Dieser Aspekt, die Beziehung Mensch – Welt wird heute immer wichtiger. Viele Krankheiten stehen in ursächlichem Zusammenhang mit Problemen unserer Umwelt.

Der Evangelist Matthäus sieht in der Heilstätigkeit Jesu die Erfüllung des Propheten Jesaja: *„Am Abend brachte man viele Besessene zu ihm. Er trieb mit seinem Wort die Geister aus und heilte alle Kranken. Auf diese Weise sollte sich das Wort des Propheten Jesaja erfüllen: Er hat uns von unseren Leiden befreit und unsere Krankheiten von uns genommen"* (Mt 8,16f). Dieses Zitat aus dem vierten Gottesknechtslied (Jes 53,4), das sonst für das Tragen der Sünden durch Christi Leiden (1 Petr 2,24) verstanden wird, wird hier als Tragen von Leiden und Krankheiten überhaupt verstanden. Die Ganzheit des Heiles wird so an der Heilstätigkeit Jesu sichtbar. Das Reich Gottes ist nicht eine nur jenseitige oder eine nur übernatürliche Größe. Leib, Seele und Geist, ja die ganze Schöpfung werden in das Heilshandeln Gottes einbezogen. Denn Gott ist der *„Freund des Lebens"* (Weish 11,26), er schafft nicht nur das Leben und erhält es, er will auch das Leben „in Überfülle" (Joh 10,10), ein Leben in vollgültigem Sinn.

Aus dieser biblischen *Perspektive des Lebens* bedeutet Krankheit Todesnähe und Todesverfallenheit. Allem, was Tod bringt und Leben zerstört, gilt der Kampf Jesu. Da gibt es kein Tabu, das ein Engagement für das Leben verhindern könnte. Dies kommt in der Erzählung von der Heilung einer gelähmten Hand am Sabbat (Mk 3,1-6) deutlich zum Ausdruck. In dieser Erzählung sind Heilung und Sabbatkonflikt engstens miteinander verwoben. Am Sabbat begegnet Jesus einem Menschen, der eine erstarrte Hand hat. Jesu Gegner belauern ihn, ob er den Kranken am Sabbat heilen würde. Jesus ergreift die Initiative fast provozierend und sagt dem Kranken: *„Steh auf, in die Mitte"* (V. 3). Dann kommt das Wort Jesu, um dessen willen die Erzählung überliefert wurde: *„Ist es erlaubt, am Sabbat Gutes zu tun oder Böses zu tun? Jemanden zu retten oder zu töten?"* (V. 4). Die Antwort kann nur lauten: Gutes tun und retten. Die Heilung des Kranken bedeutet also Rettung, das Gesund- und Lebendigmachen dieses bestimmten kranken Menschen. Das Nicht-Handeln in dieser Situation, die Unterlassung der Heilung, würde Töten bedeuten. Es geht Jesus um die Wiederherstellung und Durchsetzung des ursprünglichen Heilswillens des Schöpfergottes, der alles gut und sehr gut geschaffen hat. Daher wird jede Lebensminderung oder gar Lebenszerstörung als Widerspruch zu Gottes Schöpferwillen gesehen. Die vielen Dämonenaustreibungen sind auch in diesem Zusammenhang zu sehen. Sie zeigen *Jesus als Überwinder jeder Art lebenszerstörender Mächte.*

2.5 Die Heilkraft des Glaubens oder der Kranke wird zum Subjekt der Heilung

Die Wundererzählungen wurden im frühen Christentum zu dem Zweck gesammelt und überliefert, um den Glauben zu wecken oder zu stärken. Das Johannesevangelium erzählt oft, dass die Zeichen Jesu zum Glauben führen (Joh 2,11; 4,53; 10,41; 20,30f). Auch viele Wundererzählungen der anderen Evangelien enden mit einer Akklamation des Wundertäters. Dieser christologische Aspekt, nämlich der Glaube an den Messias Jesus, ist nicht zu übersehen. Darüber hinaus zeigen uns die Heilwundererzählungen die Bedeutung des menschlichen Glaubens in der heilenden Begegnung mit Jesus. Mit den Worten *„dein Glaube hat dich geheilt"* in den Erzählungen von der Heilung der blutflüssigen Frau (Mk 5,25-34) und des blinden Bartimäus (Mk 10,46-52) spricht Jesus dem Glauben eine heilende Kraft zu. In der Begegnung Jesu mit der Frau aus Syrophönizien (Mt 15,21-28) sagt

Jesus zu ihr: *„Frau, dein Glaube ist groß. Dir geschehe nach deinem Wunsch"* (Mt 15,2). Ebenfalls lautet die Antwort Jesu in der Erzählung von der Heilung des Knechts des Hauptmanns von Kafarnaum: *„Geh hin, dir geschehe, wie du geglaubt hast"* (Mt 8,13). Und dem Vater des von einem stummen Geist besessenen Knaben sagt Jesus: *„Was das Können betrifft, so vermag der alles, der glaubt"* (Mk 9,23).

Glaube und Heilung, die als Wunder Gottes erfahren werden, erscheinen in allen diesen Worten in engster Beziehung. Der Glaube eröffnet nicht nur einen Erwartungshorizont, in den hinein Jesus das Wunderzeichen wirkt. Glaube wird hier als Voraussetzung der Wunderheilung gesehen. Wo dieser Glaube fehlt, kann Jesus sich weigern, Wunder zu tun. Wegen des Unglaubens konnte er in seiner Heimatstadt Nazaret keine Wunder tun (vgl. Mk 6,5). Dieser Hinweis wurde in der späteren Überlieferung als Einschränkung der Macht Jesu betrachtet, und daher wurde er ergänzt: *„... nur einigen Kranken legte er die Hände auf und heilte sie"* (Mk 6,5).

Um welchen Glauben handelt es sich in diesen Heilungsgeschichten? Der Glaube erscheint hier als eine besondere Weise menschlicher Existenz, er ist geboren aus der Erfahrung der Krankheit und ist darauf ausgerichtet, von ihr befreit zu werden. Er erwächst aus der Notsituation, in der dem Kranken die Hoffnung auf die Überwindung seiner Not geschenkt wird. Dem Glauben spricht Jesus eine göttliche Qualität zu. Der Glaube erscheint so als Teilhabe an der Macht Gottes, die durch Jesus Christus uns Menschen zugänglich geworden ist. Gerade in dieser Begegnung wird deutlich, dass der Glaube als nur menschliche Haltung im Sinne von Optimismus oder Zuversicht überführt wird in das feste Vertrauen auf die Macht Gottes. Dieser Glaube macht den Menschen erst den Blick dafür frei, das eigentlich Nicht-Mögliche, die Heilung, dennoch zu sehen und vertrauend zu erlangen. Dies kommt in der Bitte des Vaters des stummen Knaben in der bereits genannten Heilungserzählung zum Ausdruck: „Ich glaube, hilf meinem Unglauben" (Mk 9,24). In der Begegnung mit Jesus wird eine Erwartung provoziert, die die Kraft mobilisiert, gegen die Grenzsituation der Krankheit eine grundlegende Wende zu erwarten. Dieser Glaube ist ein aktiver Glaube, er holt den Kranken aus seiner Passivität oder Resignation heraus; er weckt neue Aktivität: Der Hilfsbedürftige kommt zu Jesus (Mk 1,40; 5,25f; Mt 9,27), fällt vor ihm nieder (Mk 1,40), drückt in der Bitte um Erbarmen (Mk 10,48; Lk 17,13; Mt 9,27) und einer besonderen Vertrauensäußerung (vgl. Mk 7,28; 9,24; Mt 8,8f; 9,28) seine vorbehaltlose Bereitschaft aus, alles von Jesus zu empfangen. Der eigentliche Heilungsakt kommt von Jesus: er befiehlt den Dämonen, und sie fahren aus (Mk 1,25), spricht ein Machtwort (Mk 2,11; 3,5; 7,34; Mt 8,32; Lk 13,12) oder berührt die Kranken, und sie werden geheilt (Mk 1,31.41; 7,33; 9,27; Mt 9,29; Lk 13,13; 14,4). Es ist dennoch bemerkenswert, dass die Hingabe der Kranken in den Wundererzählungen trotz starker christologischer Akzentuierung als Voraussetzung der Heilung erscheint. *Der Kranke bleibt nicht rein passiv,* er lässt den Wundertäter nicht einfach agieren. Das Erscheinen Jesu, die Begegnung mit ihm und seine Nähe regen in dem Kranken Lebenskräfte an, die Heilungen vollbringen. Nach biblischer Sicht spielt auch der Wille im Heilungsprozess des Menschen eine wichtige Rolle. In der Begegnung Jesu mit den Kranken in den Wundererzählungen steht die Frage Jesu: *„Willst du gesund werden?"* (Joh 5,6) oder *„Was willst du, dass ich tun soll?"* (Mk 10,51par), eine Frage, die auf den ersten Blick Kranken nicht zumutbar zu sein scheint. Denn was will ein kranker Mensch nicht sehnlicher als wieder gesund werden? Die Erfahrung zeigt allerdings, dass ein kranker Mensch nicht nur geheilt werden will; er kann sich auch in seine Krankheit verlieben, da diese ihm Sicherheit und Umsorgung verleiht. In diesem Fall ist der Kranke einem inneren Zwiespalt verfallen. Die Frage Jesu *„Willst du gesund werden?"* ist somit keine Bagatelle oder Höflichkeitsfrage. Sie ist eine Aufforderung zur Wandlung. Jesus ruft so den Menschen zur *Selbstbegegnung* auf. Zur Selbstbegegnung gehört nach Hanna Wolff, einer evangelischen Theologin und Psychotherapeutin, der Mut, sich seinem eigenen Schatten zu stellen. „Der Schatten ist keinesfalls einfach das Böse. Schatten ist vielmehr das Abgesunkene, Vergessene, das Peinliche und Verdrängte, das Nichtgelebte, Nichtverwirklichte trotz gegebener Anlage, kurz die dunkle Seite der Persönlichkeit" (H. Wolff, *Jesus als Psychotherapeut. Jesu Menschenbehandlung als Modell moderner Psychotherapie,* Stuttgart 1978, S. 58). Dieser Schatten kann auch eine Quelle für Projektionen des Bösen in den anderen werden. Jesus ermutigt demgegenüber, den Blick auf sich selbst zu richten, den Balken im eigenen Auge wahrzunehmen: *„Was siehst du den Splitter im Auge deines Bruders, aber den Balken in deinem Auge bemerkst du nicht?"* (Mt 7,3). Sich dem Negativen im eigenen Leben zu stellen, erfordert Mut. Dies könnte einen selbst bloßstellen, in Frage stellen oder Peinliches zutage treten lassen. Aber dies kann auch der erste Schritt zur Heilung sein. Im Glauben lässt sich der Mensch auf Gott ein, er öffnet sich und ist bereit, sich auf das Unverwartete einzulassen. In der Urkirche wurde das Gleichnis vom Sämann (Mk 4,3-9) auf die Aufnahmebereitschaft des Menschen gegenüber der christlichen Botschaft hin gedeutet. Betont das Gleichnis, dass der Same sich trotz aller Bedrohung und Widerstände durchsetzt und die Aussaat sich lohnt, womit das Wirken Jesu und seine Botschaft gemeint sind, so hebt die überlieferte Deutung des Gleichnisses (Mk 4,13-20) die Beschaffenheit der Ackerböden hervor, die die Hörergruppen charakterisieren.

Hanna Wolff interpretiert die verschiedenen Ackerböden als Bilder für die verschieden große Ansprechbarkeit oder Blockierung des Menschen gegenüber dem schöpferischen Anruf Gottes (vgl. H. Wolff, *Jesus als Psychotherapeut,* S. 73-98). Im Bild vom festgetretenen und harten Trampelpfad sieht sie Menschen dargestellt, deren Bewusstsein so verhärtet und verengt ist, dass sie jede schöpferische Kreativität an sich nicht hervorkommen lassen. In dieser Situation sind Menschen nicht ansprechbar für Gottes heilende, erneuernde und verwandelnde Botschaft. Hanna Wolff nennt sie die „erloschene Rezeptivität".

Einige Körner fallen auf die vom Tau durchfeuchtete dünne Erdschicht und gehen deswegen schnell auf, aber die Sonnenstrahlung lässt bald alles wieder vertrocknen und verdorren. In diesem Bild unseres Gleichnisses sieht sie Menschen dargestellt, die sich rasch von etwas faszinieren lassen. Sie meinen, die Wende ihres Lebens sei in Sicht. Aber der Same hat keine Wurzel geschlagen, und so kommt schnell und unerwartet das Ende des hoffnungsvollen Anfangs. Diese Menschen sind nicht bereit, sich der Hitze der Bewährung auszusetzen und verdorren. Hanna Wolff nennt sie „Strohfeuer".

Einige Körner fallen in das Dornengestrüpp, das bald das Getreide überwuchert und erstickt. Dieses Bild legt Hanna Wolff als das damalige Kollektiv aus, das sich im Gesetzesdenken und in religiöser Leistungsfrömmigkeit äußert und Menschen in Schablonen einzwängt. Sie nennt es das „erstickende Kollektiv", das heißt die kollektiven Zwänge und Belastungen. Diese bilden oft den Hintergrund für psychosoziale und psychosomatische Erkrankung. Daher geht Jesus massiv gegen dieses „kollektivistische" Denken vor. Die Heilung des Menschen geht Hand in Hand mit der Heilung seiner Umwelt. Bezüglich des jüdischen „Gesetzesdenken" tut allerdings eine Differenzierung Not: *Der Jude Jesus wollte nicht von der Tora befreien, sondern tiefer in die Tora einführen.*

Einiges fällt auf gutes Erdreich und bringt reiche Frucht: dreißig-, sechzig- und hundertfach. Mit diesem Bild ist nach Hanna Wolff die Aufnahmebereitschaft, die schöpferische

Rezeptivität gemeint. Ohne diese Rezeptivität ist keine Heilung, keine Erneuerung und keine seelische Entfaltung möglich. Wir Menschen unterschätzen meist die uns gegebenen Möglichkeiten. Jesus ruft die Menschen zu ihren wahren Möglichkeiten auf, die in ihrem Inneren verborgen sind. Wenn der Mensch sich so öffnet, findet er Anschluss an den alles ermöglichenden Urgrund allen schöpferischen Seins, den wir letztlich Gott nennen.

Hanna Wolff betont die Grenzenlosigkeit der schöpferischen Rezeptivität, der Empfänglichkeit des Menschen, und zitiert dafür Mt 17,20: *„Wenn euer Vertrauen auch nur so groß ist wie ein Senfkorn, dann könnt ihr zu dem Berg sagen: Geh von hier nach dort – und er wird es tun. Dann könnt ihr alles tun".* Demgegenüber ist allerdings die Angabe der Frucht in unserem Gleichnis zu beachten: Auch wenn wirklich von seiten des Menschen Empfänglichkeit, Ansprechbarkeit vorhanden ist, so ist die Frucht doch immer noch sehr verschieden.

2.6 Der bittende Glaube – Quelle der Heilung

In den Wundererzählungen begegnen die Hilfesuchenden Jesus mit einer Bitte, die Ausdruck ihres Glaubens ist. Der blinde Bartimäus ruft Jesus zu: „Sohn Davids, Jesus, erbarme dich meiner" (Mk 10,47f); er lässt sich trotz grober Einsprüche der Jesus nachfolgenden Menge nicht einschüchtern, sondern schreit weiter und lauter um Hilfe. Gerade dieser Hilferuf wird nach Mk 10,52 als Glauben charakterisiert. Mk 11,24 heißt es dann ausdrücklich: *„Alles, worum ihr betet und bittet – glaubt nur, dass ihr es schon erhalten habt, dann wird es euch zuteil".* Die Heilungserzählung in Mk 9,14-29 endet gerade mit der Frage der Jünger: *„Warum konnten denn wir die Dämonen nicht austreiben?"* (Mk 9,28). Jesu Antwort betont die Bedeutung des Gebetes: *„Diese Art kann nur durch Gebet ausgetrieben werde"* (Mk 9,29). Die Wundererzählung, die in Gottesdiensten der Urgemeinde vorgetragen wurde, will ein Beispiel (Paradigma) für den Glauben und das Handeln der Christen sein. Das Gebet ist die unverkennbare und unverwechselbare Sprache des Glaubens, und das Bittgebet ist der Ausdruck der Offenheit und Empfangsbereitschaft, die die Blockierung im Innern des Menschen auflösen. Oft wird diese Seite des Glaubens vernachlässigt, der Glaube wird eingeengt auf Annahme von Dogmen und Lehrentscheidungen. Die Beschäftigung mit der Bibel kann in diesem Sinne befreiend wirken.

Beim Evangelisten Matthäus können wir lernen, dass Glaube in besonderer Weise Gebetsglaube ist. Unverkennbar ist die Gestaltung von einzelnen Wundergeschichten auf dieses Ziel hin: sie sollen der Gemeinde mahnend und zugleich verheißend vor Augen halten, dass Jesus den betenden Glauben erhört hat und jetzt in der Zeit der Kirche weiterhin erhören wird. Die Formeln *„Wie du geglaubt hast, geschehe dir!"* (Mt 8,13) oder *„Dir geschehe, wie du willst!"* (Mt 15,28) betonen diese Absicht. Diese Formeln begegnen uns in den ergreifenden und tief emotionalen Geschichten von dem Hauptmann zu Kafarnaum (Mt 8,5-13) und von der kanaanäischen Frau (Mt 15,21-28). Der Bitte wird Erhörung geschenkt, und die bittende Haltung wird als Glaube bezeichnet. Der Hauptmann sowie die kanaanäische Frau treten in der Rolle von Fürbittern auf, die für andere eintreten. Hier wird die Rolle der Gemeinde ins Auge gefasst. Sie soll der Raum sein, wo dieser Gebetsglaube möglich ist. Die Gemeinde lindert nicht nur die Not durch caritative Tätigkeiten, sie hilft die Not zu wenden, indem sie das Glaubensleben, den Glauben eines jeden Gemeindemitglieds stärkt. Denn die heilende Kraft des Glaubens betrifft die einzelnen Mitglieder. In der Geschichte der Heilung von zwei Blinden (Mt 9,27-31) erhört Jesus ihren Hilferuf mit den Worten: *„Wie ihr geglaubt habt, so* *soll es geschehen"* (Mt 9,29). Ebenfalls sollen nach der Auffassung des Evangelisten die christlichen Gemeindeglieder der Erhörung ihres Gebets gewiss sein. Mt 7,7-11 überliefert Worte Jesu, die die Gebetserhörung betonen: *„Bittet, dann wird euch gegeben; sucht, dann werdet ihr finden; klopft an, dann wird euch geöffnet. Denn wer bittet, der erhält; wer sucht, der findet; und wer anklopft, dem wird geöffnet. Oder ist einer unter euch, der seinem Sohn einen Stein gibt, wenn er um Brot bittet, oder der ihm eine Schlange gibt, wenn er um einen Fisch bittet? Wenn nun schon ihr, die ihr böse seid, euren Kindern gebt, was gut ist, wieviel mehr wird euer Vater im Himmel denen Gutes geben. die ihn bitten."* Trotz gegenteiliger Erfahrung wird hier zu ungebrochenem Vertrauensglauben aufgerufen.

Aber was geschieht, wenn das Gebet nicht erhört wird? Wir haben im Neuen Testament dafür ein prominentes Beispiel: den nichtgeheilten Apostel Paulus. Paulus spricht nicht direkt von seiner Krankheit. Er erwähnt sie nur im Zusammenhang der Auseinandersetzung um sein apostolisches Amt: *„Ihr wisst, dass ich krank und schwach war, als ich euch zum ersten Mal das Evangelium verkündigte; ihr aber habt auf meine Schwäche, die für euch eine Versuchung war, nicht mit Verachtung und Abscheu geantwortet, sondern mich wie einen Engel Gottes aufgenommen, wie Christus Jesus. Wo ist eure Begeisterung geblieben? Ich kann euch bezeugen: Wäre es möglich gewesen, ihr hättet euch die Augen ausgerissen, um sie mir zu geben"* (Gal 4,13-15). *„Damit ich mich der einzigartigen Offenbarungen wegen nicht überhebe, wurde mir ein Stachel ins Fleisch gestoßen: ein Bote Satans, der mich mit Fäusten schlagen soll, damit ich mich nicht überhebe. Dreimal habe ich den Herrn angefleht, dass dieser Bote Satans von mir ablasset. Er aber antwortete mir: Meine Gnade genügt dir; denn sie erweist ihre Kraft in der Schwachheit. Viel lieber also will ich mich meiner Schwachheit rühmen, damit die Kraft Christi auf mich herabkommt. Deswegen bejahe ich meine Ohnmacht, alle Misshandlungen und Nöte, Verfolgungen und Ängste, die ich für Christus ertrage; denn wenn ich schwach bin, dann bin ich stark"* (2 Kor 12,7-10).

Eine genaue Diagnose seiner Krankheit ist aus den kurzen Hinweisen nicht mehr zu erstellen. Es muss sich um ein chronisches Leiden handeln, das mit heftigen Schmerzen verbunden ist. Paulus bat um Heilung; seiner Bitte wird nicht entsprochen. Er kommt aber zu einer neuen Sicht seiner Krankheit und erhält die Kraft, sie durchzustehen: *„Meine Gnade genügt für dich. Denn die Kraft vollendet sich in der Schwachheit"* (2 Kor 12,9). In dieser Antwort Christi wird ihm klar, dass sein Leiden einen unschätzbaren Sinn hat für seine apostolische Existenz. Seine Leiden helfen ihm, damit er sich nicht wie seine Gegner überhebt und seiner eigenen Fähigkeiten rühmt. Vor allem aber machen sie ihm den Inhalt seiner Verkündigung selber deutlich: die Kraft des gekreuzigten Christus. Seine Krankheit selber wird zum Ort, wo sich diese Kraft offenbart: *„Von allen Seiten werden wir in die Enge getrieben und finden doch noch Raum; wir wissen weder aus noch ein und verzweifeln dennoch nicht; wir werden gehetzt und sind doch nicht verlassen; wir werden niedergestreckt und doch nicht vernichtet. Wohin wir auch kommen, immer tragen wir das Todesleiden Jesu an unserm Leib, damit auch das Leben Jesu an unserm Leib sichtbar wird. Denn immer werden wir, obgleich wir leben, um Jesu willen dem Tod ausgeliefert, damit auch das Leben Jesu an unserm sterblichen Leib offenbar wird. So erweist an uns der Tod, an euch aber das Leben seine Macht"* (2 Kor 4,8-12).

Wie dieser bittende Glaube aussieht und sich äußert, können wir aus dem Buch der Psalmen und aus dem Buch Ijob im Ersten Testament lernen. Wir Christen haben verlernt, unser Herz vor Gott auszuschütten, unser Leben, so wie es ist, ungefiltert und ungeschönt vor Gott zur Sprache zu bringen. Vor Gott gibt es kein Sprechverbot oder Bußschweigen. Wir dürfen ihm unsere Niedergeschlagenheit und Enttäuschung, unseren Ärger und unseren Zorn, unsere Klage und Verzweiflung, unsere Ängste und Aggressionen vorbringen. Unsere Emotion kann sich vor ihm bis zur Anklage steigern. Wir dürfen den Mut und das Vertrauen aufbringen, dass

Gott uns so annimmt, wie wir jetzt sind, mit all unseren Dunkelheiten und Abgründen. Dann erst werden wir wirklich heil. Denn im Grunde wissen wir, dass Gott uns umfängt und auffängt. *„Herr, du hast mich erforscht, und du kennst mich. Ob ich sitze oder stehe, du weißt von mir. Von fern erkennst du meine Gedanken. Ob ich gehe oder ruhe, es ist dir bekannt; du bist vertraut mit all meinen Wegen. Noch liegt mir das Wort nicht auf der Zunge – du Herr, kennst es bereits. Du umschließt mich von allen Seiten und legst deine Hand auf mich. Wohin könnte ich fliehen vor deinem Geist, wohin mich vor deinem Angesicht flüchten? Steige ich hinauf in den Himmel, so bist du dort; bette ich mich in der Unterwelt, bist du zugegen. Nehme ich die Flügel des Morgenrots und lasse mich nieder am äußersten Meer, auch dort wird deine Hand mich ergreifen und deine Rechte mich fassen"* (Ps 139,1-5.7-10).

2.7   Heilungen – Zeichen für Gottes Heil

Die Wunderheilungen Jesu stehen in enger Verbindung mit seiner Verkündigung von der anbrechenden Herrschaft Gottes. Sie sind Zeichen für die Gegenwart dieser Herrschaft, die sich in dieser Welt noch nicht völlig durchsetzt. Die Heilungen Jesu weisen so auf die Vollendung der kommenden Welt, in der alle Tränen von den Augen abgewischt werden, wo weder Tod noch Trauer, Klage oder Mühsal sein werden (Offb 21,4).

Die Vollendung erfasst nicht nur die Heilung der körperlichen Krankheit. Sie will die Heilung von der Wurzel her. So begnügt sich Jesus nicht damit, nur Symptome der Krankheit zu heilen, er will vielmehr den Menschen radikal heil machen, ihn an Leib, Seele und Geist gesund machen. Die Wurzel der Heilung besteht in der rechten Beziehung zu Gott, die hinüberströmt in die rechte Beziehung zu sich selbst und zu den Mitmenschen und zur Umwelt. Häufig werden in der Bibel Heilung und Schuldvergebung in Zusammenhang gebracht. Jesus – wie auch bereits das Buch Ijob – verneint den kausalen Zusammenhang von Krankheit und Sünde oder Schuld (vgl. Lk 13,1-5; Joh 9,3). Aber Krankheiten können ein Symptom dafür sein, dass die Gemeinde selbst krank ist, wie es Paulus in der Gemeinde zu Korinth feststellt (vgl. 1 Kor 11,30).

Die Erzählung von der Heilung eines gelähmten Mannes (Mk 2,1-12) zeigt uns vor allem die religiöse Dimension der Heilung. Heilung wird als umfassendes Geschehen am Menschen gesehen. Sündenvergebung und Krankheitsheilung stellen hier die volle Wiederherstellung des Menschen dar. Die körperliche Heilung wird in die Tiefendimension der göttlichen Annahme, der Liebe Gottes, überführt. Diese ist die eigentliche Grundlage der Heilung, und die körperliche Heilung ist Ausdruck des Heils. Eine Überbetonung des Seelenheils hat im Laufe der Kirchengeschichte den Leib des Menschen abgewertet und das Heil verkürzt, das auch den Leib betrifft; eine Verabsolutierung der körperlichen Heilung würde aber nur an Symptomen herumdoktern und das Heil oberflächlich angehen. Aus diesem Grund weist uns die genannte Erzählung von der Heilung eines Gelähmten den richtigen Weg: bis in seine Leiblichkeit hinein muss das Heil Gottes sich durchsetzen. Und die leibliche Gesundheit – will sie nicht bloß äußerlich bleiben – muss in der Beziehung zur Transzendenz, in der Beziehung zu Gott gründen oder zu ihr führen.

2.8 Die kultisch-gesellschaftliche Integration der Kranken

Meine vorangehenden Ausführungen zum Zusammenhang zwischen Heilung und Glaube und zur ganzheitlichen Heilung könnten den Anschein erwecken, dass es bei der Heilung nur um eine rein individuelle Angelegenheit geht. Aber sowohl der Glaubens- wie auch der Ganzheitsaspekt verweisen auf die soziale Dimension der Heilung. Diese Dimension kommt zum Tragen vor allem in der Heilung von Aussätzigen. Es ist in der Forschung zwar umstritten, was unter „Aussatz" im Neuen Testament zu verstehen ist, und darüber hinaus, ob Jesus überhaupt Aussätzige geheilt hat. Doch kann die Wortüberlieferung in Mt 11,5 ein Reflex der Wirklichkeit des historischen Jesus sein, da hier die Aussatzheilungen nicht einfach auf Inhalte überlieferter Heilszeitverheißung zurückgehen.

Jedenfalls zeigen uns die beiden Erzählungen von Aussätzigen-Heilung (Mk 1,40-45par und Lk 17,11-19) die Überwindung religiös-kultischer und gesellschaftspolitischer Grenzen und Trennungen. Da ein vom Aussatz befallener Mensch nicht nur das rituell unrein machte, was er berührte, sondern seine bloße Gegenwart alles verunreinigte, musste er sich nach Lev 13,14f absondern und kenntlich machen oder – wie Flavius Josephus, Gegen Apion I 31 berichtet – allein und mit zerrissenen Kleidern im Freien umherwandeln. Erst durch die Feststellung der Heilung und die Reinerklärung des Geheilten durch den Priester wird er laut Lev 14,3 in die volle Gemeinschaft wiederaufgenommen. Jesus dagegen berührt den Aussätzigen in der einen Erzählung (Mk 1,40-45par) und heilt ihn so oder befiehlt in der anderen Erzählung (Lk 17,11-19) den Kranken, sich den Priestern zu zeigen. Nicht erst den Geheilten, sondern von vornherein schon den Kranken gewährt Jesus die volle Gemeinschaft. Die Priesterschaft soll hochoffiziell die religiös-soziale Integration der Kranken nur bestätigen. Diese Gesichtspunkte heben das Problem von Krankheit und Heilung von der reinen privaten auf die soziale Ebene.

3.   Der Heilungsauftrag der Kirche

3.1   Der Heilungsauftrag Jesu und dessen Vollzug in der Urkirche

Nach den verschiedenen synoptischen Überlieferungen hat Jesus seine Jünger gesandt, um zu heilen. So wie Jesus nicht nur das nahe Kommen des Reiches Gottes verkündete, sondern auch Kranke heilte als sichtbares Zeichen dieses Kommens, gab er auch seinen Jüngern Anteil an seiner Sendung mit diesen zweifachen Aufgaben von Verkündigung und Heilung. Obwohl die Historizität der Aussendungsrede Jesu (Mk 6,6b-13; Lk 9,1-6; Mt 10,5-15; Lk 10,1-12) in der Forschung nicht unumstritten ist, dürfte der Kern der Aussendungsrede, nämlich der Befehl Jesu an seine Jünger, das Reich Gottes zu verkünden und die Kranken zu heilen bzw. die bösen Geister auszutreiben, auf Jesus selber zurückgehen. Für die Verankerung der Sendung der Jünger im Leben Jesu spricht auch der Befehl Jesu in Mt 10,5b.6, heidnisches und samaritanisches Gebiet zu vermeiden und sich nur an Israel zu wenden. Aus seiner nachösterlichen Situation heraus wäre dies unverständlich.

Für die Urkirche ist die Sendung der Jünger nicht eine bloße Episode im Leben Jesu, die als einmaliges Geschehen der Vergangenheit angehört. Sie hat auch eine Vorbildfunktion für die nachösterliche Gemeinde. Nach Markus schafft sich Jesus den bedeutungsvollen Zwölferkreis gerade für den

Zweck, zu verkündigen und vollmächtig Dämonen auszutreiben (Mk 3,14f). Damit charakterisiert Markus die Sendung und die Aufgabe der Jünger, die über eine einmalige Aussendung hinausgeht. Matthäus und Lukas erweitern die Heilungstätigkeit. Die zwölf Jünger sind mit Vollmacht ausgestattet, nicht nur, um die Dämonen (Lk) oder die unreinen Geister (Mt) auszutreiben, sondern auch „alle Krankheiten und Leiden zu heilen" (so Mt 10,1d) bzw. „die Kranken gesund zu machen" bzw. zu „heilen" (so Lk 9,1d, 2c).

Die Formulierung des Heilungsauftrages an die Jünger bei Matthäus greift auf die Charakterisierung der Sendung Jesu in Mt 9,35 zurück. Damit wird verdeutlicht, dass Jesu Heilssendung und der Heilungsauftrag an seine Jünger zusammengehören. Darüber hinaus bedeutet dies, dass die Jünger Jesu Werk fortsetzen. Es wird also hier auf die Gegenwart der Gemeinde Bezug genommen. Auch bei Lukas besteht der Zusammenhang zwischen der Sendung Jesu und der seiner Jünger. Im Anschluss an die kurze Notiz über die Rückkehr der Zwölf berichtet Lukas: „Er (Jesus) empfing sie (die Leute) freundlich, redete zu ihnen vom Reich Gottes und heilte alle, die seine Hilfe brauchten" (Lk 9,11).

Außerdem berichtet Lukas von der Aussendung der siebzig bzw. der zweiundsiebzig Jünger (Lk 10,1-20) und schafft damit eine Doppelüberlieferung zur Aussendung der Zwölf, ganz gegen seine Schreibart, die Dubletten vermeidet. Diese Beobachtung macht deutlich, wie wichtig ihm die Aussendung der Jünger ist. Ob er mit der Aussendung der Siebzig oder Zweiundsiebzig an die Völkertafel in Gen 10 anknüpft und somit auf die Heidenmission Ausschau hält, ist in der Forschung umstritten. Jedenfalls finden wir auch hier den Auftrag Jesu, das Reich Gottes zu verkünden und Kranke zu heilen (Lk 10,9). Die Aussendung oder Mission der Jünger beinhaltet also beides. Und dies entspricht der Überzeugung der Urkirche: Die Apostel und die Jünger Jesu haben nach Ostern nicht nur gepredigt, sondern auch Wunderheilungen gewirkt. So heilte Petrus nach dem Zeugnis der Apostelgeschichte einen Gelähmten in Jerusalem (Apg 3,1-10) und in Lydda (Apg 9,32-35); Philippus machte in Samaria „Besessene, Lahme und Verkrüppelte" gesund (Apg 8,7); auch Paulus hat nach der Apostelgeschichte Kranke und Besessene geheilt (vgl. Apg 14,8-13; 16,16-18; 28,7-10). Er selbst spricht davon, dass er im Dienst der Verkündigung Christi „Zeichen, Wunder und machtvolle Taten" gewirkt hat (2 Kor 12,12; vgl. Röm 15,18f). Und er nennt unter den Charismen, den Geistesgaben, die „Heilungsgaben" (1 Kor 12,9.28.30) und die exorzistischen „Wirkkräfte" (1 Kor 12,10.28f).

3.2 Die heilende Gemeinde zwischen Charisma und Organisation

Paulus lässt fast nur beiläufig die beginnende Gemeindestruktur durchblicken. Im Zusammenhang mit der Charismentafel erwähnt er die Heilungsgaben und Hilfeleistungen als besondere Charismen. Eine vollständige Auflistung der Charismen in so etwas wie einer Charismenlehre beabsichtigt er nicht. Er spricht von den Geistesgaben im ermahnenden Teil des Römerbriefes (Röm 12) und des 1. Korintherbriefes (1 Kor 12). Ihm geht es an beiden Stellen um die Bewahrung der Einheit der Gemeinde in der Vielfalt ihrer Lebensäußerungen. Das ist für Paulus kein abstraktes und allgemeines Prinzip. Wenn er gerade in diesen Briefen (an die Römer und an die Korinther) von den Charismen der Heilung und der Hilfeleistung spricht, ist das nicht von ungefähr. Da wird er die Zusammensetzung der römischen und der korinthischen Gemeinde mit den vielen Bedürftigen, Armen und Kranken, mit den verlassenen Witwen und Waisen, dem Proletariat eines Welthafens und den dort ständig neuen

Ankömmlingen vor Augen haben. Man muss sich so konkret die Situation der Gemeinde vorstellen, um die Charismenliste nicht in eine dünne Charismenlehre aufzulösen.

Und was sagt uns Röm 12,6-8? Wenn wir den Text strukturieren, finden wir eine Vierer- und eine Dreier-Reihe. Die erste Reihe würde sich auf die Gemeindeversammlung beziehen: Prophetie, Dienst (Diakonie), Lehre und Ermahnung, die zweite Reihe dann auf die Gemeindeorganisation: Almosenverteilung, Leitung und erbarmende Fürsorge. In der ersten Vierer-Reihe wird also die Diakonie nach der Prophetie und vor der Lehre und der Predigt genannt. Sollte die Vierer-Reihe sich wirklich auf die Gemeindeversammlung beziehen, würde die Diakonie konkret den Dienst an den Tischen der Agape-Feier bezeichnen. Da aber „Diakonie" hier nicht näher erläutert wird, wird man auch die sonstigen sozialen Dienste nicht ausschließen können. Jedenfalls wird in der zweiten Dreier-Reihe die Leitungsfunktion von zwei sozial-caritativen Diensten flankiert: die Almosenverteilung, der „Kassenwart" sozusagen, und der Dienst des „Erbarmens", der „Samariter-Dienst". Mit dem letztgenannten Charisma werden wohl die Krankenpflege, die Fürsorge für Gefangene, die Hilfe für Hinterbliebene, Witwen, Waisen und Arme und weitere soziale Dienste gemeint sein. Vor allem ist in dieser Liste, die ein Spiegel einer Gemeindeordnung ist, bemerkenswert, dass die sozialen Funktionen und Dienstleistungen genauso wichtig sind wir etwa der Dienst der Gemeindevorsteher.

Wenden wir uns nun 1 Kor 12 zu! In zwei Abschnitten (1 Kor 12,4-12; 12-31) kommt Paulus auf die Vielfalt und Einheit der Geistesgaben zu sprechen. Bei der Aufzählung der Charismen in beiden Abschnitten fällt die Fülle der heilenden und helfenden Dienste auf. In der ersten Aufzählung ist nach der allgemeinen Erwähnung der Charismen von den „Dienstleistungen" und den „Kraftwirkungen" die Rede.

Mögen mit den Dienstleistungen auch alltägliche Dienste gemeint sein, so liegt das Besondere in deren Zuordnung zum Herrn Jesus Christus (V. 5). Die „Kraftwirkungen" bezeichnen die Wunderkraft sowie der Glaube im Vers 9 die Glaubenskraft als Befähigung, Wunder zu tun. Es werden dann die Heilungsgaben und die Kraft zu Machttaten oder Exorzismus konkret genannt.

Im zweiten Abschnitt erwähnt Paulus nach den grundlegenden Gemeindefunktionen der Apostel, Propheten und Lehrer die Wunderkräfte, die Krankenheilungen und die Hilfeleistungen (V. 28). Auch hier werden die heilenden und sozial-caritativen Charismen gehäuft genannt. Und dies geschieht mit besonderer Absicht. Bei den beiden Charismenlisten (1 Kor 12,8-10 und 12,28) wird die von den Korinthern hochgeschätzte und bevorzugte Zungenrede an der letzten Stelle genannt. Durch die ausführliche Erwähnung der heilenden Charismen und der sozialen Dienstleistungen wird außerdem die soziale Ausrichtung unterstrichen.

Wenn sich auch aus den Darlegungen des Paulus keine Systematisierung oder Hierarchisierung der Charismen ergibt, werden doch hier die Umrisse einer festen Ordnung deutlich. Um so mehr fällt der Stellenwert der eher profan wirkenden Dienste caritativer und technisch-organisatorischer Art wie „Hilfeleistungen" und „Leitungsdienste" auf.

Die Charismen sind ursprünglich Ausstattungen oder Gaben der ganzen Gemeinde, werden aber den einzelnen Trägern zugeteilt, und zwar zugunsten und zum Wohle der ganzen Gemeinde. Der Zweck und das Kriterium der Charismen ist nach Paulus der Aufbau, das Auferbauen der Gemeinde (1 Kor 14,3-5.12), der „Nutzen" aller (1 Kor 12,7). Es lag dann in der Entwicklung der Gemeindestruktur, dass sich – entsprechend den konkreten Notwendigkeiten – aus den Charismen spätere kirchliche Einrichtungen ausformten. Was zunächst aus Antrieb des Geistes erfolgte und sich bewährte, wird so allmählich unentbehrlich. Dies war mit den kirchlichen Leitungsämtern nicht anders als mit den nunmehr zweitrangig gewordenen Diensten.

In der nachpaulinischen Zeit setzte sich die charismatische Struktur der Gemeinde fort. Der Verfasser des 1. Petrusbriefes ermahnt jeden einzelnen Christen, seine Geistesgabe in das Miteinander des kirchlichen Zusammenlebens einzubringen: *„Dient einander als gute Verwalter der vielfältigen Gnade Gottes, jeder mit der Gabe, die er empfangen hat"* (1 Petr 4,10). Auch er erwähnt, wenn auch nur allgemein, neben dem Verkündigungsdienst den caritativen Hilfsdienst (1 Petr 4,11). Wie dieser Dienst organisiert ist, darüber erfahren wir allerdings nichts Näheres. In Bezug auf die Krankenheilung scheint es, dass sie in der nachapostolischen Zeit im Rahmen einer Amtshandlung vorgenommen wurde. Jak 5,14f lesen wir: *„Ist einer von euch krank? Dann rufe er die Ältesten der Gemeinde zu sich; sie sollen Gebete über ihn sprechen und ihn im Namen des Herrn mit Öl salben. Das gläubige Gebet wird den Kranken retten, und der Herr wird ihn aufrichten; wenn er Sünden begangen hat, werden sie ihm vergeben."* Diese Stelle wird zwar gerne auf das Sakrament der Krankensalbung bezogen, in Wahrheit geht es hier um eine ganzheitliche Heilung, die Wiedergesundung und Sündenvergebung miteinschließt. Für unsere Fragestellung ist die Zuteilung des Charismas der Krankenheilung an die Ältesten, die Amtsträger in der Gemeinde sind, wichtig.

Ein Indiz für eine Organisation im caritativen Bereich in der Urgemeinde finden wir in Apg 6,1-7. Der Text lautet: *„In diesen Tagen, als die Zahl der Jünger zunahm, begehrten die Hellenisten gegen die Hebräer auf, weil ihre Witwen bei der täglichen Versorgung übersehen wurden. Da riefen die Zwölf die ganze Schar der Jünger zusammen und erklärten: Es ist nicht recht, dass wir das Wort Gottes vernachlässigen und uns dem Dienst an den Tischen widmen. Brüder, wählt aus eurer Mitte sieben Männer von gutem Ruf und voll Geist* *und Weisheit; ihnen werden wir diese Aufgabe übertragen. Wir aber wollen beim Gebet und beim Dienst am Wort bleiben. Der Vorschlag fand den Beifall der ganzen Gemeinde, und sie wählten Stephanus, einen Mann, erfüllt vom Glauben und vom Heiligen Geist, ferner Philippus und Prochorus, Nikanor und Timon, Parmenas und Nikolaus, einen Proselyten aus Antiochia. Sie ließen sie vor die Apostel hintreten, und diese beteten und legten ihnen die Hände auf. Und das Wort Gottes breitete sich aus, und die Zahl der Jünger in Jerusalem wurde immer größer; auch eine große Anzahl von den Priestern nahm gehorsam den Glauben an."* Diese Stelle wirft viele Fragen auf, da uns hier viele Ungereimtheiten begegnen. Vor allem ist hier die Tatsache zu erwähnen, dass die Sieben, die für den „Tischdienst", d. h. für die Armenfürsorge bestellt sind und „die Zwölf" für den „Dienst am Wort" entlasten sollen, gar nicht als Armenpfleger, sondern als Verkündiger und Missionare auftreten (Apg 6,8-8,40). Außerdem lüftet der Verfasser das Rätsel gar nicht, wieso es in einer „idealen Gütergemeinschaft" (Apg 2,45; 4,32ff) zu einer Krise der Witwenversorgung kommen konnte. Der Verfasser hat wohl zwei verschiedene Begebenheiten in einem einzigen Bericht zusammengefasst: Die Institution der Armen- bzw. Witwenversorgung und die Leitung der hellenistisch-judenchristlichen Jerusalemer Urgemeinde.

Für unsere Fragestellung ist die Institutionalisierung des Fürsorgedienstes wichtig, die an jüdische Vorbilder anknüpfen konnte. Der Anlass dazu war eine Krise in der Versorgung der Hilfsbedürftigen, näherhin in der sozialen Benachteiligung der Witwen einer bestimmten Menschengruppe, nämlich der Hellenisten. Diese sind griechisch-sprechende Judenchristen, die aus der Diaspora stammten und nun in Jerusalem lebten. Bei den hellenistischen Witwen wird es sich um eine besonders bedürftige Gruppe gehandelt haben. Viele fromme Juden aus der Diaspora kamen nach Jerusalem, um dort ihren Lebensabend zu verbringen und dort auch begraben zu werden. Ihre Witwen hatten keine Verwandten am Ort und waren so ohne Versorgung durch die Großfamilie. Die Juden hatten für diesen Fall eine wohlorganisierte Armenpflege: die *„Quppah"* für die Ortsansässigen, die Aushändigung von Geld aus der „Wochenkasse" für 14 Mahlzeiten, d. h. eine Woche, und den *„Tamchuj"* für die Ortsfremden, die „Schüssel" oder die tägliche Zuteilung von Lebensmitteln, die zuvor in den Häusern gesammelt worden waren.

Es ist anzunehmen, dass die Urgemeinde nicht von Anfang an ein vergleichbares „Versorgungsamt" hatte. Aus der Notiz der Apostelgeschichte ist zu entnehmen, dass die Zunahme der Gemeinde und der dadurch entstandene Missstand zur Schaffung eines eigenen Fürsorgedienstes führten. Die amtliche Delegierung des „Tischdienstes" durch die Zwölf zeigt außerdem, dass dieser Dienst und der „Dienst am Wort" ursprünglich, d. h. nach dem Willen Jesu, engstens zusammengehören. Allerdings schimmert in dieser Notiz die Auffassung des Verfassers durch, der „Tischdienst", d. h. der caritative Dienst, sei im Grunde dem „Wortdienst" untergeordnet. Dies braucht aber nicht als Abwertung betrachtet zu werden. Jedenfalls plädiert er für eine ordentliche Einrichtung dieses Dienstes.

3.3 Diakonie – eine wesentliche und notwendige Lebensäußerung der Gemeinde

Im Folgenden beziehe ich mich auf den gesamten diakonischen Dienst und nicht mehr nur auf den Heilungsdienst im engeren Sinn.

Zur Begründung des Heilungsauftrages der Christen und der christlichen Gemeinde verweise ich hier auf die vorangehenden Ausführungen über die Gottesherrschaft.

Da Gottesherrschaft umfassend das Heil des Menschen und der Welt bedeutet, wirkt sie sich nicht nur in der Befreiung von Sünde und Krankheit aus; vielmehr ist sie als solche notwendend. Jesus selber heilte nicht nur, er gab auch Hungrigen Speise (Mk 6,30-44par; 8,1-10) oder rettete seine Jünger aus Seenot (Mk 4,35-41par) oder vor dem Ertrinken (Mt 14,28-31). Das Beispiel Jesu ist zwar noch keine Begründung im engeren Sinn, aber eine unübersehbare Motivation.

Wie lässt sich die Diakonie sonst biblisch-theologisch begründen?

Erstens: durch die Einheit und Gleichrangigkeit von Gottes- und Nächstenliebe.

Gottes- und Nächstenliebe stehen nicht einfach nebeneinander, sondern sind zu einem Gebot verbunden (Mk 12,28-34); sie werden gleichgestellt (Mt 22,34-40). Fälschlicherweise wird oft diese Verbindung oder Gleichstellung als genuin christlich oder gar als das unterscheidende Merkmal zwischen Christentum und Judentum angenommen. Dem ist nicht so. In der frühjüdischen Schrift „Testamente der XII Patriarchen" werden Gottes- und Nächstenliebe nicht nur miteinander verbunden, sondern in ihrer Aussage gleichgestellt: *„Den Herrn liebte ich und ebenso jeden Menschen mit aller meiner Kraft. Das tut auch ihr ..."* lesen wir in Test Iss 7,6ff. Und in Test Dan 5,3 heißt es: *„Liebet den Herrn in eurem ganzen Leben und einander mit wahrhaftigem Herzen".* Und schließlich nennt das christliche Nächstenliebegebot als Maßstab für die Liebe: „Du sollst deinen Nächsten lieben *wie dich selbst".*

Vor allem wird der Begriff „Nächster" auf alle Menschen ausgeweitet. Diese Aussage begegnet uns in der Beispielerzählung vom barmherzigen Samariter (Lk 10,25-37). Es ist unbestreitbar, dass gerade mit dieser universellen Erweiterung die Anerkennung und Wertschätzung eines jeden Menschen zusammenhängt. Die Hilfestellung wird nicht mehr funktional auf ein System hin etwa Volk, Klasse, Familie oder auf das eigene Ich eingeschränkt. Die Fragestellung und die Antwort der Beispielerzählung ist anders akzentuiert. Sie will nicht etwa eine abstrakte Definition „alle Menschen sind mein Nächster" veranschaulichen oder beweisen. Die Frage wird vielmehr konkret-praktisch gestellt: *Wie werde ich zum Nächsten?* und die Antwort lautet: *durch tatkräftige Hilfe gerade für die Notleidenden.*

Die Nächstenliebe ist der wahre Erkenntnisgrund und die Bewahrheitung der Gottesliebe: *„Wenn jemand Vermögen hat und sein Herz vor dem Bruder verschließt, den er in Not sieht, wie kann die Gottesliebe in ihm bleiben? Meine Kinder, wir wollen nicht mit Wort und Zunge lieben, sondern in Tat und Wahrheit"* (1 Joh 3,17f). *„Wenn jemand sagt: Ich liebe Gott!, aber seinen Bruder hasst, ist er ein Lügner. Denn wer seinen Bruder nicht liebt, den er sieht, kann Gott nicht lieben, den er nicht sieht. Und dieses Gebot haben wir von ihm: Wer Gott liebt, soll auch seinen Bruder lieben"* (1 Joh 4,20f). Treffend drückt es Augustinus aus: „Vom Standpunkt des Ranges aus ist die Liebe zu Gott das erste Gebot, vom Standpunkt des Handelns aus aber ist die Liebe zum Nächsten das erste Gebot" (Traktat zum Johannes-Evangelium 17,8).

Zweitens: durch die Bestimmung des Notleidenden als Ort der Christusbegegnung.

Mit aller Deutlichkeit und amtlich, gleichsam in einem unwiderruflichen Richterspruch erklärt sich der erhöhte Christus in Mt 25,31-46 solidarisch mit allen Notleidenden und jedem einzelnen von ihnen in dieser Welt. Er setzt sich mit dem hilfsbedürftigen Menschen gleich, wo dieser auch immer sei.

Jesus, der auf dem königlichen Thron sitzt, erklärt ihn zu seinem Bruder. Seine Forderung, im Notleidenden seine königliche Würde wahrzunehmen, klingt wohl paradox. Die Gerichtsszenerie als Rahmen der Urteilsverkündung (V. 31-33) erweist denn auch die Wichtigkeit und den Ernst der Forderung Jesu, den notleidenden Menschen beizustehen: Befolgung oder Vernachlässigung entscheidet über den Platz zur Rechten oder zur Linken des Menschensohn-Richters.

„Amen, ich sage euch: Was ihr für einen meiner geringsten Brüder getan habt, das habt ihr mir getan" (V. 40). Die Liebestat für den Notleidenden ist Christusdienst. Diese unerhörte Radikalisierung der Liebestat, die uns hier im Sondergut des Matthäus begegnet, liegt auf der Linie der Verkündigung und des Beispiels Jesu selber: Er wandte sich den Ausgegrenzten und Ausgeschlossenen zu und setzte sich dabei über konventionelle Verhaltensmuster hinweg. Die Radikalität des Handelns Jesu ist nicht ohne die jüdische Auffassung vom Armendienst als wahrem Gottesdienst zu verstehen. In einer rabbinischen Schrift lautet ein Spruch Gottes: *„Meine Kinder, wenn ihr den Armen zu essen gegeben habt, so rechne ich es euch so an, als ob ihr mir zu essen gegeben hättet"* (Midr Tann zu Dtn 15,9).

Die Aufzählung der Liebeswerke in unserem Text will nicht erschöpfend sein. Sie bringt Beispiele, die je nach der entsprechenden Situation anders lauten können, etwa so: *„Ich war ein Flüchtling, und ihr habt mich (nicht) aufgenommen; ich war arbeitslos, und ihr habt mir eine (keine) Chance gegeben; ich war aidskrank, und ihr habt euch um mich (nicht) gekümmert ..."*; die Liste der Forderungen Jesu an uns heute könnte länger werden. In der Tat: *Der Notleidende ist ein Sakrament der Gottes- und Christusbegegnung.* Der Amen-Satz in den Versen 40.45 unterstreicht, dass Christus in jedem Notleidenden gegenwärtig ist. Auf diese Weise hat das hilfreiche Handeln an einem solchen Menschen Bestand vor Gott, es dient im Grunde dem Heil des helfenden Menschen selber.

Im Himmel, der zum Gerichtshof verwandelt wurde, thront Jesus, der Richterkönig, der zugleich unser aller Bruder ist. Die Beachtung der literarischen Gattung verwehrt unserer Stelle den Charakter einer bloßen Information über die jenseitige Bestimmung des Menschen. Als „apokalyptische Offenbarungsrede" will der Text Mahnung und Warnung sein, uns hier und heute der Botschaft Jesu entsprechend zu verhalten. Und als solcher richtet er sich an den einzelnen, der sich bewähren muss. Über das Wie seiner Hilfeleistung wird nicht weiter reflektiert. Konkrete Organisationsformen werden wegen der Effizienz wohl auch gefragt sein.

Drittens: durch die erbarmende Tat, die ein Handeln des Menschen nach Gottesart darstellt.

„JHWH, ein barmherziger und gnädiger Gott, langmütig und reich an Bundeshuld und Treue" ist eine Formel, die im Ersten Testament immer wiederkehrt (Ex 34,6; Ps 103,8; 116,5, 145,8). Barmherzigkeit ist eine Wesenseigenschaft Gottes, die gerade das Göttliche im Unterschied zum Menschlich-Allzumenschlichen hervorhebt: *„Mein Herz wendet sich gegen mich, mein Mitleid lodert auf. Ich will meinen glühenden Zorn nicht vollstrecken und Efraim nicht noch einmal vernichten. Denn ich bin Gott, nicht ein Mensch, der Heilige in deiner Mitte. Darum komme ich nicht in der Hitze des Zorns."* (Hos 11,8f-9). Nichtsdestotrotz wird gerade unter diesem Gesichtspunkt die Nachahmung Gottes im Judentum wie auch im Christentum verlangt: *„Wie unser Vater barmherzig ist im Himmel, so sollt ihr barmherzig auf Erden sein"*, heißt es im Targum Jerusch I zu Lev 22,28. Und in einer Spruchreihe zum zentralen Gebot der Feindesliebe schreibt Lukas: *„Werdet barmherzig, wie euer Vater barmherzig ist"* (Lk 6,36). Die Feindesliebe schließt für ihn positive das Gute tun ein, so ergänzt Lukas die Forderung der Feindesliebe (Lk 6,35). *In Taten der Barmherzigkeit erweist sich die Feindesliebe.* Und die Verheißung für die Befolger des Gebotes, dass sie Söhne des Höchsten sein werden, zeigt, dass die Befolger des Gebotes wie Kinder dem göttlichen Vater gleichen werden. Gerade in der Ausübung der Barmherzigkeit erweist es sich, ein Mensch von Gottes Art zu sein. Lukas lässt außerdem die Nächstenliebe in Taten der Barmherzigkeit konkret werden. In der Beispielerzählung vom barmherzigen Samariter (Lk 10,30-37) ist das „Mitleid-Haben" kein bloßes Mitgefühl, sondern ein konkretes und hilfreiches „Nahekommen" auf den Notleidenden zu. Die tatkräftige Fürsorge wird breit geschildert: *„Als er* (der Samariter) *ihn* (den Schwerverletzten) *sah, hatte er Mitleid, ging zu ihm hin, goß Öl und Wein auf seine Wunden und verband sie. Dann hob er ihn auf sein Reittier, brachte ihn zu einer Herberge und sorgte für ihn. Am andern Morgen holte er zwei Denare hervor, gab sie dem Wirt und sagte: Sorge für ihn, und wenn du mehr für ihn brauchst, werde ich es dir bezahlen, wenn ich wiederkomme"* (V. 33-35). Auch die Frage Jesu zielt auf die Taten der Nächstenliebe: *„Was meinst du: Wer von diesen dreien hat sich als der Nächste dessen erwiesen, der von den Räubern überfallen wurde?"* (V. 36). Und die Antwort des Gesetzeslehrers kommt auf den Punkt: *„Der, der barmherzig an ihm gehandelt hat"* (V. 37). Die ganze Erzählung schließt dann mit der Aufforderung Jesu: *Dann geh und handle genauso!"* (V. 37d).

Vor allem im Matthäusevangelium hat Jesu Forderung eines tätigen Mitleids oder Erbarmens eine zentrale Stellung. Wie im Judentum wird die Entsprechung zwischen dem Erbarmen des Menschen und dem Erbarmen Gottes betont: *„Wer sich über die Menschen erbarmt, über den erbarmt man sich vom Himmel"*, heißt es im babylonischen Talmud (Schabb. 151b).

„Selig die Barmherzigen, denn sie werden Erbarmen finden", lautet eine der Seligpreisungen im Matthäusevangelium (Mt 5,7). Und das Gleichnis vom Weltgericht (Mt 25,31-46) hebt die Werke der Barmherzigkeit zum Kriterium für das Bestehen vor Gott und zum Christusdienst hervor. Gerade der Erweis der Barmherzigkeit ist der wahre Ausdruck der Gottesvereh-

rung. Zweimal zitiert Matthäus den Gottesspruch aus dem Propheten Hosea (Hos 6,6): *„Barmherzigkeit will ich, nicht Opfer"*; einmal erfolgt dies in bezug auf die Aufnahme der Zöllner und Sünder (Mt 9,13) und ein anderes Mal zur Unterstreichung der Hilfe in der Not (Mt 12,7). Und außerdem klingt das Wort des Hosea ein weiteres Mal an. In der Kritik an den Schriftgelehrten und Pharisäern heißt es: *„Ihr gebt den Zehnten von Minze, Dill und Kümmel und lasst das Wichtigste im Gesetz außer acht: Gerechtigkeit, Barmherzigkeit und Treue. Man muss das eine tun, ohne das andere zu lassen"* (Mt 23,23). Treffend schreibt daher Eduard Schweizer in seinem Matthäuskommentar: „Barmherzigkeit ist für Matthäus die Mitte der Verkündigung Jesu, die zeigt, was Erfüllung des Gesetzes heißt" (E. Schweizer, *Das Evangelium nach Matthäus,* NTD 2, Göttingen 1973, S. 53).

Viertens: durch das Vorbild des Dienstes Jesu.

Das diakonische Handeln der Kirche erhält ihre Letztbegründung im Dienst Jesu. Dieser Dienst findet seine Vollendung in seinem Todesdienst, in seinem stellvertretenden Leiden und Sterben für die Menschen: *„Der Menschensohn ist nicht gekommen, um sich dienen zu lassen, sondern um zu dienen und sein Leben hinzugeben als Lösegeld für viele"* (Mk 10,45par).

Da früher der Tod Jesu fast ausschließlich mit Sühne und Opfer in Verbindung gebracht wurde, wurde damit auch der Dienstgedanke diskreditiert. Die Selbsthingabe Jesu bis in den Tod, in der die grenzenlose, auch den Bereich des Todes als Verneinung des Lebens sich nicht aussparende Liebe Gottes Gestalt angenommen hat, konnte dadurch nicht deutlich genug wahrgenommen werden: *„Denn Gott hat die Welt so sehr geliebt, dass er seinen einzigen Sohn hingab, damit jeder, der an ihn glaubt, nicht zugrunde geht, sondern das ewige Leben hat"* (Joh 3,16). Es geht also hier nicht etwa um eine „Todesmystik", um eine Überhöhung des Todes. Vielmehr ist der Tod

Jesu der Gipfel und die Zusammenfassung der Diensthandlungen Jesu. Sehr gut drückt dies der Verfasser des vierten Evangeliums in der Szene der Fußwaschung (Joh 13,1-17) aus. Er ersetzt gerade durch diese Szene die Brot- und Becher-Handlung sowie Brot- und Becher-Worte. Sie werden somit aktualisiert und auf den Punkt gebracht. Ebenso wird dadurch sein Sterben am Kreuz in seiner Bedeutsamkeit für hier und jetzt für die Gemeinde zur Sprache gebracht. Bereits bei Lukas findet sich diese Verbindung und Aktualisierung. Auch er verbindet mit der Abendmahlsfeier die Aussage Jesu über seinen Dienst: *„Ich bin unter euch wie der Dienende"* (Lk 22,27). Und nicht von ungefähr stellt Lukas die Szene vom Rangstreit der Jünger in den Rahmen der Abendmahlfeier, die Markus und ihm folgend Matthäus in einem anderen Zusammenhang bringen (Mk 9,33-37; 10,41-45; Mt 20,20-28). In dieser Szene ist der Spruch Jesu überliefert, dass er Diener der anderen ist: *„Wer der erste sein will, soll der Letzte von allen und der Diener aller sein"* (Mk 9,35). Dieser Spruch begegnet uns in einer anderen, vielleicht ursprünglichen Form auch im Zusammenhang mit den Worten über Herrschen und Dienen. Nicht etwa daran, dass Herrschen Dienen heißt, sondern davon, dass Dienen Herrschen total ausschließt, ist hier die Rede: *„Ihr wisst, dass die, die als Herrscher gelten, ihre Völker unterdrücken und die Mächtigen ihre Macht über die Menschen missbrauchen. Bei euch aber soll es nicht so sein, sondern wer bei euch groß sein will, der soll euer Diener sein, und wer bei euch der Erste sein will, soll der Sklave aller sein"* (Mk 10,42-44). Der die Weltmaßstäbe umkehrende Spruch bildet gerade den Gegenpol zum Herrschen. Herrschen und Dienen schließen sich gegenseitig aus. In diesem Sinne wird hier die Kirche als Kontrast-Gesellschaft angesprochen: Nicht Herrschen, sondern Dienen ist das Motto. Und „Dienen" wird aufgetragen, weil Jesus selber das Maß dazu setzt: sein ganzes Leben, seine Sendung ist Dienst bis in den Tod zugunsten aller: *„der Menschensohn ist nicht gekommen, um sich dienen zu* *lassen, sondern um zu dienen und sein Leben hinzugeben als Lösegeld für viele"* (Mk 10,45).

3.4   Einige konkrete Schlussfolgerungen

1. Kranke und Notleidende werden selber Subjekte der Heilung und des helfenden Handelns

Hilfe zur Selbsthilfe war und ist ein sinnvolles Motto der caritativen Einrichtungen und sogar der Entwicklungshilfe.

Menschen, die situationsbedingt nicht in der Lage sind, sich selber helfen zu können, werden befähigt, nicht nur für ihre Gesundung und die Linderung ihrer Not etwas beizutragen, sondern in ihrem ganzen Handeln den Heilungsprozess zu vollziehen oder die Wende der Not herbeizuführen. Menschen erfahren sich so als Subjekte ihrer Handlung, sie sind nicht fremdbestimmt. Die Betroffenen bilden Selbsthilfegruppen, in denen sie die Handelnden sind. Professionelle Hilfestellungen sind auch gefragt, haben aber nur eine subsidiäre Funktion.

2. Hilfe wird als Gegenbild zur Herrschaft geleistet

Hilfeleistungen und überhaupt Altruismus können durchaus subtile Formen von Herrschaftsausübung annehmen. Nicht von ungefähr wird in der bereits zitierten Stelle Mk 10,42-45 ein radikaler Positionswechsel verlangt, vom Weltenherrscher zum letzten Sklaven. „Hilfe in der Nachfolge Jesu ist diesem Positionswechsel verpflichtet. Die Suche nach herrschaftsreduzierenden Formen von Hilfe wird uns aus dem Zentrum biblischen Glaubens heraus zur Pflicht gemacht" (G. Theißen, „Die Bibel diakonisch lesen: Die Legitimitätskrise des Helfens und der barmherzige Samariter", in: G. K. Schäfer – Th. Strohm, *Diakonie – biblische Grundlagen und Orientierungen. Ein Arbeitsbuch zur theologischen Verständigung über den diakonischen Auftrag,* 2. Aufl. Heidelberg 1994, S. 376-401; bes. 399).

Hier ist auch zu bemerken, dass die Menschen im Hilfsdienst genauso durch ihre Institutionen und Organisationen auf dem Altar ihrer Prestige- und Machterhaltung geopfert werden können. Sie können genauso Opfer von Herrschaft werden. Auch in diesem Bereich tut eine kritische Reflexion über die Machtausübung und Kommunikation aller Beteiligten not.

3. Heilungsdienst und caritative Hilfeleistung stehen im Horizont des Reiches Gottes und haben daher eine sozialpolitische Dimension

Das Reich Gottes als jenseitig-diesseitige und als zukünftig-gegenwärtige Größe berührt alle Lebensbereiche des Menschen nicht nur tangential, sondern es durchdringt sie so, wie der Sauerteig den ganzen Teig durchsäuert. Der Heilungsdienst und die caritative Hilfeleistung sind Zeichen der Gegenwart des Reiches Gottes. Sie sind wesentliche Bestandteile des Wirkens der Kirche, die den Raum für das Reich Gottes bereitet, wenn sie auch nicht mit ihm selber identisch ist. Durch diese Dienste kommt die Kirche als Institution unweigerlich in Berührung mit der Politik, die die sozialen Belange des Menschen und der Gesellschaft mitzugestalten sucht. Bei dem Zusammenstoß der verschiedenen Interessen und trotz Kompromisslösungen geraten immer auch einige oder gar viele zwischen die Stühle, oder sie werden sogar an den Rand gedrängt. Um diese „Ausgeschlossenen" muss die Kirche sich besonders kümmern, sollte sie Kirche Jesu Christi sein. Sie muss hier die Stimme prophetisch erheben und Partei ergreifen für Menschen, die keine

Lobby haben, z. B. für Aids-Kranke, Asylanten, Behinderte, Alte und Langzeitarbeitslose. Konflikte sind dann vorprogrammiert. Diesen ist nicht aus dem Weg zu gehen – aus Treue zum Auftrag Jesu Christi.

4. Eine „charismatische" Flexibilität ist zu bewahren zur Abwehr sich leicht einschleichender Bürokratisierung und Tendenz zur Besitzstanderhaltung

Damit soll nicht einem chaotischen und anarchischen Zustand das Wort gesprochen sein. Jede Institution braucht ein reibungsloses Funktionieren. Dies wird durch Planung, Organisation und Technik gewährleistet. Das heißt, dass Bürokratie für die Ordnung des menschlichen Zusammenlebens und Zusammenwirkens in all seiner Vielfalt und Verwickeltheit in der Gegenwart nötig ist. Da mit dem Prozess der Bürokratisierung auch die Gefahr einer Aufblähung, Erstarrung, Verabsolutierung bis zur Selbstherrlichkeit wächst, ist ein wachsames Auge zu behalten. Sonst könnte es sein, dass ein Apparat, der zum Dienen da ist, nur noch sich selber dient. Die Menschen, denen der Dienst gilt, sind das oberste Kriterium für den Dienst und dessen konkrete Gestaltungsformen. Daher ist auch ein Perspektivenwechsel immer wieder nötig.

5. Professionalisierung und Standardisierung der heilenden und helfenden Dienste soll der Vision und Praxis einer diakonischen Kirche keinen Abbruch tun

Professionalisierung und Standardisierung der heilenden und helfenden Dienste weisen heute hohe fachliche Qualifikation, Leistungsfähigkeit und sachgemäßes Ausüben ihrer Tätigkeit auf. Die Professionellen dürfen allerdings kein bloßes Aushängeschild für eine Kirche sein, die ihrem Wesen nach eine dienende ist und eine solche sein will. Zum anderen dürfte die Professionalisierung nicht zur Fesselung oder Einengung der Praxis führen, die immer die adäquate Antwort auf die jeweiligen Nöte der Menschen sein soll. Um diesen Gefahren vorzubeugen und vor allem die Praxis selber situationsgemäß zu gestalten, tut nicht nur eine strenge Analyse der Situation, sondern genauso die Vision einer besseren Welt und Gemeinschaft not. Mit Vision meine ich nicht die schwärmerische Beschreibung einer Traumwelt, sondern die Überschreitung des je Gegebenen aus dem Horizont der Hoffnung. Der Dienst am Menschen, der als solcher Christus- und Gottesdienst ist, wird getragen durch den Glauben, beflügelt durch die Hoffnung und verwirklicht in der Liebe. Es ist ein Dienst, in dem das „Prinzip Hoffnung" zum „Experiment Hoffnung" wird.

6. Heilungsdienst und Diakonie sind lebensfördernder Schöpfungsdienst

Der Heilungsdienst und selbst die helfenden, caritativen Dienste gehören in den größeren Zusammenhang eines am Leben orientierten Schöpfungsdienstes.

Die Einordnung der heilenden und helfenden Dienste in den umfassenden Schöpfungsdienst und deren Orientierung am Grundprinzip „Leben" dürften diese Dienste vom Zwang eines Reparaturdienstes befreien. In der Tat scheinen Heilung und Hilfestellungen den Charakter einer Reparatur oder Wiederherstellung zum Zweck eines Funktionierens des Systems zu haben, das sich um Leistung und Produktivität dreht. Krankheit und die vielfältigen Nöte der Menschen sind dann nur reparierbare Betriebsunfälle. Woher die Krankheiten und Nöte der Menschen kommen, wird nicht gefragt. Es wird auch nicht hinterfragt, ob sie mit dem ganzen System zusammenhängen, das Leben und Schöpfung als Werte nicht berücksichtigt.

Der biblische Glaube schärft das Bewusstsein für das Leben und die Schöpfung. Der Mensch ist nicht ein selbstherrlicher Herrscher über die Schöpfung, er ist selber Teil der Schöpfung und Diener des Lebens. Verantwortungsvoller Umgang mit der Schöpfung wird ihm aufgetragen von dem, der „Freund des Lebens" ist, Gott (Weish 11,26).

Himmel – Hölle – Fegfeuer – Jüngstes Gericht: Jenseitsvorstellungen und christliche Hoffnung

1. Vorbemerkungen

Auf seinem Wiener „Jüngsten Gericht" hat Hieronymus Bosch (um 1450-1516) die Höllenqualen nach Art der raffiniertesten Foltermethoden der damaligen Inquisition gemalt. Die Darstellung des Jüngsten Gerichts am Tympanon des mittleren Westportals einer Kathedrale war sehr geläufig. Auf der rechten Seite des Tympanons über dem Fürstenportal des Doms in Bamberg ragt die Gestalt eines Verdammten hervor, der, in schwere Ketten gelegt, vom Teufel abgeführt wird.

In vielen Predigten, Katechismen und Andachtsbüchern sowie bei Einkehrtagen und Volksmissionen war es bis vor nicht allzu langer Zeit üblich, mit solchen grauenvollen Bildern auf die Phantasie der Gläubigen immer wieder einzuhämmern. Dadurch sind in den Menschen Ängste aufgekommen, die ein furchterregendes Gottesbild zur Folge hatten: Ein Gott, der richtet und der bereit ist, seine Geschöpfe auf sadistische Art und Weise zu peinigen. In einer Predigt des berühmten Kapuzinerpredigers *Martin von Cochem* (gest. 1712) können wir Folgendes nachlesen: „Da der allmächtige Gott mit seinem Odem das höllische Feuer anbläst, wie furchtbar muss dann dasselbe wüthen und toben. Der Odem

Gottes ist ja stärker als alle Sturmwinde ..." (*Die vier letzten Dinge,* III. Teil, 2. Kap., Neuaufl. Brixen 1888, S. 140f).

Angesichts solcher Horrorgeschichten und deren Folgen ist es verständlich, dass das Pendel in die entgegengesetzte Richtung schlug. „Abschied vom Teufel" und „In der Hölle brennt kein Feuer" waren die Titel von zwei Büchern, die vor 40 Jahren Furore machten. Es war die Zeit, als das „Prinzip Hoffnung" die Treue zur Erde proklamierte. Dennoch wollte die Frage nach dem Jenseits nicht verstummen. Das Interesse für Reinkarnation und Seelenwanderung machte die Fragen nach dem Leben, dem Tod und der traditionellen Lehre von den letzten Dingen wieder aktuell.

Bevor wir uns den einzelnen Vorstellungen oder Inhalten zuwenden, müssen wir den Rahmen abstecken, in dem sich diese bewegen sollen. Ebenfalls müssen wir nach den Hintergründen fragen, die jene Vorstellungen und Inhalte beleuchten und verständlich machen. In diesem Sinne befassen wir uns zunächst mit Jesu Predigt von der Gottesherrschaft und mit der Apokalyptik.

2. Die Predigt Jesu von der anbrechenden Herrschaft Gottes

Jesus hat nicht den Himmel versprochen, er hat das unmittelbare Kommen der Herrschaft Gottes angesagt. *„Die Zeit ist erfüllt und nahe herbeigekommen ist die Königsherrschaft Gottes; kehrt um und glaubt an die Heilsbotschaft"* (Mk 1,14f). Mit diesem Ruf lässt Markus das öffentliche Wirken Jesu beginnen und überschreibt damit gleichsam sein ganzes Evangelium. Diese Worte fassen den Inhalt der Verkündigung Jesu zusammen, denn die Königsherrschaft Gottes, von der die meisten Gleichnisse handeln, ist das zentrale Thema der Predigt Jesu.

Es entspricht dieser Tatsache, wenn die Evangelisten Matthäus und Lukas ihrerseits die Verkündigung Jesu einfach das „Evangelium vom Reiche (Gottes)" nennen (Mt 4,23; 9,35; 24,14; Lk 4,43; 8,1; 16,16). Aber was heißt „Herrschaft Gottes"? Da Jesus den Begriff „Herrschaft Gottes" nicht definiert hat, ist der Rahmen für unser Verständnis das Alte Testament und das Judentum, wo die Wurzeln Jesu und somit die Wurzel des Christentums liegen. Das Wort Herrschaft (griech.: *Basileia*; hebr. *malkut*) bedeutet sowohl das „Herrschaftsgebiet" (= das Königreich) als auch den „Herrschaftsvollzug" (= die Durchsetzung) der Herrschaft. Beide Aspekte, der räumliche sowie der qualitativ-dynamische, sind ernst zu nehmen.

In der Predigt Jesu geht es um die Durchsetzung der Herrschaft Gottes. Die Gottesherrschaft ist sowohl eine noch ausstehende, zukünftige, als auch eine bereits in Jesus selbst gegenwärtige Größe. Nicht die Zukünftigkeit, die Ferne, sondern die Nähe wird betont, die bis in die eigene Gegenwart hineinragt.

Die Gleichnisse vom Senfkorn (Mk 4,30-32 par) und vom Sauerteig (Lk 13,20f/par Mt 13,33) drücken aus, dass zwar gegenwärtig die Gottesherrschaft noch verborgen ist, aber in der Zukunft vollkommen offenbar sein wird. Und die Gleichnisse vom Schatz im Acker (Mt 13,44), von der kostbaren Perle (Mt 13,45f) und vom Fischnetz (Mt 13,47-50) konfrontieren Jesu Hörer mit der Wirklichkeit des Reiches Gottes, auf die sie sich jetzt schon einlassen können. Die Predigt Jesu in Gleichnissen ist nicht eine Schilderung, sondern echte Mitteilung und Zuspruch jener in Jesus sich offenbarenden Wirklichkeit.

Auch Jesu Machttaten, seine Wunder, lassen diese Wirklichkeit leibhaft erfahrbar werden. Die Krankenheilungen und Dämonenaustreibungen sind Zeichen und Anfang der Gottesherrschaft. *„Wenn ich durch die Finger Gottes die Dämonen austreibe, ist ja die Gottesherrschaft zu euch gelangt"* (Lk 11,20; vgl. Mt 12,28). Durch Jesu Wirken, ja durch seine Person, wird die Gottesherrschaft gegenwärtig. Als Jesus von den Pharisäern gefragt wurde, wann das Reich Gottes komme, antwortete er: *„Das Reich Gottes kommt nicht so, dass man es an äußeren Zeichen erkennen könnte. Man kann auch nicht sagen: Seht, hier ist es!, oder: Dort ist es! Denn das Reich Gottes ist (schon) mitten unter euch"* (Lk 17,20f). Aber welchen Inhalt hat dann die Gottesherrschaft ganz konkret? Jesus malte sich das Reich Gottes nicht aus. Das ist ein entscheidender Unterschied zur Apokalyptik, jener geistlichen Strömung, die mit dem Buch Daniel besonders in außerbiblischen Schriften Spuren hinterlassen und um die Zeitenwende breite Bevölkerungsschichten in Israel beeinflusst hat. Das Reich Gottes ist dennoch für Jesus nicht inhaltslos oder abstrakt. Er sprach von ihm in Bildern. Ein wichtiges Bild ist das des Festmahles, das auf eine beglückende Gemeinschaft mit Gott und den Menschen hinweist. Nicht umsonst wird auch das Wort Freude zur Bezeichnung dieser Sinnerfüllung gebraucht. Auch das befreiende Wirken Jesu zeigt die Art und Weise dieser Gottesherrschaft an: Die Befreiung von dämonischen Mächten und Krankheiten und die Vergebung der Sünden stellen die Gottesherrschaft als gnädiges Heilshandeln Gottes in Jesus dar. Dieser Primat des Heiles in der Predigt und im Wirken Jesu ist ein nicht zu übersehender Unterschied zur Predigt der großen Gestalt des Täufers Johannes. Der Täufer hob das Gericht Gottes hervor: Die Axt ist bereits an die Wurzel der Bäume gelegt, und die Schaufel ist bereits in der Hand des Richters, um die Spreu vom Weizen zu trennen (Mt 3,10).

Auch Jesus sprach vom Gericht und benutzte drastische Gerichtsbilder. Es muss aber gesagt werden, in welchem Zusammenhang dies geschieht und welchen Zweck, welche Funktion, der Gebrauch solcher Bilder hat. Wenn Jesus seine Wehrufe gegen die unbußfertigen Städte Galiläas, Chorazin, Betsaida, Kafarnaum ausspricht (vgl. Mt 11,20-24), geschieht dies im Stil der ersttestamentlichen Propheten. Die prophetischen Gerichtsworte haben den Zweck, den Hörern klarzumachen, dass es um eine letzte Chance für ihre Umkehr geht. Die Entscheidung lässt sich nicht aufschieben. Auf diesen Ernst der Lage, auf die Dringlichkeit der Entscheidung weisen auch die Bilder vom Feuer, von der Finsternis und vom Heulen und Zähneknirschen in einigen Gleichnissen hin. Wenn wir aber auf die Überlieferungsgeschichte und auf die Redaktionsarbeit der Evangelisten achten, können wir feststellen, dass die Gerichtsbilder vor allem bei Matthäus gehäuft vorkommen. Ich weise hier nur auf die Rede vom „Werfen in den Feuerofen, wo Weinen und Zähneknirschen sein werden" in der Deutung des Gleichnisses vom Unkraut des Ackers (Mt 13,42) und in der Anwendung des Gleichnisses vom Fischnetz (Mt 13,50) hin. Als typisch für Matthäus kann auch die im Sinne des Endgerichts erfolgte Ergänzung des Gleichnisses vom Hochzeitsmahl gelten, in dem auch die Rede ist vom Hinauswerfen in die „äußerste Finsternis, wo Weinen und Zähneknirschen sein werden" (Mt 22,13).

Auch das sog. Gleichnis vom Endgericht (Mt 25,31-46), das viele Darstellungen in Kunst und Literatur beeinflusst hat, trägt die Handschrift des Evangelisten Matthäus. Er streicht jedoch das Anliegen Jesu, das eine radikale Forderung nach Hilfe für jeden in Not geratenen Menschen stellt, heraus. Die Gerichtsbilder betonen so die Dringlichkeit und Wichtigkeit dieses Anliegens Jesu. Dennoch hat Matthäus die Gerichtsseite der Predigt Jesu stark betont. Angesichts der Erfahrungen von Glaubensabfall und unheilvollen Zuständen in seiner Gemeinde hebt Matthäus den Gerichtsgedanken hervor. Da war Jesus viel gelassener. Das Gleichnis vom Unkraut will zeigen, dass die Anwesenheit des Bösen nicht erschrecken oder aus der Fassung bringen soll, weil das

Reich Gottes sich als die überlegene Kraft erweisen wird (Mt 13,24-30). Seine Jünger Jakobus und Johannes, die den Samaritern wegen ihrer Ablehnung Feuer vom Himmel und Vernichtung gewünscht hatten, hat Jesus zurechtgewiesen (Lk 9,51-55).

3. Die Apokalyptik

Unter Apokalyptik versteht man zunächst eine Literaturgattung, die sich als Gottes Offenbarung ausgibt und das Ende dieser Welt und das Aufkommen einer neuen anschaulich darstellt.

In der Bibel haben wir folgende apokalyptische Bücher: das Danielbuch im Ersten Testament und die Offenbarung des Johannes im Neuen Testament. Apokalyptisches Material finden wir auch sonst bei den Propheten und im Neuen Testament. Außerhalb der Bibel begegnet uns eine Unzahl von apokalyptischen Schriften, die als Autoren berühmte Persönlichkeiten früherer Zeiten angeben. Sie entstanden vorwiegend in einer Verfolgungszeit, in einer schweren Notzeit. So ist das Danielbuch während der Judenverfolgung durch den syrischen Herrscher Antiochus IV. Epiphanes (175-164 v. Chr.) entstanden. Auch das Buch „Offenbarung des Johannes" entstand in einer Verfolgungszeit, am Ende der Regierungszeit des römischen Kaisers Domitian (81-96 n. Chr.). Zwischen dem zweiten vorchristlichen und dem ersten christlichen Jahrhundert erlebte die apokalyptische Literatur ihre Blütezeit.

Die Berücksichtigung der Entstehungszeit verdeutlicht uns den Zweck dieser Schriften: Sie wollen Trost spenden, den Glauben stärken in einer schweren Zeit und die Menschen zur Umkehr und Buße ermahnen. Die anschauliche Beschreibung der jenseitigen Welt dient auch diesem Zweck. Der Blick auf die Engelwelt und auf den Himmel soll den Gläubigen Trost, Freude und Stärke geben. Denn auf diese himmlische, ewige Welt hin lohnt es sich zu leben, auf sie kann der Fromme hoffen und so alles Leid in der Verfolgung ertragen. In der syrischen Baruchapokalypse steht geschrieben: *„Denn wenn es nur das Leben gäbe, das jedermann hier hat – nichts wäre bitterer als dies"* (syr Bar 21,13).

Entsprechend dem Vergeltungsglauben erwartete der verfolgte Fromme das Gericht für die Verfolger und die Gottlosen.

Ein wichtiges Merkmal der Apokalyptik ist die Lokalisierung von Heil und Unheil. Sie werden mit bestimmten Orten oder Räumen verbunden. Die Auserwählten kommen in den Garten der Gerechten (äth Hen 60,8.23) oder in den Garten des Lebens (äth Hen 61,12), der voll üppiger Bäume geschildert (äth Hen 32,3-6) und vorwiegend mit dem persischen Namen „Paradies" benannt wird. Dahinter steht die uralte Vorstellung vom Gottesgarten, auf den der Garten Eden in Gen 2,8ff bereits anspielt. Als himmlischer und präexistenter Ort soll das Paradies dann vom Himmel auf die Erde herabkommen.

Der Ort des Heils oder der Seligkeit wird auch als eine himmlische und heilige Stadt, als das himmlische Jerusalem, vorgestellt (4 Esra 8,52; syr Bar 4). Die Gottlosen, soweit ihr Schicksal nicht die Vernichtung ist, werden an einen Ort der Strafe, in die Hölle, gebracht. Die alte Vorstellung von der *Scheol* als dem Aufenthaltsort der Toten wird zum qualvollen Verdammnisort umgedeutet. Dieser Ort der Strafe ohne Ende (äth Hen 27,2) wird als feuriger und doch finsterer Abgrund (äth Hen 10,13), als tiefe, mit Feuer gefüllte Schlucht (äth Hen 90,24f), als Feuerofen (äth Hen 54,6) gedacht. In Slav Hen 10 schaut Henoch den für die Verdamm-

ten vorgesehenen Ort und beschreibt ihn mit folgenden
Worten:

> *„Da nahmen mich die beiden*
> *und trugen mich in des Himmels Norden.*
> *Dort zeigten sie mir einen fürchterlichen Ort.*
> *Dort war Finsternis und Nebel,*
> *keinerlei Licht,*
> *nur Feuer und Flammen.*
> *Und Finsternis senkt sich auf jenen Ort.*
> *Dort gibt es nur Frost, Eis und Kerker.*
> *Und grausame, mitleidlose Engel tragen Waffen*
> *und peinigen unbarmherzig"* (10,1f).

Die Erwartung eines Lebens nach dem Tod hat in der Apokalyptik eine eigene Prägung erhalten. Erst hier, in der Zeit
nach dem babylonischen Exil (587-539 v. Chr.), ist von einer
Auferstehung der Toten deutlich die Rede. Im Danielbuch
lesen wir: *„Von denen, die im Land des Staubes schlafen, werden*
viele erwachen, die einen zum ewigen Leben, die anderen zur Schmach,
zur ewigen Abscheu" (Dan 12,2). In diesem Zusammenhang ist
auch der deutliche Hinweis auf die Auferstehung der Toten
im 2. Makkabäerbuch zu sehen. Angesichts des Todes
spricht der Märtyrer: *„Vom Himmel habe ich sie (meine Glie-*
der) bekommen ... Von ihm hoffe ich sie wiederzuerlangen" (2 Makk
7,11).

Der Glaube an ein Leben nach dem Tod hat im Glauben
Israels eine Entwicklung durchgemacht, die nicht immer
geradlinig verlief. Der Ahnenkult der Frühzeit Israels rech-
nete mit einem schattenartigen Weiterleben in der Scheol
oder Unterwelt. Wie das Leben in der Scheol aussieht, hängt
vom vergangenen Leben ab sowie von den regelmäßigen
Grabgaben der Nachkommen. In Jes 14,4-21, einem ironi-
schen Leichenlied, wird uns ein König vor Augen geführt,
der zu Lebzeiten seine Vasallen tyrannisierte. Nach seinem

Tod auf dem Schlachtfeld steigt er in die Scheol hinab, um dort in Schmutz und Kot zu enden und von Würmern bedeckt zu werden.

Auch die Erzählung von Saul und der Totenbeschwörerin von En-Dor (1 Sam 28,3-25) zeugt von diesem Volksglauben an ein schattenartiges Fortleben der Toten in der Scheol. Die prophetische Bewegung hat dann später nicht nur den Kult anderer Götter und Göttinnen abgelehnt, sie verwarf auch Bräuche wie Ahnenkult und Totenbeschwörung. Der König Hiskija (728-699 v. Chr.) veranlasste eine Kult- und Gesetzesreform, die auch den Ahnenkult betraf. Nach der Reform Hiskijas sollte der Erstgeborene nicht mehr wie in früheren Zeiten seine Vorfahren oder irgendwelche Götter der Unterwelt verehren, sondern allein JHWH, den Staatsgott. *„Den Erstgeborenen unter deinen Söhnen sollst du mir geben. Als heilige Männer sollt ihr mir gehören"*, heißt es im Bundesbuch (Ex 22,28.30). Im Buch Deuteronomium wird das Verbot des Ahnenkults mit der ausschließlichen Zugehörigkeit zu Jahwe zusammengebracht: *„Ihr seid Kinder des Herrn, eures Gottes. Ihr sollt euch für einen Toten nicht wundritzen und keine Stirnglatzen scheren"* (Dtn 14,1; vgl. Lev 19,28.31).

Und auch später musste sich die Reformbewegung des Königs Joschija 623 v. Chr. mit dem Ahnenkult auseinandersetzen. In 2 Kön 23,24 heißt es: *„Auch die Totenbeschwörer und Zeichendeuter, die Hausgötter, Götzen und alle Greuel, die im Lande Juda und in Jerusalem zu sehen waren, fegte Joschija hinweg."* Durch das Verbot des Ahnenkultes, der die Verbindung der Lebenden mit ihren Toten ritualisierte, büßte der Glaube an den Einfluss der Toten auf das Geschehen auf der Erde seine Kraft ein; das Schicksal ihrer Nachkommen bleibt den Ahnen unbekannt. Das Buch Ijob aus dem 5. Jahrhundert v. Chr. drückt aus, dass die Toten nicht wissen, was in der Welt der Lebenden geschieht: *„Sind seine Kinder in Ehren, er weiß es nicht; sind sie verachtet, er merkt es nicht"*, so lesen wir Ijob 14,21.

Das Schicksal der Toten ist für den Autor des Buches Ijob beklagenswert. Sie gehen „ohne Wiederkehr ins Land des Dunkels und des Todesschattens, ins Land, so finster wie die Nacht, wo Todesschatten herrscht und keine Ordnung" ist (Ijob 10,21f). Das einzige Positive an der Scheol liegt darin, dass sie als Stätte ohne irdische Sorgen gilt: *„Dort hören Frevler auf zu toben, dort ruhen aus, deren Kraft erschöpft ist. Auch Gefangene sind frei von Sorgen, hören nicht mehr die Stimme des Treibers. Klein und groß ist dort beisammen, der Sklave ist frei von seinem Herrn"* (Ijob 3,17-19). Aber auch diese Ruhe ist nicht erstrebenswert, denn mit dem Tod hört die Gemeinschaft mit Jahwe auf und in der Scheol können die Toten Jahwe nicht mehr loben. Das bedrückt den Psalmisten (vgl. Ps 88; 6,6). Und Jesus Sirach fragt: *„Wer wird in der Unterwelt den Höchsten loben anstelle derer, die leben und ihn preisen? Beim Toten, der nicht mehr ist, verstummt der Lobgesang; nur der Lebende und Gesunde preist den Herrn"* (Sir 17,27f).

Die prophetische Bewegung einer alleinigen Verehrung Jahwes musste zunächst im Kampf gegen die Götterwelt desillusionierend wirken. Aber die Glaubensreflexion ging weiter und überwand die Kluft zwischen Gott und der Todeswelt. Israels Glaube an die Treue Gottes führte dann zu der Überzeugung, dass die Gottesgemeinschaft stärker ist als der Zerfall des Leibes und der irdischen Gemeinschaft. Bereits Ijob bekennt: *„Ohne meine Haut, die so zerfetzte, und ohne mein Fleisch werde ich Gott schauen. Ihn selber werde ich dann für mich schauen; meine Augen werden ihn sehen, nicht mehr fremd. Danach sehnt sich mein Herz in meiner Brust"* (Ijob 19,26f). So kommt Israel zu dem Glauben, dass die Gegenwart Gottes keine Grenze kennt, auch die Scheol ist von seiner Gegenwart durchdrungen. So betet der Psalmist: *„Steige ich hinauf in den Himmel, so bist du dort; bette ich mich in der Unterwelt, bist du zugegen"* (Ps 139,8). Auch die Reflexion über das Schicksal der Frommen, über das Unglück und das Leiden, betont die Treue Gottes, die die Grenze des Todes überwindet. Der

Dichter des 73. Psalms, der über ein schweres Schicksal und das gute Leben der Gottlosen nachdenkt, sagt: *„Ich aber bleibe immer bei dir, du hältst mich an meiner Rechten. Du leitest mich nach deinem Ratschluss und nimmst mich am Ende auf in Herrlichkeit. Was habe ich im Himmel außer dir? Neben dir erfreut mich nichts auf der Erde. Auch wenn mein Leib und mein Herz verschmachten, Gott ist der Fels meines Herzens und mein Anteil auf ewig"* (Ps 73,23-26). Und der fromme und leidende Beter im 49. Psalm stellt seine Hoffnung dem Schicksal des reichen und überheblichen Menschen gegenüber: *„Der Tod führt sie auf seine Weide wie Schafe, sie stürzen hinab zur Unterwelt. Geradewegs sinken sie hinab in das Grab; ihre Gestalt zerfällt, die Unterwelt wird ihre Wohnstatt. Doch Gott wird mich loskaufen aus dem Reich des Todes, ja, er nimmt mich auf"* (Ps 49,15-16).

In diesem Glauben an die unzerbrechliche Treue Gottes liegt die tiefste Wurzel der Auferstehungs- und Vollendungshoffnung. Gottes Heil kann nicht durch den Tod begrenzt sein.

4. Himmel, Hölle, Fegfeuer, Jüngstes Gericht: Jenseitsvorstellungen und Hoffnungsbilder

4.1 Himmel

Jeder Mensch wünscht sich ein Glück ohne Ende, die Fülle des Lebens, die Vollendung oder die endgültige Erfüllung seiner Existenz. Der gläubige Mensch glaubt, dass dies nach seinem Tod bei Gott sein wird. Für die Beschreibung dieser Vollendung wird in der Bibel, insbesondere im Neuen Testament, eine Vielfalt von Bildern gebraucht: die einen haben mehr räumlichen Charakter: Himmel, Paradies, die neue Stadt, himmlisches Jerusalem, Abrahams Schoß; die anderen drücken die Weise des Existierens oder die Qualität des Lebens aus: Hochzeit, Festmahl, ewiges Leben, Freude, Herrlichkeit.

Das Bild „Himmel" hängt mit dem antiken Weltbild zusammen und bezeichnet die obere Welt, das Firmament und den göttlichen Bereich. Für den antiken Menschen hat die Raumverteilung nicht nur geographischen Charakter, der Raum drückt auch Qualität aus. Was oben ist, ist das Bessere, das Überlegene, das Wesentliche. Nicht anderswo kann Gott nach dieser Denkweise wohnen. Im Ersten Testament finden wir allerdings noch nicht die Vorstellung vom Himmel als Stätte des Heils und der Seligkeit der Verstorbenen. Diese Umwandlung erfolgte erst im Zusammenhang mit der Apokalyptik. Spuren davon begegnen uns im Weisheitsbuch (3,1-9; 4,7; 5,15f) und in 2 Makk 7,36. Letztendlich fand diese Vorstellung dann Eingang ins Neue Testament.

Theologisch gesehen bringt das Bild Himmel einen wahren Sachverhalt zum Ausdruck, nämlich die Verbundenheit und die Gemeinschaft mit Gott als endgültige Bestimmung des Menschen. In diesem „bei Gott sein", das für einen Christen mit „bei Christus sein" gleichbedeutend ist, findet der Mensch die Fülle des Lebens.

Das aus dem Persischen entlehnte Wort „Paradies" bedeutet „Garten", „Park" und beschreibt einen beglückenden Ort voller Schönheit und Lebensfülle. Die griechische Übersetzung der hebräischen Bibel gebraucht dieses Wort für den Garten Eden. In der prophetischen Verkündigung erwartete man die Verwandlung der Wüste und des im Krieg verödeten Landes in ein Paradies oder in den Garten Eden (Ez 36,35; Jes 51,3). Im Frühjudentum sowie im Neuen Testament bezeichnet dann das Wort Paradies den Aufenthaltsort der Gerechten nach dem Tod. Die Ortsbezeichnung Paradies betont in ihrer Bildlichkeit aber mehr den qualitativen Charakter des Lebens: Wonne, Freude, angenehmes Gefühl, Glück.

Das Bild von der neuen Stadt, vom neuen oder himmlischen Jerusalem, ist gewissermaßen die Übersetzung des Bildes vom Paradies in die Stadtkultur. Das hat auch einen konkreten historischen Hintergrund. Seit dem babylonischen Exil und der Heimkehr der Juden nach Jerusalem richten sich starke Hoffnungen auf den Wiederaufbau der Stadt. Das neue Jerusalem soll schöner, reicher, kostbarer werden, als es jemals war. Es wird eine Lust sein, dort zu wohnen. Frieden und Gerechtigkeit werden herrschen, von Gewalttaten, Verheerung und Zerstörung wird man nichts mehr hören. Nach Jerusalem wallfahren die Völker. Die Stadt wird zum friedlichen Treffpunkt werden. Man wird nicht mehr Angst vor den anderen haben müssen. Die Tore werden Tag und Nacht offenstehen. So verkündeten Deutero- und Tritojesja, um die Verzagten zu ermutigen und die Trauernden zu trösten (vgl. Jes 54,11-14; 60; 61,4; 62,6-9).

In den jüdisch-apokalyptischen Schriften wird Jerusalem dann zu einem jenseitigen, ewigen Aufenthaltsort der Gerechten, der mit dem Paradies gleichgesetzt wird (vgl. syr Bar 4,2ff; 4 Esr 8,52). Auf die ersttestamentliche Erwartung und auf diese apokalyptische Vorstellung geht das Bild vom Neuen Jerusalem im Buch Offenbarung des Johannes zurück (Offb 21,1-22,5). Wie in einem herrlichen Mosaik werden hier die Bilder vom Neuen Jerusalem und von Paradies vereint. Das Neue Jerusalem wird keine öde Stadt, sondern eine lebendige Stadt sein, die heile Welt, durchströmt vom lebendigen Wasser, das vom Thron Gottes und des Lammes fließt. Bäume des Lebens stehen dort, von deren Früchten sich die Völker ernähren, und deren Blätter zur Heilung dienen. Diese Bilder werden eingerahmt von der Vision des neuen Himmels und der neuen Erde. Hier wird der Himmel von seiner individualistischen und spiritualistischen Einengung befreit. Das Heil Gottes führt nicht nur die Einzelnen, sondern die ganze Schöpfung zur Vollendung.

Ebenfalls wollen die Bilder von Hochzeit und Festmahl die Freude als Grundstimmung der Vollendung betonen, die in der beglückenden Nähe Gottes und in der Gemeinschaft der Menschen erfahren wird.

Auch die Rede vom „ewigen Leben", das fälschlicherweise mit Unsterblichkeit gleichgesetzt wird, bezieht sich auf die Qualität des Lebens und meint dessen Fülle: „Ich bin gekommen, damit sie das Leben haben und es in Fülle haben", spricht der johanneische Jesus (Joh 10,10). Gerade das Johannesevangelium zeigt uns, dass das ewige Leben nicht das irdische Leben ablöst, sondern dass es schon in ihm beginnt. Das ewige Leben ist nicht Ersatz für das gegenwärtige, sondern seine Vollendung. Nicht nur der vierte Evangelist, auch Paulus betont die Gegenwart des ganzen Heiles. Mit Jesus ist das Reich Gottes gekommen, mit seiner Auferstehung begann die neue Welt. Wir gehen nicht mehr nur auf den Himmel zu, wir tragen in uns selber ein Stück Himmel.

4.2   Hölle

Die kirchliche Lehre bejaht die Existenz der Hölle, die ewige Dauer der Höllenstrafen und den sofortigen Eintritt der Strafe nach dem Tod.

Bei der Behandlung dieser Thematik wird oft übersehen, dass die Rede von Hölle und Höllenstrafen in der Bibel in Gerichtsreden ihren Platz hat. Sie gehört zum Stil dieser Reden und will – wie bereits erwähnt wurde – auf die unaufschiebbare Entscheidung des Menschen hinweisen, die sein Leben bestimmt. Ich kann über eine bestimmte Lehre diskutieren, aber Gott und sein Reich lassen sich nicht wegdiskutieren. Sie rufen mich zur Entscheidung auf.

Theologen deuten das „Dogma der Hölle" – ein schreckliches Wort – als eine reale Möglichkeit ewigen Scheiterns aufgrund der eigenen Verweigerung. Als Begründung für diese Annahme weisen sie nicht nur auf biblische Stellen hin, die vom „ewigen Verderben" (2 Thess 1,9; 1 Thess 5,3; 1 Tim 6,9) oder „Verlorensein" reden (2 Thess 2,10; 1 Kor 1,18; 2 Kor 2,15; 4,3), vor dem „ewigen Feuer" warnen (Mt 18,8) oder „ewige Strafe" androhen (Mt 25,46), sondern sie berufen sich auch auf ein Argument der Vernunft, nämlich die Freiheit des Menschen. Der Mensch müsse sich für oder gegen Gott entscheiden. Bei der Freiheit des Menschen komme die Gnade Gottes an ihre Grenze.

Aber hier werden viele Fragen aufgeworfen. Könnte die göttliche Gnade nicht gerade als Ermöglichung von Freiheit begriffen werden? Betete der sterbende Jesus nicht auch für seine Mörder? Tat denn Stephanus nicht dasselbe? Wurde der verblendete Paulus nicht überwältigt?

Es ist nicht zu übersehen, dass es eine Spannung zwischen dem universellen Heilswillen Gottes und der ewigen Verdammnis gibt.

Wenn wir die Vorstellung von der Hölle religionsgeschichtlich betrachten, können wir eine Entwicklung und eine Verschärfung der Strafen feststellen. Die alte Scheolvorstellung kannte bereits einen Unterschied zwischen den Rechtschaffenen und den Verbrechern. Die *Scheol* war ein Ort der Finsternis, aber die Rechtschaffenen hielten sich in helleren Bereichen auf als die Verbrecher, die stockfinstere Kammern bewohnen mussten.

Die prophetische Gerichtspredigt bezog sich auf ihre gegenwärtige Weltzeit. Jahwes Strafgericht zielte nicht auf eine reine Durchsetzung seiner Gerechtigkeit, sondern auf Läuterung und Rettung seines Volkes ab. *„So wahr ich lebe – Spruch Gottes, des Herrn –, ich habe kein Gefallen am Tod des Schuldigen, sondern daran, dass er auf seinem Weg umkehrt und am Leben bleibt"* (Ez 33,11; vgl. 18,23).

Und selbst in der Apokalyptik, die das Schicksal der Toten im Himmel oder in der Hölle breit und anschaulich darstellt, gibt es die Vorstellung, dass nur die Frommen und Rechtschaffenen zum Leben auferstehen, die Bösen und Gottlosen aber bleiben für immer im Tod oder werden nach der Auferweckung vernichtet. Die ewige Qual in der Hölle ist eine Verschärfung der Strafe.

Wir sehen, es gibt eine Vielfalt von Vorstellungen, die uns beim Nachdenken darüber zur Mäßigung ermahnen.

Auch in der Tradition der Kirche gab es immer wieder Versuche, die Ewigkeit der Hölle zu relativieren. Eine Reihe von griechischen Kirchenvätern, vor allem aus der Schule des Origenes von Alexandrien (185-254), hatte die Ansicht vertreten, das Ende der Heilsgeschichte sei nicht das Gericht, sondern nach dem Gericht und nach einer Zeit der Verdammnis geschehe – in einem Akt der Allversöhnung – die Wiederherstellung der ganzen Schöpfung einschließlich der Sünder, der Verdammten und der Dämonen. Am Ende sei die ganze Welt versöhnt und niemand mehr ausgeschlossen. Diese Auffassung wurde auf der Synode der konstantinopolitanischen Kirchenprovinz von 543 verworfen.

In der lateinischen Kirche haben auch Kirchenväter wie *Hieronymus, Cyprian* und *Ambrosius* durchaus eine gemäßigtere Auffassung, die sogenannte Misericordia-Lehre, vertreten:

Alle Christen werden gerettet werden, wenngleich es aber auch zeitlich befristete Strafen geben wird. Augustinus nahm eine Milderung der Qualen für den Sonntag an und Thomas von Aquin vertrat die Meinung, dass die tatsächliche Strafe jeweils unter dem eigentlich verdienten Maß liege. Generationen von Christen haben jahrhundertelang in diesem Glauben gelebt und gehofft, sie werden doch irgendwie oder irgendwann gerettet. Dass der christliche Glaube im Wesentlichen Hoffnung ist, konnte niemals ganz unterdrückt werden. Völlig deplaziert ist die Verwendung der Höllenvorstellung als pädagogisches und religiös-moralisches Druckmittel. Wie viele Menschen leiden noch heute unter angstmachenden Bildern. Diese gehen vor allem auf die seit der Antike beliebte und gelegentlich als heilige Schrift angesehene apokryphe Schrift „Petrus-Apokalypse" (Anfang des 2. Jh.) zurück. Hier werden die Höllenstrafen ausführlich und grauenhaft beschrieben. Tilman Moser hat in seinem Buch „Gottesvergiftung" die verheerenden Folgen einer gerichts- und höllenfixierten Erziehung in der Form eines Briefes an Gott scharf kritisiert und die eigenen negativen religiösen Erfahrungen zu verarbeiten versucht. Er schreibt an einer Stelle:

„Ich habe dich flehentlich gebeten, mich auf die Seite der ‚Schafe' zu nehmen, doch ich wusste, dass ich zu den ‚Böcken' gehörte. Es war mir als Kind so selbstverständlich, dass die Welt, die jetzige und die spätere, aus Geretteten und Verdammten bestand; das Fürchterliche war nur, dass ich, wie es auf manchen Bildern zu sehen ist, immer über dem Abgrund der Verdammnis hing und niemals wusste, wie lange der schmale Steg noch halten würde, der mich trug. Als im Religionsunterricht die Prädestinationslehre besprochen wurde, nach der es durch deinen unerforschlichen Ratschluss den Menschen von Anbeginn an bestimmt ist, ob sie zu den Geretteten oder den Verdammten gehören, überfiel mich eine entsetzliche Lähmung, weil alles ausweglos erschien" (Tilman Moser, *Gottesvergiftung,* Frankfurt/Main 1976, 19f).

Nicht ohne Grund warnen Religionspädagogen heute davor, Kinder mit religiös angstmachenden Bildern zu konfrontieren, zumal wenn das Urvertrauen noch nicht vermittelt wurde.

4.3 Fegfeuer – das Purgatorium

Das Konzil von Trient hat 1563 die Existenz eines Purgatoriums als Glaubenssatz verkündet. Das Purgatorium bezeichnet ein Läuterungsgeschehen, mit dem Wort wird aber oft auch ein Ort assoziiert. Das deutsche Wort „Fegfeuer" verbindet Ort und Art der Läuterung. In der Bibel wird Gottes Gericht oft mit dem Bild des Feuers dargestellt. Durch dieses Bild wird zwar ein schmerzhaftes Geschehen, ein Erleiden, ausgedrückt, das aber nicht auf Verurteilung und Vernichtung abzielt, sondern buchstäblich auf Entschlackung, also Reinigung, Läuterung und Rettung. Die kirchliche Lehre wird allerdings auf die Läuterung der bereits gerechtfertigten Seelen, nämlich auf die Menschen, die im Stand der Gnade gestorben sind, eingeengt, d. h. auf solche, die keine schwere Sünde begangen haben.

Unter den christlichen Konfessionen ist die Lehre vom „Fegfeuer" umstritten und belastend zugleich. Auch ihre biblische Begründung wird nicht von allen anerkannt, denn 2 Makk 12,42-45, wo von der Wirksamkeit der Fürbitte für die Verstorbenen die Rede ist, gehört zu den sogenannten deuterokanonischen bzw. bei den evangelischen Christen zu den apokryphen Schriften des Ersten Testaments. Jedenfalls wird an dieser Stelle kein jenseitiger Strafort zur Sühne vorausgesetzt. Diese Stelle bezeugt aber den Glauben des Frühjudentums, dass Gott die Sünden der Verstorbenen auf Fürbitte hin vergeben kann. Hier wird noch nicht zwischen schweren und lässlichen Sünden unterschieden. Die Sünden der gefallenen Kämpfer dürften nach 2 Makk 12,42-45 in den Augen der Verbliebenen schwerwiegend sein. Diese hatten nämlich Götzenamulette unter den Kleidern der Toten gefunden, und das bedeutete Abfall vom Gesetz.

Aufgrund dieser Stelle und auch aufgrund der umstrittenen Lehre vom Purgatorium kann man annehmen, dass Gottes Heilsgeschehen mit dem Tod nicht abgeschlossen ist und dass es für die Liebe keine Todesgrenze gibt. Zusammengefasst ergibt sich so ein weiterer Hoffnungsinhalt des christlichen Glaubens.

4.4   Jüngstes Gericht

„Von dort wird er kommen, zu richten die Lebenden und die Toten", bekennen wir Christen Sonntag für Sonntag im Glaubensbekenntnis. Der Gedanke des Gerichtes wurde oft erwähnt und ebenso oft strapaziert, hingegen wurde die Aussage der Wiederkunft Christi nur allzu schamhaft verschwiegen. Das Besondere dabei ist doch die Verbindung der Wiederkunft Christi mit dem allgemeinen Gericht. Die Exegeten streiten darüber, ob Jesus von sich als dem wiederkommenden Menschensohn gesprochen hat. Jedenfalls scheint festzustehen, dass er das Kommen eines Menschensohn-Richters erwartet hat, der ihn und seine Sache gegen Widersprüche, Anfeindungen und Scheitern ins Recht setzt, seine Botschaft und sein Verhalten bestätigt. „Wer immer sich zu mir bekennt vor den Menschen, zu dem wird sich der Menschensohn bekennen vor den Engeln Gottes", sagt Jesus nach Lk 12,8 (vgl. Lk 9,26; Mk 8,38). Aufgrund des Auferstehungsglaubens hat die nachösterliche Gemeinde Jesus selbst als den erwarteten Menschensohn erkannt und bekannt. Derselbe Spruch lautet daher nach Mt 10,32: „Wer immer sich zu mir bekennt vor den Menschen, zu dem werde auch ich mich bekennen vor meinem Vater in den Himmeln."

Das deutsche Wort „Wiederkunft" drückt nicht den Bedeutungsgehalt des griechischen Wortes Parusia/Parusie aus. Parusie gehörte zur Kaiserliturgie Roms und bezeichnet die triumphale Ankunft des Kaisers, der Anspruch über die Weltherrschaft erhebt. Im Parusieglauben erscheint Christus als der wahre Imperator, der bei seiner Offenbarung die alten Herrschaften entmachten wird. Nicht von ungefähr ist gerade in einer Situation der Verfolgung oder Anfechtung oft von der Wiederkunft/Parusie Christi die Rede (vgl. Lk 12,8-12; Mk 8,38; Mk 13,26f). Diese Feststellung will die ersttestamentliche Wurzel der Parusievorstellung nicht in Abrede stellen, sondern sie will auf einen wenig berücksichtigten Gesichtspunkt aufmerksam machen. So weltlos waren nämlich die sogenannten Apokalyptiker nicht!

„Zu richten die Lebenden und die Toten". Wenn wir vom Christentum als der Religion der Liebe sprechen, kann es einen schon ärgern, wenn im Neuen Testament nur allzu oft vom Gericht und vom Richter die Rede ist. Zunächst müssen wir aber feststellen, dass die Heilsverkündigung absolute Priorität hat. Gottes Herrschaft, Jesu Botschaft und Wirken zielen auf das Heilwerden des Menschen hin. Der Gerichtsgedanke diente in der Predigt Jesu als Warnung und Mahnung zur Umkehr, zur Wachsamkeit und zum Bereitsein. *„Darum haltet auch ihr euch bereit! Denn der Menschensohn kommt zu einer Stunde, in der ihr es nicht erwartet"*, heißt es im Gleichnis vom wachsamen Hausherrn (Mt 24,44; vgl. Lk 12,40). Vor allem erscheint Christus als der Richter der Endzeit. Er „ist der von Gott eingesetzte Richter der Lebenden und der Toten" (Apg 10,42). Der Erlöser in Richterrobe! Wir empfinden dies als Widerspruch. Für die Christen, die sich auf dem

Weg der Nachfolge Christi wussten und dabei Verfolgungen erleiden mussten, war diese Aussage allerdings hoffnungsvoll. Sie hatten die Gewissheit, dass ihr Herr, der Herr der Geschichte, sie in Gerechtigkeit richten, sie gegen alles Unrecht ins Recht setzen wird.

Weiterhin muss hervorgehoben werden: Jesus, der Richter, ist auch Maßstab des richterlichen Aktes, des Gerichtsurteils. Das grandiose Gerichtsgemälde im 25. Kapitel des Matthäusevangeliums zielt ja gerade auf Jesus, den in den Notleidenden verborgenen Maßstab des Gerichts, ab. Der Richter identifiziert sich mit den Hungernden und Durstigen, mit den Fremden und Obdachlosen, mit den Zerlumpten, den Kranken und den Gefangenen. Hier wird das Gebot der Nächstenliebe als Maßstab des sittlichen Handelns des Menschen aufs Äußerste mit apokalyptischen Bildern eingeschärft. Es scheint aber, dass jahrhundertelang die kirchliche Lehre und Frömmigkeitspraxis durch die Beschreibung des Endgerichts in der bereits erwähnten apokryphen Schrift „Petrus-Apokalypse" beeinflusst ist. In dieser Schrift finden wir die ausführlichsten Beschreibungen der Höllenstrafen, und diese Schrift galt z. B. für den Kirchenvater *Clemens von Alexandrien* als heilige Schrift. Eine Stelle aus dieser auf Äthiopisch erhaltenen Schrift sei hier zitiert: „Und es wird geschehen am Tage des Gerichtes derer, die abgefallen sind vom Glauben an Gott und die Sünde getan haben: Feuerkatarakte werden losgelassen, und Dunkel und Finsternis wird eintreten und die ganze Welt bekleiden und einhüllen, und die Wasser werden sich verwandeln und gegeben werden in feurige Kohlen und alles in der Erde wird brennen, und das Meer wird zu Feuer werden; unter dem Himmel ein bitteres Feuer, das nicht verlöscht und fließt zum Gericht des Zorns (...). Und sobald die ganze Schöpfung sich auflöst, werden die Menschen im Osten nach Westen fliehen und die im Westen nach Osten fliehen (...). Und indem eine unverlöschliche Flamme sie treibt, bringt sie sie zum Zorngericht in den Bach unverlöschlichen Feuers (...). Und alle werden sehen, wie ich auf ewig glänzender Wolke komme und die Engel Gottes, die mit mir sitzen werden auf dem Thron meiner Herrlichkeit zur Rechten meines himmlischen Vaters (...). Und er wird ihnen befehlen, dass sie in den Feuerbach gehen, während die Taten jedes einzelnen vor ihnen stehen. Es wird vergolten werden einem jeden nach seinem Tun." (Apk Petr 5).

Auf die immer wieder gestellte Frage, „wann denn das Gericht stattfindet", antworten die Theologen und die kirchliche Lehre mit einer Unterscheidung zwischen einem besonderen Gericht beim Tode des Menschen und einem allgemeinen Gericht bei der Vollendung der Welt.

Im Neuen Testament finden wir eine apokalyptische Vorstellung des Endgerichtes, aber auch die Vorstellung eines bereits in der Grundentscheidung der menschlichen Existenz vollzogenen Gerichts. Der vierte Evangelist spricht am deutlichsten von diesem in Glauben oder Unglauben vollzogenen Gericht. *„Denn mit dem Gericht verhält es sich so: Das Licht kam in die Welt, und die Menschen liebten die Finsternis mehr als das Licht; denn ihre Taten waren böse. Jeder, der Böses tut, hasst das Licht und kommt nicht zum Licht, damit seine Taten nicht aufgedeckt werden"* (Joh 3,19f). Gericht bedeutet also das Aufgedecktwerden der existentiellen Wahrheit des menschlichen Lebens, das sich in der unmittelbaren Begegnung mit Gott, im Gegenüber zu Christus, in diesem Leben im Glauben oder Unglauben, im Tode und bei der Vollendung der Welt vollzieht. In dieser Hinsicht kann dieses Gericht nicht bloß das Einsammeln der Ernte oder der Erträge des Lebens, sondern auch Läuterung bedeuten, gemäß den Worten des Hebräerbriefes: *„Der Herr wird sein Volk richten. Es ist schrecklich, in die Hände des lebendigen Gottes zu fallen"* (Hebr 10,30f). Der Verfasser des Hebräerbriefes mahnte mit diesen Worten gerade die Gläubigen, die Christusgemeinde, zu ihrer Glaubensentscheidung zu stehen in einer Zeit der Gleichgültigkeit, der Herzenshärte und des Abfalls sowie in einer Zeit der Anfechtung und der Verfolgung. Die Rede vom Gericht zielt also in erster Linie nicht auf die große Endabrechnung gegen die Gottlosen ab, sondern sie macht auf den großen Ernst der Verantwortung im Glauben aufmerksam. Denn gegen Gottes Gericht gibt es keine menschliche Sicherung oder Vertröstung. Die Worte vom Gottesgericht führen uns also wieder auf Gott hin, der immer größer ist als unsere Vorstellungen und Erwartungen: Deus semper maior.

Ich möchte mit folgender chassidischer Geschichte schließen:

Als Rabbi Mosche Löb von Sassow gestorben war, sprach er zu sich:
„Nun bin ich aller Gebote ledig geworden, womit kann ich jetzt noch Gottes Willen tun?" Er bedachte sich: „Sicherlich ist Gottes Wille, dass ich für meine unzähligen Sünden Strafe empfange!" Sogleich lief er mit der ganzen Kraft und sprang in die Hölle. Darüber gab's im Himmel große Unruhe, und bald bekam der Höllenfürst einen Erlass: Solange der Rabbi von Sassow dort ist, soll das Feuer ruhn. Der Fürst bat den Zaddik, sich nach dem Paradies hinwegzubegeben, denn hier sei nicht sein Platz, – es gehe nicht an, dass die Hölle seinetwegen feiere. „Ist dem so", sagte Mosche Löb, „dann rühre ich mich nicht weg, bis alle Seelen mitgehen dürfen. Auf Erden habe ich mich mit der Auslösung Gefangener abgegeben, da werde ich doch diese Menge da nicht im Kerker leiden lassen!" Und er soll es durchgesetzt haben.

Quellenhinweis

S. 271: Marie Luise Kaschnitz, *Überall nie,* © 1965 Claassen Verlag der Ullstein Buchverlage GmbH, Berlin

S. 389f: Elie Wiesel, *Die Nacht zu begraben, Elischa.* Mit Vorreden von Martin Walser und Francois Mauriac, München und Esslingen a. N. 1962, © Bechtle Verlag Esslingen a. N.

S. 512: Martin Buber, *Die Erzählungen der Chassidim,* © 1949 by Manesse Verlag, Zürich, in der Verlagsgruppe Random House GmbH, München